VOLTAIRE

ET J.-J. ROUSSEAU

OUVRAGES DU MÊME AUTEUR

VOLTAIRE ET LA SOCIÉTÉ FRANÇAISE
AU XVIIIᵉ SIÈCLE

1ʳᵉ série. — La Jeunesse de Voltaire. 1 vol. (*Épuisé*.)
2ᵉ série. — Voltaire au chateau de Cirey. 1 vol. in-8°.   7 50
3ᵉ série. — Voltaire a la Cour. 1 vol. in-8°. . . .   7 50
4ᵉ série. — Voltaire et Frédéric. 1 vol. in-8°. . .   7 50
5ᵉ série. — Voltaire aux Délices. 1 vol. in-8°. . . .   7 50

LA MUSIQUE FRANÇAISE AU XVIIIᵉ SIÈCLE
GLUCK ET PICCINNI
1774-1800

Un vol. in-8°. — Prix : 7 fr. 50

LES COURS GALANTES
ÉTUDES HISTORIQUES SUR LA DERNIÈRE MOITIÉ DU RÈGNE DE LOUIS XIV

Dentu, 1860-1864. — 4 vol. in-12.

Paris. — Imp. Viéville et Capiomont, 6, rue des Poitevins.

VOLTAIRE ET LA SOCIÉTÉ FRANÇAISE
AU XVIIIᵉ SIÈCLE

VOLTAIRE

ET J.-J. ROUSSEAU

PAR

GUSTAVE DESNOIRESTERRES

PARIS
LIBRAIRIE ACADÉMIQUE
DIDIER ET Cⁱᵉ, LIBRAIRES-ÉDITEURS
35, QUAI DES AUGUSTINS, 35

1874

Tous droits réservés.

VOLTAIRE

ET J.-J. ROUSSEAU

I

TANCRÈDE ET MADAME DE POMPADOUR. — MADEMOISELLE
CORNEILLE A FERNEY. — LE CURÉ DE MOENS.

Après avoir applaudi à cette verve unique, à ces satires, à ces exécutions impitoyables dont l'adversaire ne se relève point, on éprouve le besoin de se détourner un moment de ces victoires presque aussi chagrinantes pour le vainqueur que pour le vaincu, et de reposer les yeux sur des tableaux plus souriants. *Tancrède* ne pouvait donc venir plus à propos, après ce débordement de fiel et de haine, et le succès de larmes qu'il allait obtenir n'était pas de trop pour contrebalancer le succès malsain de l'*Écossaise*. Commencé le 22 avril 1759, *Tancrède* était achevé dès le 18 mai; il avait fallu à son auteur moins d'un mois pour en combiner, en disposer les scènes, écrire ces cinq actes tout débordants d'amour et de flammes, qui seront le dernier triomphe tragique de ce poëte bien vieux déjà pour ces œuvres du démon, comme lui-même les appelle. Mais ce n'était qu'un premier jet.

Il avait envoyé sa « chevalerie » à ses anges, qui furent séduits par le brillant, le pathétique du sujet, mais que l'engouement n'aveugla point sur les imperfections et les taches. Et c'est, à tout instant et jusqu'à la dernière heure, une succession de remarques, d'indications pointilleuses dictées par une critique aussi saine que bienveillante, à laquelle il faut bien se rendre et à laquelle on se rend de la meilleure grâce, quoiqu'il arrive un moment où la satiété, le dégoût finissent par être les plus forts. « J'implore la clémence de madame Scaliger ; je n'en peux plus ! » s'écrie le poëte sur les dents, s'en reposant pleinement du reste sur l'expérience et l'esprit éclairé de M. d'Argental, qui était autorisé à livrer la bataille lorsqu'il le jugerait convenable.

Ce fut le 3 septembre que *Tancrède* fit son apparition devant un public d'amis, et tout aussi nombreux d'ennemis que les succès et les excès de l'auteur du *Pauvre Diable* et de l'*Écossaise* n'étaient pas propres à apaiser. Mais on dut se résigner de ce côté à demeurer passif devant l'enthousiasme et l'enivrement de la salle entière. Même les sceptiques, même les esprits railleurs que le respect humain défend contre tout entraînement, se laissèrent gagner et firent chorus avec le commun des mortels.

J'ai pourtant trouvé le secret, au milieu de tous nos maux, écrivait quelques jours après madame d'Épinai à une amie, de voir Tancrède, et d'y fondre en larmes; on y meurt, la princesse y meurt aussi, mais c'est de sa belle mort. C'est une nouveauté touchante, qui vous entraîne de douleur et d'applaudissemens. Mademoiselle Clairon y fait des merveilles [1]; il y a un certain *eh bien, mon père* [2]!... Ah! ma Jeanne, ne me dites jamais *eh bien* de ce ton-là, si vous ne voulez pas que je meure. Au reste, si vous avez un amant, défaites-vous-en dès demain, s'il n'est pas paladin; il n'y a que ces gens-là pour faire honneur aux femmes : êtes-vous vertueuse, ils l'apprennent à l'univers; ne l'êtes-vous pas, ils égorgeroient mille hommes plutôt que d'en convenir, et ils ne boivent ni ne mangent qu'ils n'ayent prouvé que vous l'êtes. Rien n'est comparable à Lekain, pas même lui; enfin, ma Jeanne, tout cela est si plein de beautés, qu'on ne sait auquel entendre. Il y avoit l'autre jour un étranger dans le parterre qui pleuroit, crioit, battoit des mains... D'Argental, enchanté, lui dit : « Eh bien! monsieur, ce Voltaire est un grand homme, n'est-ce pas? Comment trouvez-vous cela? *Monsieur, ça est fort propre, fort propre assurément.* » Vous voyez d'ici la mine qu'on fait à cette réponse, et si l'on peut vivre sans voir une pièce qui fait dire de si belles choses [3]...

Tancrède, en effet, tourna toutes les têtes. L'on s'attendrissait, l'on pleurait, l'on sanglotait; et, si ce premier essai de rimes croisées était plutôt de nature à dérouter qu'à charmer un public habitué à la pompe monotone de la rime régulière, l'on n'était pas assez maître de soi pour chicaner le poëte sur une nou-

---

1. « On l'appelle la *tragédie de mademoiselle Clairon*, parce qu'elle y joue d'une façon si supérieure, que l'auteur lui a presque toute l'obligation de la réussite. » Favart, *Mémoires et correspondance* (Paris, 1808), t. I, p. 100. Lettre de Favart au comte Durazzo; 1er octobre 1760.

2. Acte V, scène v. Grimm est du même avis que son amie. « Le mot d'Aménaïde : *Eh bien, mon père?* lorsqu'elle a lu la lettre de Tancrède, est sublime. » *Correspondance littéraire* (Furne, 1829), t. II, p. 440.

3. Madame d'Épinai. *Mémoires et correspondance* (Paris, Volland, 1818), t. III, p. 344, 345. Lettre de madame d'Épinai à mademoiselle de Valori; à la Chevrette, le 10 septembre 1760.

veauté que le lecteur devait accepter moins aisément : l'émotion primait le reste, et domptait tous les cœurs comme tous les mauvais vouloirs. « On dit que Satan était dans l'amphithéâtre, sous la figure de Fréron, et qu'une larme d'une dame étant tombée sur le nez du malheureux, il fit psh, psh, comme si ç'avait été de l'eau bénite [1]. » Cette plaisanterie paraît heureuse à Voltaire qui la fait passer à ses bons amis de Paris, à d'Argental, cela va sans dire, à madame d'Epinai, qui n'était pas femme à la garder pour elle seule [2]. Mais si le diable avait assisté à cette première représentation sous les traits de Fréron, Fréron n'avait cédé que son visage, et, blotti dans quelque coin de la salle, il avait suivi avec une attention sans mélange les diverses péripéties de ce drame d'une conduite plus attachante qu'irréprochable ; il ne pouvait se dispenser d'en parler dans l'*Année littéraire*, l'eût-il voulu, et il était à croire qu'il ne résisterait pas à la tentation de chagriner un ennemi trop sensible. Hâtons-nous de dire que l'attente fut déçue. Si l'article n'est pas d'un séide, il est d'un critique qui, sans être bienveillant, ne dépasse pas trop la limite de ses droits. Les défauts qu'il signale en sont de très-réels ; Voltaire, dans ses longs débats avec ses anges, ne

1. Voltaire, *OEuvres complètes* (Beuchot), t. LIX, p. 9. Lettre de Voltaire à d'Argental ; septembre 1760.
2. « Madame d'Épinai, écrivait Diderot à mademoiselle Voland, reçoit des lettres charmantes de M. de Voltaire. Il disait dans une des dernières, que le diable avait assisté à la première représentation de *Tancrède* sous la figure de Fréron, et qu'on l'avait reconnu à une larme qui lui était tombée des loges sur le bout du nez, et qui avait fait *pish*, comme sur un fer chaud. » *Mémoires et correspondance* (Garnier, 1841), t. I, p. 116.

laisse pas de les souligner lui-même avec une rare bonne foi, et l'on voit qu'il comptait plus sur les larmes qu'il ferait couler que sur la parfaite logique de sa fable.

Cette fable, d'ailleurs, n'est pas de lui; c'est un emprunt à l'Arioste qui, lui-même, l'avait empruntée à notre ancien théâtre [1], mais qu'importe, et n'en a-t-il pas toujours été ainsi? Ce qui est pis qu'un emprunt, ce sont les redites, des redites d'une valeur et d'une originalité contestables. Le grand fondement, la base de l'intrigue est une lettre sans adresse, comme dans *Zaïre*, avec cette aggravation que toute la pièce est en quelque sorte suspendue au quiproquo que doit produire cette absence de suscription [2]. A cela ne se bornent pas les faiblesses. Le roman est plus emmêlé que raisonnable, tous les personnages sont loin d'être conséquents soit avec les circonstances, soit avec eux-mêmes, le style est inégal, incorrect; l'auteur, dans ses essais d'innovation, n'a plus retrouvé ni sa vigueur, ni sa netteté, ni cette langue qui, parfois, s'élevait à la hauteur de celle de Corneille et de l'auteur d'*Iphigénie*. Mais, ces réserves faites, il faut convenir que de belles parties, des situations des plus dramatiques expliquaient, légitimaient un succès dont la plénitude et l'éclat ne

---

1. Onésime Leroy, *Études sur les mystères dramatiques et sur divers manuscrits de Gerson* (Hachette, 1837), p. 97 à 104. — *Époques de l'histoire de France en rapport avec le théâtre français* (Hachette, 1843), p. 141, 142. — La Harpe, *Lycée* (Paris, Didier, 1834), t. II, p. 186. — *Rapport de la Commission des antiquités nationales* (Paris, Didot, 1838), p. 7.
2. Grimm, *Correspondance littéraire* (Furne, 1829), t. II, p. 437.

sauraient être niés. « Si la vérité m'éclaire dans ces critiques, ajoutait Fréron, elle me montre aussi ce qu'on peut dire à l'avantage de cette tragédie. On y trouve du sentiment, de la simplicité, et ce beau naturel des anciens, surtout dans l'*Odyssée*. Point de bel esprit, point de sentence ; on y respire un air de chevalerie, si on peut parler ainsi, qui devient un nouveau genre de spectacle[1]. » Pourtant Fréron ne persifle point, il est très-sérieux. Cette affiche d'impartialité, cet oubli apparent de ses griefs, malgré tant de motifs de rancune et le souvenir cuisant de bien récentes injures, n'étaient pas médiocrement habiles et devaient ramener à l'auteur de l'*Année littéraire* tous ceux que la violence révolte au sein même du bon droit. Mais la tactique n'était pas nouvelle, et Fréron la tenait de son maître Desfontaines, qui, à la suite des scandaleux et honteux débats que nous n'avons que trop longuement racontés en leur temps, semblant perdre de vue les ignominieuses attaques du *Préservatif*, rentrait en possession de lui-même pour juger avec une réelle équité l'*Essai sur le feu* de l'auteur de la *Henriade* et d'*Alzire*[2].

En somme, il est naturel et même légitime que l'on demande au succès ses titres, et que l'on recherche jusqu'à quel point il est mérité. Les critiques et les apologies tinrent un instant en éveil l'attention de ce bon peuple de Paris, si preste à passer d'un objet à un autre. Sans compter deux parodies

---

1. *L'Année littéraire* (1761), t. I, p. 305, 306 ; 21 février.
2. Voir la seconde série de ces études, *Voltaire au château de Cirey*, p. 222.

aux Italiens : *La Nouvelle joûte*[1] et *Quand parlera-t-elle*[2]? et un acte de Cailleau : *Tancrède jugé par ses sœurs*[3], plusieurs petits écrits venaient mêler leur mot à ce concert presque unanime d'applaudissements et de louanges. Nous citerons une *Lettre critique à M*** sur la tragédie de Tancrède*, une brochure de Lanoue, dont l'existence ne nous est connue que par une lettre de Voltaire à Thiériot, du 19 octobre 1760, et une *Lettre sur les rimes croisées dans les vers alexandrins et sur l'unité de lieu*, de l'abbé Levesque[4]. Mais tout cela ne vaut guère, et la seule critique sensée et élevée de *Tancrède* se trouve dans une lettre de Diderot provoquée par une indiscrétion de Thiériot.

L'auteur du *Père de famille*, tout en admirant l'ensemble et bien des détails, ne pensait pas qu'il n'y eût qu'à louer; et, dans le laisser-aller de l'intimité, en tête à tête avec Damilaville et l'ancien camarade de Voltaire, il avait franchement indiqué du doigt ce qui l'avait choqué[5]. Thiériot crut devoir en toucher deux mots dans une de ses lettres au solitaire des Délices.

---

1. Représentée aux Italiens, le 8 octobre 1760.
2. De Riccoboni, jouée le 4 avril 1761, mais non imprimée.
3. *Les Tragédies de M. de Voltaire, ou Tancrède jugé par ses sœurs*, comédie en un acte et en prose (Genève, 1760), in-12 de 54 pages.
4. *Mercure*, novembre 1760. Un M. Moniseau, avocat au parlement, y fit une réponse dans l'*Année littéraire* (1760), t. VIII, p. 236. Cette réponse donna lieu elle-même à une réplique qui parut dans le *Mercure* de février 1761, p. 57 à 67. — Quérard, *Bibliographie voltairienne* (Didot, 1842), p. 138.
5. Diderot, *Mémoires et correspondance* (Garnier, 1841), t. I, p. 102, 229, 235.

Le poëte écrivit aussitôt à son Aristarque une épître pleine de caresse et d'amitié, où il le suppliait de lui faire sincèrement part de ce qu'il avait trouvé à louer et à blâmer dans sa chevalerie. « J'attends avec impatience, mandait-il à Thiériot, les réflexions de *Pantophile*-Diderot sur *Tancrède*... J'ai l'orgueil d'espérer que ses idées se rencontreront avec les miennes, et que ma pièce est comme il l'a désiré ; car elle est fort différente de celle qu'il a plu aux comédiens de charpenter sur leur théâtre [1]. » Le philosophe, qui s'exagérait la susceptibilité et l'irritabilité du « Vieux de la Montagne [2], » eût préféré n'être pas soumis à une pareille épreuve ; mais, sommé de donner son avis, il le fera avec toute la franchise de sa nature. Rien à objecter au premier acte. Le second lui paraît moins heureux, l'intérêt semble faiblir même ; mais le troisième est de toute beauté : rien à lui comparer, au théâtre, ni dans Corneille, ni dans Racine. « Ah ! mon cher maître, si vous voyiez la Clairon traversant la scène, à demi renversée sur les bourreaux qui l'environnent, ses genoux se dérobant sous elle, les yeux fermés, les bras tombants, comme une morte ; si vous entendiez le cri qu'elle pousse en apercevant Tancrède, vous resteriez plus convaincu que jamais que

1. Voltaire, *OEuvres complètes* (Beuchot), t. LIX, p. 142. Lettre de Voltaire à Thiériot; 19 novembre 1760.
2. Diderot écrivait à cette même époque (10 novembre 1760) à son amie, mademoiselle Voland : « On ne saurait arracher un cheveu à cet homme, sans lui faire jeter les hauts cris. A soixante ans passés, il est auteur, et auteur célèbre, et il n'est pas encore fait à la peine. Il ne s'y fera jamais. » *Mémoires et correspondance* (Garnier, 1841), p. 217, 218.

le silence et la pantomime ont quelquefois un pathétique que toutes les ressources de l'art oratoire n'atteignent pas. » Ce troisième acte rendait la tâche du suivant difficile. « Je ne vous dissimulerai pas que je tremblai pour le quatrième ; mais je ne tardai pas à me rassurer. Beau, beau. » Le cinquième acte est traînant, il y a deux récitatifs. Mais heureuses et rares, les œuvres qui ne pèchent que par surabondance, et qui ne demandent qu'à être débarrassées de ce qu'elles ont de touffu ! « Revenez sur votre pièce, disait-il à l'auteur en finissant ; laissez-la comme elle est, et soyez sûr, quoi que vous fassiez, que cette tragédie passera toujours pour originale, et dans son sujet, et dans la manière dont il est traité[1]. » Il faudrait être de dure composition pour ne pas s'accommoder de telles critiques ; et Voltaire, loin de s'en formaliser, en remercie Pantophile-Diderot avec effusion.

Si l'auteur de *Tancrède*, talonné par ses anges, l'inflexible madame Scaliger, notamment, ne négligeait rien pour rendre moins indigne du public éclairé un ouvrage dont le style au théâtre même, et malgré l'entraînement du drame, avait été jugé la partie faible, ce n'était pas son unique préoccupation, son seul souci. Voltaire n'avait eu qu'à se louer de madame de Pompadour, dont l'intervention n'avait pas peu contribué à lui faire obtenir les brevets de Tournay et de Ferney, que nous l'avons vu solliciter avec tant de passion. Il sentit vivement le bienfait et se promit de ne point mourir sans laisser un témoignage de sa grati-

---

1. Voltaire, *Œuvres complètes* (Beuchot), t. LIX, p. 191. Lettre de Diderot à Voltaire ; décembre 1760.

tude. Il la chanterait « fièrement, hardiment, sans fadeur; » et, pour cela faire, il composerait une belle ode à sa gloire[1]. Avec la réflexion et les circonstances, le projet de l'ode fut abandonné, et il se détermina à payer sa dette de reconnaissance dans une épître dédicatoire, en tête de *Tancrède*. Il écrivait en septembre à d'Argental : « Vous savez que j'avais ci-devant proposé à madame la marquise une dédicace ; je ne peux honnêtement oublier ma parole. J'écris au protecteur, M. le duc de Choiseul, protecteur que je vous dois, et je le prie de savoir de madame la marquise si elle accepte l'Épître. Vous connaissez le ton de mes dédicaces : elles sont un peu hardies, un peu philosophiques; je tâche de les faire instructives. Si on les veut de cette espèce, je suis prêt; sinon, point de dédicace[2]. » Cette dédicace a été travaillée, rêvée, l'on a pesé ses paroles comme celles d'un protocole; non-seulement l'on n'a pas fait une œuvre banale, mais on se flatte d'avoir composé quelque chose d'éloquent, d'adroit, de fier tout ensemble, et qui, sous tous les rapports, ne peut laisser une fâcheuse impression. « Comment trouvez-vous, demande-t-il au même, s'il vous plaît, ma petite Épître pompadourienne? ne suis-je pas un grand politique, et cette politique n'est-elle pas très-*désinvolte*? Ne suis-je pas bien fier? est-ce là une *triste* d'Ovide? ai-je l'air d'un *exilé*? ai-je la bassesse de deman-

---

1. Voltaire, *OEuvres complètes* (Beuchot), t. LVIII, p. 127. Lettre de Voltaire au duc de La Vallière; aux Délices (1759).

2. *Ibid.*, t. LIX, p. 9. Lettre de Voltaire à d'Argental; septembre 1760.

der des grâces? ne suis-je pas digne de votre amitié[1]?»

Ces dernières lignes ont besoin d'un petit commentaire. Moins Voltaire sent que la France lui est ouverte, plus il tient à ce que l'on croie que, s'il demeure à Ferney et à Tournay, c'est de son plein gré, parce que le voisinage des Alpes et du lac de Genève convient un peu mieux à sa santé que les brouillards des bords de la Seine. Il venait de paraître une traduction française des *Dialogues des morts* de lord Lyttleton; et, dans le xive dialogue entre Boileau et Pope, l'auteur faisait allusion à « l'exil[2] » du poëte, qui n'était pas homme à laisser passer sans protestations une pareille énormité. Lui exilé! « Je vis dans mes terres en France. La retraite convient à la vieillesse; elle convient encore plus quand on est dans ses possessions. Si j'ai une petite maison de campagne auprès de Genève, mes terres seigneuriales et mes châteaux sont en Bourgogne; et si mon roi a eu la bonté de confirmer les priviléges de mes terres, qui sont exemptes de tout impôt, j'en suis plus attaché à mon roi[3]. » Hâtons-nous de dire que lord Lyttleton s'empressa de

1. Voltaire, *OEuvres complètes* (Beuchot), t. LIX, p. 19. Lettre de Voltaire à d'Argental; 17 septembre 1760.
2. « N'ai-je pas ouï dire (c'est Boileau qui parle) qu'en *France* il n'a eu ni les ménagemens, ni la discrétion, qu'il auroit été à souhaiter? et je crains même que son exil ne l'ait pas suffisamment corrigé. Il y a dans la plupart de ses écrits une noble et philosophique liberté de penser, qui n'est pas une de leurs moindres perfections : mais toute liberté a ses bornes qu'elle ne sçauroit passer sans changer de nature... » *Dialogues des morts*, traduits de l'anglais par M. le professeur de Joncourt (La Haye, Pierre de Hondt, 1760), p. 140.
3. Voltaire, *Œuvres complètes* (Beuchot), t. LIX, p. 15, 16. To Lord Lyttleton; at my castle of Tornex, in Burgundy.

lui adresser ses excuses sur une erreur qui semblait l'avoir si désagréablement impressionné, et de l'assurer qu'il se ferait un devoir de corriger cette faute involontaire dans la plus prochaine édition de ses Dialogues [1].

Revenons à l'Épître dédicatoire, dont il n'est pas une phrase qui ne soit calculée en vue de celle à qui l'on écrit. Elle lui avait été envoyée, et l'on attendait son aveu sans lequel on n'eût pu se permettre d'en hasarder l'impression. « Il faudrait que Madame de Pompadour fût une grande poule mouillée pour craindre ma fière dédicace [2]. » Mais, cinq ou six jours après, il était pleinement rassuré, si tant est qu'il eût douté un instant de sa vaillance. « Madame de Pompadour, s'écrie-t-il triomphant, n'est point *poule mouillée*, ni moi non plus [3]. » Mais il est ravi, enchanté, comme si ce n'eût pas dû aller tout seul. Il en fait part à ses amis, et leur parle de ce morceau d'éloquence comme de l'acte d'un grand citoyen qui aime passionnément à braver les cabales et à dire des vérités utiles [4]. La favorite et le ministre avaient tous deux approuvé [5]; et ce dernier avait même assuré l'auteur de *Tancrède* que la dédicace de Choisi n'avait

---

1. Voltaire, *OEuvres complètes* (Beuchot), t. LIX, p. 111, 112, 113. Lettre de Lord Lyttleton à Voltaire; sans date.
2. *Ibid.*, t. LIX, p. 22. Lettre de Voltaire à d'Argental; 20 septembre 1760.
3. *Ibid.*, t. LIX, p. 50. Lettre de Voltaire au même; 27 septembre 1760.
4. Voltaire, *Pièces inédites* (Paris, Didot, 1820), p. 283, 284. Lettre de Voltaire à M. de Florian; aux Délices, 29 septembre.
5. Voltaire, *OEuvres complètes* (Beuchot), t. LIX, p. 91. Lettre de Voltaire à Duclos; Ferney, 22 octobre.

pas fait tant de plaisir à celle-ci. Pour comprendre cette flatterie, il n'est pas inutile de dire que Louis XV venait de faire construire ce château de poupée, dans la chapelle duquel se trouvait un tableau de Carle Vanloo représentant sainte Clotilde, sous les traits, bien entendu, de Madame de Pompadour. Malgré ces gages, d'Argental, que Bolingbroke ne désignait dans sa toute jeunesse que sous le qualificatif de *seigneur Prudence*, n'était pas tranquille, et ne cachait pas à son ami les petites inquiétudes que lui donnait sa tête trop ardente. Mais Voltaire de repousser bien loin ces vaines et offensantes terreurs. « Vous imaginez donc que je suis assez mal habile pour fourrer dans la dédicace quelque chose que la marquise n'ait pas approuvé? Je ne suis pas si niais. Voici cette dédicace mot pour mot, telle que M. le duc de Choiseul me l'a renvoyée, munie du grand sceau des petits appartements. J'ai plus d'une raison de faire cette dédicace, et je crois que vous les devinerez toutes [1]. »

Nous citerons le début de cette Épître dédicatoire sur laquelle on comptait tant, et qui devait avoir de graves conséquences pour l'avenir de l'auteur de *Tancrède*, mais non pas telles qu'on les aurait souhaitées et telles qu'on les supposait.

Madame, toutes les épîtres dédicatoires ne sont pas de lâches flatteries, toutes ne sont pas dictées par l'intérêt; celle que vous reçûtes de M. de Crébillon [2], mon confrère à

1. Voltaire, *Œuvres complètes* (Beuchot), t. LIX, p. 129. Lettre de Voltaire à d'Argental; 10 novembre 1760.

2. Il s'agit ici de la dédicace du *Catilina* de Crébillon, que nous avons reproduite dans notre troisième volume, *Voltaire à la cour*, p. 257.

l'académie, et mon premier maître dans un art que j'ai toujours aimé, fut un monument de sa reconnaissance ; le mien durera moins, mais il est aussi juste. J'ai vu dès votre enfance les Grâces et les talents se développer ; j'ai reçu de vous, dans tous les temps, des témoignages d'une bonté toujours égale. Si quelque censeur pouvait désapprouver l'hommage que je vous rends, ce ne pourrait être qu'un cœur né ingrat. Je vous dois beaucoup, madame, et je dois le dire, j'ose encore plus. J'ose vous remercier publiquement du bien que vous avez fait à un très-grand nombre de véritables gens de lettres, de grands artistes, d'hommes de mérite en plus d'un genre.

Voltaire, qui s'était empressé de faire passer un bel exemplaire à la marquise, s'attendait à un mot aimable, qui ne venait pas. Ce silence le surprit, l'impressionna douloureusement, et il en témoigna son chagrin à son confident habituel. « Je ne suis pas excessivement content de Madame de Pompadour, lui mande-t-il à la date du 16 février 1761, mais aussi je ne suis pas fâché contre elle ; je trouve seulement *la Muse limonadière* plus attentive qu'elle. » Cette Muse limonadière, dont on oppose ironiquement les attentions aux abstentions de la favorite, était une débitante de la rue Croix-des-Petits-Champs, une madame Bourette[1], qui s'était imaginé être poëte et importunait ses confrères en Apollon de l'envoi de ses œuvres, politesse à laquelle ils répondaient, selon leur humeur, les uns en même monnaie, les moins nombreux par un petit cadeau tout aussi bien reçu. Les têtes couronnées n'étaient pas à l'abri de ses civilités poétiques ; elle dépêchait notamment au roi de Prusse une ode en prose.

---

1. Charlotte Renier, femme Curé, puis femme Bourette.

que Voltaire, alors à Berlin, voulut bien présenter lui-même et qu'avait dû réciter d'Arnaud Baculart [1]. L'auteur de *Zaïre* avait été de bonne heure l'objet des persécutions de la limonadière du café Allemand. Nous trouvons dans le recueil de la Sapho de comptoir, à l'adresse de Madame Denis qu'on se faisait moins scrupule de déranger, six petites pièces dont la plus saillante est une réponse à la nièce de Voltaire « qui m'avait envoyé un fort bel éventail. » Le poëte, qui n'avait pas de temps à perdre, dans cette circonstance encore, songeait à s'en tirer par un présent quelconque, une « carafe de soixante livres » qui, postérieurement, descendra au chiffre de trente-six livres, et finira par se changer en une tasse incrustée d'or, que Madame Scaliger aura la complaisance d'acheter et de faire parvenir à Madame Bourette [2] ; présent qui sera, disons-le en passant, l'objet d'une aigre allusion de la part du citoyen de Genève, que la Muse limonadière avait galamment invité à venir goûter de son café : « Si jamais l'occasion se présente de profiter de votre invitation, j'irai, Madame, avec grand plaisir, vous rendre visite et prendre du café chez vous ; mais

---

1. Madame Bourette, *la Muse limonadière* (Paris, 1755), t. I, p. 49. Lettre de Morand à madame Bourette; sans date.
2. Voltaire, *OEuvres complètes* (Beuchot), t. LIX, p. 18, 108, 278. Lettres de Voltaire à d'Argental des 17 septembre, 28 octobre 1760, et 3 janvier 1761. Madame Bourette le remercia par les vers suivants :

> Législateur du goût, dieu de la poésie,
> Je tiens de vous une coupe choisie,
> Digne de recevoir le breuvage des Dieux.
> Je voudrais, pour vous louer mieux,
> Y puiser les eaux d'Hippocrène ;
> Mais vous seul les buvez, comme moi l'eau de Seine.

ce ne sera pas, s'il vous plaît, dans la tasse dorée de M. de Voltaire; car je ne bois point dans la coupe de cet homme-là[1]. »

L'auteur de *Tancrède*, après avoir attendu monts et merveilles de son Épître dédicatoire, dut prendre son parti sur ses espérances déçues et envisager d'un œil philosophique l'ingratitude des hommes et des favorites. Toutefois, il y avait quelque chose d'étrange et d'inconcevable dans ce procédé que rien ne faisait prévoir; car la marquise et M. de Choiseul, antérieurement consultés, avaient paru également enchantés du fond et de la forme. Mais ce mutisme inexplicable, ce froid et menaçant silence avaient leur motif caché, leur raison secrète, que l'on se garda bien d'ébruiter et que le principal intéressé ne connut jamais. *Tancrède* avait à peine paru avec sa dédicace, que Madame de Pompadour recevait une lettre anonyme dont la perfidie, la noirceur produisirent tout l'effet que s'en était promis son ténébreux auteur. La voici, telle que l'a transcrite madame du Hausset, dans ses curieux souvenirs.

Madame, M. de Voltaire vient de vous dédier sa tragédie de Tancrède : ce devrait être un hommage inspiré par le respect et la reconnaissance; mais c'est une insulte, et vous en jugerez comme le public, si vous la lisez avec attention. Vous verrez que ce grand écrivain sent apparemment que l'objet de ses louanges n'en est pas digne, et qu'il cherche

---

[1]. Rousseau, *OEuvres complètes* (Dupont, 1824), t. XIX, p. 183. Lettre de Rousseau à madame Bourette « qui m'avait écrit deux lettres consécutives avec des vers, et qui m'invitait à prendre du café chez elle dans une tasse incrustée d'or, que M. de Voltaire lui avait donnée. » Montmorency, le 12 mars 1761.

à s'en excuser aux yeux du public. Voici ses termes : « J'ai vu, dès votre enfance, les grâces et les talents se développer, j'ai reçu de vous, dans tous les temps, des témoignages d'une bonté toujours égale. *Si quelque censeur pouvait désapprouver l'hommage que je vous rends, ce ne pourrait être qu'un cœur né ingrat.* Je vous dois beaucoup, madame, et je dois le dire. »

Que signifient au fond ces phrases, si ce n'est que Voltaire sent qu'on doit trouver extraordinaire qu'il dédie son ouvrage à une femme que le public juge peu estimable; mais que le sentiment de la reconnaissance doit lui servir d'excuse? Pourquoi supposer que cet hommage trouvera des censeurs, tandis que l'on voit paraître chaque jour des épîtres dédicatoires adressées à des caillettes sans nom ni état, ou à des femmes d'une conduite répréhensible, sans qu'on y fasse attention [1] ?

Madame de Pompadour et le duc de Choiseul n'avaient trouvé rien que de convenable dans ce début de l'Épître; et, certes, Voltaire, qui croyait en cela faire acte d'une amitié et d'un dévouement chevaleresque, ne soupçonnait guère qu'il pût y avoir dans ces paroles louangeuses le moindre prétexte à une interprétation odieuse. L'auteur de ces remarques peu charitables, qui se garde bien de les signer, demeura inconnu, et ce n'est pas à plus de cent ans d'intervalle qu'il faut essayer de percer l'ombre sous laquelle il est resté caché jusqu'à ce jour. Mais ce qui saute aux yeux, c'est que cette petite infamie ne peut être que le fait d'un homme de cour : il y a là une connaissance du terrain, quelque chose de familier et de local dans la perfidie, qui indique une main habituée à ces

---

1. *Bibliothèque des Mémoires relatifs au XVIIIe siècle* (coll. Barrière, 1846), t. III, p. 97, 98. Mémoires de madame du Hausset.

exécutions, qui sait où et comment frapper. La favorite, pas plus que son entourage intime, ne s'y méprit, et en fut atterrée. « M. de Marigny et Colin, intendant de Madame, ainsi que Quesnay, trouvèrent (c'est toujours madame du Hausset qui parle) que l'auteur anonyme était très-méchant, qu'il blessait Madame, et voulait nuire à Voltaire ; mais qu'au fond il avait raison. Voltaire fut, dès ce moment, perdu dans l'esprit de Madame et dans celui du roi, et il n'a certainement jamais pu en deviner la cause. » Cela est caractéristique. C'est tout une révélation du peu de consistance de ce sol étrangement mouvant qui s'appelle la cour.

A une telle distance, après un éloignement de dix années, comment l'auteur de *Tancrède* pouvait-il espérer déjouer les manœuvres de tant de gens intéressés à le perdre? Deux fois déjà, au sujet de petits vers adressés à la favorite, il avait pu juger de ce dont le courtisan est capable, et combien il lui en coûte peu à changer le plus innocent madrigal en la plus abominable satire. Nous avons vu comme un pressentiment traverser l'esprit de d'Argental et lui inspirer de vagues craintes dont son ami n'avait fait que rire : n'avait-on pas l'assentiment de celle à qui on voulait plaire? Sans doute elle avait accordé son plein acquiescement, et elle aurait dû se dire qu'en agréant l'hommage du poëte sans y trouver tout ce qu'allait s'évertuer à y rencontrer un esprit diabolique, elle s'était faite sa complice, et que l'erreur leur était commune. Mais l'on a rarement de ces retours équitables ; et Voltaire dut supporter la peine d'une humiliation qu'il lui avait, à coup sûr, bien involontairement attirée. Cette dernière noirceur était de nature à la décourager : elle avait servi jusque-là, quoique avec trop de prudence selon lui, la cause de l'auteur de *Zaïre*, et avait combattu, autant que faire se pouvait, l'éloignement du roi pour cet écrivain tapageur qu'il avait en exécration. Elle sentait qu'elle ne réussirait point à vaincre cette antipathie violente, qu'elle ne pouvait que déplaire sans utilité pour personne ; c'eût été, dès lors, s'exposer à compromettre stérilement un crédit qui reposait moins sur l'affection que sur une habitude invétérée, dont le calme, une constante sérénité faisaient toute la force. Voltaire dut être sacrifié, mais non pas aussi pleinement qu'on veut bien le dire. En réalité, sa situation changea-t-elle beaucoup ? Son but unique, son seul espoir, c'était son retour à Paris, retour auquel Louis XV n'aurait jamais consenti. A part cela, il était bien son maître où il était ; il pouvait tout oser, tout se permettre sans avoir à redouter sérieusement des persécutions qui, même à cette distance, ne laissaient pas de le préoccuper encore.

En somme, la passe était heureuse pour Voltaire. Au moment où il remportait un succès qui rappelait les plus beaux jours de sa jeunesse, son étoile lui fournissait l'occasion de faire quelque chose de mieux qu'une bonne tragédie ou un bon livre. Il s'agit de cette adoption de la descendante des Corneille, que l'on recueillera à Ferney avec une bienveillance, une générosité, un élan, dont en fin de compte mademoiselle *Rodogune*, comme l'appelle le poëte, ressentira les effets inespérés. Il nous faut, de toute nécessité, entrer dans les détails de la généalogie de la famille, pour faire connaître ce que l'orpheline dont allait prendre soin l'auteur de *Brutus* était à l'auteur des *Horaces* et de *Cinna*. Nous les empruntons en partie à Fréron, qui, lui aussi et avant Voltaire, s'entremit pour adoucir le sort d'un malheureux chargé d'un nom bien lourd à porter, se fût-il trouvé en de meilleures conditions d'éducation et de fortune.

Pierre et Thomas Corneille étaient fils d'un Pierre Corneille, maître des eaux et forêts de la vicomté de Rouen, qui avait eu deux frères, Guillaume et Pierre. Le dernier de ceux-ci, avocat au parlement de Normandie et secrétaire de la chambre du roi, tenait un état honorable et aurait fort probablement transmis intact à ses enfants un patrimoine, que la division, en tous cas, réduisait sensiblement, s'il n'eût pas eu la faiblesse de se porter caution pour un gentilhomme de ses amis, qui s'était bien gardé de l'initier au dérangement de ses affaires. Il mourait de chagrin, aux trois quarts ruiné, le 19 juillet 1675, laissant cinq enfants mineurs, trois filles et deux garçons. Ne nous occupons que de François, né le premier janvier 1662, tenu sur les fonts baptismaux par son cousin germain, celui qui fut le grand Corneille[1]. Il vécut obscurément et pauvrement dans un village près d'Évreux; l'unique garçon qu'il eut des trois mariages qu'il contracta, Jean-François, le père de la jeune fille sur

---

[1]. Baron de Stassart, *OEuvres complètes* (Paris, 1855), p. 351, 352. Généalogie de la famille Corneille. — Taschereau, *Histoire de la vie et des ouvrages de P. Corneille* (Jannet, 1855), p. 252 et suiv.

laquelle Voltaire va attirer la sympathie et la pitié de toute l'Europe, venait au monde, le 4 octobre 1714. Il était donc neveu des deux Corneille à la mode de Bretagne, et, conséquemment, cousin de Fontenelle, puisque l'auteur de la *Pluralité des mondes* avait pour mère Marthe Corneille, sœur de nos deux poëtes. Mais c'est ce qu'il ignorait complétement. Né dans l'indigence, éloigné du berceau de sa famille, sans la moindre culture, sachant à peine lire et écrire, il avait perdu toutes traditions, et il fallut lui apprendre qu'il avait à Paris un parent illustre qui pourrait, en s'intéressant à lui, changer sa triste position.

Il se décida à faire le voyage. Mais M. de Fontenelle avait alors quatre-vingt-dix-sept ans, et, bien qu'il eût conservé toutes ses facultés, la mémoire s'était émoussée en lui; il avait eu le temps d'ailleurs d'oublier cette branche des siens que le malheur avait dispersée. Jean-François s'annonça comme petit-fils de Pierre Corneille, ce qui était vrai; mais l'on ne songea point que l'avocat portait le même prénom que son neveu, et le survenant, considéré comme un imposteur, perdit son temps et ses peines auprès du vieux berger Fontenelle, qui laissa tout son bien à madame de Montigny, sa plus proche parente du côté paternel, à mesdemoiselles de Marsilly et de Martainville, descendantes de Thomas, et à madame de Forgeville. Jean-François et ses sœurs s'opposèrent à l'exécution du testament, conseillés par Dreux du Radier, qui demeura impuissant contre des dispositions prises par le testateur en pleine jouissance de ses facultés. Les appelants, déboutés, furent condamnés aux dépens. Heureusement ils trouvèrent dans les héritières de l'académicien des cœurs compatissants qui ne rendirent pas ces infortunés responsables des injures de leur avocat; non-seulement elles prirent à leur compte les frais du procès, mais encore elles leur donnèrent une certaine somme pour adoucir quelque peu l'amertume des regrets. Ces secours ne pouvaient longtemps suffire aux besoins journaliers de la vie, et le pauvre homme, pour ne parler que de lui, ne tarda point à retomber dans son premier dénûment, n'ayant pour tout moyen d'existence qu'un métier des plus chétifs; il était mouleur en bois. L'auteur du *Parnasse François*, Titon du Tillet, ce Mécènes bienveillant, si zélé pour tout ce qui touchait de près ou de loin aux arts et aux belles-lettres, ayant appris, avec l'ascendance, l'indigence du dernier des Corneille, fut profondément affecté d'un aussi complet abaissement; mais son âge, ses infirmités ne lui permettant guère de se donner tout le mouvement qu'il aurait voulu pour venir en aide à cet infortuné, il l'adressa à Fréron qui, par la publicité dont il disposait, semblait à même, plus que personne, de lui être de quelque utilité.

Il me vint dans l'esprit, nous dit l'auteur de l'*Année littéraire*, de solliciter pour lui une représentation d'une des pièces de son oncle; j'en parlai d'abord à deux ou trois comédiens qui goûtèrent ma proposition; je menai M. *Corneille* chez des personnes du premier rang et les plus propres à faire réussir mon dessein. Elles le reçurent avec cette bonté qui leur est si naturelle, et tous les égards dus à un homme qui portoit un si grand nom. Ma demande leur parut raisonnable, et j'eus le plaisir de les voir saisir mon idée, avec le zèle et le sentiment que j'avois tâché de leur inspirer.

Lorsque je vis que tout étoit favorablement disposé, je dictai à M. *Corneille* une lettre qu'il fit tenir aux comédiens assemblés, le lundi 3 de ce mois[1].

Cette lettre en appelait à leur commisération, à leur respect aussi pour la mémoire du père de notre théâtre. En consentant à lui abandonner le produit d'une représentation de telle pièce de son oncle à leur choix, ils pouvaient adoucir sensiblement le sort de trois personnes qu'il fallait faire vivre avec quarante huit livres par mois[2] et il osait espérer qu'une telle considération ne laisserait pas de les déterminer. Il indiquait modestement le mardi, le jeudi ou le vendredi, qui étaient les petits jours, les suppliant, toutefois, de faire mettre sur l'affiche que c'était au profit d'un neveu du grand Corneille. Cet appel fut entendu, et, disons-le à la louange des comédiens, ce fut avec un véritable élan qu'ils se prêtèrent à cette bonne action. Leur lettre en réponse à la démarche de Jean-François est remarquable par le ton de dignité et les sentiments généreux qui y règnent : ce ne serait pas un petit jour, qui serait désigné, mais un de leurs jours à grande recette, un lundi. *Rodogune* obtint la préférence pour cette solennité et les *Bourgeoises de qualité*, de Dancourt, lui furent adjointes par une raison qui fait également l'éloge du zèle de toute la troupe : c'était une des pièces du répertoire où figurent le plus d'acteurs et d'actrices ; de la sorte pres-

1. *L'Année littéraire*. 1760, t. II, p. 198 à 208. Paris, ce 20 mars 1760.
2. Et ce n'était que depuis quelques mois qu'il les touchait. Il avait dû, pendant cinq ans, nourrir sa femme, sa fille et lui, avec un traitement qui n'allait pas mensuellement à plus de vingt-quatre livres.

que tous pouvaient coopérer personnellement à cette bonne œuvre. La recette, grâce à la générosité d'une portion du public qui se fit un devoir de doubler, de quintupler le prix de sa place, s'éleva au chiffre relativement considérable de cinq mille livres. Mais cette somme avait son emploi tout trouvé; et, malheureusement pour le bénéficiaire, elle ne devait pas s'éterniser dans ses mains. Il fallut bien payer les vieilles dettes; et, sur ce qui resta, une somme fut mise de côté pour donner à mademoiselle Corneille, qui n'avait pas moins alors de dix-huit ans[1], une éducation digne de sa naissance. « Elle est entrée, ajoute Fréron, à l'abbaye de Saint-Antoine, où elle aura pour se former les conseils d'une prieure vertueuse, aimable et polie, et les exemples de plusieurs demoiselles de condition comme elle. »

Tout cela eût été au mieux. Mais cette réserve fut vite épuisée, et le pauvre père dut retirer sa fille du couvent, faute de pouvoir l'y entretenir davantage. Le secourable Titon du Tillet, touché de pitié, se décida à la prendre alors chez lui, en attendant mieux, et la remit entre les mains de ses nièces, mesdemoiselles Félix et de Vilgenou[2], qui voulurent bien se charger d'elle. Un homme de lettres, qui devait plus tard faire parler de lui, mais qui alors en était à ses débuts, Le Brun, ayant rencontré vers ce temps mademoiselle Corneille chez l'aimable vieillard, conçut tout

---

1. Elle était née le 22 avril 1742.
2. Voltaire, *Œuvres complètes* (Beuchot), t. LX, p. 518, 537. Lettres de Voltaire à d'Argental, 23 janvier; à Damilaville, 1er février 1763.

aussitôt l'idée d'éveiller la pitié et la générosité de
l'auteur de la *Henriade* sur cette famille infortunée ;
et, comme il était poëte et s'adressait à un poëte, ce
fut dans le langage des dieux qu'il rédigea sa requête.
Il lui en coûta peu pour rimer une ode qui n'avait
pas moins de trente-trois strophes, où la force, l'enthousiasme, un notable lyrisme, se mêlent trop souvent
à la bouffissure. L'auteur du *Cid* apparaissait à sa
petite-nièce ; et, après l'avoir exhortée à opposer à
d'injustes revers un courage indomptable, il lui disait
qu'un seul homme était digne de venir en aide au
sang de Corneille, et lui enjoignait de ne point chercher un autre appui.

> Un rival de mon nom (si quelqu'un le peut être),
> Voilà le protecteur que tu dois reconnaître ;
> Tu peux en l'implorant l'élever jusqu'à toi.
> Voltaire est ce rival, du moins si j'ose en croire
>   Les récits que la Gloire
> Sur la rive des morts en sema jusqu'à moi...
>
> Ma fille, si mon ombre au sein de l'Élysée
> Par ces récits heureux ne fut point abusée,
> Il est digne en effet de venger tes malheurs ;
> Tes malheurs et ton nom, quels titres plus augustes !
>   Quels arbitres plus justes
> Entre le sort et toi, que sa gloire et tes pleurs ?
>
> Dis-lui que si Mérope eût devancé Chimène,
> De son chaos obscur dégageant Melpomène,
> Sans doute il eût brillé de l'éclat dont j'ai lui.
> S'il eût été CORNEILLE, et si j'étais VOLTAIRE,
>   Généreux adversaire,
> Ce qu'il fera pour toi, je l'eusse fait pour lui[1].

---

1. Le Brun, *Ode et Lettre à M. de Voltaire en faveur de la famille du Grand Corneille* (Genève, 1760), p. 23, 25.

Le Brun joignait à son ode une lettre qui en était le commentaire et le complément. Voltaire ne fit pas attendre sa réponse, et elle fut telle qu'on l'avait espérée de sa générosité. « Il convient assez, disait-il, qu'un vieux soldat du grand Corneille tâche d'être utile à la petite-fille de son général. » Partant de là, il offrait de recueillir cette infortunée à laquelle il servirait de père, et qui recevrait auprès de sa nièce l'éducation la plus honnête. Il demandait, sans autres préliminaires, que la jeune fille lui fût adressée à Lyon, chez M. Tronchin, qui lui fournirait une voiture jusqu'à Ferney; ou mieux encore, une femme irait la prendre dans son équipage. « Si cela convient, je suis à ses ordres, et j'espère avoir à vous remercier, jusqu'au dernier jour de ma vie, de m'avoir procuré l'honneur de faire ce que devait faire M. de Fontenelle. Une partie de l'éducation de cette demoiselle serait de nous voir jouer quelquefois les pièces de son grand-père, et nous lui ferions broder les sujets de *Cinna* et du *Cid*[1]. » Voilà le premier mouvement, toujours bon et généreux chez Voltaire, avec ces procédés délicats qui rendent moins pénible l'acceptation du bienfait. Il ne s'est donné ni le temps ni le souci de la réflexion : tout est arrangé à ne pouvoir plus se dédire, avant qu'aucun renseignement ne soit venu l'édifier et sur cette branche des Corneille et sur ce jeune rejeton dont il offrait d'être le père. Ce n'est qu'après qu'il apprend qu'elle n'est point une descen-

---

1. Voltaire, *OEuvres complètes* (Beuchot), t. LIX, p. 125, 126. Lettre de Voltaire à Le Brun, 7, et plutôt 5 novembre 1760.

dante directe de l'auteur des *Horaces;* et, détrompé à
cet égard, il la croit issue de Thomas.

Il s'empressé tout aussitôt d'écrire à la jeune fille
pour la rassurer sur son compte et la persuader qu'elle
aura « toutes les facilités et tous les secours possibles
pour tous les devoirs de la religion. » Elle trouvera
d'ailleurs à s'occuper selon sa fantaisie et son humeur,
tant aux petits ouvrages de la main qu'à la musique
et à la lecture. « Si votre goût est de vous instruire
de la géographie, nous ferons venir un maître qui
sera très-honoré d'enseigner quelque chose à la petite-fille du grand Corneille; mais je le serai beaucoup
plus que lui de vous voir habiter chez moi[1]. » Ce qui
prouve bien qu'il a cédé à un premier élan, c'est qu'à
la réflexion il est un peu confus et inquiet de s'être
exécuté si vite, et sans information préalable, car, s'il
ne connaît pas mademoiselle Corneille, il ne connaît
guère plus celui qui s'est chargé de négocier pour elle.
« Connaissez-vous un Le Brun, secrétaire de M. le
prince de Conti? écrit-il à son ange gardien. C'est lui
qui m'a encorneillé; il m'a adressé une *Ode* au nom
de Pierre. C'est à lui que j'ai dit : envoyez-la-moi[2]. »
Mais il trouverait plus convenable que ce fût madame
d'Argental qui prît cette peine, et il le lui demande.
Quant au trousseau, il n'y a pas à s'en préoccuper,
madame Denis lui fera faire habits et linge. On lui

---

1. Voltaire, *OEuvres complètes* (Beuchot), t. LIX, p. 145, 146.
Lettre de Voltaire à mademoiselle Corneille; aux Délices, 22 novembre 1760.

2. *Ibid.*, t. LIX, p. 152. Lettre de Voltaire à d'Argental; 26 novembre 1760.

donnera des maîtres, et dans six mois elle jouera Chimène.

Elle arrivait dans la seconde quinzaine de décembre, et produisait la meilleure impression sur sa famille adoptive. Voltaire se sent rajeunir et ragaillardir à l'aspect de cette enfant vive, enjouée, douce, ingénue. « Nous sommes très-contents de mademoiselle *Rodogune;* nous la trouvons naturelle, gaie, et vraie. Son nez ressemble à celui de madame de Ruffec [1]; elle en a le minois de doguin ; de plus beaux yeux, une plus belle peau, une grande bouche assez appétissante, avec deux rangées de perles [2]. » Dans toutes ses lettres de ce temps, l'auteur de *Zaïre* se félicite de son acquisition et chante les louanges de la petite Corneille, qui plaît à tout le monde et contribue beaucoup à la douceur de leur vie. Sa lettre au père, d'ailleurs pleine de civilité et d'égards, renferme les mêmes éloges. « Tous ceux qui la voient en sont très-satisfaits. Elle est gaie et décente, douce et laborieuse. On ne peut être mieux née. Je vous félicite, monsieur, de l'avoir pour fille, et vous remercie de me l'avoir donnée [3]. » Cela n'est-il pas charmant, et cette façon de dissimuler le service en se proclamant soi-même l'obligé n'est-elle pas aussi délicate que touchante ? De semblables entraînements ne finissent que trop souvent par la tiédeur et l'abandon ; après être entrée par la

---

1. La duchesse de Ruffec, veuve, en 1731, du président de Maisons, l'ami de Voltaire; morte en septembre 1761.
2. Voltaire, *OEuvres complètes* (Beuchot), t. LIX, p. 189. Lettre de Voltaire à d'Argental; 22 décembre 1760.
3. *Ibid.*, t. LIX, p. 211. Lettre de Voltaire à M. Corneille; Ferney, 25 décembre 1760.

grande porte, mademoiselle Corneille pouvait descendre à ce niveau de domesticité déguisée des parents pauvres insensiblement amenés à se soumettre à bien des exigences et d'humiliantes servitudes. Mais ici c'est tout le contraire qui a lieu. Non-seulement madame Denis et tout son entourage font fête à la nouvelle venue, mais Voltaire lui sourit, mais il dérobe à son profit et sans y regarder un temps dont il est habituellement fort avare, avec une bonne grâce, une bonhomie dont il n'y a pas à révoquer en doute la sincérité. Citons cette lettre qui nous introduit dans l'intérieur du poëte et nous le montre à l'œuvre ; elle est à l'adresse de Dumolard, qui, lui aussi, s'était intéressé vivement à la petite-nièce du grand Corneille.

Elle a été un peu malade. Vous pouvez juger si madame Denis en a pris soin; elle est très-bien servie; on lui a assigné une femme de chambre qui est enchantée d'être auprès d'elle; elle est aimée de tous les domestiques; chacun se dispute l'honneur de faire ses petites volontés, et assurément ses volontés ne sont pas difficiles... Nous allons reprendre nos leçons d'orthographe. Le premier soin doit être de lui faire parler sa langue avec simplicité et avec noblesse. Nous la fesons écrire tous les jours : elle m'envoie un petit billet, et je le corrige; elle me rend compte de ses lectures : il n'est pas encore temps de lui donner des maîtres; elle n'en a point d'autres que ma nièce, et moi. Nous ne lui laissons passer ni mauvais termes ni prononciations vicieuses; l'usage amène tout. Nous n'oublions pas les petits ouvrages de la main. Il y a des heures pour la lecture, des heures pour les tapisseries de petit point. Je vous rends un compte exact de tout. Je ne dois point omettre que je la conduis moi-même à la messe de paroisse. Nous devons l'exemple et le donnons[1].

1. Voltaire, *OEuvres complètes* (Beuchot), t. LIX, p. 244, 245.

Cette dernière phrase n'est pas là sans intention, elle est une réponse aux propos, aux manœuvres des ennemis qui n'avaient pas manqué de pousser les hauts cris en voyant cette jeune âme tombée dans les griffes de Lucifer.

> J'apprends que les dévotes sont fâchées de voir une Corneille aller dans la terre de réprobation, et qu'elles veulent me l'enlever. A la bonne heure; elles lui feront sans doute un sort plus brillant, un établissement plus solide dans ce monde-ci et dans l'autre; mais je n'aurai rien à me reprocher. Nous verrons qui l'emportera de cette cabale ou de vous. Vous devez savoir que tout cela a été traité, pour et contre, au lever du roi; chacun a dit son mot[1].

Mais les dévotes n'étaient pas seules mécontentes et indignées, et les patrons de la première heure n'avaient pas vu sans déplaisir mademoiselle Corneille passer à l'ennemi. Le Brun, qui avait pris à la lettre les compliments de Voltaire, s'était hâté de faire imprimer son *Ode* et de la mettre en vente chez Duchesne; il n'avait eu garde davantage de n'y pas

---

Lettre de Voltaire à Dumolard; à Ferney, 15 janvier 1761. Voir aussi, p. 225, la lettre à Le Brun, du 2 janvier.

1. Voltaire, *OEuvres complètes* (Beuchot), t. LIX, p. 160, 161. Lettre de Voltaire à d'Argental; 29 novembre 1760. Il écrivait à Diderot également : « Les dévots et les dévotes s'assemblèrent chez madame la première présidente Molé, il y a quelque temps; ils déplorèrent le sort de mademoiselle Corneille, qui allait dans une maison qui n'est ni janséniste ni moliniste. Un grand chambrier qui se trouva là leur dit : « Mesdames, que ne faites-vous pour « mademoiselle Corneille ce qu'on fait pour elle? » Il n'y en eut pas une qui offrît dix écus. Vous noterez que madame de Molé a eu onze millions en mariage, et que son frère Bernard, le surintendant de la reine, m'a fait une banqueroute frauduleuse de vingt mille écus, dont la famille ne m'a pas payé un sou. » *Ibid.*, t. LIX, p. 192; à Diderot, décembre 1760.

joindre la réponse flatteuse du solitaire des Délices qui, pressentant ce qui allait arriver, fut plus contrarié de cette indiscrétion qu'il ne le laissa paraître. « Les lettres qu'on écrit avec simplicité, lui dit-il toutefois, qui partent du cœur, et auxquelles l'ostentation ne peut avoir part, ne sont pas faites pour le public. Ce n'est pas pour lui qu'on fait le bien ; car souvent il le tourne en ridicule. La basse littérature cherche toujours à tout empoisonner ; elle ne vit que de ce métier [1]. » On voit que Voltaire connaissait son Fréron ; et si la lettre d'où ces lignes sont extraites n'est pas antidatée, l'auteur de l'*Écossaise* prophétisait. Effectivement, le lendemain même, on lisait dans les feuilles de celui-ci le passage qui suit, bien fait, à coup sûr, pour soulever des tempêtes.

Vous ne sçauriez croire, monsieur, le bruit que fait dans le monde cette générosité de M. *de Voltaire*. On en a parlé dans les gazettes, dans les journaux, dans tous les papiers publics ; et je suis persuadé que ces annonces fastueuses font beaucoup de peine à ce poëte modeste, qui sçait que le principal mérite des actions louables est d'être tenues secrettes. Il semble d'ailleurs par cet éclat, que M. *de Voltaire* n'est point accoutumé à donner de pareilles preuves de son bon cœur, et que c'est la chose la plus extraordinaire que de le voir jeter un regard de sensibilité sur une jeune infortunée ; mais il y a près d'un an qu'il fait le même bien au sieur *Lécluse*, ancien acteur de l'Opéra-Comique, qu'il loge chez lui, qu'il nourrit, en un mot qu'il traite en frère. Il faut avouer qu'en sortant du couvent, Mlle *Corneille* va tomber en de bonnes mains [2].

1. Voltaire, *OEuvres complètes* (Beuchot), t. LIX, p. 166. Lettre de Voltaire à Le Brun ; aux Délices, 9 décembre 1760.

2. *Année littéraire* (1760), t. VIII, p. 163, 164. A Paris, ce 10 décembre 1760.

Il est inutile d'insister sur l'intention perfide de ces dernières lignes. L'on se serait borné à équivoquer sur la modestie du poëte qu'une publicité indiscrète était bien faite pour mettre à la torture, que nous n'y trouverions pas grand mal. Des deux parts, l'on se portait, à tout instant, de plus cruels et plus terribles coups. Mais Fréron, qui dans l'origine avait essayé de venir en aide à cette famille déchue, savait bien que ce trait lancé à Voltaire atteignait aussi mademoiselle Corneille, dont il compromettait l'avenir, en déconsidérant l'asile où elle allait vivre. Tout cela était gratuitement méchant, sans que rien ne vînt pallier cette mauvaise action. L'attaque ne manquait pas d'ailleurs d'habileté; et l'on en jugera par la façon embarrassée dont l'auteur de l'*Écossaise* s'en explique avec Damilaville.

> M. Thiériot me mande que le digne Fréron a fait une espèce d'accolade de la descendante du grand Corneille et de Lécluse, excellent dentiste, qui, dans sa jeunesse, a été acteur à l'Opéra-Comique. Si cela est, c'est d'une insolence très-punissable, et dont les parents de mademoiselle Corneille devraient demander justice. Lécluse n'est point dans mon château; il est à Genève, et y est très-nécessaire; c'est un homme d'ailleurs supérieur dans son art, très-honnête homme et très-estimé. La licence d'un tel barbouilleur de papier mériterait un peu de correction [1].

Et c'est à obtenir ce châtiment mérité qu'il va désormais s'appliquer avec sa passion et sa ténacité habituelles. Sa lettre à Le Brun de cette époque dénote

---

1. Voltaire; *OEuvres complètes* (Beuchot), t. LIX, p. 252. Lettre de Voltaire à Damilaville; 16 janvier 1761.

toute son exaspération, toute sa fureur. M. le chancelier et M. de Malesherbes peuvent à leur fantaisie permettre à ce misérable de débiter à tort et à travers ses jugements, mais ils se manquent à eux-mêmes en tolérant qu'il aille jusqu'aux personnalités les plus odieuses à l'égard d'honnêtes gens, de gens de condition, qui n'ont rien à débattre avec un pareil drôle. Madame Denis, qui s'est consacrée avec un zèle si louable à l'éducation de mademoiselle Corneille, est née demoiselle; elle est veuve d'un gentilhomme mort au service du roi; toute sa famille est dans la magistrature et le service. Ces mots de Fréron : « Mademoiselle Corneille va tomber en de bonnes mains, » méritent le carcan. Quant à Lécluse, qui est un homme fort estimable, il est faux qu'il loge à Ferney; il y a quatre mois entiers qu'il est à Genève, où il exerce sa profession de la façon la plus honorable[1]. M. Titon du Tillet, sa nièce mademoiselle de Vilgenou, madame Le Brun, sont également intéressés à réclamer le châtiment d'une pareille offense[2]. Il n'y a qu'à mettre l'abominable page entre les mains du procureur Pinon du Coudrai, et attaquer Fréron en Tournelle : « C'est le droit de la noblesse. » Aussi bien, dès le lendemain, Voltaire expédie à Le Brun le

---

1. D'ailleurs, ce Lécluse, comme il le dira autre part, non sans un léger accroc à la vérité, n'est pas celui qui a monté sur le théâtre de la foire. « Je le crois son cousin; il est seigneur de la terre du Tilloy, en Gâtinais. »

2. Voltaire, OEuvres complètes (Beuchot), t. LIX, p. 281, 282. Lettre de Voltaire à Le Brun; Ferney, 30 janvier 1761. Voir aussi la lettre de madame Denis au chancelier, du même jour. Ibid., p. 283.

certificat de madame Denis et la procuration de Lécluse. « Ce chirurgien a droit de demander justice d'un outrage qui peut le décréditer dans l'exercice de sa profession. Je payerai bien volontiers tous les frais du procès... Le bonhomme Corneille, conduit par vous, écrasera le monstre[1]. » Mêmes élans d'indignation, mêmes projets de vengeance, dans une épître à Thiériot du même jour. Tout cela lui semble des plus aisés à obtenir, et Fréron sera sans nulle difficulté condamné à une peine infamante et à de gros dommages-intérêts.

Mais M. de Malesherbes, à qui l'on s'adresse, de qui l'on attend en cette circonstance aide et appui, refuse de se prêter à des ressentiments sans doute excessifs, mais qui ne sont que trop fondés. « Que Fréron, s'écrie Voltaire, dise de la fille d'un conseiller du Châtelet ce qu'il a dit de mademoiselle Corneille, il sera mis au cachot, sur ma parole; mais il aura outragé la descendante du grand Corneille impunément, parce que l'impertinence française ne considère ici que la parente d'un auteur élevée par un auteur[2]. » Ce que dit là le poëte n'est que trop vrai; mais ce qui est vrai aussi, c'est que M. de Malesherbes aurait eu ses coudées plus franches si Fréron ne s'en fût pris qu'à mademoiselle Corneille. Le directeur de la librairie, d'ailleurs accusé de pencher secrètement pour les encyclopédistes, mis en demeure à chaque instant par

---

1. Voltaire, *OEuvres complètes* (Beuchot), t. LIX, p. 283, 284. Lettre de Voltaire à Le Brun; à Ferney, 31 janvier 1761.
2. *Ibid.*, t. LIX, p. 308. Lettre de Voltaire au même; Ferney, 15 février 1761.

eux de témoigner ostensiblement la protection dont il les couvrait et de se faire le complice docile de leurs violences, sentait trop souvent combien il est difficile de garder un milieu, de rester juste sans être tout aussitôt taxé de parti pris, de malveillance ou de lâche condescendance. Le dernier des Lamoignon, dans son curieux Mémoire sur la liberté de la presse, nous a initiés aux tiraillements d'un tel mandat, et nous sommes à même d'apprécier combien il lui fallut de calme, de modération, de fermeté pour ne pas s'écarter du personnage complexe qu'il s'était imposé. Ses prédécesseurs, armés de l'autorité qu'ils représentaient, peu sympathiques et peu tendres pour les moindres hardiesses, n'acceptant point la discussion de leurs arrêts, n'avaient connu ni ces embarras ni ces dégoûts ; et, plus d'une fois, las et énervé par la mauvaise foi, l'empiétement aveugle de ces philosophes qui l'étaient moins que lui, il lui arrivera de se révolter contre un despotisme plus intolérant que le pouvoir dont il était l'instrument. Les victimes n'étaient pas toujours du côté des philosophes, et les adversaires de ces derniers avaient tout autant de droit à se plaindre d'être opprimés [1]. Ce qui s'était passé pour l'*Écossaise*,

---

[1]. « Quand je fus appelé à ce département, écrit Malesherbes, la plupart des censeurs n'auraient pas permis un éloge donné à ce grand homme en termes généraux, sans y joindre la restriction expresse que c'était sans approuver la doctrine pernicieuse de beaucoup de ses ouvrages... Dans la suite, j'en ai vu d'autres qui n'auraient pas voulu approuver une critique littéraire de M. de Voltaire, disant qu'on ne devait la regarder que comme un libelle diffamatoire, parce qu'elle ne pouvait être que l'ouvrage de la passion, et que l'honneur de la nation était intéressé à ne pas laisser insulter en

la malveillance de la censure à l'égard de Fréron, avait dû indisposer l'équitable Malesherbes, qui voulait bien détourner une partie des coups destinés à ces savants fougueux, mais n'entendait pas servir leurs passions et se faire persécuteur avec eux. Et il était dans cette situation d'esprit, lorsque Voltaire, avec ses emportements de langage, vint au nom de la justice, de la morale, au nom de la société outragée, réclamer le châtiment du misérable folliculaire. L'instant était peu propice, et c'est à cette inopportunité qu'il faut attribuer son refus de sévir, car Fréron avait fait connaissance avec le For-Levêque pour beaucoup moins; il méritait une répression, qu'il n'évita peut-être que parce qu'elle fut sollicitée par Voltaire.

Mais l'auteur de la *Henriade* n'était pas homme à abandonner la partie au premier échec. Puisque M. de Malesherbes prend fait et cause pour Fréron contre mademoiselle Corneille, l'on aura recours à de plus équitables. Un Mémoire de quelques lignes, mais « fort de choses, » était adressé, au nom de la jeune fille, au comte de Saint-Florentin, à l'avocat-général Séguier et à M. de Sartines, lieutenant-général de police : elle était plus que fondée à implorer aide et protection contre un diffamateur qui lui avait peut-être porté un coup irréparable. Un gentilhomme des environs de Gex, capitaine au régiment des Deux-Ponts, venait de demander la main de mademoiselle Corneille pour un de ses parents; à défaut de fortune, le jeune homme croyait s'allier à une fille noble et bien élevée, et ne

---

France l'homme par qui la France est illustrée. » *Mémoire sur la liberté de la presse* (Paris, Pillet, 1814), p. 78, 79.

dut pas être médiocrement refroidi, en lisant dans l'*Année littéraire* « que le père de la demoiselle est une espèce de petit commis de la poste de deux sous, à 50 livres par mois de gages, et que sa fille a quitté son couvent pour recevoir chez moi son éducation d'un bateleur de la Foire [1]. » Effectivement, Voltaire nous dira plus tard que le mariage avait été rompu [2]. Mais, quoi qu'il dise et quoi qu'il fasse, malgré les ficelles qu'il remue, il n'aura, cette fois, affaire qu'à des sourds, à des gens déterminés à le laisser s'agiter, se plaindre, s'indigner, pousser des clameurs dans le vide ; et il faudra bien qu'il finisse par renoncer à obtenir pour sa cliente une réparation qui, certes, lui était due. Le lieutenant de police se serait borné à faire venir Fréron et à lui laver « sa tête d'âne. » Mais Fréron n'y perdit rien. Il allait se voir traîner sur la claie dans un pamphlet qui est un des mauvais livres que dicta à Voltaire une passion sauvage et sans frein. Nous voulons parler des *Anecdotes sur Fréron* dont il a toujours renié la paternité, mais qui lui sont restées, en fin de compte [3]. « Les *Anecdotes sur Fréron*, écrivait-il à Le Brun, sont du sieur La Harpe, jadis son

---

1. Voltaire, *Œuvres complètes* (Beuchot), t. LIX, p. 346. Lettre de Voltaire à Le Brun ; aux Délices, 26 mars 1761. François Corneille avait obtenu, par l'entremise de Chamousset, une commission dans les hôpitaux de l'armée, qu'il échangea, en effet, contre une place de facteur de la petite poste de Paris.
2. *Ibid.*, t. LIX, p. 361. Lettre de Voltaire à d'Argental ; 3 avril 1761.
3. *Anecdotes sur Fréron*, écrites par un homme de lettres à un magistrat qui voulait être instruit des mœurs de cet homme, 1761. Beuchot a cru devoir insérer ce pamphlet dans son édition ; t. XL, p. 229 à 244.

associé, et friponné par lui. Thiériot m'a envoyé ces *Anecdotes* écrites de la main de La Harpe. Voici quelques exemplaires qui me restent, on m'assure que tous les faits sont vrais[1]. » La Harpe n'était pas encore l'auteur de *Warwick*[2], mais en tous cas le cadeau dut l'embarrasser. On ne peut traiter le dernier des misérables comme Fréron est traité dans ces *Anecdotes*.

Le Brun, dont l'ode avait été l'objet de la critique la moins équitable (car, si elle est redondante et boursouflée, il s'y trouve des passages d'un talent réel), Le Brun, qui, durant sa longue vie, ne fit guère autre chose que déverser l'épigramme envenimée sur ses ennemis et même ses amis, ne devait pas endurer sans se cabrer les lardons du journaliste. Il court chez Fréron, qu'il ne rencontre point, et lui laisse le billet suivant : « M. Le Brun a eu l'honneur de passer chez M. Fréron, pour lui donner quelque chose[3]. » Ce « quelque chose, » que l'on devine, fit le tour de Paris, et amusa tout un jour. Hâtons-nous de dire que Fréron ne s'autorisa pas des termes vagues de la missive pour se tenir coi et attendre qu'on s'expliquât plus catégoriquement ; le soir même, il écrivait de son côté : « Je suis très-sensible à l'attention de M. Le Brun ; il peut être bien persuadé qu'il n'obligera pas un ingrat. Je pense trop bien pour ne pas lui rendre

---

1. Voltaire, *OEuvres complètes* (Beuchot), t. LIX, p. 297. Lettre de Voltaire à Le Brun ; à Ferney, 6 février 1761.

2. *Warwick*, sa première tragédie, mais non pas son premier ouvrage (il avait débuté par des héroïdes), fut représentée en novembre 1763.

3. Collé, *Journal historique* (1807), t. III, p. 27.

au centuple tout ce qu'il pourra me donner... Mais comme je suis très-occupé, M. Le Brun peut se dispenser de me faire des présents chez moi. Je sors presque tous les jours entre midi et une heure; sa munificence aura plus d'éclat lorsqu'on en verra l'effet dans le public [1]. » Fréron, après tout, n'est pas un poltron; il est homme à dégaîner au besoin. Il existe même une note de police, en date du 5 novembre 1749, qui nous le représente, croisant le fer, à la suite d'une querelle au foyer de la Comédie-Française, avec le futur auteur de *Bélisaire*, qu'il avait attaqué dans ses feuilles. L'on arriva assez à temps, cela va sans dire, pour éviter un malheur, et des gardes furent donnés aux deux champions, en attendant que le maréchal d'Insinguien arrangeât l'affaire [2]. Nous ignorons si pareille intervention, cette fois encore, empêcha le sang de couler; mais nous n'avons trouvé nulle part que cet échange de billets eût eu d'autres conséquences.

Le Brun était trop fiéleux pour n'être pas sans mesure, et il le prouva jusqu'au dégoût par l'*Ane littéraire ou les âneries de maître Aliboron, dit F****, qu'il publiait bientôt après [3], et *la Wasprie ou l'âne*

---

1. Favart, *Mémoires et correspondance littéraire* (Paris, Collin, 1808), t. II, p. 374, 375. Lettre de M. Fréron à M. Le Brun ; 2 mars 1763. Si cette date n'est pas fautive, cela se serait passé deux années plus tard. Mais les faits restent les mêmes.
2. Delort, *Histoire de la détention des philosophes à la Bastille et à Vincennes* (Paris, Didot, 1829), t. II, p. 169, 170.
3. Le Brun écrivait à Voltaire : « Enfin, il est bien vrai que l'*Ane littéraire* (titre qui vous a plu et qui fait lui seul une très-bonne plaisanterie sur l'*Année littéraire*) a passé, en dépit des incertitudes de M. de Mal*** (Malesherbes), parce qu'il s'est heureuse-

Wasp, ramassis d'injures et de grossièretés, dans lesquels il est démontré, toutefois, surabondamment que Fréron faisait de l'érudition à la diable, avec une étourderie ou une ignorance inexcusable chez ceux qui s'arrogent le droit de contrôler et de régenter les autres [1]. Ces vives représailles ne rendaient pas son prétendu à mademoiselle Corneille; mais elles soulageaient un peu ses patrons, et n'avaient pas dû faire rire Fréron, qui connaissait assez bien les hommes pour savoir que le mal ne trouve guère d'incrédules.

Aussitôt qu'il s'était senti maître de Ferney, le vieux Suisse, qui n'était Suisse que jusqu'au Consistoire, s'était mis, avec son ardeur accoutumée, à jeter les fondements d'un château qu'il allait édifier lui-même, selon ses visées et ses besoins, et à faire le tracé des bosquets et des terrasses de ce dernier nid de sa vieillesse. Il avait bien trouvé une antique construction, vénérable souvenir d'un autre âge. Il disait, à propos des ennuis qui lui venaient de Genève et de son clergé : « Je parle un peu en homme qui a des tours et des machicoulis, et qui ne craint point le Consistoire. » Il existe des dessins de l'ancien castel

---

ment trouvé que le censeur qui l'avait dans ses mains était de mes amis depuis longtems. Il ne savait pas que mon frère en fût l'auteur... » *OEuvres de Le Brun* (Paris, 1811), t. IV, p. 22. Nous avouons que nous croyons peu à la coopération du frère de Le Brun. Comme plus de la moitié du volume était consacrée à un *Docte et impartial jugement de M. Fréron sur l'ode de M. Le Brun* (p. 53 à 129), le poëte lyrique avait jugé au moins convenable de décliner la paternité de l'article.

1. Ainsi Fréron dira, notamment, le « lit de Phalaris » pour le « lit de Procuste. » *L'Ane littéraire*, p. 24. — *La Wasprie*, première partie, p. 18, 19. — *L'Année littéraire*, 1759, t. III, p. 129.

avec quatre tours ou tourelles, que l'auteur de la *Henriade* fit mettre à bas parce qu'elles lui cachaient le plus beau paysage [1], et qu'elles étaient d'une médiocre utilité à un seigneur de paroisse, ne faisant la guerre qu'avec la plume, une terrible plume, il est vrai. Si, comme Amphion, il n'a pas fait sortir de terre un palais aux sons de sa lyre, il a présidé à tout ; tout s'est élevé sous ses yeux et par ses ordres. Joignant à ses autres connaissances « un peu de Vitruve, » il bâtit, il plante, il jouit [2]. Il est fier de son œuvre, et il n'essayera pas de dissimuler son contentement sous des dehors de modestie.

> Il est vrai, écrit-il à madame de Fontaine, que Ferney est devenu un des séjours les plus riants de la terre. Je joins à l'agrément d'avoir un château d'une jolie structure, et à celui d'avoir planté des jardins singuliers, le plaisir solide d'être utile au pays que j'ai choisi pour ma retraite. J'ai obtenu du Conseil le dessèchement des marais qui infectaient la province, et qui y portaient la stérilité. J'ai fait défricher des bruyères immenses ; en un mot, j'ai mis en pratique la théorie de mon Épître [3].

Voltaire fait ici allusion à l'Épître *sur l'Agriculture* dédiée à madame Denis, dans laquelle, s'il est incidemment parlé du bonheur de la vie champêtre, il est surtout question de l'archidiacre Trublet, de Diderot, des billets de confession et de mademoiselle Cor-

1. Voltaire, *Lettres inédites* (Didier, 1857), t. II, p. 174. Lettre de Voltaire à M. Signy ; Ferney, 6 mai 1769.
2. Voltaire, *Œuvres complètes* (Beuchot), t. LIX, p. 253, 254. Lettre de Voltaire à M. de La Marche ; Ferney, 18 janvier 1761.
3. *Ibid.*, t. LIX, p. 287. Lettre de Voltaire à madame de Fontaine ; Ferney, 1er février 1761.

neille ¹. Il a le droit de s'enorgueillir d'une création qui n'est pas toute d'agrément et de colifichet, qui a ses côtés utiles et philanthropiques. Dès la première heure, en effet, il songera à faire vivre ceux qui l'entourent, à protéger ses vassaux, car il ne cache pas qu'il a des vassaux, à répandre le bien-être, l'abondance parmi cette population misérable qui n'aura qu'à bénir son apparition. Quant à l'architecte (nous entendons Voltaire), peut-être s'illusionne-t-il sur les mérites et les beautés de son microscopique palais, et quiconque ne connaissait Ferney que par ces lyriques descriptions sera un peu surpris et désappointé à l'aspect modeste du bâtiment, qui ne dépasse point les proportions d'une maison de campagne ordinaire. Voltaire n'en niait pas le peu d'étendue, mais que fait l'étendue ? « Une maison, n'eût-elle que soixante-dix pieds de face, fait honneur à son maçon, quand elle est bâtie avec goût; sans goût il n'y a rien ². »

Il écrivait à d'Argental au commencement de juillet

1. Voltaire, *Œuvres complètes* (Beuchot), t. XIII, p. 232. Épître à madame Denis sur l'Agriculture; 14 mars 1761.
2. Voltaire, *Lettres inédites* (Didier, 1857), t. I, p. 335. Lettre de Voltaire à M. de Chennevières; aux Délices, 16 septembre 1761. Mais ce qui ne fait pas honneur au maçon, ce sont certaines inadvertances d'autant plus regrettables qu'elles sont irréparables. « On s'étonne de la petitesse du sallon de Voltaire, de ce sallon où, pendant vingt ans, il reçut tout ce qu'il y avoit de plus grand et de plus illustre en Europe. Mais l'on ne s'en étonnera plus, lorsqu'on saura que Voltaire fut son propre architecte, et que, par une distraction excusable chez un poëte, tout en dressant le plan de sa maison, il avoit oublié de tenir compte de l'épaisseur des murailles, en sorte qu'il fallut prendre celles-ci sur la grandeur des appartemens. » *Bibliothèque universelle* (Genève, 1816), t. III, p. 88. *La Chambre de Voltaire.*

1761 : « Pour peu que dans ce monde on ait un champ et un pré, ou qu'on fasse bâtir une église, ou qu'on fasse une ode comme M. Le Brun, on est en guerre. » C'était là un retour sur lui-même, sur sa position, sur la vie agitée, militante qui allait être, qui était déjà la sienne. N'a-t-il pas charge d'âmes, et le bonheur, la fortune de ce petit monde ne lui sont-ils pas confiés? Il saura défendre le faible contre le puissant, le droit contre l'iniquité. Un curé d'un petit village voisin de ses terres avait dépêché les sergents aux habitants de Ferney pour une dîme située à Cottovrex et dans la possession de laquelle il avait été maintenu définitivement, par arrêt contradictoire du parlement de Dijon (du 14 août 1758) obligeant ceux-ci, avec tous les dépens, à la restitution des fruits de la dîme retenus par eux pendant plusieurs années. Cela se passait avant l'acquisition et l'installation du poëte, trop porté à croire à une vexation pour ne pas prendre tout aussitôt fait et cause pour ses paysans avec une ardeur que la condition de la partie adverse n'était pas de nature à ralentir. Il écrivit même à l'évêque d'Annecy, Biort, dans le diocèse duquel se trouvait Ferney, une lettre où la haute intervention du prélat était invoquée au nom des Pères de l'Église, les Irénée, les Jérôme, les Augustin, assez étrangement, comme on en va juger.

Monseigneur, le curé d'un petit village, nommé Moëns, voisin de ma terre, a suscité un procès à mes vassaux de Ferney, et, ayant souvent quitté sa cure pour aller solliciter à Dijon, il a accablé aisément des cultivateurs uniquement occupés du travail qui soutient leur vie. Il leur a fait pour

1,500 livres de frais pendant qu'ils labouraient leurs champs, et a eu la cruauté de compter, parmi ses frais de justice, les voyages qu'il a faits pour les ruiner. Vous savez mieux que moi, monseigneur, combien, dès les premiers temps de l'Église, les saints Pères se sont élevés contre les ministres sacrés qui emploient aux affaires temporelles le temps destiné aux autels..... Voilà, monseigneur, ce que le curé de Moëns est venu faire à la porte de mon château, sans daigner même me venir parler. Je lui ai envoyé dire que j'offrais de payer la plus grande partie de ce qu'il exige de mes communes, et il a répondu que cela ne le satisfaisait pas. Vous gémissez, sans doute, que des exemples si odieux soient donnés par des pasteurs catholiques, tandis qu'il n'y a pas un seul exemple qu'un pasteur protestant ait été en procès avec ses paroissiens... Je conjure votre zèle paternel, votre humanité, votre religion, non pas d'engager le curé de Moëns à se relâcher des droits que la chicane lui a donnés, cela est impossible, mais à ne pas user d'un droit si peu chrétien dans toute sa rigueur, à donner les délais que donnerait le procureur le plus insatiable, à se contenter de ma promesse, que j'exécuterai aussitôt que mes malheureux vassaux auront rempli une formalité de justice préalable et nécessaire. J'attends de vous cette grâce et cette justice [1].

Il y avait bien de l'impertinence à donner à un prélat des leçons d'austérité et d'équité ; et cette formule dérisoire : « Vous savez mieux que moi, Monseigneur... » ne devait qu'aggraver encore l'irrévérence de cette requête cavalière. Mais il aura lieu de s'assurer plus tard qu'il n'avait pas semé en terre ingrate et qu'il

1. Voltaire, OEuvres complètes (Beuchot), t. LVIII, p. 277, 278, 279. Lettre de Voltaire à M. Biort, évêque d'Annecy; 15 décembre 1759. Nous pensons pour notre compte que la date de cette lettre est inexacte, et qu'il faut lire 1758; car Voltaire ne pouvait pas prier le prélat de faire obtenir des délais à ses paysans, le 15 décembre 1759, quand tout était conclu, terminé, dès le 29 novembre, comme on va le voir plus bas.

ne s'était pas fait précisément un ami de Monseigneur Biort. Voltaire s'était adressé antérieurement au président de Brosses et au conseiller Le Bault, du parlement de Dijon. Mais il lui fut répondu qu'il n'y avait rien de possible, si ce n'était d'obtenir du temps et de prendre des arrangements pour le payement [1]. En effet, le curé s'était mis en règle, et l'unique moyen laissé au poëte de sortir de prison les deux plus notables paysans retenus à Gex était de fournir, de ses deniers, la somme de deux mille cent livres, pour lesquels ils étaient enfermés, ce qu'il fit avec une rare générosité; et cette somme ne lui fut remboursée qu'au bout de vingt ans, sans intérêts, par la jouissance d'un petit marais que lui céda la commune de Ferney. C'est Wagnière qui dit cela et qui pourrait sembler un peu suspect [2]; mais nous avons trouvé ailleurs, dans des pièces officielles, la pleine confirmation de ces détails.

M. de Voltaire (écrivait M. Fabri, le syndic des états du pays de Gex, à l'intendant de Bourgogne), plus excellent poëte que habile jurisconsulte, avoit imaginé qu'il pouvoit faire révoquer cet arrêt (l'arrêt du 14 août) ou au moins y faire apporter des modifications, il entretenoit les habitans de Fernex dans cette espérance, et conséquemment dans une entière inaction sur le choix des moyens à prendre pour se libérer, lorsque le 12 avril dernier vous avez ordonné, sur la requête du curé de Moens, que ces habitans impose-

---

1. *Voltaire et le président de Brosses* (Paris, Didier, 1858), p. 49, 57. Lettre de Voltaire à M. de Brosses (sans date). Réponse du président (janvier 1759). — *Lettres de Voltaire à M. le conseiller Le Bault* (Paris, Didier, 1868), p. 7; aux Délices, 29 décembre 1758.

2. Longchamp et Wagnière, *Mémoires sur Voltaire* (Paris, 1826), t. I, p. 39. Additions au *Commentaire historique*.

rojent sur eux pendant trois années consécutives au marc la livre de leur taille et par un rolle séparé la somme de 2102 # 4 s. 8 d., à laquelle monte la restitution de fruits et les dépens.

Cette ordonnance a rencontré une grande difficulté dans son exécution. Les habitans non communiens et les propriétaires forains ont prétendu ne devoir point être compris dans le rolle de l'imposition, attendu qu'ils n'ont aucunement profité des fruits de la dixme que la communauté de Fernex est condamnée de restituer, et qu'ils n'ont pris aucune part ny directement ny indirectement au procès; cette prétention qui paroît fondée rejettoit tout le poids de l'imposition sur un petit nombre d'habitans pauvres et non d'état de supporter une charge si forte. M. de Voltaire touché de leur situation a bien voulu pour prévenir toutes divisions entre ces habitans, leur donner les moyens d'acquitter ce qu'ils doivent au Sr Ancian. En conséquence il leur a prêté sous le nom de madame Denis sa niepce sans aucun intérêt une somme de 2400 # imputable chaque année sur la rente de 120 # prix d'une admodiation que les habitans de Fernex luy ont passé d'un marais et d'un pré faisant partie de leurs communaux. Cet arrangement est infiniment avantageux à la commune de Fernex, puisque sans rien débourser, elle se trouvera libérée dans peu d'années; c'est un trait des plus marqués de la générosité de M. de Voltaire envers les vassaux de sa niepce[1]...

Les curés, dans ces coins perdus, au milieu de ces populations éparses et indigentes, étaient autant de petits tyrans, très-redoutables, si leur tempérament les poussait à la vexation et au despotisme, s'arrogeant, sans plus de façon, l'exercice de la police tem-

---

[1]. Bibliothèque de Dijon. Manuscrits, n° 231. Fonds Baudot, t. V. Lettre de M. Fabry à l'intendant; à Gex, le 29 novembre 1759. L'approbation de l'intendant se trouve en tête de la pièce, avec cette appréciation du procédé du poëte : « Je pense comme vous qu'il n'y a rien de plus avantageux pour les habitans. »

porelle, et intervenant violemment dans les questions qui les regardaient le moins. Les faits qui vont suivre, de quelque manière qu'on les envisage, démontrent ce qu'un prêtre turbulent, colère, emporté, pouvait oser, sans trop d'apparence d'être recherché et inquiété. Il s'agit ici encore du curé de Moëns, qui, apprenant que trois jeunes gens du bourg de Sacconnex, au retour de la chasse, étaient allés souper au hameau de Magny, chez une veuve Burdet, de réputation assez équivoque, quitte à l'improviste deux de ses confrères avec lesquels il était attablé, prend avec lui plusieurs paysans, en raccole d'autres dans un cabaret, les arme lui-même de ces « bâtons et massues avec lesquels on assomme les bœufs, » fait entourer la maison, et pénètre avec quatre ou cinq de ses séides dans la cuisine où mangeaient et buvaient les trois chasseurs. A en croire ses ennemis, Ancian (c'était le nom du pasteur de Moëns) avait ses motifs pour entrer en maître chez la veuve, dont il aurait été amoureux fou. Et c'est ce que prétend Decroze père, dans sa requête au lieutenant-criminel du pays de Gex. Son récit très-circonstancié, très-émouvant, très-dramatique, ne nous produit pas ce prêtre à son avantage, comme on le pense bien, et ce ne sera pas sans réserve, pour plus d'un motif, qu'il en faudra tenir compte. Ancian avait été prévenu de cette réunion chez la Burdet par un nommé Dubi, qui avait ajouté que les convives étaient en train de s'égayer sur son compte.

C'est donc ainsi, Madame (s'était écrié Ancian hors de lui en pénétrant dans le logis de la veuve), que vous vous plaisez à déchirer ma réputation ! Alors, trouvant sous sa main un chien de chasse de mon fils, il l'assomma d'un coup de bâton. Mon fils, qui s'était retiré, par déférence pour le caractère de ce prêtre, dans la chambre voisine, accourt, demande raison de cette violence ; le curé lui répond par un soufflet : les gens, apostés par lui, tombent en ce moment par derrière sur mon fils et sur le sieur Collet, leur déchargent des coups de bâton sur la tête, et les étendent aux pieds du curé.

Le sieur Guyot, qui était dans la chambre voisine, en sort au bruit et aux cris de la veuve Burdet ; il voit ses deux amis tout sanglants sur le carreau, et tire son couteau de chasse : deux complices du curé prennent leur temps, le frappent à la tête, et l'étourdissent.

Le curé lui-même, armé d'un bâton, frappe à droite et à gauche sur mon fils, sur Guyot et sur Collet, que ses complices avaient mis hors d'état de se défendre ; il ordonne à ses gens de marcher sur le ventre de mon fils ; ils le foulent longtemps aux pieds : Guyot s'évanouit du coup qu'il avait reçu sur la tête ; ayant repris ses esprits, il s'écrie : Faut-il que je meure sans confession ! Meurs comme un chien, lui répond le curé, meurs comme les huguenots !.....

C'est à l'évêque à savoir ce qu'il doit faire, quand il apprendra que ce prêtre eut l'audace, le lendemain, de célébrer la messe, et de tenir son Dieu entre ses mains meurtrières. C'est à vous, Monsieur, à vous informer comment on a laissé en place un homme ci-devant convaincu d'avoir donné des soufflets, dans son église, à deux de ses paroissiens, et qui, en dernier lieu, ayant ruiné les communiers de Ferney par des procès, a traîné en prison à Gex deux de ces infortunés [1]...

---

1. Voltaire, *OEuvres complètes* (Beuchot), t. XL, p. 199, 200. A M. le lieutenant criminel du pays de Gex, et aux juges qui doivent prononcer avec lui en première instance. A Sacconey, le 3 janvier 1761. Cette requête (*rédigée probablement par M. de Voltaire*, disent les éditeurs de Kehl, qui n'ont pas hésité à l'admettre dans leur édition) est naturellement signée du plaignant, Decroze, et de Vachat, son procureur.

Sans trop de présomption, il est permis de décider quelle plume était venue en aide au père de la principale victime, honnête horloger du grand Sacconnex, qui n'était rien moins que batailleur et auquel il fallut faire violence pour le déterminer à poursuivre les assommeurs de son fils. On sent que le poëte, chez lequel le blessé avait été rapporté, a mis la main à la requête, et ce rappel du procès intenté si impitoyablement par Ancian aux communiers de Ferney suffirait à déceler son auteur. Le pauvre Decrozé, qui savait ce dont le curé de Moëns était capable, n'était pas pressé de se commettre et se défendait de signer une telle pièce. Voltaire, que ces hésitations mettaient hors de lui, écrivait à Gabriel Cramer :

L'affaire du pauvre Croze est incompréhensible partout ailleurs qu'en France. Un prêtre! un assassinat prémédité! un billet de garantie donné par ce prêtre à ses complices [1]! Il mérite la roue et il est encore impuni.

Il y a quinze jours que de Croze est entre la vie et la mort, et son assassin dit la messe. Le décret n'est point mis à exécution; on cherche à temporiser, on veut s'accommoder et transiger avec la partie civile.

Que Philibert (Cramer) aille, sur-le-champ, chez madame d'Albertas [2], qu'elle fasse dire à Croze père, que s'il est assez lâche pour marchander le sang de son fils, il deviendra l'horreur du public.

Qu'on aille chez lui, qu'on l'encourage, qu'il ne rende pas mes peines inutiles. Cette affaire m'en donne assez ; que le

---

1. On disait qu'il avait signé un billet à ses complices, par lequel il promettait de les mettre à l'abri de toute recherche et de tout dommage. Addition à la requête de Croze père; 10 janvier 1761.

2. Femme du premier président de la chambre des comptes d'Aix. Voir la lettre plaisante que Voltaire adresse au président, en 1765. *Œuvres complètes* (Beuchot), t. LXII, p. 553, 554.

géant Pictet coure à Saconay, qu'il ait la bonté de parler à Croze. Il ne faut pas qu'il épargne l'argent. Un des assassins a plus de dix mille écus de bien : le curé est très-riche. Il aura des dédommagements très-considérables [1].

Mais le bonhomme refusait toujours, malgré les sollicitations, malgré l'appât d'une forte indemnité. « Ils me tueront ! disait-il. — Tant mieux, lui répondait Voltaire, cela rendrait notre affaire bien meilleure [2] ! » A coup sûr, l'auteur de la *Henriade* n'avait pas besoin qu'Ancian fût un prêtre pour se sentir révolté d'une telle atrocité, mais il ne fut nullement fâché, sans doute aussi, de l'occasion qui s'offrait de venger ses vassaux d'un oppresseur, des mains duquel ils n'étaient sortis qu'au détriment de sa bourse [3]; et il ne s'occupa plus qu'à procurer au curé de Moëns « un emploi dans les galères. » Mais c'était là encore une tâche assez ardue, et il ne devait pas compter que ce dernier s'y prêtât de bonne grâce. « Le curé se défend tant qu'il peut; il dit qu'il ne veut point aller aux galères [4]. » Ancian était un homme résolu, s'il était violent, adroit, fin, et qui savait

---

1. Gaullieur. *Étrennes nationales*, 1re année, 1845, p. 198. Lettre de Voltaire à Gabriel Cramer.

2. *Ibid.*, 3e année, 1855, p. 215, 216. Anecdotes inédites sur Voltaire, racontées par François Tronchin.

3. Le père Fessi, dans sa lettre citée plus bas, ajoute à ceux-ci d'autres griefs non moins graves, Ancian aurait représenté à M. de Voltaire, qui s'était emparé d'un chemin nécessaire aux habitants du pays, sans en avoir fourni un autre, le préjudice qu'il portait aux paroisses voisines, et sans aucun droit. « M. de Voltaire a été obligé de rendre le chemin, et ne s'est pas caché qu'il fera pendre le curé s'il peut... »

4. Voltaire, *OEuvres complètes* (Beuchot), t. LIX, p. 228. Lettre de Voltaire à Cideville; Ferney, 4 janvier 1761.

qu'on ne l'abandonnerait qu'à toute extrémité. Son caractère le protégeait; et, au moment même où ceux qui n'avaient agi que sous sa pression avaient été obligés de prendre la fuite, l'on s'était borné à l'ajourner. « Il est inouï, écrivait Voltaire au président de Brosses, qu'un homme convaincu d'avoir été chercher lui-même, à une demi-lieue de chez lui, des assassins dans un cabaret, de les avoir armés, d'avoir frappé le premier, d'avoir encouragé les autres à frapper, n'ait été qu'assigné pour être ouï, tandis que ses complices, cent fois moins coupables, ont été décrétés de prise de corps. » Ancian a plus d'un ami dans la magistrature comme dans le conseil de la ville de Gex ; il obtenait de celui-ci une attestation de vie et de mœurs, « malgré la réclamation du notaire-conseiller Vuaillet[1], au fils duquel ce même curé de Moëns donna un soufflet en public, l'an 1758, soufflet pour lequel il essuya un procès criminel, dont minute est au greffe, et qu'il accommoda pour cent écus[2]. » Mais il ne s'en tient pas là, il intrigue, cherche à apaiser Voltaire ou à contrebattre son influence, fait agir auprès des Decroze qui le craignent et ne seraient peut-être pas fâchés d'en rester là. S'il fallait en croire le bilieux seigneur de Ferney, le jésuite Fessi, aumônier du résident à Genève, dont il va être question plus loin, aurait cherché à intimider la sœur de la victime, lui faisant une nécessité de conscience et de salut d'obtenir

---

1. Ou plutôt Vaillet, auquel il a été fait allusion, trois pages plus haut, sans le nommer, dans la requête de Decroze.
2. *Voltaire et le président de Brosses* (Didier, Paris, 1858), p. 130. Lettre de Voltaire au président; Ferney, 30 janvier 1761.

le désistement de son père. Il n'est que juste d'ajouter que celui-ci raconte les choses différemment : il n'aurait pas dépendu de cette jeune fille, à l'entendre, qu'il ne donnât dans un piége auquel, toutefois, il sut échapper. Voltaire, non moins actif, ne néglige rien pour arriver à son but; et son zèle l'aurait entraîné bien loin, si le père Fessi, dans ses accusations contre l'ennemi de son couvent, n'y a pas mis un peu du sien.

Croiriez-vous, Monsieur, écrivait-il au conseiller Le Bault, qu'il savait en correspondance avec Voltaire et qui, au même moment, était effectivement sollicité par ce dernier; croiriez-vous, Monsieur, que cet homme vraiment rare dans son espèce a eu l'extravagance de s'afficher plus singulièrement encore. On a, ces jours derniers, recollé et confronté à Gex les témoins dans l'affaire du curé : la veuve Burdet, témoin principal contre luy, et dont la mauvaise vie est publique, s'y rendit comme les autres, mais comment pensez-vous qu'elle y vint? dans un carrosse à quatre chevaux de M. de Voltaire; elle y monta à Ferney, chez luy, se rendit à Gex, et de Gex elle revint triomphalement à Ferney, c'est-à-dire l'espace de trois grandes lieues. Jugez de l'effet qu'a dû produire à Gex et dans tout le pays cette scène singulière [1].

Cette lettre du père Fessi, à laquelle nous empruntons cette petite historiette, bien écrite, fort habile, est loin de confirmer les récits de Voltaire et de chanter ses louanges; elle révèle les manœuvres du poëte pour amener le châtiment du curé de Moëns, et n'apprend rien à personne, en assurant que le mémoire de Decroze est sorti parachevé du château de Ferney.

1. *Lettre de Voltaire à M. le conseiller Le Bault* (Paris, Didier, 1868), p. 26. Lettre du P. Fessi, sur M. de Voltaire, à M. Le Bault; Genève, 25 février 1761.

Elle est moins abondante au sujet du procès, et glisse légèrement sur l'assassinat de Decroze chez la Burdet, que l'on ne semble pas prendre au sérieux. C'est pourtant un assassinat très-réel, aux yeux du président de Brosses, qui sait ce qui s'est passé et rend témoignage de l'honorabilité de l'horloger.

C'est un très-honnête homme, que je connais et que j'aime depuis fort longtemps. De plus, sa plainte est juste, et le curé veut en vain couvrir ses violences, si extraordinaires, du prétexte de mettre le bon ordre dans sa paroisse... J'ai pris soin de me faire bien informer par des personnes impartiales. Je vous dirai même que j'ai vu les informations qui sont les seules choses que les juges écoutent en pareille matière...

Après de telles paroles il faut bien se rendre, et reconnaître que le cas du curé de Moëns avait une tout autre gravité que ne le voulaient faire croire ses protecteurs ou ses amis. Mais, s'il donne satisfaction sur ce point à Voltaire, le président blâme avec autorité l'intervention inutile et compromettante de l'auteur de la *Henriade*.

J'ai appris, ajoute-t-il, qu'il y avoit encore plusieurs témoins qui pouvoient être entendus dans une plus ample information, et que vous en aviez fait venir quelques-uns chez vous, où ils avoient déclaré ce qu'ils savoient. J'en suis fâché, et je ne voudrois pas qu'on pût objecter que l'on a cherché à pratiquer d'avance des témoins qui, en pareil cas, doivent être d'une impartialité complète et reconnue. Trop de chaleur nuit souvent aux affaires, et ce seroit bien fort contre votre intention si celle que vous montrez pour de Croze alloit, par malheur, procurer cet effet.

Cela est excellemment dit, et c'est bien là véritablement le magistrat qui parle. Mais tout Voltaire n'est-il pas dans ce fait qu'on lui reproche, son impétuosité, sa passion, son habitude de marcher de l'avant et de tout oser? Il n'avait eu garde de passer sous silence la tentative d'intimidation du père Fessi. La réponse du président n'est pas moins remarquable que ce qui précède et mérite bien d'être citée tout au long :

> Vous voudriez que de Croze fît assigner le père jésuite sur le refus d'absolution fait à sa fille. Cette démarche pourroit plus embarrasser l'affaire qu'elle n'y serviroit peut-être. La matière est fort délicate. Quoique la conduite du jésuite soit très-répréhensible, c'est peut-être ici un de ces cas où il devient très-difficile d'y mettre ordre. Je serois bien en peine de dire quelles peines les lois humaines peuvent infliger à un prêtre qui ne veut pas trouver sa pénitente en état d'être absoute [1]. La malice des hommes est au-dessus de leur sagesse : et il y a bien d'autres cas dont les lois ne sauroient venir à bout [2].

Dans cette même lettre, M. de Brosses disait à Voltaire que l'affaire ne pouvait manquer de venir bientôt en Tournelle. Ancian, fondant ses défenses sur une méprise dans les dépositions, avait appelé du décret d'ajournement personnel. « On a déposé, en effet, que ledit curé avait été boire chez madame Burdet, le 27, veille de l'assassinat, et il se trouve que ce n'est que le 26. » De son côté, l'évêque d'Annecy prétendait avoir seul qualité pour juger le procès, par la raison que des juges séculiers ne pouvaient connaître des

---

[1]. « Mot remarquable, fait observer M. Foisset, dans la bouche d'un parlementaire, surtout après tout le bruit fait par les corps de judicature pour refus de sacremens. »

[2]. *Voltaire et le président de Brosses* (Paris, Didier, 1858), p. 136. Lettre du président à Voltaire; le 11 février 1761.

délits d'un prêtre, trouvant d'ailleurs que le curé de Moëns n'avait été coupable que d'un zèle un peu inconsidéré[1]. Voltaire avait adressé l'horloger du grand Sacconnex à son propre avocat, maître Arnoult du barreau de Dijon. « Vous avez les pièces entre les mains, lui disait-il : je vous demande en grâce de presser cette affaire; j'aurai très-soin que vous ne perdiez pas vos peines[2]. » Dans une autre lettre, à la date du 6 juillet, ce sont les mêmes exhortations, les mêmes encouragements à ne pas lâcher prise. « Si ce curé Ancian est brutal comme un cheval, il est malin comme un mulet et rusé comme un renard; mais, malgré ses ruses, je crois que je vais le prendre au gîte. » Cela n'annonce pas, on en conviendra, de la part de Voltaire, un désir bien vif d'apaiser, de concilier les parties; et nous sommes en droit d'être quelque peu sceptiques, lorsqu'il se vante d'avoir rendu au curé de Moëns le service le plus signalé en amenant Decroze à se contenter d'un dédommagement de quinze cents livres, sans détriment, bien entendu, de tous les frais[3]. Pour notre compte, nous pensons que les choses auraient été poussées à toute extrémité et « jusqu'aux galères, » si les puissances n'avaient fait savoir officieusement à tout le monde qu'il fallait en finir. Le père Fessi, à propos d'un débat auquel nous arrivons, avoue que les jésuites d'Ornex se sont

---

1. *Lettre de Voltaire à M. le conseiller Le Bault* (Paris, Didier, 1868), p. 16, 17. Aux Délices, 16 février 1761.

2. Voltaire, *Œuvres complètes* (Beuchot), t. LIX, p. 451. Lettre de Voltaire à M. Arnoult; à Ferney, le 15 juin 1761.

3. *Ibid.*, t. LXV, p. 78. Lettre de Voltaire à l'évêque d'Annecy, 29 avril 1768.

adressés au ministre « pour arrêter les fureurs de cet homme ; » et il se peut que la question Ancian eût été jointe au dossier des griefs des bons pères. En somme, le curé de Moëns avait à son actif et pour se liquider l'argent des dîmes avancé à ses vassaux par le seigneur de Ferney. Mais ce ne devait pas suffire à dissiper l'amertume d'une correction qui pouvait être autrement sévère[1]. « Il ne pardonna jamais ce trait à M. de Voltaire, nous dit Wagnière[2]; » et nous le croyons sans peine.

1. Les éditeurs de Kehl disent pourtant qu'il fut condamné aux galères par arrêt du parlement de Bourgogne, pour cet assassinat prémédité, mais à la suite d'un second procès intenté en 1768. Tout cela nous paraît des moins fondés, et aurait grandement besoin de preuves qu'on ne donne pas. M. Henri Beaune, l'un des historiens de Voltaire, avocat général à la cour de Dijon, a bien voulu parcourir pour nous, un à un, tous les arrêts de la Tournelle du parlement de Bourgogne rendus en 1768 et 1769, sans rencontrer trace d'une condamnation prononcée contre le curé de Moëns. Il se peut que l'arrêt ait disparu ; mais cela est d'autant moins probable, que les minutes des arrêts du parlement sont en bon ordre, bien qu'on ait négligé jusqu'ici de les maintenir par la reliure.

2. Longchamp et Wagnière, *Mémoires sur Voltaire* (Paris, 1826), t. I, p. 42, 43. Additions au *Commentaire historique*.

II

LES JÉSUITES D'ORNEX. — L'ÉGLISE DE FERNEY. — ÉCLAT
DE ROUSSEAU. — COMMENTAIRE SUR CORNEILLE.

Voltaire nous a donné le sommaire des occupations qui emplissaient sa vie à cette époque, et l'on conviendra que, dans ces seuls soins, il pouvait trouver l'emploi très-complet et très-dense de toute une journée. « J'ai de terribles affaires sur les bras. Je chasse les jésuites d'un domaine usurpé par eux; je poursuis criminellement un curé; je convertis une huguenote (?); et ma besogne la plus difficile est d'enseigner la grammaire à mademoiselle Corneille, qui n'a aucune disposition pour cette sublime science[1]. » Il nous faut parler de ces démêlés avec les jésuites, qui jouent, dans cette affaire, un rôle de rapacité ténébreuse dont on ne trouve que trop d'exemples dans leur histoire. Il a d'abord vécu en bons rapports avec ces mêmes religieux contre lesquels il va procéder avec une vigueur et un acharnement que nous ne demandons pas mieux d'attribuer à sa seule pitié pour une famille intéressante, à la veille d'être à tout jamais dépouillée. Une

---

1. Voltaire, *OEuvres complètes* (Beuchot), t. LIX, p 274. Lettre de Voltaire à d'Argental; 26 janvier 1761.

chose que nous avons eu lieu de remarquer cent et cent fois, chez Voltaire, c'est l'instinct, c'est le besoin de sociabilité. Il est affable par penchant et par nature, il souhaite d'être en bons termes avec tout ce qui l'environne ; il fera même les avances et sera très-sincère dans ces démarches bienveillantes. Ainsi, il semble s'accommoder du voisinage des bons pères, il les accueille favorablement, leur sourit : son attitude avec eux est des plus encourageantes et des plus cordiales. Ceux-ci, loin de se tenir à distance, l'étaient allés voir, et, se trouvant bien reçus, ils ne firent pas scrupule de hanter la maison de l'ancien élève des Tournemine et des Porée.

Nous arrivâmes à Genève, le 12 juin (1758), raconte l'humoristique Grosley, aux premières pages de son ouvrage sur l'Italie ; nous vîmes la porte d'un beau jardin s'ouvrir : il en sortit une chaise très-étoffée, et nous eûmes l'apparition de deux jésuites qui la remplissoient. Nous sçûmes depuis que ce jardin n'étoit autre chose que les *Délices* de M. de Voltaire ; que les jésuites ont sur la ligne qui sépare le pays de Gex de Genève une maison ou hospice, et que ces pères fraternisoient avec M. de Voltaire. Il fallut toutes ces explications pour nous familiariser avec leur apparition sous le canon de Genève. On nous apprit même que ces pères n'étoient point absolument étrangers à Genève, depuis qu'ils s'y peuvent montrer publiquement, sous la qualité d'aumôniers du résident de France [1].

Ces relations étaient des plus amicales ; l'on se faisait de mutuelles concessions, ce qui est le moyen de toujours s'entendre. « J'ai un château à la porte du-

1. *Observations sur l'Italie et les Italiens* (Londres, 1770), t. I, p. 12, 13.

quel il y a quatre jésuites, écrivait M. de Voltaire dans le courant d'août 1759 ; ils m'ont abandonné frère Berthier; je leur fais de petits plaisirs, et ils me disent la messe quand je veux bien l'entendre [1]. » Qui vint rompre cet accord et changer les bons procédés en une guerre déclarée, dans laquelle devaient succomber les quatre jésuites? Le poëte va nous l'apprendre; mais est-il bien sûr que quelques petits mécontentements ne l'eussent point déjà mal disposé envers eux? Rien à cet égard que nous sachions. Le père Fessi parle bien des « motifs anciens et généraux » de sa haine pour les jésuites; mais l'argument n'a pas de valeur, au moins dans la bouche d'un jésuite d'Ornex, puisque leurs rapports avaient été d'abord excellents [2].

En prenant possession de Ferney, Voltaire avait fait connaissance avec six frères [3], MM. Desprez de Crassy, d'une ancienne noblesse du pays, tous au service du roi, plus riches d'aïeux que de revenus, et propriétaires nominaux d'une terre, le clos Balthazard, qui, depuis longues années, était engagée par antichrèse à des prêteurs genevois. Cette situation n'avait rien que d'ordinaire, et ils pouvaient espérer un jour,

---

1. Voltaire, *OEuvres complètes* (Beuchot), t. LVIII, p. 160. Lettre de Voltaire à D'Alembert; aux Délices, 25 d'auguste 1759.

2. *Lettres inédites de Voltaire au conseiller Le Bault* (Didier, Paris, 1868), p. 21. Lettre du P. Fessi à M. Le Bault; Genève, 25 février 1761.

3. Dans sa lettre du 5 mai 1770, à madame du Deffand, il dit : sept frères et deux sœurs. C'est encore sept frères, dans la *Réponse de M. de Voltaire à une lettre anonyme. OEuvres complètes* (Beuchot), t. XLV, p. 147.

par des alliances ou autrement, se libérer et rentrer en possession du domaine aliéné. Par malheur pour eux, les jésuites de Gex, ayant acquis dans Ornex des terres dont la valeur pouvait être évaluée à deux mille écus de revenus, furent pris de la tentation si naturelle de s'agrandir ; rien ne pouvait mieux leur convenir que le domaine de MM. de Crassy, et rien ne paraissait plus facile que d'en devenir acquéreurs. Le père Fessi[1] fit des démarches auprès d'un syndic de Genève, M. Dauphin de Chapeaurouge, le détenteur du clos Balthazard, qui consentit aisément à les substituer à ses droits (1756). Il fallait des lettres patentes du roi ; il les obtint (1757), ainsi que leur entérinement au parlement de Bourgogne. Il existait, il est vrai, des mineurs qui pourraient un jour faire annuler la vente ; mais, sous toute apparence, MM. de Crassy ne seraient jamais en situation de rembourser la somme dont le bien de leurs aïeux était le gage, et c'est même ce que les nouveaux acquéreurs eurent soin de faire valoir dans leur requête[2]. Ces derniers comptaient sans Voltaire qui, à peine instruit de cette

---

1. « Dont le véritable nom était Fesse, » nous dit Voltaire qui ne se permettait que trop souvent de ces plaisanteries équivoques à l'égard de ses ennemis. « Je ne m'arrête pas à vous faire remarquer, écrivait le supérieur d'Ornex à M. Le Bault dans la lettre même que nous avons déjà citée et à laquelle nous aurons encore à revenir, le tour digne du plus bas farceur, par lequel il substitue à mon nom de baptême qui est *Joseph* le nom de *Jean*, pour faire avec celui de Fesse un composé dans le goût sublime du théâtre de la Foire, ou des gentillesses de la Pucelle. »

2. Voltaire, Œuvres complètes (Beuchot), t. XXII, p. 354, 355. *Histoire du parlement de Paris* ; t. XLV, p. 147, 148. Lettre anonyme à M. de Voltaire, et la réponse ; t. LXVIII, p. 477, 478. Lettre de Voltaire à M. de Maupeou (1774).

manœuvre, se mettait en campagne avec sa fougue et son emportement accoutumés : il ne sera pas dit que l'on dépouillera à ses yeux six orphelins, six bons serviteurs du roi, sans qu'il n'arme énergiquement pour leur défense ! Mais, convenons-en, l'envie de prouver aux Berthier, aux Kroust et *tutti quanti*, qu'il ne fait pas bon s'attaquer à lui, le presse encore davantage.

Vous aurez peut-être ouï dire à quelques frères que j'ai des jésuites tout auprès de ma terre de Ferney ; qu'ils ont usurpé le bien de six pauvres gentilshommes, de six frères, tous officiers dans le régiment de Deux Ponts ; que les jésuites, pendant la minorité de ces enfants, avaient obtenu des lettres patentes pour acquérir à vil prix le domaine de ces orphelins ; que je les ai forcés de renoncer à leur usurpation, et qu'ils m'ont apporté leur désistement. Voilà une bonne victoire de philosophes. Je sais bien que le frère Kroust cabalera, que le frère Berthier m'appellera *athée* ; mais je vous répète qu'il ne faut pas plus craindre ces renards que les loups de jansénistes, et qu'il faut hardiment chasser aux bêtes puantes. Ils ont beau hurler que nous ne sommes pas chrétiens, je leur prouverai bientôt que nous sommes meilleurs chrétiens qu'eux [1].

Toute sa correspondance est pleine de cette affaire ; et il faut voir comme il traite ces acquéreurs doucereux qui, humainement parlant, étaient dans leur droit, mais avaient songé à profiter peu charitablement de la passe difficile de MM. de Crassy pour avoir le domaine au prix de la créance. « Vous demandez des détails sur mon triomphe *de gente jesuiticâ* : ce

---

1. Voltaire, *OEuvres complètes* (Beuchot), t. LIX, p. 223, 224. Lettre de Voltaire à Helvétius ; Ferney, 2 janvier 1761.

triomphe n'est qu'une ovation : nul péril, nul sang répandu... les jésuites se sont soumis ; l'affaire est faite. S'il y a quelque discussion, on fera un petit *factum* bien propre que vous lirez avec édification[1]. » Cinq semaines après, il répondait modestement aux félicitations du marquis d'Argence : « Je ne mérite pas tout à fait les compliments dont vous m'honorez sur l'expulsion du gros père Fessi ; j'ai bien eu l'avantage de chasser les jésuites de cent arpents de terre qu'ils avaient usurpés sur des officiers du roi ; mais je ne peux leur ôter les terres qu'ils possédaient auparavant, et qu'ils avaient obtenues par la confiscation des biens d'un gentilhomme : on ne peut pas couper toutes les têtes de l'hydre[2]. » Le poëte s'était empressé, comme il nous l'apprend, de déposer au greffe du bailliage la somme nécessaire pour rembourser le créancier, et la famille fut remise, par un arrêt du parlement de Dijon, en possession de ce domaine depuis trop longtemps aliéné. Mais l'avenir est plein d'incidents bizarres, de retours de fortune qui déroutent toute prévision comme tout calcul. « Le bon de l'affaire, dit l'auteur du *Commentaire historique*, c'est que peu de temps après, lorsqu'on délivra la France des révérends pères jésuites, ces mêmes gentilshommes, dont les bons pères avaient voulu ravir le bien, achetèrent celui des jésuites qui était contigu. M. de Voltaire, qui avait toujours combattu

---

1. Voltaire, *OEuvres complètes* (Beuchot), t. LIX, p. 251. Lettre de Voltaire à Thiériot ; 15 janvier 1761.
2. *Ibid.*, t. LIX, p. 321. Lettre de Voltaire au marquis d'Argence de Dirac ; 24 février 1761.

les athées et les jésuites, écrivit qu'il fallait reconnaître une Providence[1]. »

Il est enivré de son triomphe. Mais ce qui le ravit le plus, c'est son indépendance qui va jusqu'à la souveraineté. Non-seulement il a fait sa paix avec la cour, mais il se croit en droit de se targuer de quelque crédit. Peu lui importe tout cela, il est vrai, car, à ses yeux, le seul bien désirable se résume à n'avoir besoin de personne, à ne courtiser personne. « Il y a des vieillards doucereux, circonspects, pleins de ménagements, comme s'ils avaient leur fortune à faire. Fontenelle, par exemple, n'aurait pas dit son avis, à l'âge de quatre-vingt-dix ans, sur les feuilles de Fréron. Ceux qui voudront de ces vieillards-là pourront s'adresser à d'autres qu'à moi[2]. » C'est là s'exprimer en Romain, cela sent tout au moins son paysan du Danube. Mais parlerait-il avec cette assurance s'il n'avait pas la conscience nette, et n'est-il pas fort bon chrétien et meilleur chrétien que ces ambitieux jésuites qui guignaient doucereusement le bien de leur voisin? Il se fait encenser tous les dimanches à sa paroisse, il édifie ses vassaux; « et dans peu l'on en verra bien d'autres[3], » ajoute-t-il d'un air mystérieux, dont nous aurons l'explication plus tard. Qui oserait dire que la cause de Dieu n'est pas la sienne, qu'il ne la sert pas mieux que ces malheureux qui le

1. Voltaire, *OEuvres complètes* (Beuchot), t. XLVIII, p. 367. *Commentaire historique.*
2. *Ibid.*, t. LIX, p. 249. Lettre de Voltaire à madame du Deffand; Ferney, 15 janvier 1761.
3. *Ibid.*, t. LIX, p. 232. Lettre de Voltaire à D'Alembert; Ferney, 6 janvier 1761.

damnent? « Oui, mort-dieu! s'écrie-t-il dans un bel élan dithyrambique, je sers Dieu, car j'ai en horreur les jésuites et les jansénistes; car j'aime ma patrie, car je viens à la messe tous les dimanches, car j'établis des écoles, car je bâtis des églises, car je vais établir un hôpital, car il n'y a plus de pauvres chez moi, en dépit des commis des Gabelles. Oui, je sers Dieu, je crois en Dieu, et je veux qu'on le sache. » Et, pour qu'on le sache, que l'on n'en doute pas, qu'on ferme la bouche aux médisants, aux calomniateurs, non-seulement il sanctifiera le dimanche, comme le doit tout chrétien digne de ce nom, mais il fera ses Pâques, ainsi qu'on les lui a déjà vu faire en Alsace, en un moment où il n'était pas inutile qu'on le crût très-fervent. « Oui, pardieu, s'écrie-t-il encore, je communierai avec madame Denis et mademoiselle Corneille [1], et si vous me fâchez, je mettrai en rimes le *Tantum ergo*[2]. » Et ce n'était pas une vaine menace : il parle de cette pasquinade sacrilége comme de chose faite, dans une lettre à ses anges, du 29 mars[3].

---

[1]. Un capucin vint en effet à Ferney les confesser. Comme il quittait le château, il rencontra Voltaire occupé avec un maçon. En l'apercevant, le poëte lui dit : « Père, vous venez de donner bien des absolutions, ne m'en donnerez-vous pas une aussi, à moi, qui me confesse ici à vous, et devant témoins, que je ne fais de mal à personne, au moins sciemment? » Le père se mit à rire et répondit que cela était assez notoire à Ferney et dans son couvent. En disant ces mots, il serrait un écu de six francs que Voltaire lui avait mis dans la main; il l'en remercia, lui demanda la continuation de ses bontés pour sa communauté, et partit fort content. Longchamp et Wagnière, *Mémoires sur Voltaire* (Paris, André, 1826), t. I, p. 198, 199. Examen des *Mémoires de Bachaumont*.

[2]. Voltaire, *OEuvres complètes* (Beuchot), t. LIX, p. 313. Lettre de Voltaire à d'Argental; 16 février 1761.

[3]. *Ibid.*, t. LIX, p. 350. Au même; aux Délices, 29 mars 1761.

Mais n'était-ce pas légitimer cette prédiction outrageante de Fréron à l'égard de l'asile qui était offert à mademoiselle *Rodogune*, à Ferney : « Il faut avouer qu'en sortant du couvent, mademoiselle Corneille va tomber en de bonnes mains ? »

Voltaire se glorifiera toute sa vie d'avoir, lui profane, élevé un temple à Dieu. On voudrait attribuer à sa piété cet acte de munificence plus apparente que réelle. L'ancienne église, fort laide d'ailleurs, tombait en ruines ; l'auteur de la *Henriade*, en procédant aussi généreusement, semblait mériter également de Dieu et des hommes, et la dernière chose à laquelle on se fût attendu, sans doute, eût été l'intervention menaçante de la juridiction ecclésiastique. Il faut avouer qu'il y a quelque peu à rabattre de tout ce zèle et de toute cette générosité, dont le mobile est infiniment plus humain et personnel. L'église masquait le château, et ce bâtiment maussade chagrinait fort le châtelain de Ferney, qui crut que tout s'arrangerait en faisant les frais d'un nouvel édifice. Il fit mettre à bas, sans plus de cérémonie, une moitié de l'église, les murs du cimetière et déplacer une grande croix de bois qui le dominait. Cent fois, un seigneur de paroisse, étranglé par une clôture ou aveuglé par un bâtiment projetant trop d'ombre sur son propre castel, s'était permis pareille licence, à laquelle, du reste, tout le monde ici devait gagner, lui un peu plus de soleil et d'air, le curé et les paroissiens un monument plus beau, plus élégant, mieux ordonné. Mais Voltaire, en prenant possession, s'il s'était déclaré l'ami, le protecteur de son troupeau, n'avait que trop accusé ses intentions peu tendres à l'égard de ceux qui le régissaient, parfois avec peu de lumières et d'humanité, au spirituel. L'on a assisté à ses démêlés avec le prêtre Ancian, et Voltaire devait s'attendre, un jour ou l'autre, avec la connaissance qu'il avait du tempérament violent et haineux du personnage, à quelque méchant tour du curé de Moëns. Ce dernier, en effet, déterminait son collègue de Ferney à transférer le saint-sacrement dans son église, lui persuadant, ainsi qu'aux habitants, que la leur avait été profanée. On faisait tenir, en outre, au poëte un propos qui n'était ni décent, ni prudent, relevé et colporté par une couturière de Ferney : « Qu'on m'ôte cette potence ! » aurait-il dit, en désignant la croix condamnée comme l'église à disparaître. Mais à qui fera-t-on croire cela, et qui le supposera capable d'une pareille horreur ?

Et de quoi s'agit-il, pour faire tant de vacarme? D'une croix de bois qui ne peut subsister devant un portail assez beau que je fais faire, et qui en déroberait aux yeux toute l'architecture. Il a fait dire (l'official de Gex) à un malheureux que j'ai appelé cette croix *figure*; à un autre, que je l'ai appelée *poteau* : il prétend que six ouvriers qu'il a interrogés déposent que je leur ai dit, en parlant de cette croix de bois qu'il fallait transplanter : *Otez-moi cette potence*. Or de ces six ouvriers, quatre m'ont fait serment, en présence de témoins, qu'ils n'avaient jamais proféré une pareille imposture et qu'ils avaient répondu tout le contraire...

» Au reste, Monsieur, je suis bien aise de vous dire que cette croix de bois, qui sert de prétexte aux petits tyrans noirs de ce petit pays de Gex, se trouvait placée tout juste vis-à-vis le portail de l'église que je fais bâtir; de façon que la tige et les deux bras l'offusquaient entièrement, et qu'un de ces bras, étendu juste vis-à-vis le frontispice de mon château, figurait réellement une potence, comme le disaient les charpentiers. On appelle *potence*, en terme de l'art, tout ce qui soutient des chevrons saillants; les chevrons qui soutiennent un toit avancé s'appellent *potence*; et quand j'aurais appelé cette figure *potence*, je n'aurais parlé qu'en bon architecte[1].

A merveille! interprété de la sorte, le mot devient innocent, c'est un terme de l'art. Nous en sommes bien aise, car, quoi qu'il prétende, Voltaire a tenu le propos, et cela nous est attesté par un ami du poëte qui, comme on va le voir, eut à prendre sa défense, et réussit à détourner le péril de cette tête de vieil enfant écervelé. Le curé de Moëns exploita habilement toutes ces imprudences; et la translation du saint-sacrement à Moëns, opérée avec une solennité inusitée au milieu de la population consternée, ne laissait pas d'avoir quelque ressemblance avec ces manifestations menaçantes qui, au moyen âge, présidaient aux plus terribles mesures de l'Église contre ceux qui avaient provoqué ses foudres. En effet, les hostilités ne tardaient pas à commencer; et, si Voltaire avait voulu la lutte, il allait être servi à souhait. Ancian avait tout aussitôt dénoncé le sacrilége à l'official de Gex. Toute la justice ecclésiastique et séculière descendit à Ferney, nous dit Wagnière, et l'auteur du poëme de la *Religion naturelle* se vit sur les bras un procès criminel qui pouvait avoir de graves conséquences, bien qu'il affectât de s'en préoccuper faiblement[2].

---

1. Voltaire, *OEuvres complètes* (Beuchot), t. LIX, p. 490, 491. Lettre de Voltaire à M. Arnoult de Dijon; Ferney, le 6 juillet 1761.
2. Longchamp et Wagnière, *Mémoires sur Voltaire* (Paris, André;

Je vous ai caché une partie de mes douleurs, écrivait-il à d'Argental, mais enfin il faut que vous sachiez que j'ai la guerre contre le clergé. Je bâtis une église assez jolie, dont le frontispice est d'une pierre aussi chère que le marbre; je fonde une école; et, pour prix de mes bienfaits, un curé d'un village voisin, qui se dit promoteur, et un autre curé qui se dit official, m'ont intenté un procès criminel pour un pied et demi de cimetière, et pour deux côtelettes de mouton qu'on a prises pour des os de morts déterrés.

On m'a voulu excommunier pour avoir voulu déranger une croix de bois, et pour avoir abattu insolemment une partie d'une grange qu'on appelait paroisse.

Comme j'aime passionnément à être le maître, j'ai jeté par terre toute l'église, pour répondre aux plaintes d'en avoir abattu la moitié. J'ai pris les cloches, l'autel, les confessionnaux, les fonts baptismaux; j'ai envoyé mes paroissiens entendre la messe à une lieue.

Le lieutenant criminel, le procureur du roi, sont venus instrumenter; j'ai envoyé promener tout le monde; je leur ai signifié qu'ils étaient des ânes, comme de fait ils le sont. J'avais pris des mesures de façon que M. le procureur général du parlement de Dijon leur a confirmé cette vérité. Je suis à présent sur le point d'avoir l'honneur d'appeler comme d'abus... Je crois que je ferai mourir de douleur mon évêque, s'il ne meurt pas auparavant de gras fondu.

Vous noterez, s'il vous plaît, qu'en même temps je m'adresse au pape en droiture. Ma destinée est de bafouer Rome, et de la faire servir à mes petites volontés. L'aventure de *Mahomet* m'encourage. Je fais donc une belle requête au Saint-Père; je demande des reliques pour mon église, un domaine absolu sur mon cimetière, une indulgence *in articulo mortis*, et, pendant ma vie, une belle bulle pour moi tout seul, portant permission de cultiver la terre les jours de fête, sans être damné...

Si ma supplique au pape et ma lettre au cardinal Passionei sont prêtes au départ de la poste, je les mettrai sous

1826), t. I, p. 43, 44. Additions au *Commentaire historique*. Voir aussi *OEuvres complètes* (Beuchot), t. LVIII, p. 529, 536.

les ailes de mes anges, qui auraient la bonté de faire passer mon paquet à M. le duc de Choiseul ; car je veux qu'il en rie et qu'il m'appuie. Cette négociation sera plus aisée à terminer honorablement que la paix[1].

Il est bien fâcheux que cette supplique au Pape et la lettre au cardinal ne se soient pas retrouvées. Nous n'insisterons pas sur le ton de ce qui précède et sur les dernières lignes particulièrement. Mais ce qui est plus étrange que le reste, peut-être, c'est qu'un ministre du roi pût consentir non-seulement à rire d'aussi indécentes plaisanteries, mais à aider leur auteur dans son inconcevable démarche. Disons, toutefois, que si l'on se moque, que si l'on bafoue « ce *pantalon* de Rezzonico » dans une correspondance intime, il n'y a pas à douter que la requête ne fût des plus convenables et des plus respectueuses. Voltaire, cela est visible, fait le fanfaron dans le récit de ses débats et de ses prouesses ; il exagère, il se vante. Ses relations, qui furent toujours excellentes avec le cardinal Passionei, sont une garantie du ton parfait de ces deux pièces malheureusement perdues. En somme, tout cela était à ses yeux fort sérieux en un point. Il voulait être le maître au spirituel comme au temporel, et tenir en échec le clergé qui l'avait en horreur, par ces témoignages flagrants de son crédit et de sa faveur auprès du Saint-Siége.

Mais, encore un coup, avant d'arriver à leurs adresses, il faut que ses deux lettres aient le bonheur de dérider des gens auxquels il tient à plaire, ses an-

---

1. Voltaire, *OEuvres complètes* (Beuchot), t. LIX, p. 460, 461, 462. Lettre de Voltaire à d'Argental ; 21 juin 1761.

ges d'abord, le ministre ensuite. « Je suppose qu'ils ont reçu mon paquet pour le Saint-Père, qu'ils ont ri ; que M. le duc de Choiseul a ri, que le cardinal Passionei rira. Pour le sieur Rezzonico, il ne rit point. On dit que mon ami Benoît valait bien mieux [1]. » Faux ou vrai, le portrait qui lui a été fait de Clément XIII n'est pas flatté : « C'est un bœuf qui ne sait pas un mot de français, et qui est assez épais pour ne me pas connaître ; mais ce n'est pas à lui que j'écris, c'est au cardinal Passionei, homme de beaucoup d'esprit, homme de lettres, et qui fait de Rezzonico le cas qu'il doit. » A tout événement, il faut que M. le duc de Choiseul fasse arriver le paquet à destination. « La grâce est légère ; mais je la demande instamment. Monsieur le comte de Choiseul, protégez-moi dans cette importante négociation [2]. »

A en croire Voltaire, rien n'était moins sérieux que ces chiffonneries relatives à l'église et au cimetière de Ferney, et cette croix de bois qu'il avait fait abattre. C'était étrangement s'abuser, s'il était sincère. Les procédures et les informations avaient été envoyées au procureur général du parlement de Bourgogne par le lieutenant criminel de Gex, et l'ordre d'arrêter l'accusé ne devait pas se faire attendre. Heureusement pour l'auteur de *Zaïre*, François Tronchin se trouvait alors à Dijon, chez le procureur général ; il plaida

---

1. Voltaire, *OEuvres complètes* (Beuchot), t. LIX, p. 477. Lettre de Voltaire à d'Argental ; Ferney, 29 juin 1761.
2. *Ibid.*, t. LIX, p. 494. Lettre de Voltaire au même ; 6 juillet 1761. Le comte de Choiseul, qu'il évoque, était le cousin du ministre des affaires étrangères, plus tard duc de Praslin.

chaudement la cause de son remuant ami et décida celui-ci et le premier président à laisser tomber l'affaire. Et ce fut, en réalité, à sa seule intervention que Voltaire fut redevable de n'être pas traqué par les officiers du parlement[1]; mais, s'il ignora toujours cette participation plus qu'opportune, le conseiller d'État genevois l'a consignée dans des notes qui ont été recueillies, et qui prouvent combien il avait tort de se croire à l'abri de toute poursuite.

L'information, nous dit-il, fut envoyée par le bailliage au parlement de Dijon; peu après, en y passant, et dans une visite que je fis à M. le procureur général de Quintin, il me témoigna son mécontentement des tracasseries que lui causait perpétuellement *notre ami*, et en même temps il me sortit de son bureau la procédure de Gex. Il me lut la copie d'une lettre qu'il avait écrite à Voltaire, dont celui-ci ne m'a jamais parlé, et que je doute qu'il ait conservée dans ses papiers. C'était la leçon d'un bon ami, pleine d'énergie et digne de l'impression. En demandant à M. de Quintin ce qu'il se proposait de faire de la procédure, je lui représentai combien la saine politique exigeait que les délits de ce genre fussent étouffés plutôt que punis. Il me demanda si j'avais vu M. le premier président de la Marche. Ma réponse fut que je me destinais à y aller, en sortant de chez lui. Il m'invita à lui parler de cette affaire, et à lui en dire mon sentiment. M. de la Marche n'attendit pas que je lui ouvrisse la conversation. Elle finit comme celle que je venais d'avoir avec M. le procureur général, et dès lors je n'ai pas entendu parler de cette procédure, qui n'eut pas de suites[2].

Ces procès, ces poursuites n'entravaient rien, et

---

1. Longchamp et Wagnière, *Mémoires sur Voltaire* (Paris, André, 1826), t. I, p. 44, 45. Additions au *Commentaire historique*.
2. Gaullieur, *Étrennes nationales*, 3ᵉ année, 1855, p. 217, 218. Anecdotes inédites sur Voltaire, racontées par François Tronchin.

l'écrivain et le poëte n'en étaient ni moins laborieux ni moins féconds. « Excepté de fendre du bois, dit cet homme-légion, il n'y a de métier que je ne fasse [1]. » Les jésuites d'Ornex ne lui font pas oublier ses adversaires du Consistoire, il a sur le cœur leurs vexations, et il s'est bien promis que tous ces faquins à monologue, comme il les appelle, le lui payeraient, un jour ou l'autre. En attendant de plus signalés triomphes, l'occasion se présentait de les chagriner, et il se fût reproché de la laisser échapper. Le directeur d'une troupe de comédiens bourguignons vient implorer sa puissante intervention, non pour dresser ses tréteaux au beau milieu de la Rome de Calvin, ce qui s'accomplira plus tard, mais pour obtenir du gouvernement sarde la permission de donner des représentations, en deçà de la frontière genevoise, à deux pas, il est vrai, de la cité protestante. Rien ne paraît plus légitime au seigneur de Ferney, qui en écrit aussitôt au marquis de Chauvelin, notre ambassadeur à la cour de Turin, et tout autant à la marquise, dont nous connaissons la passion pour le théâtre.

Le porteur a une troupe catholique : il peut donner du plaisir sur terre de France ; mais les terres de Savoie sont plus à sa portée. S'il peut s'établir à Carouge, petit village aux portes de Genève, il croit nos plaisirs assurés, et sa fortune faite. Il demande donc votre protection. O belle ambassadrice ! actrice charmante ! portez nos prières à M. de Chauvelin ; favorisez un art dans lequel vous daignez exceller ; confondez des hérétiques qui prêchent contre la divi-

---

1. Voltaire, *Œuvres complètes* (Beuchot), t. LIX, p. 412. Lettre de Voltaire à d'Argental ; 1er mai 1761.

nité de Jésus-Christ, et contre *Athalie* et *Polyeucte*. La descendante du grand Corneille, qui est aux Délices, vous conjure par les mânes de Cinna et de Chimène, de procurer une église dans Carouge au sacristain que nous vous dépêchons[1].

Un mois après, jour pour jour, Voltaire écrivait à sa nièce, tout joyeux : « Nous allons avoir une troupe de bateleurs auprès des Délices ; ce qui fait deux avec la nôtre[2]. » Les comédiens bourguignons, installés à Carouge, donnèrent des représentations fort courues et où les Génevois vinrent en foule ; mais c'était là le résultat attendu. Bien plus, de beaux esprits de Genève, en dépit des censures qu'ils s'attireraient, composèrent des comédies et les firent représenter sur le nouveau théâtre. L'on joua ainsi une pièce d'un Marcet de Mézières, *Diogène à Carouge*. « Elle fut sifflée, nous dit M. Marc-Monnier, à qui l'histoire de ces temps est familière, sur quoi l'auteur la fit imprimer, et on la resiffla[3]. »

A chaque tragédie nouvelle, nous avons vu le poëte

---

1. Voltaire, *OEuvres complètes* (Beuchot), t. LIX, p. 261. Lettre de Voltaire au marquis de Chauvelin ; 27 janvier 1761. Si nous n'interprétons pas mal un passage du livre de Grosley, ce n'était pas la première fois que des comédiens français venaient s'abattre dans ces quartiers. En juin 1758, il était allé voir Voltaire, et le trouva s'amusant à exercer une troupe de comédiens « qui avait son théâtre à un quart de lieu des *Délices* et de Genève, sur les terres de Savoie. » *Observations sur l'Italie et les Italiens* (Londres, 1770), t. I, p. 32, 33. Voltaire écrivait lui-même à Bertrand, des Délices, le 9 mai : « Nous avons une assez bonne comédie aux portes de Genève. »

2. *Ibid.*, t. LIX, p. 327. Lettre de Voltaire à madame de Fontaine ; à Ferney, 27 février 1761.

3. *Revue suisse* (Lausanne, mars 1873), t. XLVI, p. 393. *Le Théâtre et la poésie à Genève au XVIIIe siècle.*

se frapper invariablement la poitrine et convenir du ridicule pour un vieux barbon de se croire propre, comme en ses jeunes années, à filer des scènes de tendresse et de passion. L'*Orphelin de la Chine* devait être sa dernière faiblesse. Mais l'accueil du public ébranla ses résolutions, et *Tancrède* ne tarda pas à démontrer la vanité de ses visées de réforme. Avait-il été si coupable ; et les larmes qu'il faisait ruisseler, chaque soir, n'étaient-elles pas un encouragement à s'opiniâtrer, tant qu'on aurait le diable au corps? Ainsi fit-il, et nous le retrouvons aux prises avec une nouvelle conception tragique, dont il n'attend pas moins que des autres. « Mes chers anges, il est vrai que j'ai un beau sujet, que je pense pouvoir donner un peu de force à la tragédie française, que j'imagine qu'il y a encore une route, que je ressemble à l'ingénieur du roi de Narsingue [1], qui s'avisait de toutes sortes de sottises [2]... » C'était, sans doute, nourrir beaucoup d'illusions, car ce sujet si rare était *Don Pèdre*, une honnête tragédie, qui ne devait pas voir le jour de la rampe.

Du fond de sa retraite, Voltaire recevait les mille riens dont Paris était inondé, saluant les œuvres de la secte d'une louange souvent aussi exagérée que peu sincère, lançant aux œuvres des dissidents un trait acéré, une épigramme empoisonnée, gourmandant ses fournisseurs officieux, quand il leur arrivait de

---

1. C'est Maupertuis que Voltaire entend désigner. Voir Œuvres complètes (Beuchot), t. XXXIX, p. 473, 448, 497 ; t. XL, p. 309.
2. *Ibid.*, t. LIX, p. 335. Lettre de Voltaire à d'Argental ; Ferney, 19 mars 1761.

commettre quelque oubli, ou de se permettre quelque exclusion. La *Nouvelle Héloïse* venait de paraître. Si les livres ont leurs destinées, cela est vrai surtout de cet étrange chef-d'œuvre, qui dut chez nous son succès moins à la verdeur des descriptions, à l'âcre senteur des paysages, à la beauté de cette nature alpestre reproduite avec un coloris dont, jusque-là, notre langue n'avait point offert de modèles, qu'à la singularité de l'homme, qu'à sa sauvagerie, son cynisme affecté, et aux sentiments hostiles ou sympathiques des quelques coteries qui faisaient l'opinion. Sauf les premières lettres de Julie, il n'y avait, semblait-il, rien à prendre dans ce roman pour des caillettes habituées au jargon, à la galanterie, aux équivoques polissonnes du *Sopha* ou du *Sultan Misapouf*. Les temps étaient-ils donc mûrs pour une révolution si soudaine dans les esprits et dans les mœurs? ces femmes, qui allaient bientôt singer les héroïnes de la *Nouvelle Héloïse* et de l'*Émile*, cédèrent-elles à une révélation foudroyante de la grâce; ou s'affublèrent-elles d'un travestissement nouveau par simple dégoût pour un train de vie toujours le même et dont on n'était plus à sentir l'insipidité?

Tout ce monde était trop frivole pour qu'un pareil engouement dût être sérieux et persistant. Ce fut une mode et non une conversion. Dire qu'il ne resta rien de tout cela ne serait ni exact ni équitable. Toutes les femmes ne sont pas frivoles dans la société la plus frivole, et, au centre même de la corruption, il se rencontre des cœurs bien nés auxquels il n'est besoin que d'enseigner ou de rappeler leurs devoirs. Mais, pour la généralité, ce ne fut qu'une façon de se travestir et de se masquer; et, au lieu d'errer à travers les bosquets dans l'ajustement court-vêtu des Marinette et des Colombine, la vanité, l'amour-propre, le désœuvrement trouvèrent leur compte à afficher des principes, à jouer à l'épouse et à la mère, sans que le diable en fît moins pour cela ses affaires. Mais, pour remuer toutes ces ficelles, pour amener toutes ces poupées à se croire des femmes, à se figurer qu'elles eussent une âme et des entrailles, et pis que cela, de la raison et du sérieux, il fallait à l'apôtre une autorité, un accent, une séduction, ce je ne sais quoi de convaincu, d'ému, qui subjugue. Rousseau, transporté, n'a garde de passer sous silence cet enthousiasme pour son œuvre qui eut le bon effet, tout au moins, de produire dans son esprit une certaine réaction en notre faveur. Écoutons-le. Cette page est d'ailleurs et curieuse et piquante.

Dans le monde, il n'y eut qu'un avis; et les femmes surtout s'enivrèrent et du livre et de l'auteur, au point qu'il y en avait peu, même dans les hauts rangs, dont je n'eusse fait la conquête, si je l'avais entrepris. J'ai de cela des preuves que je ne veux pas écrire, et qui, sans avoir besoin de l'expérience, autorisent mon opinion. Il est singulier que ce livre ait mieux réussi en France que dans le reste de l'Europe, quoique les Français, hommes et femmes, n'y soient pas fort bien traités. Tout au contraire de mon attente, son moindre succès fut en Suisse, et son plus grand à Paris. L'amitié, l'amour, la vertu, règnent-ils donc à Paris plus qu'ailleurs? Non, sans doute; mais il y règne encore ce sens exquis qui transporte le cœur à leur image, et qui nous fait chérir dans les autres les sentimens purs, tendres, honnêtes, que nous n'avons plus. La corruption désormais est partout la même : il n'existe plus ni mœurs, ni vertus en Europe, mais s'il existe encore quelque amour pour elle, c'est à Paris qu'on doit le chercher [1].

A la bonne heure. Quoique l'éloge n'ait rien d'excessif, nous avons d'autant plus lieu d'être satisfaits, que nous ne sommes pas sûrs encore de le mériter pleinement. Les lettrés, les gens du métier furent contraints de reconnaître, dans l'auteur de cette *Julie*, un génie original, n'empruntant rien à la convention et aux poétiques, affectant, tout au contraire, de rompre avec elles, d'émouvoir en dépit d'elles, par sa seule puissance et la magie de ces tableaux empreints d'une vérité homérique. Notre langue nette, précise, d'une limpidité indiscutable, avait paru, jusque-là, plus propre à l'expression des idées qu'à l'expression du pittoresque et de l'image; et voilà qu'un étranger venait nous démontrer tout ce qu'elle pouvait offrir de ressources et de richesses nouvelles sous la plume d'un écrivain éloquent, n'écoutant que le Dieu qu'il avait en lui! Cette découverte, si elle ne faisait pas le compte des amours-propres, n'en était pas moins de celles qu'on ne pouvait nier; et il fallut bien se rendre et convenir que l'on se trouvait en présence d'une œuvre qu'il était plus aisé de dénigrer que d'égaler.

L'on songe naturellement à Voltaire, et l'on est curieux de savoir son sentiment; car, au moins dans l'intimité, il dut laisser entrevoir ce qu'il pensait de cette *Julie*, dont l'égarement, les combats, le cœur

---

1. Rousseau, *OEuvres complètes* (Dupont, 1824), t. XVI, p. 4. *Les Confessions*, part. II, liv. XI (1761). « J'écrivis ceci en 1769, » nous dit en note Rousseau.

héroïque, n'avaient rencontré en France qu'enthousiastes et admirateurs. Avouons qu'il n'était pas dans la situation la meilleure pour se prononcer en toute bienveillance et en toute équité. Leurs rapports, d'abord excellents, avaient étrangement tourné à l'aigre; après s'être adressé des douceurs et des flatteries, ces deux hommes, d'ailleurs si différents de race, d'humeur, de génie, avaient fini par une rupture éclatante et sans retour. Mais cette rupture, qui en assuma la responsabilité, qui la voulut, qui la provoqua? Il faut bien dire, à la décharge de Voltaire, que le premier coup de feu, ce fut Rousseau qui le tira, sans y avoir été amené par la moindre attaque de l'auteur de la *Henriade*. Dans sa lettre sur l'article *Genève*, il est encore plein d'égards, de politesses pour le solitaire des Délices. S'il se prononce avec sa véhémence habituelle contre le théâtre et l'idée de l'implanter dans sa patrie, s'il croit savoir pertinemment que Voltaire est l'instigateur, l'auteur effectif d'un passage dont il juge de son devoir de signaler le péril à ses concitoyens, il ne semble pas soupçonner qu'il y soit pour quelque chose; et, quelque exception pourrait être faite à l'ostracisme rigide qu'il conseille, que ce serait, à son avis, en faveur de tragédies telles que *Mahomet* et la *Mort de César*. Le poëte pouvait n'être pas enchanté de la thèse, mais, devant pareille courtoisie, il n'aurait eu aucun motif valable de la considérer comme une attaque personnelle. Cette virulente campagne contre les spectacles cadrait trop peu avec ses idées et ses projets pour qu'il n'en fût pas quelque peu contrarié, on s'en doute; et Rousseau s'y attendait.

Mais Voltaire ne s'en ouvrira qu'à ses amis. Il dira à D'Alembert : « Vous avez daigné accabler ce fou de Jean-Jacques par des raisons, et moi je fais comme celui qui, pour toute réponse à des arguments contre le mouvement, se mit à marcher. Jean-Jacques démontre qu'un théâtre ne peut convenir à Genève, et moi j'en bâtis [1]. » Cette manière était la bonne, et il fallait s'y tenir. Mais ce n'était pas aussi aisé qu'on se le figure ; et le clergé calviniste et Jean-Jacques n'étaient pas disposés à lui laisser le champ et la scène libres.

La lettre de Rousseau, relative au désastre de Lisbonne, dont nous avons parlé en son temps (1756), n'avait pas été écrite apparemment pour être imprimée ; et, quoique les termes en fussent des plus convenables et même des plus respectueux, Voltaire, de l'aveu même de Jean-Jacques, aurait été d'autant plus fondé à se formaliser d'une publicité quelconque, qu'on lui en avait demandé l'autorisation et qu'il l'avait refusée. La contrariété de l'auteur dut donc être grande, en apprenant que le prussien Formey, « un effronté pillard, » l'avait reproduite, sans autre cérémonie, dans son journal ; et l'on conçoit qu'il éprouvât le besoin de se défendre d'un mauvais procédé, qu'il n'avait pas eu. Il avait, il est vrai, communiqué sa lettre à trois personnes auxquelles les droits de l'amitié ne lui avaient point laissé le choix de répondre par une fin de non-recevoir. L'infidélité ne pouvait provenir que de l'une d'elles, ou de M. de Voltaire ; mais, à coup sûr, cette dernière hypothèse n'était pas,

---

[1]. Voltaire, Œuvres complètes (Beuchot), t. LVIII, p. 204. Lettre de Voltaire à D'Alembert ; 15 octobre 1760.

et de beaucoup, la moins invraisemblable. Dans l'impossibilité de percer ce mystère, il tenait à ce que le poëte ne pût le soupçonner ni l'accuser d'une indiscrétion blâmable, et ne négligea, dans ses explications, aucun détail capable de le disculper. Jusqu'ici tout est bien, et Voltaire, habitué de longue date à de pareilles révélations, n'était pas homme à s'en affliger outre mesure. Mais voilà Rousseau, qui trouve qu'il manquerait quelque chose à sa lettre, s'il ne disait pas de gros mots à l'auteur de *Zaïre*, et ne cassait point les vitres, sans grande urgence, quoi qu'il en dise. Il finissait ainsi :

> Je ne vous aime point, Monsieur, vous m'avez fait les maux qui pouvaient m'être les plus sensibles, à moi votre disciple et votre enthousiaste. Vous avez perdu Genève pour le prix de l'asile que vous y avez reçu ; vous avez aliéné de moi mes concitoyens pour le prix des applaudissements que je vous ai prodigués parmi eux : c'est vous qui me rendez le séjour de mon pays insupportable ; c'est vous qui me ferez mourir en terre étrangère, privé de toutes les consolations des mourants, et jeté, pour tout honneur, dans une voirie, tandis que tous les honneurs qu'un homme peut attendre vous accompagneront dans mon pays. Je vous hais enfin, puisque vous l'avez voulu ; mais je vous hais en homme encore plus digne de vous aimer, si vous l'aviez voulu. De tous les sentiments dont mon cœur était pénétré pour vous, il n'y reste que l'admiration qu'on ne peut refuser à votre beau génie, et l'amour de vos écrits. Si je ne puis honorer en vous que vos talents, ce n'est pas ma faute. Je ne manquerai jamais au respect qui leur est dû, ni aux procédés que ce respect exige. Adieu, Monsieur[1].

---

1. J.-J. Rousseau, *OEuvres complètes* (Dupont, 1824), t. XV, p. 430, 431. *Confessions*, part. II, liv. x. Lettre de Jean-Jacques à Voltaire ; à Montmorenci, le 17 juin 1760.

En publiant cette lettre dans ses *Confessions*, Rousseau paraît s'étonner que Voltaire n'y ait pas répondu, et il ajoute que, « pour mettre sa brutalité plus à l'aise, il fit semblant d'être irrité jusqu'à la fureur. » S'il y a quelque chose de plus surprenant que le silence de Voltaire, c'est, assurément, l'étonnement de Rousseau. « Rousseau, par hasard, avait-il écrit la lettre qu'on vient de lire pour plaire à Voltaire? » fait observer judicieusement M. Saint-Marc Girardin, dans ses remarquables études, malheureusement inachevées, sur le citoyen de Genève et son œuvre [1]. Cette fureur, ce déchaînement contre l'auteur de *Mahomet* ne nous semblent pas suffisamment motivés, disons-le, par le mal que celui-ci avait dû faire à sa patrie, et l'on a peine à prendre au sérieux et à croire sincère cette sorte d'anathème par lequel le bizarre philosophe termine une lettre écrite dans le seul but de se défendre auprès du solitaire des Délices d'un procédé équivoque. Plus tard, le patriotisme de Rousseau eût pu s'exalter contre la nature d'influence qu'exercera dans la calviniste Genève cet esprit remuant et audacieux durant les trop longues dissensions qui la séparèrent en deux camps et la livrèrent à l'arbitrage impérieux de la France. Mais, à ce moment, Genève n'est pas aussi perdue que le prétend Rousseau. Tout se borne à des représentations dramatiques auxquelles prennent part, à l'indignation grande des rigoristes, quelques égarés de la bonne société génevoise. Quant aux torts particuliers, Voltaire n'en a aucun à se reprocher; et, s'il lui rend le

---

[1]. *Revue des Deux Mondes* (15 novembre 1852), t. XVI, p. 770.

séjour de son pays insupportable, c'est pour une tout autre cause que celle que l'on accuse, cause qu'il faut aller chercher au fond du cœur même de Rousseau.

Tant que Jean-Jacques fut obscur, tant qu'il n'eut aucune visée littéraire, son caractère farouche, susceptible, s'enflammant pour des chimères, n'avait eu aucune occasion de se révéler. Comme il avait une imagination ardente, avec le vif sentiment du beau moral, il s'ouvrait à tout ce qui l'impressionnait fortement; et nous l'avons vu admirer très-franchement, très-candidement, les larmes aux yeux, la poitrine haletante, presque suffoquant, la tragédie d'*Alzire*. L'idée lui vient enfin d'entrer en lice, il s'y précipite avec ce tempérament fougueux qu'il apportera par la suite dans ses moindres écrits, et, du jour au lendemain, son Discours couronné *sur le Progrès des sciences et des arts* lui conquérait le renom d'un de nos écrivains les plus considérables. Un second discours, sans obtenir le prix, ne sera pas moins remarqué et, à partir de ce moment, Jean-Jacques, en regardant autour de lui, pourra se dire, sans trop se surfaire, qu'il ne le cède en rien aux plus éloquents et aux plus profonds. Sa force lui est démontrée par les avances et les caresses du clergé de Genève qui comprend tout le parti qu'il pouvait tirer de ce rude jouteur contre les audaces d'un terrible voisin. Le poëme *sur le Désastre de Lisbonne* paraît, et, tout aussitôt, le pasteur Sarrasin le lui dépêche, l'exhortant à combattre de toutes armes cette thèse d'une aussi détestable impiété. L'appel devait être entendu, et Rousseau ne tardait pas à adresser cette remarquable lettre que nous connaissons au poëte qui remit la discussion à des temps pour lui plus propices. Un pareil ajournement était bien fait pour enfler d'orgueil le citoyen de Genève. On y regardait à deux fois avant d'entrer en lutte avec lui, on lui opposait des raisons de santé auxquelles sa vanité était intéressée à ne pas croire[1]! Il eut dès lors la complète révélation de sa valeur : il pouvait atteindre à sa fantaisie les plus hauts sommets. Mais, aussitôt que Voltaire n'était que son égal, c'était un rival qui venait prendre la place qu'il aurait dû occuper, lui Rousseau, dans sa propre patrie. Qu'était-il venu faire à Genève? Qui l'y avait appelé? Que pouvait-il y avoir de commun entre ce courtisan sceptique et cynique et des républicains qui seraient demeurés simples et vertueux, si, pour leur malheur, ils n'eussent pas eu la France à leur frontière ?

Voltaire, qui ne songe pas à se faire des ennemis, qui n'en a déjà que trop sur les bras, n'avait pas marchandé les amabilités au futur auteur du *Contrat social* ; nous dirons même qu'il s'était senti de l'attrait pour lui, et que l'on rencontre dans ses lettres de cette

---

1. La cause de cet ajournement, madame de Fontaine était bien réellement à la mort, comme cela résulte de la correspondance de Voltaire, de ce temps : « Je vous écris au chevet de madame de Fontaine, qui est très-malade, et que l'autre Tronchin aura bien de la peine à tirer d'affaire, » mandait-il à d'Argental, le 6 septembre (1756). Et, le même jour, à Richelieu : « Soyez bien persuadé que je serais venu vous faire ma cour à Lyon ; mais je crains pour la vie d'une de mes nièces. Tronchin sera un grand médecin s'il la tire d'affaire. » *OEuvres complètes* (Beuchot, t. LVII, p. 145, 146. L'on trouve la confirmation de ces nouvelles alarmantes que Voltaire pouvait exagérer, dans une lettre du président de Brosses à M. de Ruffey, que nous reproduisons p. 125, 126.

époque des traces de la sympathie qu'il lui portait. « On m'a fort alarmé sur la santé de M. Rousseau, écrivait-il à D'Alembert, à la date du 9 décembre 1755; je voudrais bien en savoir des nouvelles. » Rousseau, à mesure qu'il grandissait dans sa propre opinion, sentait tout au contraire se développer en lui une invincible répulsion pour l'illustre écrivain. Certes, il ne l'avoue pas ; qui sait s'il le soupçonne? mais il est jaloux, atrocement jaloux de cet homme odieux, à qui tout réussit, même la persécution, que courtisent les grands de la terre, que courtisent les rois, qui transporte cette ville de Genève, où il a, lui Rousseau, plus d'ennemis que d'amis! Le pasteur Vernes lui témoigne-t-il l'envie de le voir de retour dans sa ville natale : « Que deviendrais-je, s'écrie-t-il, au milieu de vous, à présent que vous avez un maître en plaisanteries qui vous instruit si bien? Vous me trouveriez fort ridicule, et moi je vous trouverais fort jolis : nous aurions grand' peine à nous accorder ensemble [1]. » Voilà son secret qui lui échappe. L'influence de Voltaire, son crédit auprès de ces Génevois raffinés tout acquis à ce maître en plaisanteries, à ce beau génie et à cette âme basse, dont le nom seul le jette dans des transports de fu-

---

1. Rousseau, *OEuvres complètes* (Dupont, 1824), t. XIX, p. 87. Lettre de Rousseau à Vernes; le 14 juin 1759. Vernes lui répondra : « Venez donc parmi nous, je vous prépare une société d'amis au milieu desquels votre cœur sera bien à son aise, il aimera, et il sentira qu'il lui serait impossible de ne pas aimer. » *Jean-Jacques Rousseau, ses amis et ses ennemis* (Paris, Lévy, 1865), t. I, p. 128. Lettre de Vernes à Rousseau, 23 juillet 1759. Mais Vernes ne garantissait pas à Rousseau le départ de Voltaire, et c'était pour le citoyen de Genève la condition *sine quâ non*.

reur, voilà ce qui l'irrite, l'horripile, l'exaspère jusqu'à la frénésie. Il écrivait à Moultou :

> Vous me parlez de ce Voltaire ? Pourquoi le nom de ce baladin souille-t-il vos lettres ? Le malheureux a perdu ma patrie ; je le haïrais davantage si je le méprisais moins. Je ne vois dans ses grands talents qu'un opprobre de plus, qui le déshonore par l'indigne usage qu'il en fait... O Génevois ! il vous paie bien de l'asile que vous lui avez donné, il ne savait plus où aller faire du mal ; vous serez ses dernières victimes. Je ne crois pas que beaucoup d'autres hommes soient tentés d'avoir un tel hôte après vous [1].

Mêmes imprécations, mêmes anathèmes avec un redoublement de violence dans une lettre à Vernet, postérieure de quelques mois à celle-ci [2]. Tout lui est haïssable dans cet homme ; vivre à quelques pas de lui, respirer l'air qu'il respire, être le spectateur, le témoin de cette existence princière à laquelle il faisait allusion avec une amertume contenue dans sa lettre sur le poëme de *Lisbonne*, cette pensée seule le mettait hors de lui. Il est envieux de cette gloire brillante et agressive, il l'est tout autant de ce bonheur bruyant, plus éblouissant que réel. On cite une anecdote qui révèle en entier l'état de cette âme vraiment malade. C'était à son retour d'Angleterre, en 1767 ; M. Barth, qui, après avoir été secrétaire de notre légation à Soleure, était devenu préteur royal à Munster, lui offrit une retraite qui aurait dû lui plaire, dans ce coin pittoresque et sauvage de l'ancienne Alsace. Jean-Jacques

---

1. Rousseau, Œuvres complètes (Dupont, 1824), t. XIX, p. 105. Lettre de Rousseau à Moultou ; Montmorenci, 29 janvier 1760.
2. *Ibid.*, t. XIX, p. 157. Lettre de Rousseau à Jacob Vernet ; Montmorenci, 29 novembre 1761.

était ébranlé, il allait céder, quand il apprit que Voltaire, qu'il appelait « le bienheureux », avait résidé dans ce pays, en 1753 ; et dès lors tout fut renversé, et il n'y eut plus moyen de vaincre son refus [1].

Voltaire, très-renseigné sur ce qui se passe autour de lui, n'ignore point les colères qu'il suscite, sans toutefois trop s'en alarmer. Il nous dit que J.-J. Rousseau, « homme fort sage et fort conséquent », avait écrit plusieurs lettres sur le scandale des représentations de Tournay à des diacres de l'église de Genève, à son marchand de clous, à son cordonnier [2]. Mais il n'y a rien dans son langage qui ressemble à de la haine. La lettre où Jean-Jacques lui annonçait si candidement sa profonde et irrémissible aversion le laissa fort calme. Il écrivait, quelques jours après, à son ami Thiériot : « J'ai reçu une grande lettre de Jean-Jacques Rousseau ; il est devenu tout à fait fou ; c'est dommage [3]. » Et, quand il lui arrive de parler de celui-ci avec l'un de ses mille correspondants, c'est avec le regret qu'il fasse bande à part, au lieu d'aider la bonne cause de son talent et de sa verve incontestable. « Jean-Jacques aurait pu servir dans la guerre ; mais la tête lui a tourné absolument. Il vient de m'écrire une lettre dans laquelle il dit que j'ai *perdu Genève*... Il dit que je suis cause qu'il sera jeté à la *voi-*

---

[1]. *Archives littéraires de l'Europe*, t. XIV, p. 361, 365. M. Luce, pasteur de Munster, tenait l'anecdote de M. Brauer, pasteur de Hunnaweyer, et beau-frère de Schœpflin.

[2]. Voltaire, *OEuvres complètes* (Beuchot), t. LIX, p. 233. Lettre de Voltaire à D'Alembert ; Ferney, 6 janvier 1762.

[3]. *Ibid.*, t. LVIII, p. 466. Lettre de Voltaire à Thiériot ; aux Délices, 23 juin 1760.

rie quand il mourra, tandis que moi je serai enterré honorablement [1]. »

Apparaissait la *Nouvelle Héloïse*. La déclaration par trop franche de Rousseau dispensait Voltaire de toute autre obligation que celle d'être équitable, il n'avait à être ni indulgent ni bienveillant, et le retentissement de l'œuvre dut inspirer un peu d'agacement à un écrivain consacré et acclamé, qui n'avait pas, à ses plus beaux moments, soulevé plus d'admiration et d'enthousiasme. La *Julie* débarque à Ferney. On la parcourt, on l'épluche, on la dissèque. « Point de roman de Jean-Jacques, s'il vous plaît, s'écrie-t-il ; je l'ai lu pour mon malheur ; et c'eût été pour le sien, si j'avais le temps de dire ce que je pense de cet impertinent ouvrage. Mais un cultivateur, un maçon, et le précepteur de mademoiselle Corneille, et le vengeur d'une famille accablée par des prêtres, n'a pas le temps de parler de romans [2]. » Voilà qui est net et clair, et Rousseau ne comptera point Voltaire au nombre des apologistes de sa *Julie*. Disons que l'auteur de *Candide* eût été moins passionné, il eût eu toutes les raisons d'estimer, d'affectionner l'écrivain genevois, qu'il n'eût intérieurement ni admiré ni compris une œuvre si antipathique à la nature de son talent, à la tournure de son esprit limpide, net, précis, n'ayant rien tant en horreur que le vaporeux et les nuages. Rousseau est le patriarche de cette littérature de sen-

---

1. Voltaire, *Œuvres complètes* (Beuchot), t. LVIII, p. 496. Lettre de Voltaire à madame d'Épinai ; aux Délices, 14 juillet 1760.
2. *Ibid.*, t. LIX, p. 262. Lettre de Voltaire à Thiériot ; Ferney, 21 janvier 1761.

timent, rêveuse, laissant le positif et le certain de la vie pour la recherche de l'idéal, pour ce je ne sais quoi que l'on ne saisit jamais, qui consume l'existence, la fausse le plus souvent, mais qui n'est la maladie que des organisations d'élite et des âmes privilégiées ; il aura été le premier atteint de ce mal qui dévorera la jeunesse de l'auteur de *Réné* et de celui d'*Obermann*, et dont souffrira un peu facticement toute la génération d'écrivains des dernières années de la Restauration. Idées, métaphysique, morale, art, style, tout est nouveau, sans précédent, et dut surprendre ceux mêmes qui étaient le plus disposés à s'éprendre.

Cette langue nouvelle vaut-elle celle du grand siècle, vaut-elle la langue si exacte, si élégante dans sa sobriété, moins splendide mais plus pratique, plus selon notre génie, que personnifie avec tant d'éclat Voltaire ? Reconnaissons qu'en tous cas elle a apporté ses richesses propres à l'idiome national, et qu'en le ramenant au sentiment plus vif de la nature, elle tendait à le ramener à sa source, à ce premier langage, d'une verdeur si pénétrante, que parlaient nos aïeux, et dont les écrivains du grand règne l'avaient trop détourné peut-être. Mais ne soyons pas surpris davantage que Voltaire, passion et rancune à part, soit peu sensible aux qualités du roman de Jean-Jacques, qu'il déclare « sot, bourgeois, impudent, ennuyeux. » Comme composition, l'œuvre n'est sans doute pas sans reproche, elle se traîne péniblement, se perd en bavardages éloquents, en digressions de tous genres, sans que le rêveur se soucie outre mesure de ce que deviendra sa fable. Il sait bien que, quelque long temps qu'on s'attarde, l'on arrive toujours, et cela lui suffit. Ce n'est pas assurément la manière de procéder du charmant auteur de *Zaïde* et de *la Princesse de Clèves*. Il est vrai que Madame de Lafayette ne voulait qu'intéresser à ses héros, et que le citoyen de Genève avait d'autres visées. Cependant, tout n'est pas pur fatras, et l'on en conviendra, même à Ferney. « Il y a un morceau admirable sur le suicide qui donne appétit de mourir[1], » s'écrie Voltaire, subjugué malgré lui par cette éloquence à laquelle rien ne résiste. Il s'agit de la fameuse lettre de Saint-Preux à milord Édouard, d'une telle puissance de paradoxe que l'on se sent effectivement, en la lisant, entraîné comme par un vertige, et que l'on ne trouve ni volonté ni jambes pour échapper et se débarrasser de ces arguments qui vous enlacent de leurs mille nœuds comme les serpents de Laocoon[2].

Rousseau est donc fort heureux que le peu de loisirs de ce poëte doublé de maçon, de cultivateur et de précepteur, l'empêchent de dire sa pensée sur ce roman insipide. Mais il n'y a que ceux qui ne le connaissent point qui se laissent prendre à une déclaration dont l'unique but est de donner le change et de détourner les soupçons. Songez que c'est à Thiériot qu'il écrit, et ce qu'il écrit à Thiériot est lu et connu de tout Paris. Le vrai, c'est qu'il griffonnait à l'heure même

---

1. Voltaire, *OEuvres complètes* (Beuchot), t. LIX, p. 275. Lettre de Voltaire à d'Argental; Ferney, 26 janvier 1761.
2. Rousseau, *OEuvres complètes* (Dupont, 1824), t. VIII, p. 556 à 570. *La Nouvelle Héloïse*, part. III, lettre XXI.

contre cette *Julie* si fêtée, si admirée, quatre *Lettres sur la Nouvelle Héloïse ou Aloisia*, dont la première portait la signature du marquis de Ximenès, qui n'avait pas fait difficulté d'en assumer la responsabilité [1].

Quoi! Ximenès! après les accusations graves qui ont pesé sur lui, après le scandale de ce manuscrit dérobé et vendu pour quelques louis! Tout invraisemblable que cela soit et paraisse, il était rentré en grâce auprès de ceux qu'il avait et blessés et volés. Il y a plus, il avait été reçu à Ferney, comme si rien de tout cela n'eût existé, par le trop facile grand homme, un peu honteux toutefois de sa faiblesse. « Nous avons ici Ximenès, écrivait-il avec quelque embarras à son ange gardien, oui, le marquis de Ximenès [2]. » On voudrait savoir comment s'opéra la réconciliation, quels témoignages de son innocence fournit l'auteur d'*Amalazonte*, et comment enfin madame Denis consentit à oublier ses griefs envers un amant qui avait sans doute plus d'un tort à son égard. Mais c'est ce qui nous échappe, et il serait téméraire d'essayer de compléter l'insuffisance des renseignements par des suppositions plus ou moins gratuites. Madame Denis était parfaitement incapable d'un ressentiment quelque peu durable, nous disent ceux qui l'ont approchée [3]; cela aidera à expliquer, pour ce qui la regarde, l'é-

1. Voltaire, *OEuvres complètes* (Beuchot), t. XXI, p. iij ; t. XL, p. 203 à 228.
2. *Ibid.*, t. LIX, p. 275. Lettre de Voltaire à d'Argental; Ferney, 26 janvier 1761.
3. Florian, *Mémoires d'un jeune Espagnol* (Paris, Renouard, 1820), p. 24.

trange présence du marquis à Ferney. Quant à Voltaire, tout en pardonnant, l'occasion se présentant, il tirera parti de l'arrivée de Ximenès comme il avait profité du séjour de Lécluse aux Délices, et notre marquis se prêtera de son mieux à cette petite supercherie, « attendu qu'il ne craint pas plus Jean-Jacques que Jean-Jacques ne semble craindre ses lecteurs [1]. » Mais il sait bien que ses amis ne s'y méprendront point. « Tenez, écrivait-il au ménage de la rue de la Sourdière, voilà encore des *Lettres* sur le roman de Jean-Jacques ; mandez-moi qui les a faites, ô mes anges, qui avez le nez fin [2] ! » Il dira, toutefois, pour la galerie, au sujet de la déclaration trop franche de Rousseau à son égard : « Je n'ai point fait de réponse à sa lettre ; M. de Ximenès a répondu pour moi, et a écrasé son misérable roman. Si Rousseau avait été un homme raisonnable à qui on ne pût reprocher qu'un mauvais livre, il n'aurait pas été traité ainsi [3]. »

---

1. Voltaire, *OEuvres complètes* (Beuchot), t. LIX, p. 315. Lettre de Voltaire à Damilaville ; 18 février 1761.
2. *Ibid.*, t. LIX, p. 314. Lettre de Voltaire à d'Argental ; 16 février 1761.
3. *Ibid.*, t. LIX, p. 338. Lettre de Voltaire à D'Alembert ; Ferney, 19 mars 1761. Il existe une complainte en cinquante-sept couplets sur les amours de Saint-Preux et de Julie. M. Oscar Honoré, qui l'a reproduite dans une étude intitulée : *Voltaire à Lausanne*, la tenait de M. de Crousaz, qui la tenait lui-même de sa grand'mère, madame de Montolieu. « Personne, nous dit-il, ne met en doute l'authenticité d'une pièce émanant d'une pareille source, non plus que celle de la musique, sur laquelle Voltaire la chantait, et que l'on a conservée. » *Histoires de la vie privée d'autrefois* (Paris, Giraud, 1853), p. 111, 151. Nous trouvons tout cela concluant ; et si quelques doutes pouvaient nous venir, ils ne nous seraient inspirés que par l'extrême faiblesse et le manque complet de relief de cette plaisanterie qui

Ces lettres furent jugées diversement, selon que l'on tint pour le poëte ou pour le citoyen de Genève. Il y eut aussi ceux qui, connaissant Ximenès et les croyant de lui, n'étaient pas disposés à les prendre pour des chefs-d'œuvre. Le protecteur, l'ami de Jean-Jacques, le maréchal de Luxembourg lui mandait, tout révolté :

> Il y a un faquin de marquis de Ximenès qui est aux Délices, chez M. de Voltaire, et qui lui a écrit quatre lettres contre la *Julie*, qui sont bêtes, méchantes, impertinentes. Est-il possible qu'avec l'esprit de Voltaire, il entre dans son âme une basse jalousie. Cependant il faut être persuadé qu'il ne serait pas capable d'avoir écrit un livre comme le vôtre. Nous ne voyons point dans ses ouvrages l'élévation, la force de génie qui est répandue dans cette charmante *Julie* [1].

Bien que ces lettres soient sans grande portée et qu'il ne s'y rencontre guère, avec des critiques grammaticales, que des plaisanteries, un persiflage assez fade, elles ne sont pas aussi bêtes, méchantes et impertinentes que cela plaît à dire au bon maréchal, qui ne paraît pas se douter que son ami Jean-Jacques se soit donné le tort de l'attaque. Il faut bien le répéter, Voltaire est d'une autre famille d'écrivains que Rousseau, et, l'eût-il essayé, il n'aurait pu imaginer rien qui ressemblât même de loin à la *Nouvelle Héloïse ;* il n'aurait pu atteindre à cette passion, à cette chaleur

---

ne rappelle en rien l'auteur du *Pauvre Diable* et de la satire *sur la Vanité*.

1. *Jean-Jacques Rousseau, ses amis et ses ennemis* (Paris, Michel Lévy, 1865), t. I, p. 443, 444. Lettre du maréchal de Luxembourg à Rousseau; Paris, juin 1761.

d'âme si entraînantes. Quant à l'élévation, nous la retrouvons chez lui à un degré non moindre, notamment dans ses éloquents plaidoyers sur la liberté et la tolérance, avec ce quelque chose de pratique et d'applicable, que n'a pas le spéculatif Jean-Jacques.

Il avait été question à une certaine époque, à plusieurs reprises même, de publier une édition de nos classiques, sous le patronage de l'Académie, qui se serait partagé nos grands écrivains. Voltaire, ravi d'une telle entreprise, y applaudit avec son ardeur accoutumée. Il s'imagine qu'il n'est que temps de faire son lot, et écrit, en toute hâte, à Duclos pour lui dire que mademoiselle Corneille aurait le droit de le bouder s'il ne retenait pas le grand Corneille pour sa part[1]. Il s'en ouvre également à l'abbé d'Olivet et lui mande qu'il a l'impudence de se réserver Pierre Corneille : « C'est Larose qui veut parler des campagnes de Turenne[2]. » Mais, esprit pratique, s'il y en eut jamais, à peine cette idée d'un commentaire lui fut-elle venue qu'il embrassa tout le parti qu'on en pouvait tirer au profit de la petite nièce de l'auteur du *Cid*. Cette édition, à laquelle il apportera tous ses soins, il compte bien qu'elle sera la dot de sa protégée, et que toute la France, l'Europe même, contribueront à cet acte de justice et de reconnaissance. Il ne négligera rien pour atteindre le but, et, la besogne à peine

---

1. Voltaire, *OEuvres complètes* (Beuchot), t. LIX, p. 371. Lettre de Voltaire à Duclos, secrétaire perpétuel de l'Académie; Ferney, 10 avril 1761.

2. *Ibid.*, t. LIX, p. 372. Lettre de Voltaire à l'abbé d'Olivet; Ferney, 10 avril 1761.

commencée, il se préoccupera de ce côté non moins important de l'entreprise.

S'il ne fallait à Pompée que frapper la terre du pied pour en faire sortir des armées, des souscripteurs ne se recrutent pas comme des soldats, et le solitaire des Délices connaissait trop les hommes pour ignorer que ce n'est que par l'importunité, l'obsession et la vanité qu'on arrive à faire violence à l'avarice ou à l'égoïsme. Il prêchera d'exemple. « S'il le faut, dit-il, je ferai imprimer à mes dépens[1]. » Et ailleurs : « J'aurai peut-être l'honneur de contribuer autant que le roi lui-même; car il faudra que je fasse toutes les avances, et que je supplée toutes les non-valeurs ; mais il n'y a rien qu'on ne fasse pour satisfaire ses passions[2]. » Tout cela est dit résolûment et gaîment, en homme qui croit au succès, mais qui supporterait sans sourciller une perte même sérieuse. Toutefois, grâce au mouvement qu'il se donne, grâce à l'admiration qu'inspire le père de notre théâtre, grâce à un courant d'opinion qui entraîne les tièdes, la souscription dépasse toutes les prévisions. Louis XV et Élisabeth de Russie, l'Empereur et l'Impératrice souscriront, chacun pour deux cents exemplaires. Voltaire aura la modestie de ne souscrire que pour cent. Madame de Pompadour et Choiseul se feront porter l'un et l'autre pour cinquante. La Borde, banquier de la cour, procure à l'œuvre plus de cent adhérents; la

---

1. Voltaire, OEuvres complètes (Beuchot), t. LIX, p. 538. Lettre de Voltaire à Duclos; Ferney, 13 auguste 1761.
2. *Ibid.*, t. LIX, p. 547, 548. Lettre de Voltaire à d'Olivet; Ferney, 6 auguste 1761.

Compagnie des fermiers généraux en apporte soixante, la sœur du duc de Choiseul, madame de Grammont, sans qu'on se fût adressé à elle, se présente avec l'acquiescement d'un nombre considérable d'étrangers. Les Anglais, surtout, témoignent de leur admiration pour un poëte dont l'élévation, la magnanimité, l'héroïsme des conceptions sont plus sensibles et plus saisissables pour eux que le génie plus correct, plus discret, mais moins audacieux de son rival : ce sont Chesterfield, lord Lyttleton, M. Fox, le duc de Gordon, M. Crawford, les lords Palmerston et Spencer[1]. Le comte de Clermont, Bernis, le duc de Villars, grands, parlementaires, gens de finance, gens du monde, gens de lettres figurent sur cette liste vraiment nationale.

Nous parlons des gens des lettres, cela doit s'entendre du plus petit nombre, de ces quelques favorisés dont le commerce avec les muses est un goût sans être une ressource. Quant à ceux qui ne sont « ni fermiers généraux ni rois, » Voltaire y a pourvu. « Nous comptons même être en état, écrit-il à Duclos, à la date du 10 août 1761, de prier les gens de lettres qui ne sont pas riches de vouloir bien accepter un exemplaire comme un hommage que nous devons à leurs lumières, sans recevoir d'eux un payement qui ne doit être fait que par ceux que la fortune met en état de favoriser les arts. » N'est-ce pas charmant et d'une âme élevée ; et de telles idées ne dénotent-elles pas une incontestable magnanimité d'esprit ? C'est là le Voltaire des bons jours, le Voltaire généreux, humain et

---

1. *Le Nain jaune*, samedi 4 juillet 1863. Billets inédits de Voltaire à son libraire Cramer. XXV.

chrétien, quoique ce ne soit certes pas à quoi il vise. Qu'on nous laisse insister un peu sur ces faces lumineuses, trop fugitives et qui ne disparaissent que trop vite, hélas! sous quelque nuage attristant.

Il s'est mis à l'œuvre, sa plume vole, il a pris la besogne à cœur. « Il me semble, s'écrie-t-il, que je commence à connaître l'art en étudiant mon maître à fond[1]. » Il dira encore : « Je m'instruis en relisant ces chefs-d'œuvre, mais je m'instruis trop tard[2]. » Mais, à mesure qu'il avance, il découvre plus d'une tache au soleil. Racinien par tempérament, il est amoureux de l'élégante pureté de l'auteur d'*Iphigénie* et d'*Athalie*, les deux plus beaux poëmes, selon lui, qu'il y ait au monde ; et les aspérités, les duretés, les fautes de goût qui appartiennent autant et plus au siècle qu'à lui-même (et c'est ce que Voltaire perd trop de vue) le choquent dans l'œuvre du vieux maître, qui sera toujours splendide par le grandiose des conceptions, l'élévation de la pensée, et avec lequel il ne fallait pas se servir de balances de toiles d'araignée. L'auteur de *Zaïre*, un peu dérouté, un peu perplexe d'abord, avait l'esprit trop résolu pour hésiter longtemps et ne pas reconquérir pleinement son indépendance : il en usera avec le père de notre théâtre comme avec un ancien. « Je traite Corneille tantôt comme un dieu, tantôt comme un cheval de carrosse, » disait-il à d'Argental, en lui dépêchant ce premier

---

1. Voltaire, *OEuvres complètes* (Beuchot), t. LIX, p. 498. Lettre de Voltaire à d'Argental; Ferney, 8 juillet 1761.

2. *Ibid.*, t. LIX, p. 502. Lettre de Voltaire à Duclos; Ferney, 12 juillet 1761.

travail¹. « Il est vrai, dira-t-il encore, que dans l'examen de *Polyeucte* je me suis armé quelquefois de vessies de cochon, au lieu d'encensoir. Laissez faire, ne songez qu'au fond des choses ; la forme sera tout autre². » Ces ébauches, ce premier jet sont envoyés à l'Académie, dont on n'ambitionne qu'à rapporter et formuler les jugements. « Je ne prétends point avoir d'opinion à moi ; je dois être le secrétaire de ceux qui ont des lumières et du goût³. » On ne lui en demandait pas tant ; et nous croyons même que l'œuvre n'eût pu que perdre à être aussi soumise et impersonnelle. Mais qu'on se rassure : l'auteur de la *Henriade* sent trop vivement pour n'avoir pas son avis à lui et pour ne pas le défendre, au besoin, avec toute l'urbanité mais avec toute la chaleur et la ténacité d'un écrivain convaincu. Il dira à Saurin, quelque temps après : « Je suis bien aise de recueillir d'abord les sentiments de l'Académie ; après quoi je dirai hardiment, mais modestement, la vérité. Je l'ai dite sur Louis XIV, je ne la tairai pas sur Corneille⁴. » Personne ne lui niera ce droit. Mais nous sommes déjà loin de ce rapporteur docile qui n'aura pour Chimène d'autres yeux que les yeux de l'Académie. Il a envoyé ses notes sur *le Cid*, *les Horaces*, *la Mort de Pompée*, *Polyeucte*,

---

1. Voltaire, *OEuvres complètes* (Beuchot), t. LIX, p. 585. Lettre de Voltaire à d'Argental ; Ferney, 31 auguste 1761.

2. *Ibid.*, t. LIX, p. 604. Lettre de Voltaire à D'Alembert ; 15 septembre 1761.

3. *Ibid.*, t. LIX, p. 586. Lettre de Voltaire à Duclos ; 31 auguste 1761.

4. *Ibid.*, t. LX, p. 45, 46. Lettre de Voltaire à Saurin ; octobre 1761.

Cinna, aux quarante qui ne goûtent pas toutes ses appréciations, quelque peu pointilleuses, notamment sur *Cinna*, comme le lui laisse entrevoir D'Alembert avec beaucoup de ménagements, mais non moins de finesse.

> Nous avons été, lui dit-il, très-contents de vos remarques sur les *Horaces*; beaucoup moins de celles sur *Cinna*, qui nous ont paru faites à la hâte. Les remarques sur le *Cid* sont meilleures, mais ont encore besoin d'être revues. Il nous a semblé que vous n'insistiez pas toujours assez sur les beautés de l'auteur, et quelquefois trop sur des fautes qui peuvent n'en pas paraître à tout le monde. Dans les endroits où vous critiquez Corneille, il faut que vous ayez si évidemment raison que personne ne puisse être d'un avis contraire; dans les autres, il faut ou ne rien dire, ou ne parler qu'en doutant. Excusez ma franchise; vous me l'avez permise, vous l'avez exigée; et il est de la plus grande importance pour vous, pour Corneille, pour l'Académie, et pour l'honneur de la littérature française, que vos remarques soient à l'abri même des mauvaises critiques. Enfin, mon cher confrère, vous ne sauriez apporter dans cet ouvrage trop de soin, d'exactitude, et même de minutie. Il faut que ce monument, que vous élevez à Corneille, en soit aussi un pour vous; et il ne tient qu'à vous qu'il le soit[1].

C'était l'avis de l'Académie tout autant que celui de D'Alembert[2]. A cela Voltaire de répondre que trop de circonspection, un respect mal entendu manqueraient totalement le but qu'on voulait atteindre. S'il

---

1. Voltaire, *OEuvres complètes* (Beuchot), t. LIX, p. 593, 594. Lettre de D'Alembert à Voltaire; à Paris, 8 mai 1761.
2. Voir sa lettre du 10 octobre, où il renouvelle les mêmes conseils. « Croyez-moi, ne donnez pas de prise sur vous aux sots et aux malintentionnés, et songez qu'un vivant qui critique un mort en possession de l'estime publique doit avoir raison et demie pour parler, et se taire quand il n'a que raison... »

s'agissait d'élever un monument à l'auteur du *Cid*, il y avait aussi à se préoccuper du lecteur, de l'étranger surtout, qui, porté naturellement à tout admirer et n'étant pas suffisamment édifié sur les taches qui ne se mêlent que trop aux beautés, tomberait dans des méprises contre lesquelles il fallait le prémunir. Ce qui le choque dans *Cinna* (car *Cinna* est sa grande querelle), c'est le peu d'opportunité des remords du personnage, qui devait ou ne pas se repentir ou se repentir plus tôt, au second acte, après la magnanime interpellation d'Auguste.

Les remords qu'il a ensuite ne paraissent point naturels, ils ne sont pas fondés; ils sont contradictoires avec cette atrocité réfléchie qu'il a étalée devant Maxime. C'est un défaut capital que Metastasio a soigneusement évité dans sa *Clémence de Titus*. Il ne s'agit pas seulement de louer Corneille, il faut dire la vérité. Je la dirai à genoux, et l'encensoir à la main [1].

Mais, comme l'Académie, on voudrait une critique moins méticuleuse, plus large peut-être. Nous disons plus large : cela ne saurait, toutefois, s'appliquer à cette critique de *Cinna*; car il ne s'agit ni d'incorrections, ni de fautes de prosodie ou de grammaire, mais d'une interprétation très-élevée des mouvements et des élans du cœur humain. Au reste, il n'en démordra pas. Il défendra obstinément son dire, y reviendra avec sa ténacité naturelle. Il reprendra la thèse avec d'Olivet, et ce ne seront pas les arguments qui lui manqueront.

1. Voltaire, *Œuvres complètes* (Beuchot), t. LIX, p. 504. Lettre de Voltaire à D'Alembert; 15 septembre 1761.

… Je persiste toujours non-seulement à croire, mais à sentir vivement, qu'il fallait que Cinna eût des remords immédiatement après la belle délibération d'Auguste. J'étais indigné, dès l'âge de vingt ans, de voir Cinna confier à Maxime qu'il avait conseillé à Auguste de retenir l'empire pour avoir une raison de plus de l'assassiner. Non, il n'est pas dans le cœur humain qu'on ait des remords après s'être affermi dans cette horrible hypocrisie. Non, vous dis-je, je ne puis approuver que Cinna soit à la fois infâme et en contradiction avec lui-même. Qu'en pense M. Duclos? Moi, je dis tout ce que je pense, sauf à me corriger [1].

Mais il ne se corrigera point, quant à *Cinna* [2]. Il a sa conviction, et il n'est pas le seul à penser ainsi. « M. le duc de Villars vient d'en raisonner avec moi : il connaît le théâtre mieux que personne; il ne conçoit pas comment on peut être d'un autre avis [3]. » C'est Voltaire qui le dit, et il peut faire parler le duc pour les besoins de la cause ; mais voici une lettre de Bernis, qui est un plein assentiment à ses jugements et à sa critique. « A l'égard de vos remarques sur *Cinna*, je les adopte toutes ; vous pouviez même pousser la sévérité plus loin : en disant que *Cinna* « est plutôt « un bel ouvrage qu'une bonne tragédie, » vous avez tout dit. Qu'Auguste pardonne à Maxime par clémence ou par mépris, à la bonne heure; mais on est révolté qu'il le conserve au rang de ses amis. Je crois que cette observation mérite d'être faite [4]. » Diderot, qui

---

1. Voltaire, *Œuvres complètes* (Beuchot), t. LIX, p. 609. Lettre de Voltaire à d'Olivet; Ferney, 16 septembre 1761.
2. *Ibid.*, t. XXXV, p. 225. *Commentaires sur Corneille.*
3. *Ibid.*, t. LIX, p. 611. Lettre de Voltaire à Duclos; Ferney, 19 septembre 1761.
4. *Ibid.*, t. LIX, p. 189. Lettre de Bernis à Voltaire; de Montbéliard, le 25 février 1762.

augurait mal de ce travail et s'en expliquait dans une lettre antérieure [1], écrivait à mademoiselle Voland, le 3 octobre 1762 : « ... Il m'avait envoyé en même temps son *Commentaire* sur le *Cinna* de Corneille. Je n'ai pu m'empêcher de lui dire que cela était vrai, juste, intéressant et beau, parce que c'est la vérité : seulement je lui ai trouvé plus d'indulgence que je n'en aurais eu ; il n'a pas repris tout ce qui m'a semblé répréhensible [2]. » Le circonspect D'Alembert serait assez de cet avis, mais il tient à ce qu'on ne casse pas les vitres et que l'on serre la main sur les vérités prêtes à échapper, ce qui, soit dit en passant, ne nous semble pas excessivement philosophique [3].

Voltaire n'est guère moins dur pour *Heraclius*. « Je commence à l'entendre, mande-t-il à son confident d'Argental. En vérité, il n'y a de beau dans cette pièce que quatre vers traduits de l'espagnol. Quand on examine de près les pièces et les hommes, on rabat un peu de l'estime [4]. » Il finira par en rabattre beaucoup, et trop. Mais fut-il sincère ? Mais céda-t-il à des sentiments de basse jalousie et au très-peu louable plaisir de diminuer, d'amoindrir une gloire à laquelle il sentait qu'il n'atteindrait jamais, comme on l'a cru, comme on l'a répété, comme l'ont pensé et le pensent

1. « Il travaille à une édition de Corneille. Je gage, si l'on veut, que les notes dont elle sera farcie seront autant de petites satires. » Lettre à mademoiselle Voland, du 12 août 1762.
2. Diderot, *Mémoires et correspondance* (Garnier, Paris, 1841), t. I, p. 344.
3. Voltaire, *Œuvres complètes* (Beuchot), t. LX, p. 22, 23. Lettre de D'Alembert à Voltaire, 20 octobre 1761.
4. *Ibid.*, t. LIX, p. 529. Lettre de Voltaire à d'Argental ; 2 septembre 1761.

et l'impriment de nos jours des écrivains qui ne sont rien moins que ses ennemis? Eh bien, pour qui suivra attentivement et sans prévention sa correspondance, il est impossible de ne pas convenir de la sincérité, sinon de la justesse de ses jugements. Quand il s'était mis à l'œuvre, il n'avait, comme tout le monde, que le souvenir des beautés. Mais, plus il avance, plus les inégalités, les faiblesses, les sommeils, les barbarismes, les impropriétés, les boursouflures, les équivoques, se produisent avec une fréquence qui le rebute à la fin. Tient-il assez compte du temps, de l'absence des modèles, de l'imperfection d'une langue que Corneille n'aidera pas médiocrement à sortir de tutelle? C'est là une autre question, et nous défendons moins la critique que la sincérité des *Commentaires*. Ajoutons qu'il fallut tout lire, *Agésilas* comme le *Cid*, *Pertharite* et *Attila* comme *les Horaces*, et l'on comprend l'espèce d'agacement, d'impatience, d'exaspération d'un lettré d'un goût délicat, qui ne demandait qu'à communiquer son admiration à son lecteur. Ainsi, il s'écriera : « Est-il possible qu'on applaudisse à *Heraclius* quand on a lu, par exemple, le rôle de Phèdre? Est-ce que les beaux vers ne devraient pas dégoûter des mauvais? Et puis, s'il vous plaît, qu'est-ce qu'une tragédie qui ne fait pas pleurer? Mais je commente Corneille : oui, qu'il en remercie sa nièce [1]. »

Cet emportement est risible et sincère. Il n'a pas à s'expliquer ici devant un public ; c'est à un ami pour lequel il n'a rien de caché qu'il parle, c'est à un con-

---

1. Voltaire, *Œuvres complètes* (Beuchot), t. LX, p. 98. Lettre de Voltaire à d'Argental ; 23 décembre 1761.

fident qu'il exprime ce qu'il a sur le cœur. En somme, il fera tout ce qui est en lui pour adoucir ses jugements ; et, s'il est injuste ou sévère à l'excès, il n'y a à s'en prendre qu'à sa manière de sentir. Certes, en réclamant avec un empressement passionné d'être l'éditeur du grand Corneille, il ne pouvait avoir l'idée de composer une satire, et nous croyons n'être qu'équitable en protestant énergiquement contre une inculpation qui, nous en conviendrons encore, n'a trouvé que trop de crédit auprès des esprits, même les moins prévenus et les moins hostiles.

Tout en commentant Corneille, l'infatigable patriarche de Ferney, comme on va l'appeler, avait repris goût au théâtre, si tant est qu'il y eût jamais renoncé sérieusement. Il a été question d'un *Don Pèdre* qui, pour être une tragédie espagnole, ne ressemblera d'aucune façon au *Cid;* mais, sans complétement s'éteindre, cette première ardeur le cède bientôt aux séductions d'un autre sujet, qui réunissait tout, conception, puissance, imprévu, situations terribles, mise en scène splendide ; en un mot, une œuvre sans précédent, tragédie par sa donnée, sa marche, la forme et la pompe du vers, mais tenant de l'opéra par le spectacle, les effets, le mouvement, les mêlées en plein théâtre, tout ce remue-ménage, qu'un autre art ne dédaigne pas de demander au machiniste pour doubler le prestige et la magie de ces œuvres du démon.

En répétant Mérope, je disais : Voilà qui est intéressant ; ce ne sont pas là de froids raisonnements, de l'ampoulé et du bourgeois. Ne pourrais-tu pas, disais-je tout bas à V...,

faire quelque pièce qui tînt de ce genre vraiment tragique?
Ton *Don Pèdre* sera glaçant avec tes états généraux et ta Marie Padelle. Le diable alors entra dans mon corps. Le diable?
non pas : c'était un ange de lumière, c'était vous. L'enthousiasme me saisit. Esdras n'a jamais dicté si vite. Enfin, en six
jours de temps, j'ai fait ce que je vous envoie. Lisez, jugez;
mais pleurez [1].

Ainsi, au temps de sa belle jeunesse, il avait mis
quinze jours à composer *Zaïre*; à soixante-huit ans, six
jours lui suffisaient à créer, à évoquer tout un monde.
« La rage s'empara de moi un dimanche, et ne me
quitta que le samedi suivant. J'allai toujours rimant,
toujours barbouillant; le sujet me portait à pleines
voiles [2]. » Mais la révision d'*Olympie*, car c'est d'elle
qu'il s'agit, coûtera plus de mois que le premier jet
n'a coûté de jours. Et les amis, dont on réclamera les
conseils, les anges, le marquis de Chauvelin, le cardinal de Bernis, sans jeter de l'eau sur tout ce feu,
forceront le poëte à se modifier, à se corriger, ce qu'il
fera, comme toujours, avec beaucoup de docilité et
de soumission. Mais, durant cela et pour prendre patience, il presse la représentation d'une comédie en
vers, le *Droit du Seigneur*, l'œuvre d'un M. Le Goux,
maître des comptes à Dijon, « jeune homme qui aime
les arts et les cacouacs » et qu'il faut encourager. « Il
est bon, ajoutait-il, de fixer le public par un nom,
de peur que le mien ne vienne sur la langue. » On a
deviné que Voltaire, intéressé à ce qu'on ne sût pas

---

1. Voltaire, *Œuvres complètes* (Beuchot), t. LX, p. 24. Lettre de Voltaire à d'Argental; 20 octobre 1761.

2. *Ibid.*, t. LX, p. 31. Lettre de Voltaire au cardinal de Bernis; à Ferney, 26 octobre 1761.

que la pièce fût de lui, la fait endosser par un autre. Ce M. Le Goux n'est pas un être de raison : il existe et appartient à une des meilleures familles de Bourgogne ; mais voilà le mal. Son parent, le premier président de La Marche, trouva peu convenable qu'un maître des requêtes jouât le rôle de prête-nom, et le témoigna amicalement à Voltaire, son ancien condisciple de Clermont. Mais on y eut bientôt remédié. « Fesons donc comme Nollet, qui avait imaginé une madame Truchot, avec laquelle il couchait régulièrement ; quand il l'eut vue, il lui dit, pour s'excuser, qu'il n'y coucherait plus. J'ai demandé à M. de La Marche le nom de quelques académiciens de Dijon, mes confrères, il m'a nommé un Picardet. Picardet me paraît mon affaire [1]. » Et c'est sous ce nom qu'il prétendait que la pièce fût jouée, au moins jusqu'à ce que le succès autorisât la légitimation de l'orphelin [2].

Mais les ennemis, les envieux ont bon nez et on ne leur donne pas longtemps le change. Crébillon aura deviné la fraude, et la façon malveillante avec laquelle il accueillera l'ouvrage démontre suffisamment qu'il sait à quoi s'en tenir sur M. Picardet. Favart écrivait, en octobre, au comte Durazzo : « On ne jouera pas le *Droit du Seigneur*. Crébillon, qui n'aime pas Vol-

1. Voltaire, *OEuvres complètes* (Beuchot), t. LIX, p. 591. Lettre de Voltaire à d'Argental, 7 septembre 1761.
2. Les *Mémoires secrets* racontent, à propos du *Droit du Seigneur* et de M. Picardet, une anecdote plaisante, et que confirme Wagnière. Nous doutons pourtant que les choses se soient absolument passées comme elles sont rapportées. *Mémoires secrets pour servir à l'histoire de la république des lettres* (Londres, John Adamson), t. I, p. 13, 14 ; 7 janvier 1762. — Longchamp et Wagnière, *Mémoires sur Voltaire* (Paris, André, 1826), t. I, p. 190, 191.

taire, trouve l'ouvrage indiscret[1]. » Toutes les lettres de Voltaire, à cette date, sont remplies, en effet, de plaintes amères contre les procédés du vieux tragique qui se souvenait de *Sémiramis* et d'*Oreste* : « On dit qu'on a tout mutilé, tout bouleversé. La pièce sera huée, je vous en avertis[2]. » On sait ce dont, à l'œuvre, dame Censure était capable ; mais ce qui se serait passé serait autrement fort, et nous laisserons la responsabilité du dire à Favart, qui, très-lié avec Crébillon, était des mieux placés pour être renseigné. « Cette pièce, mandait-il à son correspondant de Vienne un peu moins d'un mois après la lettre que nous venons de citer, avoit été arrêtée à la police. M. de Crébillon, censeur des théâtres, ne l'a permise qu'à la condition qu'il y mettroit une scène de sa façon : on ne croiroit pas que l'auteur de *Rhadamiste* eût, à quatre-vingt-dix ans[3], assez de fraîcheur et de gaieté dans l'esprit pour écrire dans le genre comique. Cependant la scène est remplie de vivacité et de bonnes plaisanteries ; du moins en ai-je jugé ainsi à la lecture qu'il m'en à faite[4]. » Voltaire se plaint que l'on ait retranché les meilleures plaisanteries, loin de se louer du moindre apport de ce genre. « C'est le bonhomme

---

1. Favart, *Mémoires et correspondance littéraire* (Paris, 1808), t. I, p. 209. Lettre de Favart au comte Durazzo ; à Paris, le 19 octobre 1761.

2. Voltaire, *Œuvres complètes* (Beuchot), t. LX, p. 134. Lettre de Voltaire à d'Argental ; aux Délices, 20 janvier 1762.

3. Favart vieillit de plus de deux ans Crébillon, qui n'avait que quatre-vingt-huit ans quand il mourut.

4. Favart, *Mémoires et correspondance littéraire* (Paris, 1808), t. I, p. 209. Lettre de Favart au comte Durazzo ; 13 novembre 1761.

Crébillon qui a fait ce carnage, dit-il, croyant que ces gens-là étaient mes sujets ; il faut permettre à Crébillon le radotage et l'envie ; le bonhomme est un peu fâché qu'on se soit enfin aperçu qu'une partie carrée ne sied point du tout dans son *Électre* [1]. »

Le bonhomme, qui pensait n'avoir pas à se louer de Voltaire, et qui ne lui pardonnait pas d'avoir été le plus fort, avait, en effet, abusé en plusieurs circonstances de sa position de censeur, pour mettre des bâtons dans les roues de ce victorieux. Mais il touchait au terme du voyage, et, en bon chrétien, déposant ses rancunes aux pieds du crucifix, il se réconcilia avec l'Église, avec son libertin de fils, et, ce qui est plus méritoire, avec M. de Voltaire [2]. L'auteur d'*Oreste* ne nous dit point qu'il ait eu connaissance de ce retour chrétien ; et, dans tous les cas, son *Éloge de Crébillon*, qui paraissait peu après la mort de ce dernier, ne semble point, de sa part, une œuvre de miséricorde et d'oubli ; la satire, l'amertume y fleurissent plus que la louange, qui ne se trouve guère là que pour donner plus de relief et d'autorité à des appréciations d'une tendresse au moins équivoque. Cette pièce d'éloquence, dont l'auteur ne se nommait point, se terminait par une péroraison de nature à émerveiller un lecteur quelque peu au fait des querelles littéraires de ces temps. L'on opposait aux mauvais procédés de J.-B. Rousseau envers l'auteur de

1. Voltaire, *OEuvres complètes* (Beuchot), t. LX, p. 155. Lettre de Voltaire à madame de Fontaine (sans date).
2. Favart, *Mémoires et correspondance littéraire* (Paris, 1808), t. I, p. 237. Lettre de Favart au comte Durazzo ; 19 janvier 1762.

Rhadamiste[1] la conduite bien différente du chantre de Henri : « C'est même une chose assez singulière, remarquait-on avec une adorable candeur, que M. de Voltaire ayant traité *Sémiramis*, *Électre* et *Catilina*, et s'étant ainsi trouvé trois fois en concurrence avec lui, l'ait loué toujours publiquement, et lui ait même donné plusieurs marques d'amitié. Ils n'ont jamais eu aucuns démêlés ensemble. Cela est rare entre gens de lettres, qui courent la même carrière[2]. »

Mais le public ne se méprit pas, et reconnut aussitôt la plume qui avait tracé ce singulier panégyrique. D'Alembert écrivait à ce sujet à son ami : « Qu'est-ce qu'un *Éloge de Crébillon*, ou plutôt une satire sous le nom d'éloge, qu'on vous attribue? Quoique je pense absolument comme l'auteur de cette brochure sur le mérite de Crébillon, je suis très-fâché qu'on ait choisi le moment de sa mort pour jeter des pierres sur son cadavre ; il fallait le laisser pourrir de lui-même, et cela n'eût pas été long[3]. »

---

1. Voir la première série de ces études, *la Jeunesse de Voltaire*, p. 149, 150.
2. Voltaire, *Œuvres complètes* (Beuchot), t. XL, p. 490. *Éloge de M. de Crébillon*.
3. *Ibid.*, t. LI, p. 380. Lettre de D'Alembert à Voltaire ; à Paris, 8 septembre 1762. Diderot mandait à mademoiselle Voland, à la date du 12 août 1762 : « Cet homme incompréhensible a fait un papier qu'il appelle un *Éloge de Crébillon*. Vous verrez le plaisant éloge que c'est : c'est la vérité, mais la vérité offense dans la bouche de l'envie. Je ne saurais passer cette petitesse-là à un aussi grand homme. » *Mémoires et correspondance* (Garnier, 1841), t. I, p. 296. Envie est-elle bien le mot? haine, à la bonne heure ; et les ennemis de Voltaire avaient tout fait pour aviver ce sentiment, en le dépréciant avec une insigne mauvaise foi au profit d'un poëte qui ne méritait guère de lui être opposé.

Le *Droit du Seigneur* fut représenté, le 18 janvier 1762, sous le titre de l'*Écueil du Sage*, et réussit, malgré ses défauts et ses disparates. « Tout ce qui sort de la plume de M. de Voltaire, nous dit encore Favart, est respectable, et l'on y trouve toujours des traits qui caractérisent le grand homme. M. de Choiseul vient d'obtenir le rappel de M. de Voltaire, avec deux mille livres de pension du roi ; le retour de notre poëte jette Fréron dans les plus grandes alarmes. » Ce bruit du retour de Voltaire n'était qu'un faux bruit, qui ne se confirma point ; et, quelques jours après, Favart écrivait à Durazzo que c'était une de ces rumeurs inconsistantes comme il n'en circulait que trop dans cette cité des cancans, des commérages et des riens. Il y avait quelque chose pourtant de vrai au fond de cela. Le duc de Choiseul, dans l'impuissance d'arracher son rappel à l'antipathie du roi, avait demandé la résurrection d'une pension, depuis longtemps supprimée de fait, si elle ne l'avait pas été d'une façon plus catégorique : c'était une fiche de consolation, qui prouvait au moins le bon vouloir du ministre. Nous avons vu son prédécesseur, non moins bien disposé, devant une égale impossibilité d'obtenir davantage, envoyer au poëte, qui était sur le point de partir pour la cour de l'électeur palatin, un passeport où lui était conservé son titre de gentilhomme ordinaire de la chambre, qui ne lui avait pas été enlevé mais sur la possession duquel il devait désirer être rassuré [1]. Il fallait que l'éloignement de celui que

---

1. Voltaire, *OEuvres complètes* (Beuchot), t. LVI, p. 564. Lettre de Voltaire à d'Argental ; aux Délices, 21 juin 1758.

l'on avait appelé « Trajan » fût bien grand pour ne point céder aux instances réitérées de madame de Pompadour et de deux ministres successifs. Si l'on songe que Louis XV s'était fait une loi de n'intervenir si peu que ce fût dans les affaires de son royaume, on conviendra que l'on ne pourrait citer deux cas pareils dans l'histoire de tout le règne.

Voltaire, esprit résolu, très-alerte à prendre une décision et à se contenter de la part qui lui était faite, quand il n'y avait pas lieu de compter sur la réalisation pleine et entière de ses rêves, se hâta d'entonner des hymnes de joie et de reconnaissance, et de mander à tous ses amis de Paris les grâces que le roi venait de lui faire. « J'ai une chose particulière à vous mander, écrivait-il à Duclos, dont peut-être l'Académie ne sera pas fâchée pour l'honneur des lettres. Vous savez que j'avais autrefois une pension : je l'avais oubliée depuis douze ans, non-seulement parce que je n'en ai pas besoin, mais parce que, étant retiré et inutile, je n'y avais aucun droit. Sa Majesté, de son propre mouvement, et sans que je pusse m'y attendre, ni que personne au monde l'eût sollicitée, a daigné me faire envoyer un brevet et une ordonnance. Peut-être est-il bon que cette nouvelle parvienne aux ennemis de la littérature et de la philosophie[1]. » Il écrivait à Damilaville : « Frère V... est tout ébahi de recevoir dans l'instant une pancarte du roi, adressée aux gardes de son trésor royal, avec un bon, rétablissant une pension que frère V... croyait anéantie depuis douze ans.

---

[1]. Voltaire, *OEuvres complètes* (Beuchot), t. LX, p. 136, 137. Lettre de Voltaire à Duclos; aux Délices, 20 janvier 1762.

Que dira à cela Catherin Fréron? Que dira Le Franc de Pompignan¹? » Mais il n'ignorait pas que l'on avait parlé de son retour, qu'on y avait cru, et il tenait à persuader ces bons Parisiens que non-seulement aucune démarche n'avait été faite dans ce sens, mais qu'il ne consentirait point, pour tous les trésors de ce monde, à quitter son nid où il espérait bien s'éteindre doucement loin des envieux et des méchants. Il avait reçu, pour le nouvel an, une lettre de l'abbé d'Olivet qui lui envoyait, avec ses compliments, ceux de MM. de La Marche et Pellot². « Je vous assure, répondait-il à son ancien préfet de Louis-le-Grand, que j'aurais voulu être de votre dîner, eussiez-vous dit du bien de moi à mon nez; mais, après cette orgie, je serais reparti au plus vite pour les bords de mon beau lac. Je vous avoue que la vie que j'y mène est délicieuse; c'est au bonheur dont je jouis que je dois la conservation de ma frêle machine³. » Évidemment,

---

1. Voltaire, *OEuvres complètes* (Beuchot), t. LX, p. 127. Lettre de Voltaire à Damilaville; 9 janvier 1762. Voir aussi sa lettre du 26 janvier au cardinal de Bernis.

2. Ce M. Pellot avait été, à Louis-le-Grand, le camarade du futur président de La Marche; il était neveu de M. Leclerc de Lesseville. M. Beaune, qui a publié deux de ses lettres au jeune La Marche, l'une du 25 mars, l'autre du 1ᵉʳ juin 1711, toutes deux plaisantes et piquantes, se demande s'il mourut jeune ou rompit avec lui. La lettre de Voltaire est une réponse à ces deux questions. A l'époque où elle est écrite, s'il était de l'âge de son ami, né en 1694, il devait avoir soixante-huit ou neuf ans. Nous ignorons s'il lui survécut. Le premier président mourait, six ans après l'heure où nous sommes, en 1768. Henri Beaune, *Voltaire au collège* (Paris, Amyot, 1867), t. CXXXII à CXXXV.

3. Voltaire, *OEuvres complètes* (Beuchot), t. LX, p. 145. Lettre de Voltaire à d'Olivet; aux Délices, 26 janvier 1762.

sa lettre ne laisserait pas d'être communiquée à plus d'un, et cette rumeur ridicule tomberait d'elle-même. Nous avons d'ailleurs la preuve qu'il avait raisonné juste. « On avait répandu le bruit, lit-on dans des Nouvelles à la main, expédiées en Normandie au duc d'Harcourt, du retour à Paris de Voltaire ; cet homme illustre a écrit à l'abbé d'Olivet qu'il ne songeait nullement à quitter son lac, aux bords duquel il se trouve, dit-il, heureux comme un roi [1]. » L'on voit combien le préoccupait, à une telle distance, l'opinion de ces Welches pour lesquels il n'a pas assez de railleries, mais à qui il aurait voulu pouvoir dire leur fait de plus près.

1. Hippeau, *Le Gouvernement de Normandie aux XVIIe et XVIIIe siècles* (Caen, 1864), t. IV, p. 2. Nouvelles de Paris et de Versailles, 21 janvier 1762. Cette date est évidemment inexacte, à moins, ce qui serait fort possible et même supposable, que la lettre à l'abbé d'Olivet fût, comme celle adressée à Duclos, non du 26, mais du 20. La lettre de Favart à Durazzo, du 19 janvier, viendrait encore confirmer ce soupçon.

III

LAURAGUAIS A FERNEY. — MARIAGE DE Mme DE FONTAINE.
VOLTAIRE ET LE PRÉSIDENT DE BROSSES.

Le train de Voltaire était celui d'un grand seigneur, plein d'ordre toutefois, magnifique mais sans négliger aucun moyen d'accroître ses revenus que la guerre avec les Anglais et la prise de Pondichéry auraient, à l'entendre, diminués d'un bon tiers. Il avait des châteaux à revendre[1] : ce qui lui permettait, à l'occasion, de rendre à ses amis de petits services. Ainsi, le duc de Villars, fort délabré quant au physique, ayant senti l'urgence d'un traitement sérieux, était venu, sur son invitation, s'installer, lui et son monde, aux Délices, d'où il devait, grâce à Tronchin, s'en retourner frais et gaillard[2]. Ce durant, les visiteurs affluaient à Ferney[3]. C'était, en septembre, le président de La Marche,

---

1. Il possédait encore alors sa maison de Lausanne, rue du Gros-Chêne, qu'il avait pour neuf ans, et dont le bail n'expirera qu'au printemps de 1766. *OEuvres complètes* (Beuchot), t. LXIII, p. 407. Lettre de Voltaire à M. Bertrand; à Ferney, 31 octobre 1766.
2. Voltaire, *OEuvres complètes* (Beuchot), t. LIX, p. 521, 622. Lettres à M. de Champflour, du 30 juillet, et à la comtesse de Lutzelbourg, du 30 septembre 1761.
3. On lit dans la *Gazette d'Utrecht*, du mardi 19 octobre 1762,

dont il vient d'être question [1]; c'était l'abbé Coyer, l'auteur d'une histoire de *Sobiezki*, dans laquelle on avait trouvé des témérités [2]. C'était le président de Ruffey, l'aimable chroniqueur des eaux de Plombières de 1754. « Nous nous mîmes quatre à lire *Zulime* à M. de La Marche; il avait un président avec lui qui dormit pendant toute la pièce, comme au sermon ou à l'audience [3]... » Voltaire tait charitablement le nom du dormeur; mais il n'avait pas à prendre la même précaution avec le témoin de cet impardonnable oubli, et c'est ainsi que nous saurons quel était le coupable. « Nous y avons joué (sur son théâtre) *Mérope*. Nous avons fait pleurer jusqu'à des Anglais. Oh! que le cher Ruffey aurait dormi [4] ! »

C'était encore le comte de Lauraguais, auquel il ne devait manquer, pour faire de grandes choses,

ces quelques lignes que nous soupçonnons fort être venues de Ferney en droiture. « De Genève, le 6 octobre. Notre ville est actuellement des plus brillantes. M. le duc de *Villars*, M. le comte d'*Harcourt*, Mme la comtesse d'*Anville*, de la maison de *Larochefoucaud*, M. le duc son fils, et nombre d'autres étrangers de distinction l'honorent de leur présence. M. le maréchal duc de *Richelieu* s'y est aussi rendu avant-hier. Il étoit arrivé à *Fernais* chés M. de *Voltaire*, le 1er de ce mois, avec une suite de 40 personnes. Le 2, il avoit dîné aux *Délices*, où deux membres du conseil de cette république l'avoient complimenté, et où M. de *Voltaire* avoit fait représenter une nouvelle tragédie intitulée : *La famille d'Alexandre* (*Olympie*). Ce seigneur est reparti hier pour Lyon. »

1. Voltaire, OEuvres complètes (Beuchot), t. LIX, p. 588. Lettre de Voltaire à d'Argental; 5 septembre 1761.

2. *Ibid.*, t. LIX, p. 590. Lettre de Voltaire à Damilaville; le 17 septembre 1761.

3. *Ibid.*, t. LIX, p. 598. Lettre de Voltaire à d'Argental; 14 septembre 1761.

4. *Voltaire et le président de Brosses* (Didier, Paris, 1858). Lettre de Voltaire à M. de La Marche; à Ferney, 20 octobre 1760.

qu'un léger grain de bon sens et de raison ; mais c'est ce que ni l'âge, ni l'expérience, ni l'infortune ne lui procureront jamais ; et il mourra, en pleine Restauration, ainsi que son ami Ximenès (qu'il rencontrait précisément alors à Ferney), comme il aura vécu, l'homme le plus spirituel et le plus extravagant de son temps. Il arrivait avec une tragédie de *Clytemnestre* que Voltaire connaissait déjà et qu'il devait dédier à son maître. Diderot nous parle de l'ouvrage avec un certain étonnement flatteur pour le comte, s'il ne se fût mêlé à l'éloge quelque doute sur la véritable filiation de ce chef-d'œuvre. « Oui, la *Clytemnestre* du comte de Lauraguais est en vers, et quelquefois en très-beaux vers. Lorsqu'il me les lisait, je lui disais : « Mais, monsieur le comte, c'est une langue que cela : « où l'avez-vous apprise ? » On dit qu'il a à côté de lui un nommé Clinchant qui la sait. Mais que m'importe à moi que les beaux vers soient de Clinchant ou du comte ? Le point important, c'est qu'ils soient faits, et ils le sont [1]. » Il en eût été alors de ce Clinchant comme des deux jeunes chimistes que Lauraguais avait à gage, qu'il enfermait dans sa petite maison de Sèvres, en leur déclarant qu'ils n'en sortiraient qu'après lui avoir fait une découverte ; car Lauraguais avait plus d'une corde à son arc : il s'occupait de chimie, et de droit public, et de bien d'autres choses encore, sans parler de mademoiselle Arnould.

Avant de partir, il était allé prendre congé de Dide-

---

[1]. Diderot, *Mémoires et correspondance* (Garnier, 1841), t. I, p. 243, 244. Lettre à mademoiselle Voland ; Paris, 17 septembre 1761.

rot. « Je l'ai vu dimanche passé, et je n'ai jamais vu d'amour-propre plus intrépide. — Eh bien! que dites-vous de ma *Clytemnestre*? — Qu'il y a bien de beaux vers. — Voltaire m'a écrit que son *Oreste* n'était qu'une froide déclamation, une plate machine en comparaison? — Il vous a écrit cela? — Dix fois au lieu d'une. — Oh! je vous proteste que le perfide n'en croit pas un mot. — Eh bien! il a tort[1]. » Si Voltaire accablait de tant de louanges la *Clytemnestre* de son jeune rival, c'est qu'il songeait lui-même à faire reprendre *Oreste*, qu'il fallait que la tragédie de cet étourneau ne vînt qu'après la sienne, et que c'était le meilleur moyen de l'endormir sur l'inconvénient toujours grave, en un même sujet, d'être joué le dernier. « Vous saurez que M. de Lauraguais a fait aussi son *Oreste*, et qu'il est juste qu'il soit joué sur le théâtre qu'il a embelli; mais il permet que je passe avant, pour lui faire bientôt place. Sa folie d'être représenté n'est pas une folie nécessaire, et la mienne l'est[2]. » L'on n'a pas oublié quels services Lauraguais avait rendus à l'art dramatique en achetant, à beaux deniers comptants, le droit de désobstruer la scène de ce public à plumets et à talons rouges qui rendait par sa seule présence toute illusion de perspective et de jeux de scène impossible. Cela méritait bien qu'on s'en souvînt et que l'on se montrât de composition facile, le jour où ce jeune seigneur intelligent et généreux,

---

1. Diderot, *Mémoires et correspondance* (Garnier, 1841), t. I, p. 248. Lettre à mademoiselle Voland; Paris, le 22 septembre 1761.
2. Voltaire, *OEuvres complètes* (Beuchot), t. LIX, p. 358, 359. Lettre de Voltaire à d'Argental; aux Délices, 1er février 1761.

possédé du démon de la métromanie, viendrait solliciter le droit d'être sifflé tout comme un autre. Nous ne saurions au juste dire ce qui s'opposa à la représentation de *Clytemnestre*, et si l'*Oreste* de Voltaire y fut pour quelque chose[1]. Ce qu'il y a de certain, c'est que la tragédie n'eut pas à courir les chances d'une audition publique, ce dont il prit son parti, du reste, avec sa philosophie ou, pour mieux dire, sa légèreté naturelle.

Revenons à son voyage à Ferney, et à la réception que lui fit l'auteur de *Mérope*, qui l'avait vu, tout enfant, chez sa grand'mère la duchesse de Lauraguais, la troisième des demoiselles de Nesle. Le premier bonjour fut une épigramme contre Fréron, qui ne sortait guère de la tête du très-sensible et très-vindicatif écrivain.

A peine reçu dans ses bras qu'il avoit ouverts tant de fois à mon enfance, après avoir parlé de la correspondance dont il avoit toujours honoré ma jeunesse depuis que je l'avois revu à Berlin, m'avoir conduit dans son *château*, m'avoir donné de l'eau bénite en entrant dans son *église* : « Allons à présent, me dit-il, dans le jardin. » Fort étonné d'y trouver un âne y broutant le gazon : Est-ce que vous ne reconnaissez pas Fréron, me dit-il? Si fait, lui dis-je ; il y a bien quelque chose à dire sur le corps, mais la figure est frappante et je n'en suis que plus surpris de la trouver chez vous. Je ne vous croyois pas si bien avec Fréron. Sa personne, reprit-il, est à merveille avec M. Ramponeau à Paris ; mais sa figure est fort bien chez moi. Tel que vous me voyez, je ne suis

---

1. La reprise d'*Oreste* eut lieu le mercredi 8 juillet 1761. Il fut joué neuf fois à Paris, une fois à Versailles. Bibliothèque nationale. Manuscrits F. R. 12532. *Journal de Lekain*, t. I, p. 161 à 164.

plus guère tel qu'on me lit; j'ai besoin quelquefois de colère, et cette figure m'en donne quand j'en ai besoin [1].

Tout ce monde intelligent, élégant, lettré, venait animer ce jeune Ferney sortant de terre, ce château tout neuf, « d'une architecture charmante, » qui s'était complété par un théâtre « des plus jolis de l'Europe [2]. » Nous allions oublier ce temple élevé par la piété du poëte, et sur la façade duquel il avait fait graver cette laconique inscription : « *Deo erexit* Voltaire, » dont il était si fier. « Cette église, disait-il à l'Anglais Richard Twiss, que j'ai fait bâtir, est l'unique église de l'univers qui soit dédiée à Dieu seul; toutes les autres sont dédiées aux saints. Pour moi, j'aime mieux bâtir une église au maître qu'aux valets [3]. » Nous l'avons vu solliciter la bienveillance du Saint-Père et les bons offices de Passionei. Le cardinal était mort, sur ces entrefaites, et ce malheur semblait devoir diminuer de beaucoup ses chances de succès. Mais il n'en recevait pas moins des reliques de Rome ; ce qu'il annonce aux frères avec tout le respect et la componction qu'on devine. « J'ai bâti une église et un théâtre ;

---

1. *Lettre de L.-B. Lauraguais* à Madame *** (d'Ussel) (Paris, Buisson, 1802), p. 60.
2. Voltaire, *OEuvres complètes* (Beuchot), t. LX, p. 263. Lettre de Voltaire à madame de Florian; aux Délices, 20 mai 1762.
3. *Biographie universelle et portative des contemporains* (Paris, 1834), t. IV, p. 1451. Le premier président de La Marche, qui était religieux, étant avec Voltaire et François Tronchin sur la porte du château, dit au conseiller : « J'espère qu'un jour cela sera vrai. » Voltaire repartit aussitôt : « Prenez garde, monsieur le président, que je ne dis pas *Christo*, que je dis *Deo*. » Gaullieur, *Étrennes nationales*, 3ᵉ année (Genève, 1855), p. 218. Anecdotes sur Voltaire racontées par François Tronchin.

mais j'ai déjà célébré mes mystères sur le théâtre, et je n'ai pas entendu la messe dans mon église. J'ai reçu le même jour des reliques du pape, et le portrait de madame de Pompadour ; les reliques sont le cilice de saint François[1]..... » Certain que les frères ne se méprendraient pas sur ses intentions, il exaltait dans ses lettres et sa magnificence religieuse et ses sentiments de véritable chrétien. « Je suis bien fâché, écrivait-il à madame de Fontaine, de ne vous pas marier dans mon église, en présence d'un grand Jésus, doré comme un calice, qui a l'air d'un empereur romain, et à qui j'ai ôté sa physionomie niaise[2]. » Était-ce pour lui donner la sienne, comme le bruit en courut, et comme l'avait entendu dire Sherlock[3] ?

Sa nièce venait, il est vrai, de convoler à de nouvelles noces. Elle donnait enfin sa main à un homme qui depuis longtemps avait son cœur, et qu'elle devait épouser en connaissance de cause, le marquis de Florian, « le grand écuyer de Cyrus », que nous avons vu figurer au premier plan, dans la question des chars assyriens. Voltaire, du reste, applaudissait à une conclusion qu'il trouvait aussi raisonnable que convenable pour les deux conjoints. « Je n'ai qu'un moment, marquait-il à sa nièce, pour vous dire combien je vous approuve et je vous félicite. Il n'y a rien de si doux ni de si sage que d'épouser son ami intime. » Madame

---

1. Voltaire, *Œuvres complètes* (Beuchot), t. LX, p. 34. Lettre de Voltaire au marquis d'Argence de Dirac ; 26 octobre 1761.

2. *Ibid.*, t. LX, p. 210. Lettre de Voltaire à madame de Fontaine ; Ferney, 19 mars 1762.

3. Sherlock, *Lettres d'un voyageur anglais* (Londres, 1778), p. 153. Lettre xxv.

de Fontaine est loin de jouer, dans l'existence de son oncle, le rôle important de madame Denis. La faute en est moins à elle qu'aux circonstances. Plus jeune, libre de moins bonne heure (M. de Fontaine n'était mort qu'en 1756), d'ailleurs retenue par les devoirs de la mère de famille, elle n'aurait pu se consacrer à son oncle d'une façon aussi absolue que le fit la veuve du commissaire des guerres. Mais, bien que ses préférences fussent pour madame Denis, le poëte rendait justice au mérite de la cadette ; et ses lettres à madame de Fontaine sont des plus affectueuses et des plus édifiantes.

Le chevalier de Florian, auquel nous avons précédemment emprunté le portrait de madame Denis, nous a laissé un croquis de la femme de son oncle, qui a tous les caractères de la sincérité et de l'équité. « Elle était grande, bien faite, bonne, assez bien de figure (elle avait quarante ans alors) ; elle portait dans ses yeux tout l'esprit qu'elle avait, et personne n'en eut un plus juste et plus fin. Elle était tendre, compatissante, toujours prête à tout sacrifier à la personne qu'elle aimait, mais quelquefois impérieuse et exigeante ; voilà les deux seuls défauts que ma reconnaissance pour elle m'a permis de voir[1]. » On retrouve dans ce portrait les qualités et les défauts de l'aînée des demoiselles Mignot avec plus de distinction physique chez la cadette. Madame de Fontaine recevait, à Paris, les amis de son oncle ; elle était, avec le ménage

---

1. *La Jeunesse de Florian ou Mémoires d'un jeune Espagnol* (Paris, Renouard, 1820), p. 11, 12. Elle est désignée sous le pseudonyme de *donna Ferennu*.

d'Argental, le ministre intelligent et zélé de ce roi sans couronne. C'était un esprit fort et de verte allure, que le propos gaillard ne déconcertait pas. Elle peignait au pastel et avait un joli talent, s'il faut en croire cet oncle bienveillant qui n'eût demandé qu'à utiliser ce crayon sans préjugé, et lui commandait des nudités d'après Natoire et Boucher. « Je me flatte, lui écrivait Voltaire, dans l'attente d'un de ces envois, que vos dessins ne sont pas faits pour un oratoire, et qu'ils me réjouiront la vue[1]. »

Parmi les visiteurs qui venaient saluer le châtelain de Ferney, nous avons nommé deux magistrats dijonnais. Pour un grand propriétaire exposé à des démêlés de plus d'une sorte avec ses voisins, voire ses vassaux, il n'était pas indifférent d'être bien avec le parlement dans le ressort duquel on se trouvait; et Voltaire, de nature processive et chicanière, n'aura qu'à se féliciter de ses relations avec la cour souveraine. L'on était fort lettré à Dijon; il y avait une Académie recrutée surtout au sein de cette magistrature éclairée, diserte, aimant les belles-lettres et que n'effrayait point la grande érudition, dont le président Bouhier aura été le représentant le plus illustre. Élu membre de l'Académie de Dijon depuis peu de temps (3 avril 1761), l'auteur de la *Henriade* se trouvait ainsi le confrère de la plupart des présidents et conseillers du sénat bourguignon. Il serait impardonnable à nous d'omettre le nom du président de Brosses, l'un des esprits les plus distingués de sa ville et de son

---

1. Voltaire, *OEuvres complètes* (Beuchot), t. LVI, p. 370. Lettre de Voltaire à madame de Fontaine; le 23 novembre 1753.

temps, et qui a retrouvé, de nos jours, un regain de jeunesse, dans la publication de son aimable voyage à travers l'Italie, de 1739 et 1740[1]. De Brosses est une figure originale, franche d'allure, un érudit dans l'acception la plus sérieuse, et, au milieu de tout cela, un de ces esprits vifs, ornés, fins, d'humeur gaie et sarcastique, sans pédantisme et sans fausse science, avec l'instinct et l'amour du beau, un jugement sain, à qui les arts n'étaient pas moins familiers que les lettres, et nous entendons par là aussi bien la musique que les arts du dessin, la peinture, la statuaire et l'architecture. Il est de rigoureuse équité d'indiquer ce qu'il y a de flair, de justesse dans ses appréciations et ses critiques; et, vraiment, à l'heure qu'il est encore, l'on n'aurait que bien peu de chose à redresser aux arrêts de ce mondain qui parcourait l'Italie avec des amis joyeux, jeunes et bien nés, tous de son bord, ayant chacun leur marotte : celui-ci, le conseiller Loppin, qui passa un instant à Dijon pour être meilleur géomètre que Buffon; celui-là, Sainte-Palaye, l'auteur bien connu des *Mémoires sur l'ancienne chevalerie;* le troisième, Lacurne, le frère de Sainte-Palaye, fou de musique, comme lui d'inscriptions et de reliques historiques.

De Brosses, quelque accusé que fût chez lui le tempérament bourguignon, mêlé à ce qu'il avait de gau-

---

[1]. Bien que la première édition des lettres de M. de Brosses remonte à 1799, l'ouvrage, qui avait été vite enlevé, était à peu près inconnu à la génération suivante, et il eut toute la vogue, tout le succès d'une nouveauté attrayante, quand il reparut en 1836, purgé des fautes et des incorrections sans nombre dont il était entaché et comme accablé.

lois, ne prenait pas les lettres du côté léger et superficiel ; il avait les grandes traditions et s'imposa, en dehors de ses fonctions et de ses charges, une série de travaux auxquels il consacra sa vie, surtout une étude bien curieuse sur Salluste, sorte de reconstruction et de restitution des parties absentes de l'œuvre, qui ne paraissait qu'en 1777, au moment où allait se clore cette carrière si active et si brillante. Il y avait donc plus d'une face dans l'auteur des *Lettres écrites d'Italie :* il y avait le magistrat consciencieux, le savant non moins pénétré de sa haute mission, et l'homme de salon, aimable, spirituel, de son temps par le tour et le vif de la plaisanterie, mais dont les saillies n'allaient, toutefois, pas jusqu'à compromettre le bon goût de l'homme bien né. Si l'on pouvait constater une légère teinte d'esprit provincial, il ne faut pas oublier pourtant que Dijon était restée une manière de capitale hantée par les étrangers de distinction, les Anglais particulièrement, et qu'elle était, après tout, la patrie de Bossuet, de Bouhier, de Crébillon, de Piron ; et que Buffon était Bourguignon : voilà pour la physionomie morale. Quant au physique, c'était un très-petit corps animé par une vivacité, une pétulance surprenante. Diderot, qui peint encore plus qu'il ne décrit, a dit de lui : « Le président de Brosses, que je respecte en habit ordinaire, me fait mourir de rire en habit de palais, et le moyen de voir sans que les coins de la bouche ne se relèvent une petite tête gaie, ironique et satirique, perdue dans l'immensité d'une forêt de cheveux qui l'offusque ; et cette forêt descendant à droite et à gauche, qui va s'emparer des trois quarts du reste de la petite figure[1] ? » Nous soupçonnons l'auteur du *Neveu de Rameau* d'un peu d'exagération, dont il n'était point exempt pas plus que de passion. Le profil de Saint-Aubain nous représente une physionomie ouverte : l'œil est clair, perspicace, le nez long, fort et presque droit ; quant à la perruque, elle n'a rien de différent de celles que l'on portait alors, et il n'y a pas lieu, même avec quelque complaisance, de se retracer cette tête grotesque dont nous parle Diderot. L'on sera curieux, en revanche, d'avoir un crayon de *cette furieuse tête métaphysique*, par le président. « C'est un gentil garçon, bien doux, bien aimable, grand philosophe, fort raisonneur, mais faiseur de digressions perpétuelles ; il m'en fit bien vingt-cinq hier, depuis neuf heures qu'il resta dans ma chambre, jusqu'à une heure. Oh ! que Buffon est bien plus net que tous ces gens-là[2] ? » Pour être à peine touché, le portrait est ressemblant et parlant, et l'on ne peut même pas dire ce que nous avons dit de l'esquisse de Diderot, qu'il soit un peu grossi et outré. Tout cela, d'ailleurs, n'a rien que de bienveillant, sauf la remarque sur Buffon, qui n'aurait été du goût, sans doute, ni de Diderot, ni de son collaborateur D'Alembert, qui traitait le grand naturaliste de *comte de Tuffière ;* mais on pardonnera aisément à l'aimable président des préfé-

---

1. La bibliothèque de Dijon possède un portrait du président, qui ne donne pas l'envie de rire, quoique en perruque de magistrat. Nous en dirons autant de son buste, qui est au Musée des ducs.

2. Foisset, *Le Président de Brosses, histoire des lettres et des parlements au XVIIIe siècle* (Paris, 1842), p. 546. La lettre d'où ce passage est extrait est sans date, mais doit être de la dernière quinzaine d'avril 1754.

rences que la postérité a ratifiées, en dernier ressort.

De Brosses, qui avait eu occasion dans l'automne de 1756 de rencontrer Voltaire à Genève, séduit par cet esprit irrésistible que l'auteur des *Lettres écrites d'Italie* était si bien fait pour apprécier et aimer, avait trouvé trop courtes les quelques heures passées dans sa compagnie; et ce fut la faute seule des circonstances, si ne s'établirent pas entre eux, dès l'origine, des rapports qui ne pouvaient être que délicieux. M. Foisset nous dit que le président fut content de l'habitant des Délices, mais qu'il ne s'engoua point[1]. Il y a là une réticence, et nous croyons qu'il fut conquis plus que ne le veut avouer son historien; du moins cela nous semble ressortir de la lettre qui suit, à M. de Ruffey :

Vous entretenes donc toujours un commerce de lettres avec Voltaire : c'est une fort bonne correspondance à conserver[2]. J'aurois eu grande envie de savoir ce qu'il pensoit des gentillesses de son ami le roi de Prusse. Cependant j'eus la discrétion de ne pas toucher en lui un endroit si chatouilleux. Je n'ai guère pu profiter de son agréable voisinage, n'ayant passé qu'une soirée à mon aise avec lui, Tronchin, Jalabert[3], et D'Alembert l'encyclopédiste qui s'y trouva. Nous nous ajournâmes à un grand dîner pour le surlendemain. Mais l'une de ses nièces étant tombée malade à l'ex-

1. Foisset, *Le Président de Brosses* (Paris, 1842), p. 142.
2. Un peu plus d'un an auparavant, Buffon, de son côté, écrivait au même Ruffey : « Je suis bien aise que vous soyez en liaison avec Voltaire ; c'est en effet un très-grand homme, et aussi un homme très-aimable. » Buffon, *Correspondance inédite* (Hachette, 1860), t. I, p. 67. Lettre de Buffon au président de Ruffey; Paris, le 23 mai 1755.
3. Savant physicien genevois.

trémité, la partie n'a pu avoir lieu : elle a toujours été fort mal, de sorte que je n'ai vu l'oncle que deux autres fois depuis et assez succinctement. Il me parut décidé à quitter la poésie pour l'histoire, sur quoi je pensai lui dire ce que j'avois dit, quoique sans aucun fruit, à Madame Le Baut, quand elle quitta la musique vocale pour le clavecin [1]...

Le président, bien évidemment, avait subi le charme, et il portait envie à son ami, qui était en commerce réglé avec l'auteur de *Zaïre*. Mais ce ne devait être qu'une question de temps, et l'acquisition de Tournay n'allait mettre que trop en présence l'écrivain et le magistrat. Voltaire s'était pris de belle passion pour la terre de Tournay, terre négligée et château en ruines (que M. de Brosses lui-même appelle une *vieillerie indigne*), mais offrant certains avantages qui le détermineront. Ainsi, tout en indiquant bien qu'il n'a pas d'illusions et qu'il s'est rendu compte de l'état réel des choses, il veut qu'on sache que l'argent n'est rien pour lui, quand il a un caprice en tête; il entend que le président fasse une tout à fait bonne affaire, et volontiers il prendra l'engagement de ne pas éterniser ce bail à vie. Mais le président, de repousser bien loin une telle clause qui serait un deuil pour les lettres, pour ceux qui les aiment et les cultivent, et pour lui tout le premier. « Vous vous obligez à ne vivre que quatre ou cinq

---

[1]. Girault, *Lettres inédites de Buffon, J.-J. Rousseau, Voltaire* (Paris et Dijon, 1819), pages 91, 92. Lettre de M. de Brosses à M. de Ruffey; à Montfalcon, le 14 octobre 1756. Madame Le Beault (Jeanne-Jaquette Burteur) avait un talent distingué de chanteuse. Rameau, à Dijon, avait été son premier maître de clavecin. A 85 ou 86 ans, elle chantait encore des airs de l'auteur de *Dardanus*. Elle est morte, à Dijon, le 1er mai 1811. *Voltaire et le président de Brosses* (Didier, 1858), p. 198.

ans; point de cet article, s'il vous plaît, sinon marché nul. J'exige, au contraire, après le traité conclu, que vous viviez le reste du siècle pour continuer à l'illustrer et à l'éclairer. La Providence se feroit de belles affaires, si elle ne vous laissoit ici-bas plus longtemps que Fontenelle. Elle n'est pas déjà si bien aujourd'hui avec le public[1]. » Voltaire parle de s'en aller bien vite; mais le président, qui sait quel cas on doit faire de pareils engagements et qui n'est point fâché de se débarrasser de son vieux château délabré, qu'il lui promet d'ailleurs de restaurer des pieds à la tête, usera des mêmes procédés de séduction. Ah ! il s'agit bien vraiment de mourir. Dans cet heureux Tournay, l'on ne meurt point. Aux risques qu'il en abuse, M. de Brosses veut bien en informer son futur acquéreur.

Si vous saviez le dessous des cartes! écrivait-il à Voltaire dans le même temps. Si je vous disois le secret de l'Église ! Avec un homme tel que vous, je ne veux rien avoir de caché. Apprenez que l'ange de la fatalité, conduisant Zadig par le monde, mit dans ce vieux château un talisman qui fait qu'on n'y meurt point. Mon vieux oncle éternel (devant Dieu soit son âme, avec celle de feu M. le comte de Gabalis! ce que j'en dis ne vient pas de mauvais cœur, mais il ne m'aimoit guère et je le lui rendois bien) : or donc cet oncle infini y a vécu quatre-vingt-onze ans; sans parler du grand-père de ce dernier, qui y a vécu quatre-vingt-sept ans. Ce n'est pas là une chronologie de Newton[2]. Il faut que je sois fol de me

---

1. *Voltaire et le président de Brosses* (Paris, Didier, 1858), p. 11. A Dijon, le 14 septembre 1758.
2. Allusion à la *Défense de la chronologie contre le système de Newton*, écrit posthume de Freret; 1758.

défaire d'un lieu qui donne une immortalité bien plus réelle que ne fait l'Académie[1].

Si c'est pur badinage, il n'y a pas moins, sous cette légèreté qui ne sent d'aucune façon son magistrat, un esprit positif, avisé, qui sait profiter de l'occasion et même faire valoir habilement sa marchandise. Mais Voltaire, résolu tout à l'heure à acheter coûte que coûte, ne se montre déjà plus si ardent. Il est à cent lieues de retirer sa parole ; il est toujours dans les mêmes intentions, et il achètera Tournay, si l'on est raisonnable. Mais il flotte, il a perdu de vue les conditions de la veille où elles ont cessé de lui agréer, et il leur en substitue de nouvelles. Devant ces indécisions, le président, sans montrer de l'humeur, répond qu'il n'est point en peine, qu'il n'est pas pressé d'aliéner ce bien de ses ancêtres, et que, d'ailleurs, il a rencontré un autre acquéreur, un certain Fautrière, qui lui a fait une proposition d'échange. Ce M. de Fautrière n'est pas un personnage chimérique, et il n'en servira que mieux à déterminer le seigneur de Ferney, qui ne serait pas fâché de joindre le titre de comte de Tournay à celui de gentilhomme ordinaire de Sa Majesté. M. de Brosses, lui, a pris son parti ; il gardera sa masure, et est d'avis de n'en plus parler. Mais il se rétracte tout aussitôt. « Parlons-en pourtant toujours autant qu'il vous plaira, lui dit-il avec une extrême courtoisie ; nous ne conclurons rien, n'importe ! cela me servira de texte pour entretenir la conversation avec vous. Rien ne peut m'être plus agréable que ce

---

1. *Voltaire et le président de Brosses* (Didier, 1858), p. 21, 22. Lettre du président à Voltaire ; septembre 1758.

commerce, à vos momens perdus ; et rien n'égale les sentimens que je vous ai voués. Ils sont tels que vous les méritez. Toute autre expression ne les rendroit que faiblement. »

Voilà l'âge d'or, la lune de miel de ces relations amicales, que l'intérêt tournera à l'aigre, en attendant pire. Mais l'on ne s'accommodera pas avec M. de Fautrière, dont les propositions ne paraissent pas avoir été prises en sérieuse considération. Voltaire s'est décidé, tout est convenu. Il offrira à madame de Brosses une belle charrue à semoir, à titre d'épingles. Le choix était singulier et n'était pas de nature à plaire outre mesure à une femme du monde qui, vraisemblablement, n'avait pas lu les *Géorgiques* et se souciait peu de la façon dont venait le blé. Et le président fera entendre, en habile homme, qu'on ne saurait s'y prendre moins heureusement pour se conserver les bonnes grâces de madame de Brosses.

... Je n'entre pas, lui écrivait-il, à la date du 12 novembre 1758, dans le détail des autres articles portés par votre dernier mémoire responsif, parce qu'il se refère assez au mien, et qu'il me semble que nous sommes à peu prez d'accord là dessus. Reste cette chaîne ou pot de vin, pour laquelle vous offrés à Mme de Br. une belle charue à semoir. Mais, outre que j'en ai une ici, je doute qu'elle prenne cela pour un meuble de toilette. Je ne me mesle pas des affaires des femmes. Voyés si vous voulés demesler cette fusée avec elle. Vous estes galant, vous ferés bien les choses, et n'allés pas dire : « Je ne suis point galant ; ce sont mes ennemis qui font courir ce bruit là ; » car elle n'en voudra pas croire un mot. Si vous avés quelque proposition honneste à faire pour elle, je m'en chargerai volontiers et je tâcherai de vous en tirer à meilleur compte. Que si elle est une fois à vos trousses, il faudra les pères de la Mercy pour vous racheter. Encore elle s'en va à Paris cet hiver, où elle compte manger beaucoup d'argent. Ceci la va rendre âpre comme tous les diables ; ma foi je vous plains [1].

Outre que cela est prestement et joliment tourné, on voit que le président songeait à tout, et qu'il faisait siennes les petites affaires de sa femme. A cette mise en demeure que répondra l'acquéreur de Tournay? « Madame, je vous demande pardon de ne vous avoir présenté qu'un demi-cent d'épingles ; mais vous êtes la fille de mon intime amy, M. de Crèvecœur [2]. Je n'ai plus le sou, et vous pardonnerez la liberté grande. » Dans le projet de vente de Tournay, nous trouvons cette clause : « M. de Voltaire payera, outre le prix ci-dessus, à madame de Brosses vingt-cinq louis d'or en signant les présentes conventions, pour la chaîne du marché. » Dans l'usage, l'épingle valait un louis ; le cent d'épingles, c'était cent louis. Mais Voltaire, qui n'avait plus le sou, se contenta de la moitié et madame de Brosses dut faire de même. Quoi qu'il en soit, voilà l'auteur de la *Henriade* et de *Mérope*, par un bail à vie, comte de Tournay, Preigny et Chambézy, fort satisfait du marché, malgré les plaintes que lui arrachent la cherté de son acquisition et le mauvais état de la terre et du bâtiment. S'il y a beaucoup à faire, il fera beaucoup ; l'argent ne lui coûtera point : il se ruinera, il l'a

1. *Voltaire et le président de Brosses* (Didier, 1858), p. 33, 34. Lettre du président à Voltaire ; à Montfalcon, 12 novembre 1758.
2. M. de Crèvecœur, neveu de l'abbé de Saint-Pierre, que Voltaire avait connu dès l'âge de sept ans.

résolu. Il n'a d'ailleurs rien à appréhender de la part du président, qui entend bien faire abandon des titres et honneurs, comme du reste. « Vous savez que, par votre contrat, tous les droits seigneuriaux sans exception vous appartiennent; aussi, quand vous prendrez le titre de seigneur de Tournay, dans les occasions qui vous paraîtront convenables à vos intérêts, je vous promets que je le trouverai fort bon, et que ny moi ny personne de ma famille ne vous fera difficulté [1]. » Et c'est ce qu'il expérimentera bientôt, par une prise de possession qu'il raconte en plaisantant, en faisant bon marché de son personnage; mais, au fond, non moins glorifié de cette plaisante réception que des égards et des distinctions dont il avait jadis été l'objet à Versailles, à Lunéville, à Berlin et dans toutes les cours d'Allemagne.

J'ai fait mon entrée comme Sancho-Pança dans son île. Il ne me manquait que son ventre. Votre curé m'a harangué; Chouet [2] m'a donné un repas splendide dans le goût de ceux d'Horace et de Boileau, fait par le traiteur des Patis ou Paquis [3]. Les sujets ont effrayé mes chevaux avec de la mousqueterie et des grenades; les filles m'ont apporté des oranges dans des corbeilles garnies de rubans. Le roy de Prusse me mande que je suis plus heureux que lui; il a raison, si vous me conservez vos bontés et si je ne suis jamais inquiété dans mon ancien dénombrement [4].

Rendons à Voltaire cette justice qu'il est plus bref

1. Un frère du président portait le nom de M. de Tournay.
2. Le fermier quittant, fils du premier syndic de Genève.
3. Hameau voisin de Tournay.
4. *Voltaire et le président de Brosses* (Didier, 1858), p. 51, 52. Lettre de Voltaire à de Brosses; le propre jour de Noël, 1758.

que de raison ; et sa modestie nous priverait de plus d'un détail qui ont bien leur prix, si nous ne les retrouvions dans le récit d'un témoin oculaire, madame Galatin de Genève.

M. de Voltaire voulut être installé hier (24 décembre). On lui fit tous les honneurs possibles : canons, boîtes, grenades, tambour, fifre. Tous les paysans sous les armes. Nous y avons été, mari, femme, fils et belle-fille. Mrs. de Malaport et Fàvre y étaient aussi. M. de Voltaire était très-content et fort gai. Il trouva de la différence sur la réception de Ferney, où il n'y eut que des paysans. Il fut, je vous assure, très-flatté. Il était dans tout son brillant ; ses nièces toutes en diamant, leur neveu tout paré. Le curé harangua. M. de Voltaire lui dit : Demandez ce que vous voudrez pour réparer votre cure, je le ferai. Les filles de la paroisse présentèrent des fleurs aux deux dames, fort enjolivées. On avait emprunté l'artillerie de Genève et l'homme pour la servir. La santé du nouveau seigneur fut portée au bruit du canon. Je vous jure que je suis persuadée qu'il n'a jamais été si aise [1].

Pangloss était un sage et non un sot et un niais ; et Voltaire n'est pas loin, s'il ne l'avoue pas, de trouver que tout est pour le mieux dans le meilleur des mondes. Mais cette illusion sera courte, et il s'apercevra bientôt que tout n'est pas pour le mieux, même pour un seigneur de paroisse. Un certain Panchaud, du pays de La Perrière, dont on volait les noix, s'arme d'un sabre, sans s'être assuré à l'avance s'il coupait trop, et défend si bien ses noix, qu'il s'attire un procès criminel des plus graves où il n'y allait guère moins que de la tête. Sans doute, il était triste pour ce Panchaud que des pillards lui eussent fourni une telle occasion

---

1. Foisset, *Le Président de Brosses* (Paris, 1842), p. 147.

de se faire pendre, qu'il n'avait pas recherchée ; mais qu'est-ce que tout cela faisait à Voltaire? Il y avait eu procédure, jugement; ce Panchaud avait été finalement condamné au bannissement, et la justice ne rend pas ses arrêts sans qu'il en coûte. Le Panchaud n'était pas solvable : qui payera les frais? ce sera M. de Voltaire. La Perrière faisait partie de sa suzeraineté; il n'y avait pas à s'adresser à autre qu'à lui. On se figure le beau réveil, et quelle décevante surprise: payer cent pistoles de frais à la justice de Gex pour une demi-douzaine de noix, qui ne sont pas les vôtres, et un coup de sabre dont on est trop innocent! cela était dur.

Mais, avant de s'exécuter, on remuera ciel et terre ; on s'adresserait au roi, s'il le fallait. D'abord, le lieu nommé La Perrière n'est pas, ne doit pas être de sa juridiction ; il est situé sur un fief de Genève. « Je présente requête au parlement pour qu'il soit ordonné aux juges de Gex de faire apparoir comme quoy la justice apartient à Tournay ; et faute de ce, le procès fait à Panchaud sera aux frais de Sa Majesté : je ne vois rien de plus juste[1]. » Mais c'est ce qu'il n'est pas aisé de faire comprendre aux gens du roi. Foin de la seigneurie à ce prix, et avec ses charges! on demande à redevenir Grosjean, comme devant : « Je n'ai point d'ambition ; je ne me soucie en aucune façon d'être haut justicier d'un demi-arpent sur un fief genevois. » Il le dira, il le criera par-dessus les toits :

---

1. *Voltaire et le président de Brosses* (Didier, 1858), p. 103. Lettre de Voltaire au président; aux Délices, 8 février 1760.

« Je ne veux point être le haut justicier, malgré lui[1]. »
Il cherche partout et ne trouve point de jugement rendu au nom du haut justicier; il n'est point question, dans les aveux et le dénombrement, de justice étendue jusqu'à La Perrière : sur quoi donc lui persuadera-t-on qu'il a le beau droit de payer les sottises qu'on fait en cette partie du monde, et les noix qu'on y vole?
« J'ai saisi, écrivait-il à d'Argental, l'occasion pour demander une espèce de grâce, ou plutôt de justice, à M. de Courteilles. On me persécute, ne vous déplaise, de la part du Conseil; on veut que je sois haut justicier; on fait pendre, ou à peu près, de pauvres diables en mon nom. On me fait accroire que rien n'est plus beau que de payer les frais, et on va saisir mes bœufs pour me faire honneur[2]. »

Le gendre du président de La Marche, M. de Courteilles, il est vrai, ordonnera que les receveurs des domaines aient à surseoir leur saisie à Tournay; mais ce n'était que simple ajournement, la victoire n'était rien moins qu'assurée. Disons que la cause n'était pas aussi bonne que le supposait ou le prétendait Voltaire, et que M. de Brosses, après s'être mûrement enquis de son côté, était loin de partager ces illusions, comme cela résulte d'une lettre écrite en mai 1760. Cette expérience, ces ennuis refroidirent un peu le seigneur de Tournay sur des priviléges qui avaient bien leurs inconvénients; et il mandait au président, avant même

---

1. *Voltaire et le président de Brosses* (Didier, 1858), p. 110. Lettre de Voltaire au président; aux Délices, 10 février 1760.
2. Voltaire, *Œuvres complètes* (Beuchot), t. LVIII, p. 337. Lettre de Voltaire à d'Argental; 17 mars 1760.

d'avoir reçu sa lettre, avec une résignation piteuse : « Plus je connais cette terre et plus je vois qu'il ne faut songer qu'au rural, et très-peu au seigneurial... Un honneur qui ne produit rien est un bien pauvre honneur aux pieds du mont Jura[1]. ». Mais, encore une fois, il mourra sur la brèche et en combattant jusqu'à la dernière extrémité ; et il fera bien, car il finira par obtenir gain de cause, ce qui semble au moins ressortir d'une lettre à l'intendant de Bourgogne, de la moitié de décembre 1760, et mieux encore d'une autre à M. de La Marche, dont il implorait alors l'appui en faveur du fils Decroze : « Les officiers de justice de Gex furent très empressez à faire une descente sur les lieux, il y a deux ans, au sujet de six noix volées sur mes terres, et d'un coup de sabre très-léger, donné sur le bras du voleur. Ils entendirent cinquante-deux témoins, ils firent des informations de vie et de mœurs croyant que je payerais tous leurs frais (en quoy ils se sont trompez)[2]... »

Mais tout cela n'est rien, et Voltaire va avoir avec le président de bien autres démêlés. A peine entré en possession, il taille, rogne, abat, renverse, transforme. Il se ruinera dans cette gentilhommière délabrée. Ainsi, il s'était engagé à faire, dans l'intervalle de trois années, pour douze mille livres de réparations et d'améliorations ; et, dès les premiers six mois, il en

---

1. *Voltaire et le président de Brosses* (Didier, 1858), p. 116. Lettre de Voltaire à M. de Brosses ; aux Délices, 9 avril 1760.
2. Henri Beaune, *Voltaire au collége* (Paris, Amyot, 1867), p. 72, 76. Lettres de Voltaire à Joli de Fleuri, aux Délices, 10 décembre 1760 et à M. Fyot de La Marche, à Ferney, 3 janvier 1761.

a fait pour plus de quinze mille livres : c'est lui qui l'assure. Mais il n'a pas l'habitude, il l'a dit déjà, de marchander avec une passion ou même un caprice.

... C'est assez pour moi que mes terres me rapportent de quoi nourrir cinquante personnes environ aux Délices, du fourrage pour une vingtaine de chevaux, et du vin pour les domestiques... Ma fortune, qui me met au-dessus des petits intérêts, me permet d'embellir les lieux que j'habite; voilà le revenu que j'en tire. Le plus fort de ce revenu consiste à soulager bien des malheureux, tant à Tournay qu'à Ferney, et dans les terres intermédiaires que j'ai acquises entre ces deux seigneuries. La misère était horrible dans tout ce païs-là, et les terres n'étaient point ensemencées. Dieu merci, elles le sont à présent [1].

Le président, qui n'est pas tout à fait convaincu, qui trouve que l'on fait plus de dégâts que d'améliorations, qui est informé que l'on a, notamment, escamoté un petit bois, « où il ne restait que des pins et des tronçons de chênes, » pour en faire « un pré qui rapportera beaucoup plus que des pins et des troncs, » réclame un état de lieux, la garantie de tous les deux. Mais le procédé paraît blessant à Voltaire, qui le témoigne, et le président dut déployer toute sa rhétorique pour lui faire entendre qu'il n'y avait en cela rien qui pût le froisser, et qu'il fallait bien, pour leur sûreté réciproque, dresser cet état. Cela était sensible dès l'abord, et la nécessité n'en sera que plus flagrante avec les circonstances et le temps. M. de Brosses avait chargé un M. Girod [2] du soin de ses intérêts dans ces

1. *Voltaire et le président de Brosses* (Didier, 1858), p. 78. Lettre de Voltaire au président; aux Délices, 9 novembre 1759.

2. Le grand oncle de l'ancien ministre et pair de France, sous la monarchie de 1830.

parages, et les attentions « fort inutiles » du sieur Girod ne sont pas du goût de Voltaire, qui sentait bien qu'au nombre des transformations qu'il avait fait subir au domaine de Tournay il en existait qui étaient plus à sa convenance qu'à l'avantage du propriétaire. La conscience d'avoir outrepassé ses droits, et d'autres causes relatives à madame Denis, lui suggérèrent l'idée de couper court à ces difficultés, en changeant son bail à vie en une vente absolue. L'on a douté de la sincérité de cette offre ; pourtant, le président, qui était très-fin en affaires, prit la proposition au sérieux, et donna pleinement dans le piége, si piége il y eut. Celui-ci, enchanté de se défaire de cette propriété en mauvais état et d'une maison dans un état pire encore, fit avec une véritable éloquence valoir toutes les raisons qu'il avait de tenir à ce bien, dont ses ancêtres avaient joui depuis tant d'années. On l'a déjà vu à l'œuvre aux débuts de ses rapports avec le poëte ; ce qui suit est, sans contredit, infiniment plus réussi.

C'est une terre ancienne dans ma famille ; une situation charmante, dont l'âme est exhilarée ; un fonds en franchise qui ne paye point le dixième (je ne sens que trop le poids d'en payer trois ailleurs); à la porte de l'étranger, dans un temps où il n'y a aucune personne sensée qui ne songe à retirer du royaume son argent, s'il y en a, et sa personne, s'il le pouvoit. En un mot conseillez-moi sur votre proposition. Que feriez-vous à ma place ? Je ne puis consulter personne qui ait plus d'esprit, pour qui j'aye plus de confiance et de véritable attachement[1].

1. *Voltaire et le président de Brosses.* (Didier, 1858), p. 92, 93. Lettre du président à Voltaire, sans date.

On peut être un très-honnête homme, un très-digne magistrat, et, à l'occasion, avoir de ces petites habiletés de marchand qui dispose son étoffe sous le jour le plus avantageux et le plus chatoyant. Il n'y a pas de fausseté à cela, et c'est le plus si cet innocent manége attire un sourire sur la lèvre du philosophe. Les pourparlers s'engagent, les propositions et les contre-propositions se croisent[1], l'affaire semble terminée. Mais rien n'aboutit, et Voltaire demeure propriétaire viager de Tournay, et, en même temps, sous la surveillance minutieuse du sieur Girod, « qui veut travailler de son métier, » et, pour faire preuve de zèle, cherche à exciter des difficultés « qui ne peuvent produire que du mal[2]. » Le président, averti de l'animosité du poëte contre un fondé de pouvoirs dont la présence gêne et irrite, recommande à Girod d'être conciliant, respectueux, d'assurer M. de Voltaire que l'on n'a nulle intention de l'inquiéter : « Mais comme il va souvent fort vite, il est juste que les choses ne puissent être dégradées sans retour. » En somme, ces petits tiraillements ne faisaient que démontrer, une fois de plus, la nécessité imminente d'une reconnaissance en forme de la situation des choses; et c'est sur quoi M. de Brosses insistera sans trop de succès, jusqu'au moment où, à bout de patience (en mai 1760), il y fera procéder légalement. Et, si Voltaire se cabre, il lui sera répondu doucement qu'il ne s'agit nulle-

---

1. *Voltaire et le président de Brosses* (Didier, 1858), p. 200, 201, 202. Projet de vente de Tournay.
2. *Ibid.*, p. 76, 77. Lettre de Voltaire au président : aux Délices, 9 novembre 1759.

ment de procès, et que l'on se flatte qu'il n'y en aura jamais entre eux, mais que c'est une chose qui se fait toujours en cas pareil. Cette lettre à Girod se clôt par les lignes suivantes qu'il faut citer, car elles portent la tempête sous l'insignifiance apparente de la forme et du fond.

Par parenthèse, dites-moi, je vous prie, s'il a payé à Charlot les moules de bois, qu'il me donna la commission, lorsque j'étois là bas, de lui faire fournir par ce pauvre diable qui, certainement, ne peut ni ne doit en être le payeur. Au reste, je crois que vous avez fixé le compte avec Charlot pour la vente de bois qui lui a été faite de mon temps [1].

Il y a là plus qu'une question, il y a une préoccupation. Quand le solitaire des Délices avait acheté Tournay, il y avait des coupes de bois faites et vendues antérieurement à un marchand, nommé Charlot Baudy. Il avait besoin de bois de chauffage, et, comme il se plaignait d'en manquer, M. de Brosses lui dit que cet homme pouvait le tirer d'embarras, et qu'il se chargerait de lui en parler. Voltaire, trouvant ce bois sur un terrain qu'il venait d'acquérir, s'imagine qu'en bonne justice il devait être à lui; et il indique assez dans une lettre au président, qui doit être de février 1759, qu'il ne suppose pas qu'on le chicane, s'il s'empare de quelques bourrées dont il a besoin.

... Je vous réitère les mêmes prières que j'ay eu l'honneur de vous faire dans ma dernière lettre, et j'ajoute une autre requête, c'est de trouver bon que je prenne pour me chauffer

1. *Voltaire et le président de Brosses* (Didier, 1858), p. 86, 87. Lettre du président à Girod; novembre 1759.

quelques moules de bois sec que le sieur Charlot Baudit ne vend point. Il est bien juste que je jouisse des choses nécessaires. Charlot Baudit est convenu, et on le sait assez, qu'il n'est que commissionnaire. Je vous ay payé en partie avant d'entrer en jouissance; il m'en coûtera, croyez-moy, plus de vingt-quatre mille livres pour améliorer la terre et pour embellir le château. Je suis peut-être le seul homme en France qui en eût usé ainsi [1].

Et tout cela pour faire sentir qu'en stricte équité l'on pouvait bien ramasser, sur son propre terrain, quelques moules de bois qui ne semblaient pas y avoir été oubliées à d'autres fins. Mais, par la question de M. de Brosses à Girod, que nous venons de reproduire, on voit que Voltaire était loin de compte. Quoi qu'il en soit, Baudy s'étant présenté avec sa note, portant la vente de quatorze moules de bois (à trois patagons le moule, mesure du pays), le nouveau seigneur de Tournay l'évinça, en lui disant que l'abandon de ce bois était une conséquence du marché, qu'il l'a compris ainsi, et que personne ne le comprendrait autrement. Le président s'attendait un peu à ce résultat; mais il n'en était pas plus résigné à faire le sacrifice de ces quatorze moules de bois. Il prend la plume, et, tout en traitant la matière avec civilité, il y mêle un ton de fermeté qui aurait dû décourager un esprit moins têtu que l'auteur de la *Henriade*.

... Je vous demande excuse, si je vous répète un tel propos (le récit de Baudy) : car vous sentez bien que je suis fort éloigné de croire que vous l'avez tenu, et je n'y ajoute pas la moindre foi. Je ne prends ceci que pour le discours d'un

1. *Voltaire et le président de Brosses* (Didier, 1858), p. 65. Lettre de Voltaire au président; aux Délices, février 1759.

homme rustique, fait pour ignorer les usages du monde et les convenances; qui ne sait pas qu'on envoie bien à son ami et son voisin un panier de pêches ou une demi-douzaine de gelinotes; mais, que si on s'avisoit de lui faire la galanterie de quatorze moules de bois ou de six chars de foin, il le prendroit pour une absurdité contraire aux bienséances et il le trouveroit fort mauvais.

C'était laisser le champ au repentir, et l'on comptait bien que l'argumentation aurait son plein effet. La lettre se terminait, toutefois, par quelque chose de très-net et de très-clair, et dont le poëte avait à faire son profit.

J'espère que vous voudrez bien faire incontinent payer cette bagatelle à Charlot, parce que, comme je me ferai certainement payer de lui, il auroit infailliblement aussi son recours contre vous, ce qui feroit une affaire du genre de celles qu'un homme tel que vous ne veut point avoir [1].

Il était temps pour Voltaire encore de revenir sur des prétentions qui (les crût-il plus fondées qu'elles ne l'étaient) ne pouvaient manquer, à la façon résolue dont s'était exprimé le président, d'être le motif d'un éclat misérable. Mais ni raison d'équité, ni raison de prudence n'avaient de prise sur cet esprit passionné, quelque tort qu'il en dût résulter pour lui-même, quand il avait une fois intéressé sa volonté et sa vanité au succès d'une entreprise. Il se grisait, il s'enivrait, il finissait par être pénétré de la bonté de sa cause, prenant pour juge toute la terre sur l'iniquité de sa partie, avec une naïveté qui n'était pas

---

1. *Voltaire et le président de Brosses* (Didier, 1858), p. 127, 128, 129. Lettre du président à Voltaire; janvier 1761.

jouée, et s'en référant au sentiment d'amis communs, assuré qu'ils ne pouvaient manquer de se ranger de son avis. Il crut, malgré la déclaration du président, très-catégorique sous sa politesse, qu'en rompant les chiens, comme on dit, il finirait par en arriver à ses fins, qui étaient de faire abandonner la place, de guerre lasse, au magistrat bourguignon. C'était précisément le moment où le curé de Moëns se transportait avec ses sicaires chez une paroissienne trop mondaine, et assommait à peu de choses près le jeune Decroze. Voltaire, qui d'ailleurs n'avait alors d'autre affaire en tête, en remplira ses lettres à M. de Brosses, invoquant son appui en faveur de ces pauvres gens. Quelque complet que soit le recueil rassemblé par M. Foisset, plus d'une lettre, et c'était inévitable, fait défaut au dossier et se trouve égarée dans le cabinet de quelque curieux. Ainsi, nous en trouvons une du poëte, à la date du 22 janvier 1761, et qui en laisse supposer d'autres, relatives à Decroze, bien que, dans la correspondance publiée, la première soit du 30 du même mois. En voici le début : « Je vois, monsieur, que vous vous intéressez au sieur de Croze... » Et elle se terminait par ces lignes qui ne devaient pas ramener M. de Brosses à résipiscence : « Je me flatte, monsieur, que je n'entendray jamais parler de Charles Baudit, et que vous conserverez votre amitié à l'homme du monde qui l'a désirée le plus et qui en est infiniment honoré[1]. » Dans la lettre du 30, il entre en matière, *ex abrupto*, et s'écrie, du ton de Cicéron dans

---

1. Bibliothèque de Dijon. Manuscrits, F. Baudot, n° 231, t. V. Lettre de Voltaire au président de Brosses; aux Délices, 22 janvier.

sa première *Catilinaire* : « Il ne s'agit plus ici, monsieur, de Charles Baudy, et de quatre moules de bois (c'était quatorze); il est question du bien public, de la vengeance du sang répandu, de la ruine d'un homme que vous protégez, du crime d'un curé qui est le fléau de la province, et du sacrilége joint à l'assassinat... ». Suit le détail des faits, qui tient toute la lettre, et ne laisse à celui qui l'écrit que juste la place de finir par les politesses d'usage. Le président répond aussi longuement, et nous avons vu plus haut ce qu'il pense de l'affaire et les conseils de circonspection qu'il donne en termes excellents à cet homme que sa passion fait jeter, la tête la première, dans tous les conflits. Mais il a le soin, lui, de se réserver la dernière page où il répète avec une fermeté croissante et même menaçante ce qu'il a déjà dit, avec moins de force, dans une précédente lettre.

Je ne vous parle plus de Charles Baudy, ni des quatre moules de bois (lisez quatorze : c'est un chiffre que vous avez omis; nous appelons cela *lapsus linguæ*). J'ai peut-être même eu tort de vous en parler, car il est vrai que c'est Charles Baudy qui me doit, et que vous ne me devez rien; mais à lui, de qui je me ferai payer, et qui sans doute n'aura nulle peine à se faire aussi bien payer de vous. Si je vous en ai parlé peut-être trop au long, ce n'a été que comme ami et voisin, en qualité d'homme qui vous aime et vous honore; n'ayant pu m'empêcher de vous représenter combien cette contestation alloit devenir publiquement indécente; soit que vous refusassiez à un paysan le paiement de la marchandise que vous avez prise près de lui, soit que vous prétendissiez faire payer à un de vos voisins une commission que vous lui aviez donnée. Je ne pense pas qu'on ait jamais ouï dire qu'on ait fait à personne un présent de quatorze moules de bois, si ce n'est à un couvent de capucins[1].

On devine dans quel état d'exaspération cette épître dut jeter le trop irritable poëte. Dédaigna-t-il de répondre, ou M. de Brosses mit-il fin de lui-même à une correspondance qui ne pouvait dès lors se maintenir sur un ton convenable pour tous les deux? C'est ce que nous ne savons; mais on ne trouve plus de lettres de l'un à l'autre jusqu'en octobre. Durant cela, les actes avaient remplacé les dits. M. de Brosses avait fait assigner Charlot, le 22 juin, pour être payé; et ce dernier, Voltaire, à la date du 31 juillet. La cause fut appelée en l'audience du bailliage de Gex, le 24 septembre, et renvoyée, après jonction, sans ajournement fixe.

Était-ce bien croyable? un magistrat, un président de parlement s'oublier à ce point! Ce n'est pas de la colère, c'est une réelle compassion que ressent l'offensé devant une iniquité qui déshonore la robe. Voltaire s'adresse à tous ses amis, à toutes ses connaissances de Dijon, à M. de Ruffey, à M. le Bault, conseiller à la grand'chambre, le propriétaire du cru de Corton et l'approvisionneur habituel de sa cave particulière (car il a son vin à lui et son vin n'est pas celui de ses convives[2]). Il les prendra pour arbitres ainsi que le premier président de La Marche, le fils du contemporain

---

[1] *Voltaire et le président de Brosses* (Didier, 1858), p. 136, 137. Lettre du président à Voltaire; le 11 février 1761.

[2] « Je donne d'assez bon vin de Baujolois à mes convives de Genève, mais je bois en cachette le vin de Bourgogne. » *Lettres de Voltaire au conseiller Le Bault* (Paris, Didier, 1768), p. 11. Aux Délices, 12 octobre.

de Voltaire[1], et le procureur général M. Quarré de
Quintin, avec lequel il était dans les meilleurs termes.
« Je consens, écrit-il à Ruffey, à lui rendre Tournay et
à lui donner Ferney si dans toute la province de Bourgogne il se trouve un seul homme qui approuve son
procédé. » Et, comme pour juger il faut des témoignages, il dépêche aux arbitres qu'il invoque un
« exposé des faits » qui diffère sensiblement de ce
qu'allègue le président.

Il est triste d'être obligé de dire que l'acquéreur man-
quant de bois de chauffage, lorsqu'il acheta la terre de
Tournay, eut en présence de toute sa famille, parole de
M⁰ le président, qu'il lui serait loisible de prendre douze
moules de ces bois prétendus vendus, pour se chauffer ; il
en prit quatre ou cinq tout au plus.

Enfin, au bout de trois années, M⁰ le Président lui intente
un procès au bailliage de Gex, sous le nom de Charles Baudy,
son commissionnaire, pour paiement de deux cent quatre
vingt et une livre de bois... M⁰ le président dit, dans son ex-
ploit, que Charles Baudy et lui firent un marché ensemble
en l'année 1756. Est-ce ainsi qu'on s'explique sur un marché véritable ? N'exprime-t-on pas la date et le prix du
marché ? Ladite assignation porte en général *une certaine
quantité d'arbres*. Ne devait-on pas spécifier cette quantité ?
Ladite assignation porte que *ces bois furent marqués*. Mais
s'ils avaient été marqués juridiquement, n'en saurait-on pas
le nombre ? N'est-ce pas un garde-marteau qui devrait avoir
marqué ces bois ? Peut-on les avoir marqués sans la permission du grand-maître des eaux et forêts ? On ne produit ni
permission, ni marque de bois, ni acte passé avec ledit
Baudy.

Il est donc clair comme le jour que M⁰ le Président n'a
point fait de vente réelle, que par conséquent tous lesdits
bois, injustement distraits du forestal, sous prétexte d'une

1. Il succéda à son père en 1758.

vente simulée, appartiennent légitimement à l'acquéreur de la terre. Baudy en a vendu pour 4800 l. Partant, François de Voltaire est bien fondé à demander la restitution de la valeur de quatre mille huit cents livres de bois [1].

Le président est loin de compte sur ce pied-là; et, au lieu d'avoir à encaisser deux cent quatre-vingt et une livres, c'est lui qui sera redevable de quatre mille huit cents livres de bois. Voltaire dit que de Brosses, en présence de toute sa famille, l'autorisa à prendre douze moules de ces bois « prétendus vendus; » son adversaire raconte tout autrement la chose et déclare s'être borné à lui adresser Charles Baudy, l'acquéreur de ces bois. « Il ne l'était pas, s'écrie Voltaire; le Baudy comptait avec lui de clerc à maître, il n'était autre chose que son commissionnaire. » D'ailleurs, si la vente avait été réelle, l'on ne se serait point dispensé de l'office du garde-marteau. L'argument n'était pas aussi décisif que le voulait le poëte. Pour donner juridiquement copie de la vente, l'on aurait dû la faire contrôler et, conséquemment, payer au fisc un double droit; et la plupart du temps, pour éviter tous frais, les contractants se dispensaient d'une formalité plus ou moins onéreuse pour l'acheteur. Mais que fait tout cela, si le président prouve que Baudy, en 1756, avant qu'il fût question de l'acquisition de Tournay, avait acheté la superficie d'une partie des bois? Ces bois étaient abattus, d'ailleurs, lorsqu'en 1758, deux ans plus tard, le solitaire des Délices ac-

---

[1]. *Voltaire et le président de Brosses* (Didier, 1858), p. 143, 144, 145. Lettre de Voltaire à M. de Ruffey, président honoraire de la chambre des comptes de Dijon; Ferney, 30 septembre.

quérait ce comté pour rire; et cette circonstance était suffisamment concluante, sans qu'il fût nécessaire que l'on indiquât dans l'acte de vente qu'ils étaient à excepter du marché. Mais, ce qu'il y a de plus curieux, c'est que mention avait été faite de cette cession antérieure, dans le bail à vie de Tournay signé le 11 décembre 1758, par devant le notaire de Gex : « M. de Voltaire, y était-il dit, aura la pleine jouissance de la forest de Tournai, et des bois qui sont sur pied et non vendus [1]. » Ou cette clause ne signifiait rien, ou elle avait en vue les bois qui n'étaient pas sur pied et qui étaient vendus. Voilà ce que nie Voltaire, ce qu'il niera envers et contre tous. « C'est en vain, s'écrie-t-il, que vous fîtes mettre dans notre contrat que vous me vendiez à vie le petit bois nommé forêt, excepté les bois vendus. Oui, monsieur, si vous les aviez vendus en effet, je ne disputerais pas; mais, encore une fois, il est faux qu'ils fussent vendus [2]. »

Il a perdu toute judiciaire comme tout sang-froid; il n'entend que le son de sa voix; ne lui faites aucune objection, même celles auxquelles il faut se rendre, vous en seriez pour votre peine. La lettre d'où nous extrayons ces dernières lignes est celle d'un homme que la colère emporte et aveugle. Sa nièce écrivait, deux ans avant ce temps, à un correspondant dont nous ignorons le nom : « L'âge lui a donné

---

1. *Voltaire et le président de Brosses* (Didier, 1858), p. 44. Bail à vie de la terre de Tournay.

2. *Ibid.*, p. 154. Lettre de Voltaire au président; 20 octobre 1761.

une opiniâtreté invincible contre laquelle il est impossible de lutter; c'est la seule marque de vieillesse que je lui connaisse[1]. » Voilà ce qui explique et excuse ces entêtements furibonds auxquels ne font ni le droit, ni l'équité, ni la raison, ni l'évidence. Voltaire parle des sommes énormes engouffrées dans ce Tournay de malheur; il s'y est ruiné sans se plaindre, sans le regretter. Mais ce qu'il ne peut souffrir, c'est qu'on lui fasse un procès pour deux cents francs (deux cent quatre-vingt et une livres). Est-il possible que, dans la place qu'occupe M. de Brosses, il consente au déshonneur de tous les deux pour un objet si méprisable? Et, durant sept ou huit pages, ce sont les mêmes raisonnements, les mêmes arguments étayés sur des énoncés qui seraient accablants, s'ils ne manquaient absolument de précision et d'exactitude. A cette épître d'un homme qui voit trouble, le président ripostait par une lettre où il mettait à néant (sans y gagner beaucoup, il est vrai) les objections, les prétentions, les affirmations de l'auteur de la *Henriade*. Elle n'est pas tendre; mais Voltaire avait cassé les vitres et autorisait ainsi de sévères représailles.

Souvenez-vous, monsieur, des avis prudens que je vous ai ci-devant donnés en conversation, lorsqu'en me racontant les traverses de votre vie vous ajoutâtes que vous étiez d'un caractère naturellement insolent[2]. Je vous ai donné mon amitié; une marque que je ne vous l'ai pas retirée,

1. *Voltaire à Ferney* (Paris, Didier, 1860), p. 61. Lettre de madame Denis à l'abbé ***; Délices, 6 mars 1759.
2. Le président de Brosses n'invente point, et Voltaire affectionne particulièrement cette expression que l'on retrouve fréquemment dans ses lettres à ses amis.

c'est l'avertissement que je vous donne encore de ne jamais écrire dans vos momens d'aliénation d'esprit, pour n'avoir pas à rougir dans votre bon sens de ce que vous avez fait pendant le délire.

Comme on le voit, ce n'est plus l'heure des ménagements ; et le président, qui a pour lui le droit et la raison, ne regarde pas s'il frappe assez ou trop fort : il ne se dit point qu'il s'est fait un ennemi irréconciliable, qui n'oubliera pas. Ces misérables moules de bois, que M. de Voltaire refuse depuis plus de deux ans de payer contre toute justice, que ne les demandait-il alors à titre de présent ? L'on en aurait de grand cœur fait l'abandon. Mais c'est ce qu'on ne se serait guère avisé d'imaginer. Toutefois, il n'est pas trop tard ; Baudy sera désintéressé sur la bourse du président, et ces bois sont au poëte, s'il consent à signer la reconnaissance suivante : « Je soussigné François-Marie Arouet de Voltaire, chevalier, seigneur de Ferney, gentilhomme ordinaire de la chambre du roi, reconnais que M. de Brosses, président du parlement, m'a fait présent de..... voies de bois de moule, pour mon chauffage, en valeur de 281 fr., dont je le remercie. » Le président sentait ses avantages et *pompignanisait*[1] ce grand moqueur qui n'était pas homme à le lui passer. Revenant aux arguments de celui-ci, il y répondait avec une logique impitoyable : « Votre grand cheval de bataille, à ce qu'il me paraît, est que Baudy n'est pas acheteur des bois, mais facteur rendant

---

1. Voltaire écrivant à Thiériot disait de M. de Coetlosquet, qu'on désignait pour devoir succéder à l'abbé de Vauréal, à l'Académie, qu'il « aura sa tape s'il *pompignanise*. » (18 août 1760.)

compte. Quand cela seroit, que vous importe? et qu'avez-vous à voir aux conventions entre lui et moi? lui devez-vous moins la livraison comme acheteur ou comme facteur? » Il le rappelle ensuite aux termes de l'acte relatif aux bois *qui sont sur pied et non vendus :* « Un enfant entend bien que les bois qui sont à vous sont ceux qui réunissent les deux conditions d'être sur pied et d'être non vendus. » Et comme Voltaire avait fait allusion à l'influence qu'un président de parlement pouvait exercer sur les diverses juridictions du ressort : « C'est très hors de propos que vous insistez sur le crédit que j'ai dans les tribunaux. Je ne sais ce que c'est que de crédit en pareil cas, et encore moins ce que c'est que d'en faire usage. Il ne convient pas de parler ainsi : soyez assez sage à l'avenir pour ne rien dire de pareil à un magistrat... Tenez-vous pour dit de ne m'écrire plus ni sur cette matière, ni surtout sur ce ton. Je vous fais, monsieur, le souhait de Perse : *Mens sana in corpore sano*[1]. » Ce souhait était de trop. Il compromet et gâte les paroles austères et dignes qui précèdent.

L'auteur de la *Henriade* se trouvait aux prises avec un homme opiniâtre comme lui, sachant la valeur de l'argent, qu'il ne dédaignait pas. Si de Brosses avait été enchanté dès l'abord d'avoir pour voisin un écrivain illustre, de relations charmantes, et qui allait transformer ce domaine plus que négligé, les choses n'avaient

---

1. *Voltaire et le président de Brosses* (Didier, 1858), p. 156 à 166. Lettre de de Brosses à Voltaire; fin octobre 1761. Le vers cité par le président est de Juvénal, sat. x.

pas tourné tout à fait comme il l'espérait; et sa résistance, bien légitime du reste, s'était fortifiée de ce petit mécompte. Le président de Ruffey, alors en rapports suivis avec le poëte, s'efforçait d'inspirer à ce dernier des idées de modération et d'apaisement, et basait ses arguments sur le caractère même de M. de Brosses : « Vous estes mécontent du président; vous scavez de quel bois il se chaufe, payez-le et ne vous chaufez plus à son feu; il ne paroît pas dans le procez et vous oppose un homme de paille, ce qui le met en droit de publier partout qu'il ne vous demande rien et que vous vous plaignez injustement de luy[1]. » Ces quelques lignes indiqueraient que M. de Brosses, dans l'opinion de ses amis ou de ses confrères, n'était pas des plus commodes, et qu'il n'y avait rien à gagner à lui disputer quelque chose. L'oncle germain de madame de Brosses, François Fargès, maître des requêtes, plus tard intendant des finances et conseiller d'État, semblait croire que le président n'était pas sans quelques torts dans cette querelle interminable et ridicule. Il est vrai qu'il était alors chez Voltaire et qu'il n'entendait que le tintement de la cloche de Ferney. Son avis était que l'on s'arrangeât au plus vite, et il engageait le mari de sa nièce à faire des sacrifices à la paix. Mais, à cette pensée seule, M. de Brosses bondit : « Vous êtes décidé à luy jeter ces quatorze voyes de bûches à la tête, parce qu'il ne m'appartient pas d'avoir un procès pour un objet si

---

[1]. *Voltaire et le président de Brosses* (Didier, 1858), p. 168. Lettre de Ruffey à Voltaire; octobre 1761.

mince. C'est donc à dire qu'il faut les luy donner parce qu'il est un impertinent... Là-dessus on dit : c'est un homme dangereux. Et à cause de cela, faut-il donc le laisser être méchant impunément? Ce sont au contraire ces sortes de gens-là qu'il faut châtier. Je ne le crains pas. Je n'ai pas fait le Pompignan. » Sans doute; mais est-il si sûr d'être à l'abri des coups et de la rancune de cet homme redoutable? Évidemment, le président du parlement de Bourgogne n'a rien à appréhender du fantasque seigneur de Ferney; mais l'auteur du *Culte des Dieux fétiches ?* On voudra, comme tant d'autres, comme le président Bouhier notamment, tâter de l'Académie; et, lorsque l'idée en viendra, en 1766 d'abord, puis en 1770, et que l'on tentera les premières démarches, on rencontrera dans les ressentiments du poëte une barrière infranchissable; et le mérite, l'honorabilité, les amis, seront impuissants à forcer les portes.

Mais il fallait en finir, et l'on se demande quel sera le dénoûment de cette comédie déplorable. Ce fut le président qui, inquiet apparemment sur l'effet moral de pareils débats, suggéra l'expédient qui pouvait clore l'incident.

> Écoutez, dit-il en se ravisant comme il allait fermer la lettre : il me vient en ce moment une idée. C'est la seule honnestement admissible pour moy, et tout sera fini; qu'en votre présence il envoie les 281 liv. au curé de Tournay, ou à madame Galatin, pour être distribuées aux pauvres habitans de la paroisse (je dis à ceux de ma terre ou de la sienne, s'il lui plait de l'appeler ainsi, et non à ceux d'une autre terre); alors tout sera dit. De mon côté, je passeray en quittance les 281 liv. à Charles Baudy dans son compte;

et voilà le procez terminé au profit des pauvres. Cela est bien court et bien aisé [1].

Et c'est ce qui fut indubitablement accepté, bien que nous n'ayons aucun détail sur cette transaction dernière. A la date du 21 novembre, le poëte parle de ce peu édifiant conflit comme d'une chose terminée ou bien près de l'être, et, dix jours plus tard (le 3 janvier), de sa part tout était déjà oublié et pardonné. « J'ai été très-sensible, mandait-il à Ruffey, à la mort de madame de Brosses [2]. Elle était fille d'un homme que j'avais aimé depuis l'âge de sept ans (et qui ne m'eût jamais fait un procès pour six voies de bois [3]). J'aurais même écrit au veuf, si le veuf pouvait recevoir mes complimens sans rechigner. J'ai été fâché contre lui, mais je n'ai point de rancune. Je n'en aurai pas même contre ce président Le Franc de Pompignan s'il veut promettre de ne plus ennuyer le public. » Mais de ces assurances de mansuétude et de miséricorde, nous savons, et de vieille date, ce qu'en vaut l'aune.

Ainsi se termina cette dispute pour quatorze moules de bois représentant au total cent quatre-vingt-une livres. Nous sommes entré dans les détails les plus minutieux, et l'on ne peut nous reprocher d'avoir ni dissimulé ni atténué. Il s'agit pour nous, et nous ne l'oublierons point, de raconter cette vie à mille

1. *Voltaire et le président de Brosses* (Didier, 1858), p. 174 à 181. Lettre du président à M. de Fargès; Montfalcon, le 10 novembre 1761.
2. Morte le 25 décembre 1761.
3. M. de Crévecœur. Ils s'étaient connus au collége de Clermont.

faces, mêlée de bien et tout autant de mal, décourageante souvent pour l'historien qui veut être vrai, mais que relèvent, qu'illuminent à certaines heures d'incomparables clartés. Voltaire, dont l'avarice nous apparaît dans ce triste épisode sous des aspects à peine croyables, va tout à coup se transformer comme par magie. Une question de justice, d'humanité se présente : il va sortir de son apathie, il va bondir; il luttera, s'il le faut, contre l'univers. Il prodiguera l'argent, rien ne lui coûtera pour arracher des infortunés au sort que leur ont fait l'aveuglement et la passion de leurs juges. C'est un autre Voltaire, tout aussi vrai, tout aussi sincère dans ses élans généreux qu'il l'était naguère dans ses emportements furibonds pour s'épargner une dépense de quelques sous. Que les ennemis se taisent, que ses amis reprennent courage : nous allons assister à un spectacle consolant, à d'infatigables efforts, et de bien désintéressés, pour venir en aide à de pauvres gens qu'il sauvera du désespoir et de l'infamie. Mais l'affaire des Calas ne sera pas seulement un épisode émouvant dans sa vie : ce sera pour ce talent impressionnable une phase heureuse, à laquelle il sera redevable d'une élévation, d'une éloquence passionnée, d'un pathétique qu'on n'aurait pas soupçonnés chez cet esprit léger, sarcastique, moqueur, médiocrement sentimental, dont *Candide* semblait être l'expression.

IV

LE DRAME DE LA RUE DES FILATIERS.—DAVID DE BEAU-
DRIGUE. — EXÉCUTION DE JEAN CALAS.

Transportons-nous à Toulouse, le soir du 13 octobre 1761, dans une maison portant alors le n° 16 (aujourd'hui le n° 50) de la rue des Filatiers, rue presque entièrement peuplée de commerçants. Cette maison était habitée par une famille de marchands d'indiennes, la famille Calas, dont la réputation d'honneur semblait, depuis quarante ans, à l'abri de toute atteinte. Calas et sa femme se tenaient, au premier étage, dans la salle à manger, avec deux de leurs garçons, Marc-Antoine et Pierre; Louis, depuis son abjuration, ne se montrait plus guère chez ses parents; le plus jeune, Donat, était en apprentissage chez un marchand de Nîmes, et les deux sœurs étaient parties, la veille, pour Pechabou, village à quelques kilomètres de Toulouse, chez des amis du nom de Teissier. Nous oublions un personnage étranger à cette famille, qui, pour son malheur, vint faire visite et fut invité à souper. Ce visiteur était un jeune homme, le fils d'un des meilleurs avocats du midi, Gaubert Lavaysse, qui, de retour de Bordeaux, où il avait achevé ses études commerciales, et sur le point de s'embarquer pour Saint-Domingue, venait prendre congé de ses parents. Ceux-ci étaient à leur domaine du Pujolet; Lavaysse, trouvant porte close rue Saint-Remezy, leur domicile, alla demander l'hospitalité à un fabricant d'étoffes, du nom de Cazeing, lié avec sa famille aussi bien qu'avec les Calas. Il y soupa, y coucha; et, le lendemain, comme il avait plu toute la matinée, il ne se mit qu'assez tard en quête d'un cheval de louage. Mais on était alors en pleine vendange, et il était à bout de ses recherches, lorsque, vers les quatre heures de l'après-midi, passant devant le magasin de Calas qu'il connaissait, et apercevant des paysannes de Caraman, il entra pour dire le bonjour au marchand et demander à ces femmes des nouvelles des siens. Laissons raconter les terribles événements de cette soirée à la mère de Marc-Antoine. Sa lettre est quelque peu longue, mais elle est remarquable par l'accent de vérité qui y règne et un pathétique qui est tout dans les faits et dans sa douleur.

Le 13 octobre 1761, jour infortuné pour nous, M. Gobert La Vaisse, arrivé de Bordeaux où il avait resté quelque temps, pour voir ses parents, qui étaient pour lors à leur campagne, et cherchant un cheval de louage pour les y aller joindre, sur les quatre à cinq heures du soir, vint à la maison; et mon mari lui dit que puisqu'il ne partait pas, s'il voulait souper avec nous, il nous ferait plaisir; à quoi le jeune homme consentit; et il monta me voir dans ma chambre, d'où, contre mon ordinaire, je n'étais pas sortie. Le premier compliment fait, il me dit : « Je soupe avec vous, votre mari m'en a prié. » Je lui en témoignai ma satisfaction, et le quittai quelques moments pour aller donner des ordres à ma servante. En conséquence, je fus aussi trouver mon fils aîné que je trouvai assis tout seul dans la boutique, et fort rêveur, pour le prier d'aller acheter du fromage de Roquefort; il était ordinairement le pourvoyeur pour cela, parce qu'il s'y connaissait mieux que les autres. Je lui dis donc : « Tiens, va acheter du fromage de Roquefort; voilà de l'argent pour cela et tu rendras le reste à ton père; » et je retourne dans ma chambre joindre le jeune homme que j'y avais laissé. Mais peu d'instants après, il me quitta, disant qu'il voulait retourner chez les fenassiers voir s'il y avait quelque cheval d'arrivé, voulant absolument partir le lendemain pour la campagne de son père, et il sortit.

Lorsque mon fils aîné eut fait l'emplette du fromage, l'heure du souper arrivée (sur les sept heures), tout le monde se rendit pour se mettre à table, et nous nous y plaçâmes. Durant le souper qui ne fut pas fort long, on s'entretint de choses indifférentes, et entre autres des antiquités de l'Hôtel-de-Ville, et mon cadet (Pierre) voulut en citer quelques-unes, et son frère le reprit, parce qu'il ne le racontait pas bien, ni juste.

Lorsque nous fûmes au dessert, ce malheureux enfant, je veux dire mon fils aîné, se leva de table, comme c'était sa coutume, et passa à la cuisine[1]. La servante lui dit : « Avez-vous froid, monsieur l'aîné? chauffez-vous. » Il lui répondit : « Bien au contraire, je brûle; » et sortit.

Nous restâmes encore quelques moments à table, après quoi nous passâmes dans cette chambre que vous connaissez, et où vous avez couché, M. La Vaisse, mon mari, mon fils et moi; les deux premiers se mirent sur le sopha, mon cadet sur un fauteuil, et moi sur une chaise, et là nous fîmes la conversation tous ensemble. Mon fils cadet s'endormit, et environ sur les neuf heures trois quarts à dix heures, M. La Vaisse prit congé de nous, et nous réveillâmes mon cadet pour aller accompagner ledit La Vaisse, lui remettant le flambeau à la main pour aller lui faire lumière, et ils descendirent ensemble.

Mais lorsqu'ils furent en bas, l'instant d'après, nous entendîmes des cris d'alarme, sans distinguer ce que l'on di-

1. La cuisine était auprès de la salle à manger, au premier étage.

sait, auxquels mon mari accourut, et moi je demeurai tremblante sur la galerie, n'osant descendre et ne sachant ce que ce pouvait être.

Cependant, ne voyant personne venir, je me déterminai de descendre, ce que je fis; mais je trouvai au bas de l'escalier M. La Vaisse, à qui je demandai avec précipitation qu'est-ce qu'il y avait? Il me répondit qu'il me suppliait de remonter, que je le saurais; et il me fit tant d'instances que je remontai avec lui dans ma chambre. Sans doute que c'était pour m'épargner la douleur de voir mon fils dans cet état; et il redescendit. Mais l'incertitude où j'étais était un état trop violent pour pouvoir y rester longtemps; j'appelle donc ma servante, et lui dis : « Jeannette, allez voir ce qu'il y a là-bas; je ne sais pas ce que c'est, je suis toute tremblante; » et je lui mis la chandelle à la main, et elle descendit; mais ne la voyant point remonter pour me rendre compte, je descendis moi-même. Mais, grand Dieu! quelle fut ma douleur et ma surprise, lorsque je vis ce cher fils étendu à terre! Cependant je ne le crus pas mort, et je courus chercher de l'eau de la Reine de Hongrie, croyant qu'il se trouvait mal; et comme l'espérance est ce qui vous quitte le dernier, je lui donnai tous les secours qu'il m'était possible pour le rappeler à la vie, ne pouvant me persuader qu'il fût mort.

Nous nous en flattions tous, puisque l'on avait été chercher le médecin, et qu'il était auprès de moi, sans que je l'eusse vu ni aperçu, que lorsqu'il me dit qu'il était inutile de lui rien faire de plus, qu'il était mort. Je lui soutins alors que cela ne se pouvait pas, et je le priai de redoubler ses attentions, et de l'examiner plus exactement, ce qu'il fit inutilement; cela n'était que trop vrai. Et pendant tout ce temps-là mon mari était appuyé sur un comptoir à se désespérer; de sorte que mon cœur était déchiré entre le déplorable spectacle de mon fils mort, et la crainte de perdre ce cher mari, de sa douleur à laquelle il se livrait tout entier sans entendre aucune consolation; et ce fut dans cet état que la justice nous trouva, lorsqu'elle nous arrêta dans notre chambre où on nous avait fait remonter.

Voilà l'affaire tout comme elle s'est passée mot à mot; et

je prie Dieu, qui connaît notre innocence, de me punir éternellement, si j'ai augmenté ni diminué d'un iota, et si je n'ai dit la pure vérité en toutes ces circonstances; je suis prête à sceller de mon sang cette vérité [1].

Madame Calas ne raconte que ce qu'elle a vu, et il y a naturellement dans son récit une lacune qu'il faut combler. Nous avons laissé Lavaysse s'éloigner avec Pierre Calas qui l'éclairait, une chandelle à la main. Les deux jeunes gens, tout en devisant, arrivés à la porte latérale de la boutique donnant sur le corridor de la rue, remarquèrent avec étonnement qu'elle était ouverte : ils entrèrent et aperçurent un corps déjà rigide suspendu à un de ces gros bâtons ronds aplatis par un bout, appelés « billes », destinés à serrer les ballots d'étoffe, et qui avait été appliqué dans ce but sinistre sur les deux battants écartés de la porte qui séparait la boutique de l'arrière-magasin. Ce cadavre était celui du frère aîné, Marc-Antoine. L'habit de drap gris qu'il portait et sa veste de nankin étaient posés sur le comptoir et pliés avec soin, détail étrange, mais qui n'est pas sans exemple chez les suicidés [2]. A cette vue, les deux amis poussèrent des cris d'horreur. Le

---

1. Athanase Coquerel fils, *Jean Calas et sa famille* (Paris, Cherbuliez, seconde édition, 1869), p. 74, 75, 76. Le destinataire de cette lettre nous est inconnu. M. Coquerel suppose avec quelque vraisemblance qu'elle est adressée ou au négociant Debrus, ou à l'avocat de Végobre, qui avaient reçu l'hospitalité l'un et l'autre du marchand de la rue des Filatiers.

2. Nous avons assisté nous-même au sauvetage d'une jeune fille poussée à cet acte de désespoir par l'abandon de son amant. Avant de se précipiter au fond de l'eau, elle avait déposé sur la berge, avec une précaution pleine de sollicitude, un long pardessus et un caraco de drap, qui eussent pu être autant d'obstacles à son funeste projet.

père accourut en robe de chambre, souleva le corps de son fils, le coucha à terre, desserra la corde qui était fixée par un double nœud coulant, mit tout en œuvre pour le rappeler à la vie. Mais il n'avait plus entre les bras qu'un cadavre que les baisers de sa mère ne seraient pas moins impuissants à ranimer.

En pareil cas, l'évidence même n'empêche pas de conserver une dernière lueur d'espérance. Calas criait à Pierre : « Au nom de Dieu, cours chez Camoire, peut-être mon pauvre fils n'est pas tout à fait mort. » Pierre et Lavaysse se précipitent hors de la maison; le premier revient presque aussitôt avec un nommé Gorsse, élève du chirurgien, qui fit sauter la cravate, constata la marque de la corde sur le cou, et en conclut que Marc-Antoine était mort étranglé ou pendu. Pierre, affolé, disparaissait de nouveau ; son père, par une de ces préoccupations que n'excluent pas les grandes douleurs, et que nous comprenons pour notre compte, lui cria : « Ne va pas répandre le bruit que ton frère s'est défait de lui-même, sauve au moins l'honneur de ta misérable famille. » Il y allait bien véritablement de l'honneur de la famille, car le procès était fait alors au cadavre du suicidé qui était traîné sur une claie, la face tournée contre la terre, et suspendu ensuite à un gibet. Pierre, qui retrouva Lavaysse chez Cazeing, lui recommanda, d'après les prescriptions du père, de nier le suicide de son frère, ce à quoi celui-ci consentit sans soupçonner les résultats funestes d'un mensonge dont la portée leur échappait. Voltaire, qui sera si logique et si judicieux dans la discussion des circonstances, sauf quelques erreurs de détail bien explicables à la distance où il se trouvait et du théâtre des événements et des différents acteurs de cette terrible tragédie ; Voltaire dit avec raison, au sujet de ce mensonge imposé aux siens par le chef de famille : « Ne va pas répandre le bruit que ton frère s'est défait de lui-même ! »

Il est essentiel de rapporter ces paroles ; il l'est de faire voir que le mensonge en ce cas est une piété paternelle ; que nul homme n'est obligé de s'accuser soi-même, ni d'accuser son fils ; que l'on n'est point censé faire un faux serment, quand, après avoir prêté serment en justice, on n'avoue pas d'abord ce qu'on avoue ensuite ; que jamais on n'a fait un crime à un accusé de ne pas faire au premier moment les aveux nécessaires ; qu'enfin les Calas n'ont fait que ce qu'ils ont dû faire. Ils ont commencé par défendre la mémoire du mort et ils ont fini par se défendre eux-mêmes. Il n'y a dans ce procédé rien que de naturel et d'équitable [1].

L'avocat Sudre soutient, de son côté, que ce mensonge, plus maladroit, plus absurde en présence des faits que coupable, ne peut donner nulle prise à l'accusation ; qu'il était sans gravité devant la loi, parce qu'il ne se produisait que dans un interrogatoire que personne n'avait requis, et parce qu'il n'y avait encore ni inculpés ni procès. « N'étant ni prévenus, ni accusés, et n'imaginant pas qu'il fût question d'eux, ni qu'il pût en être question, ajoute le premier défenseur des Calas, ils durent n'être occupés que de l'honneur d'un fils, d'un frère et d'un ami, et ménager leurs discours relativement à cet objet [2]. »

---

1. Voltaire, *Œuvres complètes* (Beuchot), t. LX, p. 429. Lettre de Voltaire à Damilaville, octobre 1762.
2. Sudre, *Mémoire pour le sieur Jean Calas* (à Toulouse, Rayet), p. 32.

La situation changeait aussitôt qu'ils se voyaient eux-mêmes soupçonnés, et ils ne pouvaient persister dans des allégations qui les menaient à l'abîme. « Ils ne s'occupèrent plus, dit de son côté Lavaysse père, du soin de la mémoire de celui-ci; un intérêt plus pressant, la conservation de leur vie, de leur honneur et de celui de leurs familles, fit évanouir tout autre intérêt. Dans le second interrogatoire, ils ne cachèrent plus rien, ils avouèrent unanimement qu'ils avaient trouvé Marc-Antoine Calas pendu[1]. » Mais l'impression était ineffaçable. On se refusa à voir dans cette déclaration autre chose qu'un deuxième système de défense en contradiction flagrante avec le premier, qu'un involontaire aveu échappé aux véritables auteurs du crime.

Tout cela n'avait pu se passer sans que le quartier en fût informé. Les cris d'effroi et de désespoir furent entendus des maisons voisines. L'on accourut de tous côtés, et la rue ne tarda pas à être encombrée de curieux. Un ami commun, homme de loi, Clausade, s'était joint à Pierre, à Cazeing et à Lavaysse pour leur venir en aide dans une circonstance aussi épouvantable; il remarqua qu'il était indispensable de prévenir la police, et il partit avec le dernier pour avertir le greffier des capitouls, Savonier, et l'assesseur Monyer qui se dirigèrent aussitôt vers la rue des Filatiers. Quand ils reparurent, la maison était gardée par quarante soldats du guet qui avaient dé-

---

[1]. *Mémoire de M⁰ David Lavaysse, avocat en la cour*, par le sieur *François-Alexandre-Gaubert Lavaysse* (Toulouse, Jean Rayet), p. 15.

fense de laisser passer qui que ce fût. L'un des capitouls, David de Beaudrigue, dont le nom sinistre est condamné à ne pas périr, était déjà arrivé. La garde, qui connaissait l'assesseur et le greffier, ouvrit ses rangs devant eux; mais il n'en fut pas de même pour les deux jeunes gens, que l'on repoussa, malgré leur insistance. Lavaysse, plus opiniâtre, dit qu'il était l'ami de la maison, ajoutant, sans soupçonner la gravité de telles paroles, qu'il y avait soupé le soir même. On le laissa passer; mais il s'engageait dès lors dans les mailles inextricables qui allaient enserrer cette famille infortunée. Les commentaires, les interprétations plus ou moins erronées circulaient dans cette foule profondément impressionnée par un meurtre, dont on se demandait avec angoisses et le sujet et les auteurs, quand une voix, partie on ne sait d'où, s'écria : « Que Marc-Antoine avait été étranglé par ses parents huguenots pour s'être fait catholique. » C'en fut assez. Cette accusation, quelque téméraire qu'elle fût, répondait trop à ce besoin des masses de se rattacher à quelque chose de déterminé et de dramatique, pour n'être pas acclamée aussitôt comme le fait le plus avéré, en dépit des mœurs honorables du marchand d'indiennes et de tout un passé irréprochable.

Le capitoul, qui aurait dû se tenir en garde contre de telles impressions, s'y livra avec un aveuglement qui ne lui permit pas d'apporter à ses investigations la moindre prudence, le moindre esprit critique. Il vit sur-le-champ des coupables, là où il n'y avait point encore de prévenus; et, sans dresser de procès-verbal sur place, sans prendre connaissance des lieux, il fit appréhender au corps et mener dans les prisons de l'hôtel de ville toutes les personnes qui étaient dans la maison : Calas, sa femme, Pierre, Jeanne Viguier, la servante, Lavaysse et le fabricant Cazeing, que Beaudrigue désignera, dans un procès-verbal fait après coup, comme « une espèce d'abbé. » Le cadavre de Marc-Antoine était également transporté sur un brancard à la Maison de ville. L'on a remarqué avec beaucoup de raison que, si David eût procédé en magistrat éclairé, son premier soin aurait été de visiter la maison du haut en bas, car des assassins pouvaient s'y blottir ; il aurait soumis à une minutieuse et rigoureuse inspection les personnes, les vêtements de ses prisonniers. Il n'était pas admissible que Marc-Antoine n'eût pas lutté avec la force de la jeunesse et du désespoir ; et, si l'on avait mis la main sur les vrais coupables, à coup sûr la trace d'une résistance acharnée se serait révélée par des meurtrissures, par des taches de sang, des habits déchirés. Ces sortes de témoignages viennent aussitôt à la pensée ; et qui sait si d'autres indices n'eussent point établi une conviction bien opposée, et déterminé même, avec une pleine certitude, les circonstances d'un crime dont on aurait dû être moins prompt à accuser un père ? Marc-Antoine allait abjurer sa croyance, et c'est pour cela que des parents barbares l'avaient tué. En inspectant la chambre de ce douteux martyr, qui sait encore si l'on n'aurait point rencontré autre chose que des livres d'édification et des objets de piété catholiques ? L'on ne prit même pas le soin de conserver les papiers trouvés dans ses vêtements, et qu'on prétendit plus tard être des vers et des chansons obscènes. Que l'on révoque en doute cette allégation, on en est libre, et elle n'a pas pour nous plus de valeur que les on-dit qui suffirent pour convaincre un homme, jusque-là sans reproches, d'un crime qui révolte dans les plus grands scélérats.

En ce premier moment de trouble, les Calas ne s'étaient point rendu compte de ce qui se passait autour d'eux et étaient loin de croire que l'on songeât à s'assurer de leurs personnes. Ils s'imaginaient qu'on les conduisait au Capitole pour recevoir leur déposition sur ce meurtre ténébreux. Pierre posa même sa chandelle allumée dans le corridor, pour n'avoir pas, au retour, à se trouver dans l'obscurité. Cette précaution bien inutile fit sourire le capitoul, qui ordonna de l'éteindre. « Vous n'y reviendrez pas de sitôt, » dit-il ; prophétie qui ne devait que trop se réaliser. On se figure l'effet que produisit un tel cortége sur une population d'un catholicisme exalté et qui n'avait pas besoin d'être excitée contre la minorité protestante que renfermait Toulouse. Avec cette vivacité d'impression et d'imagination des contrées méridionales, le soupçon se changea sans transition en certitude dans les esprits ; l'on ne douta plus du crime avant de savoir même quelles circonstances avaient autorisé cette arrestation.

Les accusés furent enfermés séparément : Calas et son fils dans des cachots sans fenêtres, les deux femmes dans des prisons moins rigoureuses, Lavaysse dans le logement de l'enseigne du guet. Les malheureux étaient tombés dans les mains d'un fanatique doublé d'un ambitieux qui pensa qu'il ne pourrait retirer que gloire et profit d'une affaire où les intérêts de la Religion et de l'État étaient en jeu, et qu'il fallait mener avec une énergie dont on ne manquerait pas de lui savoir gré en haut lieu. Un de ses collègues, le capitoul Lisle-Bribes, eut beau l'exhorter à procéder avec moins d'emportement : « Je prends tout sur moi, » avait-il répondu. « C'est ici la cause de la religion, » répétait-il encore. Il en écrira à M. de Saint-Florentin, avec une infatuation de lui-même, une conviction d'avoir bien mérité et du roi et de la religion qui feraient sourire, si le sujet était moins lugubre. « Je suis cette procédure avec vigueur, et je ne perds pas un moment pour y donner toutes les suites qu'exige une affaire de pareille nature. » Et il se plaindra que ses collègues ne secondent point son zèle ; ce qui ne l'empêchera pas, ajoutera-t-il, de redoubler d'attention et d'ardeur pour contenir le bon ordre. L'on est surpris que M. de Saint-Florentin ne démêle point dans ces assurances emphatiques un esprit brouillon, aveugle dans ses passions, et qui avait déjà donné la mesure de son arrogance et de ses visées ambitieuses.

L'on n'a sur son compte que le choix des anecdotes ; nous en citerons une de préférence, parce qu'elle a rapport à un personnage qui n'est, lui non plus, ni un esprit rassis, ni un tempérament flegmatique, comme nous avons eu occasion d'en juger. Il s'agit de La Beaumelle, qui, arrêté par lui chez la comtesse de Fontenille où l'on donnait à jouer (9 janvier 1760), et condamné par les capitouls, fut, sur appel, acquitté par le parlement. Homme d'agression avant tout, Angliviel avait tout aussitôt publié pour sa défense un Mémoire dont Beaudrigue n'eut pas lieu d'être satisfait, et qui l'irrita à tel point, qu'en plein jour, sur la Place Royale, il faisait désarmer l'écrivain, comme n'étant pas noble et n'ayant par conséquent nul droit de porter l'épée (3 octobre 1761).

La Beaumelle prouva, nous est-il dit, qu'il avait reçu des lettres de noblesse en Danemark[1] : assura serait peut-être plutôt le mot propre ; car nous ne croyons pas à ces lettres de noblesse, qu'il aurait fait valoir à Gotha et qui lui auraient ouvert la cour dont sa roture originelle lui interdit l'accès[2]. Mais, noble ou non, tout homme dans une certaine condition de fortune portait l'épée sans courir les risques d'être inquiété ; et cette inqualifiable brutalité peint ce caractère arrogant, violent, que rien ne modérera dans une question de vie ou de mort qui aurait demandé tout au moins plus de calme et de recueillement.

Mais il est temps de percer ce terrible mystère et de déterminer si la mort de l'aîné des Calas fut la conséquence d'un parricide ou d'un attentat de ce malheureux sur sa propre personne. Marc-Antoine, né le 5 novembre 1732, était un jeune homme de vingt-huit à vingt-neuf ans, intelligent, studieux, ayant toutes les qualités pour réussir, dévoré de l'envie de se faire une carrière indépendante et brillante, ce à

---

1. Athanase Coquerel fils, *Jean Calas et sa famille* (2ᵉ édit., Paris, 1869), p. 30, 31.

2. Formey, *Souvenirs d'un citoyen* (Berlin, 1789), t. II, p. 231, 232.

quoi malheureusement sa condition de protestant devait apporter des entraves qu'il crut longtemps pouvoir vaincre. Il avait la parole facile, une certaine éloquence même; il avait étudié le droit, il s'était laborieusement préparé à soutenir les examens de licence et allait prendre le titre d'avocat, lorsqu'il se vit arrêté tout à coup par un obstacle qu'il ne pouvait pas ignorer, mais qu'il savait avoir été levé en plus d'un cas. Pour plaider, il fallait un certificat de catholicité que l'on accordait sans y regarder de trop près : ainsi, David Lavaysse, le père du Lavaysse qu'un hasard sans nom venait associer à l'épouvantable fortune des Calas, n'avait pas hésité à donner, pour être inscrit au barreau, des preuves d'orthodoxie sur la sincérité desquelles il n'y avait point lieu, sans doute, de trop compter[1]. L'aîné des Calas s'était adressé, comme il le devait, au curé de Saint-Étienne, l'abbé Boyer, qui ne faisait aucune difficulté de lui délivrer cette pièce, quand son domestique le prévint que le jeune homme était protestant. Le prêtre déclara qu'il lui était impossible de rien prendre sur lui jusqu'à ce que le requérant apportât une attestation signée de son confesseur, qui serait sa caution. Marc-Antoine comprit dès lors que tout espoir de carrière lui était interdit, et rentra chez son père, la mort dans l'âme. Accosté un jour par un de ses condisciples qui venait d'être reçu avocat au parlement et qui lui demandait quand il en ferait autant, il répondait qu'il n'y devait pas songer, « parce

---

[1]. *Histoire générale du Languedoc*, commentée et continuée jusqu'en 1830, par le chevalier Al. du Mège (Toulouse, 1846), t. X, p. 567.

qu'il ne voulait faire aucun acte de catholicité[1]. » Il est bon, comme on verra, d'insister sur cela, puisqu'il sera question de métamorphoser Marc-Antoine en un martyr de sa foi nouvelle.

Que faire? quelle profession embrasser? Toutes lui étaient fermées par quelques déclarations du roi[2]. Force fut bien de revenir au seul état qui ne fût pas proscrit par elles, au commerce, malgré son peu de goût, une répugnance même qu'il n'avait essayé ni de dissimuler ni de combattre. Cependant une situation avantageuse s'était offerte, et il était sur le point de s'associer avec un marchand d'Aix; malheureusement il fallait fournir immédiatement une somme de six mille livres, et l'affaire manqua, faute d'avoir pu verser ces capitaux dans le délai exigé. Il avait été le représentant de la maison Calas à l'extérieur, le commerce paternel était un refuge naturel où il rencontrerait l'emploi assuré de son activité; mais Marc-Antoine qui sentait sa valeur, s'il ne l'exagérait point, et n'était exempt ni de vanité, ni du désir de paraître, prétendait être l'associé en titre de son père. Celui-ci ne démêlant pas dans ce caractère, dont la légèreté ne lui avait point échappé, de garanties suffisantes, ne jugea pas devoir y consentir; d'ailleurs, il avait cinq

---

1. Déposition de M⁰ Beaux, interpellé par huissier à la requête des Calas.

2. La liste des professions interdites aux protestants par Louis XIV est à citer. Il était obligatoire d'être catholique pour être avocat, procureur, clerc de procureur, huissier, sergent, archer, records, imprimeur, libraire, orfèvre, médecin, chirurgien, apothicaire, épicier, domestique d'un protestant, apprenti chez un protestant, et même sage-femme. Rabaud Saint-Étienne, *Le vieux Cenevol* (Paris, Kleffer, 1826), p. 23, 26, 31, 32, 33, ch. III.

autres enfants à l'existence desquels il avait aussi à songer. Cette situation, critique pour des natures plus énergiques, devait être funeste à ce jeune homme qui, se voyant toutes portes fermées, et ne trouvant pas auprès des siens le secours qu'il se croyait en droit d'en attendre, chercha l'oubli dans la dissipation et le jeu : il passait des journées entières au café des *Quatre-Billards*, et ce fut dans cet établissement que Pierre, affolé, alla s'enquérir auprès du billardier si son frère ne s'était pas pris de querelle avec quelqu'un.

Dans la recherche des motifs secrets qui peuvent avoir déterminé Calas fils à se tuer, écrivait le négociant Audibert à Voltaire, sa mère n'en présume pas d'autre que celui d'une ambition mécontente. Il était d'un caractère indépendant, mélancolique ; ses goûts et ses talents le portaient à la méditation et à l'étude. Il s'était distingué dans des examens. Il avait pris le grade de bachelier. On ne voulut pas le recevoir avocat à cause de sa religion. Ce fut pour lui une grande mortification. Il voyait avec envie des amis plus riches et moins habiles que lui posséder des charges ou remplir des emplois dont il avait la douleur de se voir exclu [1].

Le sentiment du présent et d'un avenir tout aussi sombre n'était pas tellement étouffé en lui, qu'il ne vînt traverser de sinistres lueurs cette tête agitée et surexcitée. Ses divertissements n'y aidaient pas médiocrement, bien qu'ils ne semblassent pas faits pour amener un tel résultat. La mode du théâtre avait envahi Toulouse, comme les autres villes, et Marc-An-

1. Charles Nisard, *Mémoires et correspondances historiques et littéraires* (Paris, Lévy, 1858), p. 339, 340. Lettres d'Audibert, secrétaire de l'Académie de Marseille, à Voltaire : Paris, ce 20 juillet 1762.

toine n'était ni le moins brillant, ni le moins ardent de ces acteurs de société. Il affectionnait les rôles les plus pathétiques et les plus sombres, celui de *Polyeucte* surtout, dont il récitait les fameuses stances avec une chaleur presque inspirée. On lui entendait aussi débiter une traduction du monologue de Hamlet, sur la mort, et des fragments du *Sydney*, de Gresset, qui est, comme on le sait, un plaidoyer en faveur du suicide[1]. Ces coïncidences devaient frapper plus tard. Il est vrai que la passion, un fanatisme farouche se gardèrent bien d'admettre, toutes ces circonstances données, la possibilité, nous ne dirons pas l'évidence d'un suicide, pour ne vouloir croire qu'à un meurtre exécrable. Ce n'est pourtant pas assez qu'une voix, partie de la foule, accuse un homme honorable, un bon père de famille jusque-là ; il faut encore qu'il y ait quelque apparence à une inculpation aussi odieuse. Marc-Antoine se serait déterminé plus tôt, s'il avait été d'avis de sacrifier sa croyance à sa fortune ; il aurait imité son frère Louis, qui[2] avait lestement abjuré devant la perspective des avantages

1. *Mémoire de David Lavaysse pour François Alexandre Gaubert, son fils cadet* (Toulouse, Jean Rayet), p. 38.
2. Il faut dire que Louis conquérait, par son abjuration, le droit de réclamer une pension alimentaire, dont le taux était arbitrairement fixé par les autorités ecclésiastiques (*Déclaration du roi du 17 juin 1681*), et il n'y manqua point. Ce fut l'archevêque, monseigneur de Crussol, qui intervint et qui dicta les conditions au père du nouveau converti. Louis fut placé à Toulouse, Calas paya quatre cents livres pour son apprentissage, et six cents pour ses dettes. Mais ce fils ingrat n'en trouva pas assez, présenta un placet au ministre, et son père, malgré la dureté des temps, et, quoi qu'on en ait dit, la médiocrité de sa fortune, dut ajouter à ces sacrifices déjà lourds si l'on se reporte à la valeur de l'argent en 1762.

terrestres qu'offraient de pareils marchés, et il n'aurait pas stygmatisé son apostasie avec une sévérité trop justifiée. Loin de songer à se faire catholique, Marc-Antoine avait un instant pensé à se faire ministre. Mais il ne tardait pas à s'apercevoir qu'il s'était abusé sur sa vocation, et qu'il n'avait pas les vertus d'abnégation et d'immolation qu'exigeait un état, dont le simple exercice était alors encore puni de mort[1].

Cela n'empêchait pas la population toulousaine, catholique très-ardente, de voir un martyr de sa foi nouvelle dans cet infortuné dont la mort suspendit toute autre préoccupation. Le monitoire, lu au prône, trois dimanches consécutifs (18, 25 octobre et 8 novembre), à la requête du procureur du roi Lagane, présentait, comme choses acquises et démontrées, le renoncement du défunt à la religion prétendue réformée, son assiduité aux cérémonies du culte catholique, ses dispositions à une abjuration imminente. L'usage des monitoires s'explique dans une société essentiellement religieuse et croyante : un crime épouvantable a été commis, la justice divine et humaine réclame un châtiment; le plus sûr moyen, sans doute, de percer les ténèbres dont s'enveloppent les coupables sera de s'adresser aux consciences. Le juge laïque requérait du juge d'Église une sommation aux fidèles de venir révéler, sous peine d'excommunication, les faits à leur connaissance qui pouvaient avoir rapport, de près ou

---

1. Trois mois après, en février 1762, François Rochette était pendu à Toulouse pour avoir prêché, baptisé, marié ses coreligionnaires.

de loin, à ceux formulés dans le questionnaire[1]. Ces sommations, désignées sous le nom de monitoires, dépêchées à tous les curés, étaient lues au prône avec tout l'appareil capable d'impressionner et d'effrayer les esprits, et produisaient toujours un grand effet. Mais, plus leur action était grande, plus il était urgent de procéder avec une réserve, une prudence excessive à leur teneur. Avant toutes choses, ils devaient être rédigés dans un esprit absolu d'impartialité; la prescription du témoignage devait aussi bien s'étendre à celui qui avait à déposer à |décharge, qu'à celui qui apportait des faits accusateurs; et cela paraît d'une obligation d'autant plus rigide, qu'à cette époque le prévenu n'était point reçu à citer ses témoins, que personne n'avait le droit de se présenter de son propre mouvement ou de parler de faits qui n'étaient point mis en question. Ainsi, un monitoire en prévoyant et déterminant toutes les phases du crime, en circonscrivant les réponses que l'on était appelé à faire dans un cercle infranchissable, ne laissait nulle issue aux déclarations qui seraient venues les contredire.

Et c'est ce qui eut lieu pour les Calas. David Lavaysse se plaint que le procureur du roi et les capitouls aient négligé ou refusé de faire assigner plusieurs témoins qui s'étaient présentés à leurs curés pour révéler des faits à décharge. Le chanoine Azimont, lors de la révision du procès, finissait sa déposition par cet aveu significatif : « Au surplus, je dé-

---

1. Rouault, *Traité des monitoires* (Paris, 1740), p. 46, ordonnance criminelle, art. 22, tit. 7.

clare que j'aurais déposé le contenu de la présente déclaration dans le cours de l'instruction criminelle intentée contre le sieur Jean Calas, si j'eusse été requis, ou si le monitoire m'y eût autorisé. C'est ce que je certifie comme véritable. » Et un autre témoin, très au fait de la vie et de l'intérieur des Calas, pressé par Nanette Calas de rendre témoignage en faveur de son père, s'en défendait et donnait pour motif que « celui qui va faire une révélation en justice sans être assigné à cet effet rend son témoignage suspect et rejetable [1]. » On a également reproché au monitoire d'avoir préjugé au lieu de s'être borné à informer. Il y avait à s'enquérir quels étaient les assassins de Marc-Antoine ; mais une autre question se posait tout naturellement à côté de celle-là : Marc-Antoine s'était-il ou non donné la mort? en un mot, se trouvait-on en présence d'un meurtre ou d'un suicide? Mais tout sembla avéré.

Depuis plus de trois semaines, le cadavre entouré de chaux demeurait déposé dans la chambre de la gêne ; le procureur du roi Lagane réclama l'inhumation. Ce fut alors que Beaudrigue et son collègue Chirac convinrent avec lui, sans en avoir antérieurement référé au consistoire, d'inviter le curé de Saint-Étienne, la paroisse des Calas, à rendre au mort les honneurs religieux et à l'enterrer dans son cimetière. Une piété bien entendue et sans alliage de considérations mondaines, avant de rendre des honneurs que

---

[1]. Athanase Coquerel, *Jean Calas et sa famille* (Paris, 1869), p. 91, 92.

le culte catholique n'accorde qu'à ses seuls enfants, se serait crue intéressée à s'assurer de la réalité de la conversion du jeune protestant; n'était-il pas téméraire et même coupable de s'exposer à commettre une méprise qui devenait une profanation? Si l'on n'eût pas avant tout songé à faire une manifestation religieuse en rapport avec l'état violent des esprits, il était donc d'une prudence stricte de s'abstenir, l'arrêt des capitouls étant encore à prononcer. Mais, on va nous le dire, le sentiment général réclamait ces démonstrations, et la population y prit part avec une passion dont on aurait peine de nos jours à se faire une idée. « La pompe catholique que l'on déploya à ses obsèques, écrit l'abbé Salvan, les services mortuaires qui furent célébrés dans deux églises de la ville, doivent être regardés comme une concession faite à l'opinion publique, à la conscience de la plupart des citoyens. Il est possible qu'on ait été un peu trop loin dans les honneurs rendus à la dépouille mortelle de Marc-Antoine; mais ces incidents ne méritent pas l'importance que les partisans des Calas ont voulu leur donner[1]. » Nous en demandons bien pardon à M. l'abbé Salvan, ces incidents étaient plus de conséquence qu'il ne le pense; pareilles démonstrations donnaient l'autorité de la chose jugée à des présomptions qui pouvaient, à plus ample informé, se trouver erronées. C'était une concession faite à l'opinion, nous objecte-t-on : de semblables conces-

---

1. L'abbé Salvan, *Histoire du procès de Jean Calas à Toulouse* (Toulouse, 1863), p. 97, 98.

sions, à la rigueur, s'excuseraient chez un gouverneur de ville qui se sent débordé; jamais dans un clergé qui a charge d'âme et dont le premier devoir est, au contraire, de maintenir ou de ramener les foules égarées dans les voies de la charité et de la vérité.

Voltaire a dit que le curé de Saint-Étienne s'était refusé à enterrer Marc-Antoine. C'est là une erreur[1] : celui-ci eut, au contraire, à disputer le droit d'inhumer le cadavre au curé de Thaur, l'abbé Cazalès, sur le territoire duquel se trouvait l'hôtel de ville, et qui fit signifier aux capitouls qu'ils eussent à le lui livrer, les déclarant passibles de dommages et intérêts en cas de refus. Mais les prétentions de ce dernier pasteur demeurèrent sans effet, et ce fut à Saint-Étienne, un dimanche, à trois heures d'après-midi, que se firent les funérailles, avec tout l'éclat qu'on put leur donner. Plus de quarante prêtres, précédant un cortége immense, firent la levée du corps à l'hôtel de ville. Les pénitents blancs, au sein desquels on prétendait que Marc-Antoine avait eu dessein de se faire admettre, défilaient, bannière en tête et portant des cierges, suivis de presque toute la population toulousaine. Le douteux martyr fut inhumé, après le service, dans le bas-côté de l'église Saint-Jacques ou Sainte-Anne qui dépend de la cathédrale. Bientôt après, les mêmes pénitents blancs faisaient célébrer dans leur propre chapelle un service solennel auquel furent convoquées et assistèrent les trois autres confréries[2]. Au

---

1. Voltaire, *OEuvres complètes* (Beuchot), t. XLI, p. 227. *Traité de la Tolérance*, chap. I.

2. Les pénitents bleus, les noirs et les gris.

centre de l'édifice, l'on avait dressé un catafalque, au sommet duquel se trouvait un squelette, tenant de la main droite la palme, emblème du martyre, et de la gauche une pancarte où se lisaient ces trois mots en gros caractères : « Abjuration de l'Hérésie. » Un second service suivait de près celui-ci, aux cordeliers de la Grande-Observance.

Ce qui explique cette intervention de l'archiconfrérie, c'est que Louis Calas faisait partie des pénitents blancs, à qui il se peut qu'il eût laissé espérer, par une vanterie dont il était très-capable (comme l'affirma d'ailleurs le trésorier), que son frère se ferait incessamment recevoir parmi eux. Il assista lui-même à la cérémonie, mais ce fut pour protester; retiré dans la sacristie, il appela un huissier et sortit de sa poche un acte sur papier timbré, par lequel, à titre de procureur légal de son père prisonnier, il demandait aux pénitents blancs de quel droit et sur quel fondement ils considéraient Marc-Antoine comme l'un des leurs, les sommant de produire leurs registres où le nom de Marc-Antoine aurait dû être inscrit. Cette protestation, qui demeura alors comme non avenue, la veuve Calas la reprendra plus tard pour son compte et sommera à son tour, par huissier, le trésorier des pénitents de donner des preuves de l'affiliation de son malheureux fils à l'archiconfrérie. Ce dignitaire répliqua qu'ils avaient cru honorer un de leurs membres en lui offrant d'assister à l'enterrement de son frère. Aux ouvertures qui lui avaient été faites, Louis Calas avait répondu que la douleur dont il était pénétré ne lui laissant pas une suffisante liberté d'esprit, il en remettait le tout à leur prudence et à leur amitié; et, sur cela, la Compagnie avait décidé, qu'en considération de l'attachement qu'elle avait toujours eu pour son confrère Louis Calas, elle figurerait au convoi du décédé[1]. Marc-Antoine ne comptait donc point au nombre des membres de l'archiconfrérie; mais avait-il jamais songé à en faire partie? L'on objectait à sa mère que Louis en avait donné l'assurance aux pénitents blancs; à quoi madame Calas répondait dans sa confrontation : « S'il l'a dit, il n'en pouvait rien savoir, car il ne voyait jamais les siens. Il ne leur parlait pas même, à moins qu'il ne rencontrât l'un d'eux quand sa pension était en retard. »

Cependant les poursuites se continuaient avec une passion furieuse de la part de Beaudrigue, qui semblait croire son honneur et sa faveur attachés à la condamnation de ces malheureux. L'assesseur des capitouls, Monyer, désigné comme rapporteur, essaye de calmer tant d'effervescence; il est tout aussitôt accusé d'être vendu aux prévenus, et cité comme tel devant le parlement. L'affaire s'arrangea toutefois : l'accusateur de Monyer lui fit des excuses, et l'assesseur reprit son rapport à la séance suivante; mais cette inculpation seule rendait sa retraite indispensable, et, après cette satisfaction, il crut devoir « se départir du rapport et même du jugement. » Un arrêt en règle reconnaîtra dans la suite sa parfaite innocence et la fausseté de l'insinuation[2]. Les Calas avaient

---

1. Réponse de M. Lafiteau, trésorier des pénitents blancs ; 13 décembre 1762.
2. A. Coquerel, *Jean Calas et sa famille* (Paris, 1869), p. 121.

pour procureur un sieur Duroux, qui présenta, en leur nom, pendant qu'on examinait le procès, une requête dans laquelle il s'inscrivait en faux contre la procédure : à l'entendre, l'extrait aurait été infidèle en ce qu'on eût ajouté un mot décisif. A vérification, il se trouva que l'assertion de Duroux n'était point fondée ; mais il devait payer cher sa méprise. Sur la plainte de Beaudrigue et de trois de ses confrères, il eut à se rendre au greffe du parlement où, en présence d'un commissaire délégué, force lui fut de déclarer que « malicieusement et inconsidérément il s'est porté à présenter une pareille requête contre la juridiction de messieurs les capitouls dont il se repent et demande pardon [1] ». Les rigueurs ne se bornèrent pas à cet acte humiliant, et le coupable fut suspendu pour trois mois. Ces sévérités étaient de nature à rendre hésitant quiconque aurait songé à accepter la défense d'un infortuné condamné déjà dans l'opinion. Devant un tel déchaînement, un juge ou un témoin n'aurait pas fait preuve d'un courage médiocre en se montrant, non pas bienveillant, mais seulement impartial ; aussi, sur cent cinquante témoins, un seul hasarda-t-il quelques paroles favorables. Le contraire se produira, lors de la révision du procès, et les témoins à décharge abonderont, catholiques comme réformés, prêtres et laïques. Mais on le devra, à n'en pas douter, aux déclamations des philosophes, à une pression morale de tout un monde qui agira sur les

---

[1]. L'abbé Salvan, *Histoire du procès de Jean Calas à Toulouse* (Toulouse, 1863), p. 136, 137. Lettre de Beaudrigue à M. de Saint-Florentin ; 27 mars.

imaginations et sur les consciences, pression dont surent si incontestablement se défendre les premiers juges[1].

Convenons que rien n'était plus despotique, plus informe, plus arbitraire, plus inique même parfois, que la procédure d'alors. Plus la loi est armée, plus elle doit laisser à l'accusé pleine latitude d'user des moyens qui lui restent pour écarter le glaive suspendu sur sa tête. Le prévenu peut être un innocent; elle ne voyait en lui qu'un coupable auquel la torture saurait délier la langue, si l'interrogatoire le plus retors n'avait pu lui rien arracher : tout était légitime contre lui[2]. La partie plaignante pouvait avoir un conseil; cette faculté était interdite à l'accusé. Comme on l'a dit plus haut, il lui était également refusé de présenter des témoins à décharge; le juge seul le pouvait[3]. Lorsqu'il avait en main des faits capables de démontrer son innocence, il lui fallait requérir et obtenir la permission d'en faire la preuve qui, d'ailleurs, n'était admise qu'après l'achèvement de l'instruction. « Cette permission, nous dit M. Coquerel, dans son livre si complet sur cette tragique affaire, ne fut accordée aux Calas pour aucun des faits justificatifs, nombreux et concluants, que leur

---

1. Vicomte de Bastard-D'Estang, *Les Parlements de France* (Paris, Didier, 1857), t. I, p. 407.
2. Faustin Hélie, *Traité de l'instruction criminelle* (2ᵉ édition, Plon, 1866), t. I, p. 431, n° 368.
3. Les témoins pouvaient être produits devant le juge, soit par la partie publique, soit par la partie civile, suivant que le procès était instruit à la requête de l'une ou de l'autre : il n'était pas permis à l'accusé d'en appeler. Même traité, t. I, p. 400, n° 338.

avocat demandait à démontrer. L'avocat Sudre en présenta onze dans son premier Mémoire, et d'autres encore dans les deux Mémoires suivants. On ne daigna pas y faire droit[1]. »

Les prévenus étaient au nombre de cinq : Calas père, sa femme, Pierre Calas, Jeanne Viguière la servante, et Lavaysse. Le 18 novembre, un arrêt des capitouls décidait que Calas, sa femme et son fils subiraient la torture, et que Lavaysse et la servante seraient seulement présentés à la question, exception dont les cours souveraines se réservaient le droit exclusif et que les capitouls appliquaient abusivement. Cette distinction était toujours ignorée de l'accusé qui, en face des instruments de torture, se résignait parfois à des aveux qu'il n'aurait pas faits sans la menace des souffrances auxquels il allait être livré, car aucun des apprêts ne lui était épargné. Cazeing avait été relâché ; quelles charges raisonnables pouvaient peser sur le jeune Lavaysse, et comment admettre que, tout fraîchement arrivé dans Toulouse, il aurait trempé de gaieté de cœur, et par pur dilettantisme, dans ce complot abominable? Cependant on a le courage de nous dire que, si la sentence des capitouls avait été confirmée et qu'il eût été soumis aux épouvantables épreuves de la question, il n'aurait eu à s'en prendre qu'à lui ! N'est-il pas, en effet, plus qu'étrange, qu'il débarque à Toulouse, la veille même du crime, et déclare, dans son impatience d'embrasser

---

1. Athanase Coquerel, *Jean Calas et sa famille* (2ᵉ édition, Paris, 1869), p. 115.

une dernière fois ses parents, que, s'il ne trouvait point de chevaux de louage, il était déterminé à partir à pied[1] ? Tout cela ne nous paraît pas aussi inexplicable qu'on affecte de le croire; nous trouvons, au contraire, fort naturel qu'il eût quelque hâte de les rejoindre, sans entrevoir dans ce fait rien qui puisse laisser soupçonner une participation quelconque à ce qui allait se passer rue des Filatiers ; et ce qui nous semblerait infiniment moins vraisemblable serait l'aberration de tout une famille qui, résolue à massacrer l'un des siens, aurait engagé un étranger à prêter les mains à un crime qu'il n'avait aucun intérêt, aucun motif de commettre. Mais il était protestant, mais il était huguenot, et il avait été dépêché, sans nul doute, par ses coreligionnaires, pour aider à l'accomplissement d'un acte déclaré légitime par Calvin dans ses institutions chrétiennes! L'on s'autorisait, en effet, d'un passage du livre II de l'*Institutio christianæ religionis*, inspiré par l'*Exode*, pour prétendre que c'était là une maxime unanimement acceptée par l'Église calviniste. Citons le passage :

Tous ceux qui violent l'authorité paternelle ou par mespris ou par rebellion sont monstres et non pas hommes. Pourtant nostre seigneur commande de mettre à mort tous ceux qui sont désobéissans à père et à mère ; et ce à bonne cause. Car puisqu'ils ne recognoissent point ceux par le moyen desquels ils sont venus en ceste vie, ils sont certes indignes de vivre. Or il appert par plusieurs passages de la loy, ce que nous avons dict, estre vray : assavoir que

---

1. Vicomte de Bastard-D'Estang, *Les Parlements de France* (Paris, Didier, 1857), t. I, p. 400.

l'homme dont il est ici parlé, a trois parties : Reverence, Obéissance et Amour, procédant de la recognoissance des bienfaicts. La première est commandée de Dieu, quand il commande de mettre à mort celuy qui aura détracté de père et de mère : car en cela il punit tout contemnement et mespris. La seconde, en ce qu'il a ordonné que l'enfant rebelle et désobéissant fust aussi mis à mort[1]...

Voilà qui est draconien. C'est la reconnaissance et la sanction de l'autorité du père de famille sur ses enfants, que nous trouvons dans l'antiquité païenne aussi bien que dans l'ancienne loi. Le fils désobéissant a mérité la mort par le seul fait de sa rébellion ; c'est un droit, c'est un devoir à celui qui lui a donné le jour de lui enlever un bienfait dont il se montre indigne[2]. Mais où voit-on, dans ces paroles, la prescription imposée au père de tuer son fils renégat ; et quel sens, si détourné qu'il soit, peut servir de prétexte à une accusation aussi abominable? Mais admettons que ces maximes impies se rencontrent dans le texte de Calvin : est-ce que le monde ne s'était pas éclairé depuis lors? est-ce qu'on était encore au temps où le meurtre se commettait au nom d'un Dieu de paix et de miséricorde, où catholiques et calvinistes luttaient d'atrocité et de

---

1. Jean Calvin, *Institution de la religion chrétienne* (Genève, Jean Martin, 1565), p. 309, liv. II, ch. viii, sect. 35, le cinquième commandement.

2. Disons qu'il n'existe aucune différence entre les commentaires des protestants et des catholiques sur ce texte de l'Exode, ainsi que l'a judicieusement remarqué Court de Gébelin, qui cite, comme preuves, les *Institutions* de l'évêque de Poitiers, La Poipe de Vetrieu, publiées en 1739 (t. II, p. 209-215), où l'on trouve les mêmes passages de l'Ancien Testament interprétés dans le même esprit. *Les Toulousaines ou lettres historiques et apologétiques* (Édimbourg, 1763), p. 189 à 196, lettre xii.

barbarie ? N'oublions pas que, bien après la Réforme, nos casuistes déclaraient, de leur côté, tout permis et tout licite contre un prince rebelle à l'Église, et que ce furent eux qui mirent le poignard à la main du moine Clément, de Jean Châtel et de Ravaillac. Il n'est que trop facile de trouver dans toutes les sectes des exemples d'intolérance et de sauvagerie, et trop aisé de s'en prendre au culte de ce que les hommes sont méchants, inconséquents et cruels.

A cette monstrueuse imputation, tout le protestantisme frémit d'indignation. Il avait droit à plus d'équité. C'était la même civilisation, les mêmes lumières, avec plus de mœurs, en France du moins. Et, sauf le peuple prêt à accepter tout ce qui frappe, effraye, séduit son imagination si avide de drame, personne ne put croire à cette entente secrète d'une secte pour armer le père contre son fils apostat. Mais les faits ne démentaient-ils pas de telles horreurs ? « Combien, s'écriera avec une grande force de logique l'avocat Mariette, n'y a-t-il pas de familles où le mari est protestant et la femme catholique, le mari catholique et la femme protestante, le père et la mère protestans et les enfans catholiques ? Il y a mille exemples que des enfans catholiques ont été avantagés par leurs père et mère protestans, autant et même plus que ceux qui pratiquoient leur religion : les accusés en ont cité dans leurs Mémoires trois exemples dans la province de Languedoc, outre ceux dont ils n'avoient pas connaissance [1]. » Et c'est précisément dans ces conditions

---

1. Mariette, *Mémoire pour dame Anne-Rose Cabibel, veuve Calas,* p. 86.

que se trouve cet enfant de vingt ans, ce jeune Lavaysse dont on prétend faire le ministre farouche de nous ne savons quelle affiliation ténébreuse. Son père est si peu fanatique pour son compte, si peu intolérant, il est lui-même de si facile composition, qu'il n'avait pas reculé, comme on le sait, devant des actes de catholicité, sans lesquelles il n'était point de profession accessible à un protestant. Du reste, presque tous ses parents avec lesquels il vivait en parfait accord étaient catholiques : sa sœur, mariée à un ancien catholique, était devenue à son tour catholique zélée. Et quand il avait fallu se préoccuper de l'éducation du jeune Gaubert, David l'avait envoyé au collége des jésuites de Toulouse, où il avait été élevé ainsi que ses frères. Et c'est là le complice que s'étaient adjoint les Calas !

Mais la servante, elle du moins, cette Jeanne Viguière, soudée à cette famille depuis de si longues années par un attachement et un dévouement inaltérables, n'y avait-il pas trop lieu de la soupçonner de complicité avec ses maîtres et de lui faire partager leur captivité dans toute sa rigueur ? Si Calas avait immolé son fils, il était difficile, il était impossible que son crime n'eût pas été celui de tous les siens, et Jeanne Viguière y eût trempé comme les autres. Et c'est précisément un des arguments qui témoigne le plus virtuellement de l'innocence de celui-ci. Jeanne est catholique fervente, entendant journellement la messe, et communiant deux fois la semaine : c'est elle qui avait favorisé l'abjuration de Louis Calas. Et l'on veut que cette même femme ait concouru, si peu que ce fût, ne fût-ce que par le silence, à un meurtre, dont le but seul était d'empêcher Marc-Antoine de devenir catholique romain! « Sa servante professait, il est vrai, le catholicisme, dit un écrivain qui est pour la culpabilité des Calas ; mais elle était attachée à ses maîtres par une de ces inébranlables fidélités de l'ancien temps qui les faisait passer sur sa croyance[1]. » Mais si elle leur était attachée à ce point, c'est que c'étaient de bons maîtres et d'honnêtes gens, dont cette fille catholique se serait séparée avec horreur au premier soupçon d'un pareil crime. Elle passait, d'ailleurs, si peu sur sa croyance, qu'elle n'avait pas reculé, malgré son dévouement, à les trahir pour amener la conversion du troisième fils, comme elle en fait l'aveu avec candeur à son interrogatoire sur l'écrou[2].

Une fois élargie, Jeanne retourna à ses habitudes pieuses ; il est inadmissible que son confesseur ne l'ait pas interrogée, et elle lui aurait avoué que Calas avait pendu son fils, que l'absolution lui aurait été inexorablement refusée, jusqu'à ce qu'elle se fût conformée aux injonctions des monitoires, en révélant aux juges le crime de ses maîtres. Que conclure, si ce n'est la parfaite innocence de ces infortunés dans lesquels l'accusation s'obstinait à trouver des coupa-

---

1. Mary Lafon, *Histoire du midi de la France* (Paris, 1745), t. IV, p. 345.
2. Interrogée si ce n'est elle qui a fait son possible pour faire faire abjuration à Jean Louis Calas, troisième fils du sieur Calas, et si ce n'étoit elle qui lui tenoit cachés les livres qui servoient à l'instruire — répond qu'autant qu'elle l'a pu elle a inspiré audit Jean Calas de se faire instruire et de changer de religion.

bles? Jeanne, d'ailleurs, durant sa longue existence, ne se démentit jamais dans sa foi comme dans son affection pour les Calas. Elle mourut à quatre-vingt-dix ans, après avoir demandé et reçu les derniers sacrements. Elle aurait parlé sans nul doute; sur le point de paraître devant Dieu, elle n'eût pas persisté dans un silence et un mensonge qui eussent été sa condamnation éternelle. Bien des preuves matérielles n'ont certes pas la force d'évidence de cette preuve morale sur laquelle on n'insista pas assez alors[1]. Force est bien d'en convenir, ni Jeanne, ni Lavaysse ne fournissaient prétexte au moindre soupçon, et la bonne réputation de tous les deux aurait dû les protéger suffisamment. « Il devoit naturellement être ouï en témoin, s'écrie le père du jeune homme, de même que la servante, ancienne catholique; mais leur témoignage auroit pu servir à justifier les Calas, et il étoit important qu'ils passassent pour coupables, puisqu'en les emprisonnant on les avoit donnés comme tels. Par là le capitoul se mettoit à l'abri d'une prise à partie et des dommages et intérêts qui l'auroient ruiné[2]. »

Beaudrigue, auquel cette affaire servait de pré-

---

1. Cet argument ne devait pas échapper à Voltaire, qui écrivait au rapporteur : « la servante catholique, et qui a élevé tous les enfants de Calas, est encore en Languedoc; elle se confesse et communie tous les huit jours; elle a été témoin que le père, la mère, les enfants, et Lavaysse ne se quittèrent point dans le temps qu'on suppose le parricide commis. Si elle a fait un faux serment en justice, pour sauver ses maîtres, elle s'en est accusée dans la confession; on lui aurait refusé l'absolution; elle ne communierait pas. OEuvres complètes (Beuchot), t. LX, p. 532. Lettres de Voltaire à M. Thiroux de Crosnes; à Ferney, le 30 janvier 1763.

2. Archives nationales. Monuments historiques. K, 723, n° 10.

texte pour engager une correspondance avec le ministre, n'eut garde de laisser à d'autres le soin d'informer M. de Saint-Florentin des détails d'un arrêt qui aurait été plus rigoureux, si tout le monde avait fait son devoir. Il vante son zèle, ce qui est fort licite, glisse quelques insinuations perfides à l'égard de ceux de ses confrères qui s'étaient montrés plus modérés ou plus tièdes, et finit en assurant Son Excellence d'un dévouement, sur lequel on pouvait compter, aussi bien que sur une énergie inflexible.

Mon avis n'a pas été suivy; mais il me reste l'espérance que le parlement quy va les juger de suite, corrigera cette sentence, et par là le public se trouvera satisfait et le crime ne restera pas impuny; j'ay crû monseigneur que vous ne dézaprouveriés que j'aye l'honneur de vous informer de cette affaire; j'en feray de même, lorsque l'arrêt sera rendu; quoique mes confrères n'ayent pas secondé mon zelle dans cette affaire néanmoins j'oze vous assûrer monseigneur que cela ne diminuera en rien mon activité à contenir le bon ordre et à mériter s'il est possible par tous mes soins votre puissante protection [1].

David est injuste envers ses collégues, qui ne firent pas preuve de faiblesse envers les accusés, sauf un, le rapporteur Carbonnel, dont l'opinion, malgré l'unanimité des votes sur la culpabilité des accusés, fut qu'on les relaxât et que l'on fît le procès au cadavre. Celui-là croyait donc au suicide; et, ce qui est remarquable, c'est que Carbonnel était évidemment celui

---

[1]. Archives nationales. Monuments historiques. K. 723, n° 8. Lettre de David de Beaudrigue au comte de Saint-Florentin ; Toulouse, le 19 novembre 1761.

de tous qui avait été en situation de se mieux pénétrer de la valeur morale des dépositions des témoins. « Dans l'ancienne procédure criminelle, fait observer un écrivain compétent, suivant l'ordonnance de 1670, les témoins ne comparaissaient pas à l'audience. Ils étaient interrogés en secret par le rapporteur seul qui faisait dresser par son greffier procès-verbal des interrogatoires. Les juges ne prononçaient donc que sur la procédure écrite. Or, il y a à remarquer que le seul des juges qui eût vu les accusés et les témoins, celui qui avait pu, dans ce contact former ses impressions en observant la physionomie, l'accent tant des uns que des autres ; celui dont la conviction reposait sur quelque chose de plus que la procédure écrite, celui-là fut d'avis de l'acquittement et y persista. Il avait opiné le premier, de sorte que l'on peut dire que le premier mot de la justice dans l'affaire Calas fut pour l'innocence des accusés[1]. »

Les Calas appelèrent de la sentence des capitouls au parlement. Le procureur du roi Lagane en appelait, de son côté, *à minimâ* ; et, à sa requête, les cinq accusés étaient transférés des cachots de l'hôtel de ville dans ceux du palais, où on leur mit les fers aux pieds. Le parlement jugea l'appel, le 5 décembre, et cassa l'arrêt des capitouls, pour avoir ordonné que Lavaysse et Viguière seraient présentés à la torture sans y être appliqués, ce qui, comme on l'a dit plus haut, constituait de leur part un abus de pouvoir. Quant au fond, il maintenait l'information comme va-

---

[1]. *Gazette des Tribunaux* (2 janvier 1859) ; article de M. Duverdy.

lable. Nous ne pouvons entrer dans tous les détails de la procédure, dans les dépositions des témoins, si étranges pourtant, si entachées la plupart de la passion la moins réfléchie, n'ayant d'autres fondements que de « vaines imaginations et tout au plus des ouï-dire[1] » souvent de deuxième et de troisième main, aboutissant à la niaiserie ou à l'absurde[2], mais accueillies, acclamées par une population surexcitée, que la plus triomphante évidence n'aurait pas ramenée. Nous renverrons au curieux livre de M. Coquerel, le dernier paru sur cette sombre et navrante affaire[3], le seul d'ailleurs où l'on ne se soit pas contenté des documents de source toulousaine et où l'on prenne connaissance de la généralité des pièces que renferment sur la matière les Archives nationales; livre écrit dans un esprit de modération et d'impartialité qu'il faut d'autant mieux reconnaître, que nous aurions compris

---

1. Archives nationales. Section judiciaire, cote n° 1010. Rapport de M. de Crosne; Versailles, 3 mars 1763.

2. Voir, entre autres, les dépositions si peu concordantes des témoins qui prétendaient avoir entendu les cris de détresse de la victime, d'un clerc d'avocat, Henry, de la dame de Saint-Martin et de mademoiselle de Laglaire, de Cazalus, de Popès, d'Espillac, de l'abbé Eyssautier, etc.

3. Le travail de M. Charles Barthélemy, *Erreurs et mensonges historiques* (Paris, Blériot, 1873), t. II, p. 1 à 73, est postérieur, il est vrai, de quatre années à la dernière édition de l'ouvrage de M. Athanase Coquerel. Mais M. Barthélemy ne semble même pas se douter de l'existence d'un livre qui méritait bien qu'on le prît à partie et qu'on le réfutât, s'il y avait lieu. Ainsi, pour M. Barthélemy comme pour MM. du Mège, Salvan, de Bastard, Théophile Huc, il n'y a que la procédure toulousaine; toutes les lumières apportées par l'enquête parisienne doivent être considérées comme non avenues. Encore aurait-il été équitable et scientifique d'en prendre connaissance, quitte à ne rien céder après examen.

et excusé dans son auteur quelques élans d'indignation et de colère. Il y a réponse à tout dans cette laborieuse et consciencieuse enquête, et c'est pièces officielles en main que sont combattus et réfutés les nouveaux comme les anciens accusateurs de cette famille infortunée [1].

Après une instruction qui ne tint pas moins de dix séances, le parlement de Toulouse prononçait son jugement, le 9 mars. Sur treize juges, sept opinèrent immédiatement pour la mort, trois pour la torture seulement, deux pour que l'on constatât s'il était possible que Marc-Antoine eût pu se pendre entre les deux battants de la porte, avec le billot et la corde déposés au greffe. Un seul fut pour l'acquittement. Mais devant cet appel à une vérification qui n'aurait pas été refusée pour un simple délit, comment ces juges, s'ils n'étaient que des juges, n'acquiescèrent-ils point à une recherche qui ne tendait en définitive qu'à soulager et à désintéresser leurs consciences? Cela n'est-il pas véritablement inexplicable? Quoi qu'il en soit, cette majorité de sept voix sur treize ne suffisait point dans une sentence capitale. Que faire alors? M. de Bojal, le doyen des conseillers, qu'on disait favorable aux Calas, vint faire l'appoint, en se joignant aux sept voix antérieurement acquises, et rendre l'arrêt de mort exécutoire. La sentence portait que Jean Calas subirait la question ordinaire et extraordinaire, afin d'obtenir l'aveu de son crime et la révélation de

---

1. Nous entendons parler de la deuxième édition, plus complète, de *Jean Calas et sa famille*, qui est de 1869.

ses complices; qu'étant en chemise, tête et pieds nus, il serait mené dans un chariot de la prison à la cathédrale, et que, là, devant la porte principale, à genoux, une torche de cire jaune à la main, il ferait amende honorable et demanderait pardon à Dieu, au roi et à la justice de ses méfaits; qu'étant remonté sur ledit chariot, l'exécuteur le conduirait à la place Saint-George, où, sur un échafaud, il lui romprait et briserait bras, jambes, cuisses et reins; que, porté sur une roue, le visage tourné vers le ciel, il y vivrait en peine et repentance de ses crimes, tout autant qu'il plairait à Dieu de lui donner vie; après quoi, son corps mort serait jeté dans un bûcher ardent préparé à cet effet pour y être consumé, et ensuite les cendres livrées au vent.

Laissons là le côté terrible de la sentence, qui, en somme, ne fait qu'appliquer la loi. C'est la sentence elle-même qu'il faut voir, c'est l'attitude et la situation morale des juges qui doivent importer. Non, il ne s'est pas rencontré un tribunal assez inique pour envoyer, le sachant, un innocent à la mort; mais le parlement de Toulouse, il faut bien le dire, ne se tint pas suffisamment en garde contre l'émotion et l'agitation du dehors. Il entrait en séance, à demi persuadé, hostile à son insu, nous le voulons, peu préparé en fait à trouver un innocent; et, sous une législation comme celle qui existait alors, une pareille disposition était autrement funeste qu'elle ne le serait de nos jours, où la défense a sa souveraine liberté d'action. Que les capitouls aient mené l'affaire avec une irrégularité à peine croyable, on l'admettra d'un tribunal où les juges n'avaient ni la science ni l'habitude également indispensables pour mener à bien une procédure. Mais on devait attendre plus de sang-froid, de lumières, d'indépendance de la seconde Cour du royaume. Un seul magistrat, M. de La Salle, vit les faits tels qu'ils étaient, et eut le courage de déclarer nettement sa pensée, en dépit des colères qu'il allait s'attirer. Calas n'y gagna rien, toutefois, car il crut devoir se récuser et priva ainsi le prévenu d'une voix qui eût opiné en sa faveur, et par conséquent l'eût sauvé. « Ah! monsieur, lui disait un jour, au comble de l'indignation, un toulousain convaincu, vous êtes tout Calas! — Ah! monsieur, répondait le conseiller avec non moins de vivacité, vous êtes tout peuple! » Mais il est des temps, cela s'est vu, où les magistrats ne sont plus que des hommes, subissant pleinement les influences de leur milieu, acceptant à leur tour les préjugés des classes qu'ils étaient faits pour diriger, et donnant ainsi leur sanction aux violences les plus regrettables, aux actes même les plus odieux.

Y avait-il lieu de condamner Jean Calas? Écartons la conviction des juges. Les convictions ne sont rien, il n'est devant un tribunal que des témoignages. Et où se trouvaient ces témoignages indispensables et indéniables? Dans des dépositions arrachées à des imaginations troublées, surexcitées par les objurgations menaçantes des monitoires, que les dépositions de témoins à décharge eussent mises à néant, si on les avait accueillies? L'on contestait que le fils aîné de Calas se fût pendu lui-même : sur quel fondement prétendait-on prouver cette impossibilité, puisque les capitouls avaient négligé de faire la description de l'état des lieux et surtout du cadavre[1]? En admettant que sa mort fût le résultat d'un meurtre, était-il impossible que ce crime ne fût l'œuvre d'une main inconnue? L'on a parlé, et Dieu sait avec quelle vraisemblance, de rassemblements de protestants : pourquoi rejetterait-on alors la supposition d'une intervention occulte de la part de coreligionnaires déterminés à empêcher une apostasie qu'on disait prochaine, mais sans l'acquiescement, mais en dehors de la complicité de parents dont les mœurs inoffensives semblaient répudier ces horreurs[2]? Le parlement oublia trop que la première garantie de l'infaillibilité dans les jugements est une circonspection allant jusqu'à l'appréhension et presque la terreur; car elle empêche de s'étourdir sur la responsabilité qu'on assume et prémunit la conscience contre toute espèce d'entraînements. L'un des écrivains les moins favorables à Calas n'hésite point à reconnaître l'insuffisance des preuves. « Il n'y avait que des indices, dit-il. Pouvait-on baser sur eux un jugement? Le parlement de Toulouse le crut... Suivant nous, cependant, le parlement devait s'abstenir; il ne devait pas juger sur des indices, ou sur des témoignages fortement controversés. En renvoyant les prévenus à ce que l'on nommait alors un plus *ample informé*, il aurait conservé les droits de la justice; car, par là, il ne les aurait pas déclarés exempts de nouvelles poursuites, et il ne se serait

---

[1]. Archives nationales. Section judiciaire, cote V⁶ 1010. Rapport de M. de Crosne; Versailles, 3 mars 1763.
[2]. Sudre, *Mémoire pour Jean Calas*, p. 55.

pas exposé à l'affreux malheur de condamner un innocent[1]. »

Si l'absence de témoignages matériels, de témoignages avérés eût dû arrêter la sentence sur les lèvres des juges, les preuves morales de l'innocence de Calas auraient dû illuminer la conscience du moins éclairé d'entre eux. En effet, qu'objecter à ces arguments qui ne relèvent que du simple bon sens et que Diderot jetait en défi à ceux qui avaient applaudi à la sagesse, à la sagacité d'un tel arrêt ?

Si cet homme a tué son fils de crainte qu'il ne changeât de religion, c'est un fanatique; c'est un des fanatiques les plus violents qu'il soit possible d'imaginer. Il croit en Dieu, il aime sa religion plus que la vie de son fils; il aime mieux son fils mort qu'apostat : il faut donc regarder son crime comme une action héroïque, son fils comme un holocauste qu'il immole à son Dieu. Quel doit donc être son discours, et quel a été le discours des autres fanatiques? Le voilà : « Oui, j'ai tué mon fils; oui, messieurs, si c'était à recommencer, je le tuerais encore : j'ai mieux aimé plonger ma main dans son sang que de l'entendre renier son culte; si c'est un crime, je l'ai commis, qu'on me traîne au supplice. » Au contraire, Calas proteste de son innocence : il prend Dieu à témoin; il regarde sa mort comme le châtiment de quelque faute inconnue et secrète; il veut être jugé de son Dieu aussi sévèrement qu'il l'a été des hommes, s'il est coupable du crime dont il est accusé. Il appelle la mort donnée à son fils un crime; il attend ses juges au grand tribunal pour les y confondre. S'il est coupable, il ment à la face du ciel et de la terre; il ment au dernier moment; il se condamne lui-même à des peines éternelles; il est donc athée; il en a le discours; mais s'il est athée, il n'est plus fanati-

[1]. Du Mège, *Histoire générale du Languedoc* (Toulouse, 1846), t. X, p. 574.

que; il n'a donc plus tué son fils. Choisissez, aurais-je dit aux juges : s'il est fanatique, il a pu tuer son fils, mais c'est par le zèle le plus violent qu'un furieux puisse avoir pour sa religion. Il a donc rougi, en mourant, d'une action qu'il a dû regarder comme glorieuse, comme ordonnée par son Dieu ; il en a donc perdu le mérite, en la désavouant lâchement ; sa bouche prononçait donc l'imposture en mourant ; accusé d'une action qu'il avait commise, et dont il devait se glorifier, il la regardait donc comme un crime ; il apostasiait donc lui-même, et, puni dans ce monde, il appelait encore sur lui le châtiment du grand Juge dans l'autre. Athée ? pourquoi, contempteur de tout Dieu et de tout culte, aurait-il voulu tuer son fils pour en avoir voulu prendre un autre que celui dans lequel il était né[1] ?

Que répondre à cela ? L'abbé Salvan, abandonnant les vieilles accusations, nous dit qu'il ne croit pas, qu'il n'a jamais cru au fanatisme de Calas. Mais alors pourquoi ce père aurait-il tué son fils ? Dans l'appréhension d'être forcé de lui servir une pension. Il en faisait une à Louis, c'était assez et trop, et il n'entendait point doubler ses charges. « Ce n'était pas la conversion de son fils qui le préoccupait : c'étaient les suites de cette conversion absolument possible, l'obligation où il allait être de payer encore une pension à son fils aîné. Ajoutez à cela les exigences toujours renouvelées de ce jeune homme auprès de son père, et alors vous comprendrez un moment d'exaltation fébrile et les voies de fait qui ont amené la mort[2]. » Un moment d'exaltation fébrile ! Mais alors Calas aurait étranglé sans aucun

---

1. Diderot, *Mémoires et correspondance* (Garnier, 1841), t. I, p. 340, 341, à mademoiselle Voland, à Paris ; le 30 septembre 1762.
2. L'abbé Salvan, *Histoire du procès de Jean Calas à Toulouse* (Toulouse, Delboy, 1863), p. 150, 151.

aide ce jeune homme plein de vigueur et de vie, qui sûrement ne se laissa pas faire sans se débattre, sans pousser des cris de détresse, puisque nombre de témoins, dans leurs dépositions, prétendirent avoir entendu jusqu'à des phrases entières? On ne discute pas de telles imaginations ; il suffit de les citer et de s'en remettre, pour le reste, au bon sens de tout homme impartial et judicieux.

Dès le lendemain, 10 mars, Jean Calas était remis aux mains de l'exécuteur de la haute justice, qui procéda aussitôt à son terrible ministère. C'est alors que l'on voit reparaître David de Beaudrigue, chargé par la cour, conjointement avec son collègue Léonard Daignan de Sendal, de veiller à la stricte observance de l'arrêt. Il faut lire tout au long le procès-verbal de l'exécution, suivre les différentes phases de la question, d'abord le premier bouton[1], puis les cinq cruches d'eau versées dans la gorge du patient « en la forme ordinaire, » après lesquelles cinq autres cruches, sans que les souffrances pussent arracher un aveu, même une plainte. La sérénité, le calme ne l'abandonnent pas ;

---

1. Cela se pratiquait, à Toulouse, de la manière suivante: « A terre, sur le plancher, étaient placés deux boutons éloignés l'un de l'autre d'un pied environ. Le bouton s'attachait aux fers que le patient portait aux pieds ; de ce bouton partaient de grosses cordes qui se roulaient sur un tour à bras. Deux anneaux portaient aussi des cordes qui venaient saisir les poignets du supplicié : de cette façon les quatres membres étaient fixés. Au signal donné, les exécuteurs se mettaient à l'œuvre : l'un faisait aller le tour, l'autre tenait les cordes, un troisième plaçait son pied sur le bouton. Cette question avait pour but d'étirer les membres et aussi de les élever un peu. » L'abbé Salvan, *Histoire du procès de Jean Calas à Toulouse* (Toulouse, Delboy, 1863), p. 112.

il ne récrimine point contre ses juges ; il se borne à repousser les accusations avec une fermeté inébranlable. Deux religieux, les pères Bourges et Caldaigues, l'un docteur de l'Université, l'autre professeur en théologie, avaient été désignés pour l'accompagner et l'exhorter à bien mourir. Au pied de l'échafaud, Bourges le supplia encore une fois de faire des aveux. « Quoi donc, mon Père, s'écria le vieillard, vous aussi vous croyez qu'on peut tuer son fils ? » Étendu sur la croix de Saint-André, il supporta avec un rare courage les onze coups de barre de fer qui, chacun, rompaient un membre, et se vit traîner sur la roue sans proférer un gémissement. Pressé à nouveau par le même Père de confesser son crime et de nommer ses complices : « Hélas ! répondit-il, où il n'y a pas de crime, peut-il y avoir des complices ? » Et, à une dernière sommation de dire la vérité : « Je l'ai dite, je meurs innocent. »

Une telle résignation, une attitude si calme, qui n'avait rien de la bravade, étaient bien faites pour ébranler les convictions les plus robustes, et inquiéter la conscience des juges. Beaudrigue, qui avait assisté à toutes les péripéties de cette sinistre tragédie, s'élance alors vers Calas, et, lui indiquant du doigt le bûcher dans lequel ses membres broyés allaient être jetés : « Malheureux ! lui crie-il, voilà le bûcher qui va réduire ton corps en cendres ; dis la vérité ! » Le patient, exténué, détourne la tête, comme pour protester une dernière fois. Le bourreau étrangla alors la victime, que les flammes eurent bientôt fait de consumer. Beaudrigue n'était pas le seul à attendre, à espérer que Calas se déclarerait coupable. Le procureur général, Riquet de Bonrepos, du plus loin qu'il aperçut le P. Bourges, revenant de sa pénible mission, lui cria : « Eh bien ! Père, eh bien ! notre homme a-t-il avoué ? » Le religieux ne put rapporter que ce que lui et Caldaigues avaient vu : la fermeté, la constance du mourant, et il le fit même sous le coup d'un saisissement qu'il n'essaya pas de contenir.

Le théâtre s'est emparé de ce sanglant épisode, il l'a accommodé à sa convenance, et ce n'est pas là sans doute qu'il faut chercher la vérité et l'équité [1]. Toutefois le capitoul de Beaudrigue, qu'on y traîne sur la claie, est resté un personnage légendaire, dont l'investigation historique la moins malveillante ne saurait modifier beaucoup la physionomie. Le rôle qu'il joua dans ce triste procès n'est pas seulement celui d'un emporté, c'est celui d'un ambitieux qui compte bien que son zèle sera apprécié en haut lieu. Qu'il ait cru au crime jusqu'à la fin, nous l'admettons, nous le voulons même ; mais ses lettres au ministre le démasquent suffisamment, et le produisent dans son véritable jour. Nous l'avons vu suivre sans sourciller cette terrible agonie ; un pareil spectacle aurait dû non-seulement lui donner à réfléchir, mais calmer encore cette âpreté à trouver des coupables. Il n'en est rien, et c'est bien vainement que Calas aura expié dans les

---

1. Indiquons les drames soit en vers, soit en prose, et de dates différentes : de Brumore (1778), du chevalier d'Estimauville (1780), de Lemière et de Laya (1790), de Chénier (1791), de Victor Ducange (1819) ; et, à l'étranger, de Van-Hoogeveen (1766), de Weitze (1780), de Brendy à Brendis (1781).

tortures un crime qu'il n'a cessé de nier jusqu'à la dernière minute, si les autres prévenus lui échappent. Il écrira à M. de Saint-Florentin : « J'ai l'honneur de vous informer de l'arrêt qui a été rendu contre les autres accuzés de Calas : le fils a été condamné au bannissement hors du royaume et à perpétuité, la femme de Calas, Lavaysse et la servante ont été mis hors de cour ; cet arrêt n'a pas laissé que de surprendre tout le monde quy s'attendoit à quelque chose de plus rigoureux[1]. »

Si M. de Saint-Florentin se méprit un instant sur sa réelle valeur, l'erreur fut courte, et il dépista bientôt l'ambitieux sous le citoyen, comme on en peut juger par une lettre du ministre à M. de Saint-Priest, intendant du Languedoc, à la date du 25 octobre 1764 ; et encore mieux par la semonce très-dure qu'il adressait directement au capitoul : « Il me revient, monsieur, depuis assez longtemps des plaintes contre vous. Je sais qu'elles sont fondées... » David en était quitte, cette fois, pour cette verte algarade ; cependant, mieux eût valu pour lui que sa destitution l'eût immédiatement suivie, que de lui arriver le lendemain même de la réhabilitation de Calas. M. de Saint-Florentin, qui avait été hostile jusqu'à la fin à cet acte de réparation, donnait une autre raison à la disgrâce dont il frappait David, une intervention maladroite dans les funérailles de deux Anglais morts à Toulouse. Mais on sent que c'est son rôle dans toute la procédure des Calas, qui lui attire ce châtiment ; et le procureur général, M. de

---

1. Archives nationales. Monuments historiques. K. 723, n° 16. Lettre de Beaudrigue au ministre ; à Toulouse, le 27 mars 1762.

Bonrepos, eut beau plaider sa cause, il n'obtint qu'un refus très-net et très-sec.

Ce qui est arrivé en dernier lieu à cause de l'inhumation des deux Anglais décédés à Toulouse n'est pas le seul motif qui ait déterminé le roi à ordonner sa destitution. Il étoit revenu à Sa Majesté beaucoup d'autres plaintes très-graves contre ce capitoul. Elles ont été approfondies, et, comme ce n'est qu'en grande connoissance de cause que Sa Majesté a prononcé contre lui, ce seroit inutilement qu'on lui proposeroit de révoquer sa décision[1].

La destitution porte la date du 25 février 1765. Fut-ce le chagrin d'une telle disgrâce, fut-ce, comme on l'a voulu, l'effet des remords qui le poursuivaient? A la suite de cet arrêt du ministre qui semblait être la condamnation de sa conduite dans une affaire capitale, sa raison s'égara complétement. Il ne voyait, dans ses accès de démence, qu'arrestations, bourreaux; et, par deux fois, il essaya de se donner la mort pour échapper au châtiment terrible dont il se croyait menacé[2], heureux encore de n'avoir pu entrevoir, dans un avenir trop prochain, les représailles qu'exercerait

---

1. Athanase Coquerel, *Jean Calas et sa famille* (Paris, 1869), p. 32, 33. Lettre de M. de Saint-Florentin à M. de Bonrepos; 10 mars 1765.

2. Les *Affiches de province*, du 9 octobre 1765, n° 49. — Grimm, *Correspondance littéraire* (Paris, Furne), t. III, p. 211 et t. IV, p. 430. M. l'abbé Salvan nie, il est vrai, tous ces faits. Il publie une lettre datée de Saint-Papoul, le 18 février 1863, cent ans après ces événements, où il est affirmé que David mourut parfaitement sain d'esprit (*Histoire du procès de Jean Calas à Toulouse* (Toulouse, 1863), p. 140, 141. Cette lettre ne supporte pas une discussion sérieuse, et M. Coquerel n'a pas de peine à démontrer son peu de valeur comme document. *Jean Calas et sa famille* (Paris, 1869), p. 280.

une démagogie déchaînée sur son petit-fils, Tristan-David d'Escalonne, que son attitude courageuse devant les excès de la Terreur à Toulouse recommandait suffisamment à la fureur de ces tigres¹.

1. Il périt, en 1794, sur l'échafaud où son énergie, à ce qu'il paraît, sembla faiblir devant le sinistre appareil du supplice. D'Aldéguier, *Histoire de Toulouse*, t. IV, p. 508, 517.

V

VOLTAIRE DÉFENSEUR DES CALAS. — MARIAGE DE MADEMOISELLE CORNEILLE. — DAMILAVILLE.

Ce lugubre drame qui, tout le temps des procédures, avait tenu en suspens cette population passionnée, fanatique, ne devait pas tarder à soulever d'indignation, à frapper d'effroi les honnêtes gens de tous les pays. Il ne s'agissait pas d'un de ces crimes vulgaires dictés par de vulgaires et vils instincts. La religion, encore cette fois, une religion de paix et de mansuétude, avait armé le bras d'un père qui, pour mieux servir son Dieu, immolait son enfant; car les premières rumeurs ne laissaient pas le moindre doute sur l'authenticité comme sur l'atrocité du forfait. Voltaire, qui ne fut pas le dernier instruit, écrivait au conseiller Le Bault :

> Vous avez entendu parler peut-être d'un bon huguenot que le parlement de Toulouse a fait rouer pour avoir étranglé son fils; cependant ce saint réformé croyait avoir fait une bonne action, attendu que son fils voulait se faire catholique et que c'était prévenir une apostasie; il avait immolé son fils à Dieu et pensait être fort supérieur à Abraham, car Abraham n'avait fait qu'obéir, mais notre calviniste avait pendu son fils de son propre mouvement, et

pour l'acquit de sa conscience. Nous ne valons pas grand'chose, mais les huguenots sont pires que nous, et de plus ils déclament contre la comédie [1].

Ce fragment a son importance. Il démontre que Voltaire est sans parti pris, et qu'il stigmatise le fanatisme là où il croit le trouver. A ce premier moment, il ne suppose point que la procédure ait laissé quelques doutes dans les esprits; le crime est avéré, et c'est un calviniste qui l'a commis. Il écrivait à D'Alembert : « Pour l'amour de Dieu, rendez aussi exécrable que vous le pourrez le fanatisme qui a fait pendre un fils par son père ou qui fait rouer un innocent par huit conseillers du roi. » Une semaine s'est écoulée entre les deux lettres, et déjà les renseignements que Voltaire a reçus lui ont démontré la nécessité d'une sérieuse et consciencieuse enquête avant de se prononcer. Ce fut un négociant de Marseille, le sieur Audibert, qui, se rendant de Toulouse à Genève, vint lui raconter les faits comme il les savait, et, le premier, lui inspira l'ardent désir d'approfondir cet horrible mystère. Son récit était celui d'un honnête homme, d'un homme de cœur convaincu, que l'indignation rendait éloquent; et l'auteur de la *Henriade*, toujours prompt à s'émouvoir devant les moindres questions de justice et d'humanité, ne put demeurer froid en présence de telles atrocités. A dater de ce moment, il ne dormira plus, il n'aura plus qu'une pensée, démasquer les coupables, qu'ils se trouvassent du côté des accusés ou du côté des juges; et il se

---

[1]. *Lettres de Voltaire à M. le conseiller Le Bault* (Paris, Didier, 1868), p. 42, 43. Lettre de Voltaire au conseiller; 22 mars 1762.

mettra à l'œuvre avec cette ardeur fiévreuse, cet emportement que nous lui connaissons. Il peut mourir avant d'avoir dissipé la nuit sous laquelle cette terrible vérité se tenait cachée; mais, tant qu'il vivra, il n'aura de cesse que le jour où la lumière, une lumière éclatante, se sera faite pour tous.

Mais il aura le calme, le sang-froid des tempéraments les plus flegmatiques. Jamais magistrat instructeur n'aura plus que lui fait preuve de flair, de bon sens, de ténacité et de patience. Il a été fortement impressionné par la relation du négociant marseillais; c'est une raison de plus pour lui de se tenir sur ses gardes, de ne point s'abandonner à la pitié qui trouble le jugement et la vue. Et, dès lors, il va entreprendre une recherche obstinée, d'une loyauté et d'une impartialité admirables. Il s'adressera à tout et à tous; il interrogera, importunera ceux qui, par leur position, sont plus à même d'être édifiés. « Oserai-je, sans abandonner nos pots [1], écrivait-il au cardinal de Bernis, supplier Votre Éminence de vouloir bien me dire ce que je dois penser de l'aventure affreuse de ce Calas, roué à Toulouse pour avoir pendu son fils? C'est qu'on prétend ici qu'il est très-innocent, et qu'il en a pris Dieu à témoin... Cette aventure me tient à cœur; elle m'attriste dans mes plaisirs, elle les corrompt. Il faut regarder le Parlement de Toulouse ou les protestants avec des yeux d'horreur [2]. » Il s'adressera au duc

---

1. Voltaire parlait, cinq lignes plus haut, d'une comédie danoise, intitulée *Le Potier d'étain homme d'Etat*, du baron de Holberg.
2. Voltaire, *OEuvres complètes* (Beuchot), t. LX, p. 217, 218. Lettre de Voltaire au cardinal; à Ferney, le 24 mars 1762.

de Richelieu, qui, lui-même, n'avait pu obtenir aucun éclaircissement. « Il est bien étrange, s'écrie-t-il dans une nouvelle lettre au cardinal, qu'on s'efforce de cacher une chose qu'on devrait s'efforcer de rendre publique. Je prends intérêt à cette catastrophe, parce que je vois souvent les enfants de ce malheureux Calas qu'on a fait expirer sur la roue. Si vous pouviez, sans vous compromettre, vous informer de la vérité, ma curiosité et mon humanité vous auraient une bien grande obligation [1]. » Bernis répondait avec la modération et la réserve d'un prélat et d'un homme du monde : « Mon frère, qui est à Toulouse, n'a pu approfondir l'aventure des Calas. Je ne crois pas un protestant plus capable d'un crime atroce qu'un catholique ; mais je ne crois pas aussi (sans des preuves démonstratives) que des magistrats s'entendent pour faire une horrible injustice [2]. » L'observation était pleine de sens et de raison, mais elle ne résolvait rien.

En demeurera-t-il là ? non certes. L'enquête est ouverte, c'est à ceux qui aiment la vérité et la justice, qui ont horreur du fanatisme, à lui venir en aide ; il fait appel à tous les gens de bonne volonté. Il s'était mis en rapports avec un commerçant, homme éclairé, aimant les arts et qui fut lié avec tous les gens de lettres de son temps, Buffon, Thomas, Necker, Bailly,

---

1. Voltaire, *OEuvres complètes* (Beuchot), t. LX, p. 253. Lettre de Voltaire à Bernis ; aux Délices, le 15 mai 1762. La date de cette lettre doit être fautive, Voltaire parle non pas de Donnat seul, mais des « enfants de ce malheureux Calas » ; l'autre ne peut être que Pierre, lequel ne s'évadera du couvent des jacobins que le 4 juillet 1762.

2. *Ibid.*, t. LX, p. 260 ; du même au même, le 18 mai 1762.

Jean-Jacques; et il ne craint pas de lui demander le sacrifice de son temps et un déplacement dont ses propres affaires pouvaient souffrir, afin d'arriver au but vers lequel ils tendaient tous. « La personne à qui M. Ribotte écrit a fait pendant deux mois les plus grands efforts auprès des premières personnes du royaume, en faveur de cette malheureuse famille qu'il a crue innocente. Mais on les croit tous très-coupables. On tient que le parlement a fait justice et miséricorde. M. Ribotte devrait aller à Toulouse, s'éclairer de cette horrible aventure. Il faut qu'il sache et qu'il mande la vérité. On se conduira en conséquence [1]. » Il lui mandait, huit jours après, avec l'accent d'une détresse véritable : « Ceux qui pourraient nous donner le plus de lumières gardent un silence bien lâche [2]. » Tout cela nous prouve combien Voltaire prenait l'affaire à cœur, et indique aussi le mal qu'il se donne pour établir sa conviction. Après avoir répondu qu'il ne savait rien, Richelieu, par condescendance pour le poëte plus que par une simple question d'humanité, car le vainqueur de Port-Mahon était médiocrement tendre, avait fait prendre sur les lieux des informations à la suite desquelles il avait écrit à son ami que ce qu'il avait de mieux à faire c'était de se tenir en repos. Le conseiller Tronchin, Tronchin des Délices, rapporte, à ce propos, un fait curieux dont il fut le témoin, au-

---

1. *Bulletin de la société de l'histoire du protestantisme français* (Paris, 1856), quatrième année, n° 241. Lettre de Voltaire à M. Ribotte, à Montauban; 3 juin 1762.

2. *Ibid.*, quatrième année, p. 242. Lettre de Voltaire au même; 11 juin 1762.

quel même il prit part, et qui est concluant. Laissons-le raconter, les choses n'en auront que plus d'autorité et de relief.

Avant de prendre ouvertement la défense de la famille Calas, Voltaire avait voulu prendre prudemment des informations sur leur innocence. « *Il ne faut plus se mêler de rien,* me dit-il un jour : *Calas était coupable.* » Il répondit à l'explication que je lui demandais de cette énigme, par une lettre qu'il venait de recevoir du maréchal de Richelieu, et qu'il me donna à lire. Datée de Bordeaux, elle lui annonçait que les informations qu'il avait prises justifiaient le jugement de Toulouse, et il lui conseillait de ne point se mêler de cette affaire. Je réussis sans peine à abréger ce moment de découragement de Voltaire, en lui faisant observer que les informations demandées de Bordeaux à Toulouse n'avaient pu l'être qu'au parlement même, ou à des personnes considérables et qui y tenaient. Le rapport de ces connaissances du maréchal intéressait trop l'honneur du parlement juge pour être d'aucun poids. « Vous pouvez bien avoir raison, » me dit tout de suite Voltaire, et ses doutes sur l'innocence de Calas disparurent. Il est à remarquer, toutefois, qu'environ le même temps, M. le président de Brosses écrivit à Genève dans le même sens que le maréchal de Richelieu. Il blâmait fort Voltaire de s'être lancé dans cette affaire, et prenait vivement le parti des juges et de la jurisprudence criminelle du royaume de France, qui ne pouvait absolument pas donner dans de pareils écarts. Il se basait sur la pratique et la formalité. Malgré le respect que j'avais pour les lumières et le caractère du président de Brosses, je fis la même observation sur son jugement. Il n'était pas exempt de l'esprit de corps [1].

Voilà qui met, ce nous semble, la parfaite sincérité de l'auteur de la *Henriade* au-dessus de toute atteinte.

---

1. Gaullieur, *Étrennes nationales*, IIIe année (1855), p. 204, 205. Anecdotes inédites sur Voltaire racontées par François Tronchin.

Dans sa lettre à Bernis du 15 mai, le poëte fait allusion à la présence des enfants Calas dans son voisinage. Il apprenait, en effet, vers la fin d'avril, que le plus jeune des fils, Donat, terrifié par le terrible malheur qui avait fondu sur sa famille, s'était enfui de Nîmes et réfugié à Genève. Il ne perd pas un instant, passe tout aussitôt de Ferney aux Délices pour l'avoir plus à proximité et lui tirer la vérité, s'il avait le secret de ses parents[1]. C'est tout une enquête et des plus minutieuses qu'il veut entreprendre : il ne s'en rapportera pas à ses seules lumières, et s'adjoindra, pour cette tâche délicate, tous les gens éclairés qu'il pourra trouver. « Il faut absolument que je vous parle aujourd'hui, écrivait-il à Debrus, encore un négociant, qui avait logé, dans ses voyages, chez Calas. Je vous prie que Donat Calas soit à portée, que M. l'avocat de Gobre (j'écris mal son nom[2]) soit de notre conférence. Appelez-y qui vous voudrez, M. Martin ou un autre. Plût à Dieu que M. Tronchin le professeur y fût ! Donnez-moi votre heure, je me rendrai chez vous ou chez

---

1. Charles Coquerel, *Histoire des églises du désert* (Paris, Cherbuliez, 1841), t. II, p. 326. Lettre de Théodore Chiron à Paul Rabaut; Genève, 26 avril 1762.
2. Charles de Manoel de Végobre, avocat protestant, de Lasalle en Languedoc, qui avait été obligé de se réfugier à Genève. M. Coquerel nous dit que M. Maunoir avait formé un petit recueil de quelques lettres de Voltaire à de Végobre, vendu en Angleterre, et dont toute trace avait disparu. *Lettres inédites sur la Tolérance* (Paris, 1863), avertiss., p. VII. Ces lettres ne sont pas perdues, et leur bienveillant détenteur, M. Feuillet de Conches, les a mises à notre disposition de la meilleure grâce. Elles sont au nombre de trente-six, et courent du 25 janvier 1764 au 15 avril 1776; elles ont trait également au procès des Sirven et au sort de persécutés plus obscurs, mais non moins dignes de pitié.

M. Tronchin à l'heure que vous prescrirez¹. » Tel est l'homme qui, dans la révision du procès Calas, n'aurait vu et recherché qu'un prétexte à de misérables déclamations contre le culte catholique, comme si d'ailleurs il se fût senti plus tendre pour la religion de Calvin, dont il avait été à même d'apprécier l'intolérance !

Le jeune Donat lui est amené. Il s'attendait à trouver un esprit exalté, maudissant le ciel, maudissant ses juges, plein de fiel et de haine ; il vit un enfant ingénu, de la physionomie la plus douce, qui faisait des efforts inutiles pour retenir ses larmes. Lorsque Pierre Calas vint se fixer dans le voisinage des Délices, à Châtelaine, il l'examina, le sonda, le soumit à une tout autre épreuve : si son père avait assassiné Marc-Antoine, il ne l'avait pu sans son aide. C'était donc un prévenu, un coupable peut-être, qu'il avait devant les yeux. « Je l'ai vu souvent, mandait plus tard Voltaire à M. de Crosne. Je fus d'abord en défiance ; j'ai fait épier, pendant quatre mois, sa conduite et ses paroles². » Il dira également à M. de La Michaudière, le beau-père de M. de Crosne : « Je dois me regarder en quelque sorte comme un témoin. Il y a plusieurs mois que Pierre Calas, accusé d'avoir aidé son père et sa mère dans un parricide, est dans mon voisinage avec un autre de ses frères. J'ai balancé longtemps sur

1. Voltaire, *Lettres inédites sur la Tolérance* (Paris, Cherbuliez, 1863), p. 78, 79. Lettre de Voltaire à Debrus ; sans date (avril ou mai 1762).

2. Voltaire, *OEuvres complètes* (Beuchot), t. LX, p. 531, 532. Lettre de Voltaire à M. Thiroux de Crosne ; à Ferney, le 30 janvier 1763.

l'innocence de cette famille ; je ne pouvais croire que des juges eussent fait périr, par un supplice affreux, un père de famille innocent. Il n'y a rien que je n'aie fait pour m'éclaircir de la vérité ; j'ai employé plusieurs personnes auprès des Calas, pour m'instruire de leurs mœurs et de leur conduite ; je les ai interrogés eux-mêmes très-souvent. J'ose être sûr de l'innocence de cette famille comme de mon existence... [1]. »

Ces personnes qu'il dit avoir employées pour arriver à connaître les mœurs, l'honnêteté des Calas, c'est d'abord Debrus, que nous avons cité, le banquier Cathala, Jean et Philippe des Arts, qui avaient reçu l'hospitalité du marchand de la rue des Filatiers et avaient logé sous son toit [2]. Nous l'avons vu relancer Ribotte à Montauban ; à Montpellier, il dépêchait un nommé Chazel auprès des personnages qui pouvaient l'éclairer ou le servir. Il aura fait plus que vouloir la vérité, il aura tout tenté pour arriver à elle. Désormais il peut se mettre en campagne, marcher en avant, la conscience libre.

Il ne craint pas de s'adresser aux puissances. Le comte de Saint-Florentin est littéralement assiégé par ceux que le poëte sait avoir le plus d'influence sur son esprit, par la duchesse d'Enville, un instant l'hôte de Voltaire, par Richelieu, par le duc de Villars, par le premier commis Ménard, par un M. de Chaban, en grande estime auprès du ministre, enfin par le médecin de Son Excellence. Il fait agir auprès du chancelier de

1. Voltaire, *Œuvres complètes* (Beuchot), t. LX, p. 581. Lettre de Voltaire à M. de la Michaudière ; à Ferney, le 13 février 1763.
2. Voltaire, *Lettres inédites sur la Tolérance* (Paris ; 1863), p. 37.

Lamoignon, par le premier président de Nicolaï et son gendre M. d'Auriac, président au grand Conseil. Il en appelle aux bontés du premier ministre et à l'ancienne amitié de la favorite qui semble des mieux disposée. C'était là une tâche de Titan, et ce n'était, pourtant, que la moindre partie des difficultés qu'il allait avoir à surmonter.

 L'inaltérable fermeté de Calas devant la torture, ses protestations d'innocence, malgré tout ce qui fut tenté pour lui arracher des aveux, cette sérénité du juste qui meurt avec un mot de pardon pour ceux qui le livraient à la mort, n'avaient pas impressionné uniquement les témoins de ce drame atroce. La conscience des juges était atteinte ; le plus convaincu dut se sentir ébranlé devant cette fin vraiment digne d'un martyr. Leur attitude d'ailleurs ne laissait pas d'être délicate. Ce vieillard de soixante-deux ans n'avait pu accomplir son crime qu'à l'aide d'un complice, et ce complice ne pouvait être autre que Pierre. Une logique inexorable commandait, tout au moins, la condamnation de celui-ci. Mais le silence de Calas la rendait impossible. La cour, placée entre l'alternative d'être taxée d'inconséquence ou d'iniquité, n'en dut pas moins prononcer son arrêt, que le rapporteur et le président furent quelques jours sans vouloir signer. Pierre, contre lequel il n'y avait point de preuves et qui aurait dû être acquitté purement et simplement, fut condamné au bannissement perpétuel, « pour les cas résultant du procès, » étrange, absurde formule, que l'usage autorisait et qui permettait d'accabler un innocent sans énumérer les motifs. Ce bannissement était, du reste, illusoire : le bourreau devait conduire celui-ci hors la porte Saint-Michel, ce qui eut lieu ; mais il était ramené dans Toulouse par une autre porte et tout aussitôt enfermé au couvent des Jacobins. Le père Bourges, qui avait assisté le vieux Calas, était là pour le recevoir ; il lui fit entendre que, s'il devenait catholique, la sentence qui le frappait serait pour lui lettre morte. Pierre se soumit, en apparence du moins, nourrissant au fond du cœur l'espérance d'échapper un jour ou l'autre à la surveillance dont il était l'objet, ce qu'il accomplissait, après quatre mois de captivité, le 4 juillet 1762 ; et il allait sur-le-champ rejoindre Donat à Genève. Madame Calas, Lavaysse et Jeanne Viguière avaient été acquittés.

Ce ne fut que quatre jours après l'exécution de Calas que des prêtres l'annoncèrent à la mère de Marc-Antoine. Elle demeura onze jours dans toutes les angoisses, pressée par eux d'abjurer, dans l'espoir d'obtenir sa grâce[1]. Mais elle eut plus de force d'âme que Pierre, qu'on lui avait amené, et qui lui apprit sa conversion. Il fallut bien lui rendre la liberté. La pauvre veuve, brisée, anéantie, n'éprouvant d'autre besoin que le repos, une complète solitude où elle pût pleurer ses malheurs, s'était retirée avec sa fidèle Jeanne à la campagne, aux alentours de Montauban, bien loin de songer à en appeler d'une sentence inique. Elle fut aussi épouvantée qu'ébahie, quand on vint lui parler de ces tentatives de réhabilitation qui allaient

---

1. Charles Nisard, *Mémoires et correspondances historiques et littéraires* (Paris, Lévy, 1858), p. 340. Lettre d'Audibert à Voltaire ; Paris, ce 20 juillet 1762, citée plus haut.

la forcer de se produire à Paris, de solliciter ses juges, de recruter des protecteurs. Après de pareils coups, le moyen de croire à autre chose qu'à une fatalité implacable, le moyen de se flatter qu'elle seule et les quelques amis que lui avaient valus ses malheurs parviendraient à faire revenir sur une sentence que ceux qui l'avaient rendue étaient trop intéressés à maintenir? Son bon sens devait la prémunir contre de telles illusions. Si la mémoire de son mari lui était chère, elle avait à se préoccuper du sort de ses deux filles, enlevées et enfermées dans des couvents séparés. Des tentatives inconsidérées pouvaient indisposer leurs gardiens et attirer sur elles un redoublement de sévérités et de rigueurs.

Voltaire, à qui nous allons voir réaliser l'impossible, faillit se briser contre les répugnances, les objections, les terreurs trop fondées de cette malheureuse mère. Autant il semblait certain du succès, autant celle-ci se montrait sceptique : qu'on lui rendît ses filles, et l'on aviserait après. Mais il finit par la convaincre que la réhabilitation de son mari impliquait forcément la délivrance de ses filles; autrement, qui lui assurait qu'elle les revît jamais? Captives au fond d'un cloître, il n'était que trop probable que l'on essayerait de les ramener à la foi catholique et, sans doute aussi, de leur faire prendre le voile. Des démarches pressantes, d'énergiques efforts pouvaient seuls parer à un tel coup; et c'était ce qu'on venait lui proposer de tenter, sans autre mobile que la profonde commisération inspirée par son immense infortune. Enfin elle se laissa vaincre et convaincre; elle s'arracha à son obscure retraite, comme on l'exigeait d'elle, et arriva à Paris dans les premiers jours de juin : Viguière ne devait la rejoindre que deux ans après. Hâtons-nous de dire qu'elle ne manqua ni d'aide, ni d'appuis, et qu'elle compta presque un ami par habitant au sein de cette population frivole, inconsistante, mais non sans pitié et sans entrailles, et qui savait dans ses moindres détails la tragique histoire du négociant de Toulouse. Du fond de ses Délices, Voltaire veillait sur elle, il l'annonçait à ses nombreuses relations, la recommandait avec une sollicitude qui n'avait rien de bien distinct de l'importunité. Il n'aurait pas compris que l'on ne partageât point son empressement, son ardeur à venir au secours de cette infortunée; et il faut dire que son zèle, sa passion, il savait les communiquer aux autres, et s'en faire autant de complices dévoués de sa généreuse action.

Mes divins anges, écrit-il au ménage de la rue de la Sourdière, je me jette réellement à vos pieds et à ceux de M. le comte de Choiseul. La veuve Calas est à Paris dans le dessein de demander justice; l'oserait-elle si son mari eût été coupable?... Si, malgré toutes les preuves que j'ai, malgré les serments qu'on m'a faits, cette femme avait quelque chose à se reprocher, qu'on la punisse; mais si c'est, comme je le crois, la plus vertueuse et la plus malheureuse femme du monde, au nom du genre humain, protégez-la [1].

Mais ce n'était pas d'Argental qu'il fallait séduire, et la malheureuse veuve fut accueillie par les anges gardiens avec une bonté encourageante et les assu-

1. Voltaire, Œuvres complètes (Beuchot), t. LX, p. 282, 283. Lettre de Voltaire à d'Argental; 11 juin 1762.

rances les moins équivoques de sympathie. Pour l'auteur de la *Henriade*, tant qu'il n'aura pas remporté une éclatante et complète victoire, il ne désarmera point.

Que demandons-nous, s'écrie-t-il dans une des innombrables lettres dont il accable ses anges ? Rien autre chose sinon que la justice ne soit pas muette comme elle est aveugle. Qu'elle parle, qu'elle dise pourquoi elle a condamné Calas. Quelle horreur qu'un jugement secret, une condamnation sans motifs ! Y a-t-il une plus exécrable tyrannie que celle de verser le sang à son gré, sans en rendre la moindre raison ? Ce n'est pas l'usage, disent les juges. Eh ! monstres ! il faut que cela devienne l'usage : vous devez compte aux hommes du sang des hommes [1].

Madame Calas habitait, sous le nom supposé de madame Anne-Rose Dupuys, chez un M. Caron, quai des Morfondus. D'Alembert et l'avocat Mariette se firent ses conseils. Ce dernier allait mettre à sa disposition le secours de son talent et de sa connaissance des affaires, et partager la popularité que se conquirent, dans cette cause exceptionnellement célèbre, les Démosthènes du barreau d'alors, Élie de Beaumont et Loyseau de Mauléon. La pauvre femme était sans argent ; ses biens personnels, sa dot, étaient sous le séquestre, et elle se trouvait dans le plus complet dénûment. Mais Voltaire ferait face à tout. D'ailleurs, il n'était pas le seul dont la pitié eût desserré la bourse ; des banquiers de Paris, MM. Dufour, Mallet et Leroyer, rue Montmartre, s'offrirent à être les tré-

___
1. Voltaire, *OEuvres complètes* (Beuchot), t. LX, p. 302, 303. Lettre de Voltaire à d'Argental ; aux Délices, 5 juillet 1762, et non le 14, comme l'indique par mégarde M. Athanase Coquerel.

soriers de la veuve et à recevoir pour elle l'argent qui lui serait destiné.

C'allait être une guerre à outrance entre les protecteurs sans cesse grossissants des Calas et le parlement toulousain. On prévoit que celui-ci usera de tous ses moyens d'influence pour rendre vaines les clameurs dont il était l'objet, et il n'était que trop bien armé. L'affaire était en appel devant le Conseil; Mariette demande, pour agir, l'extrait de la procédure de Toulouse. Le parlement refuse ouvertement de donner communication des pièces et même de l'arrêt[1]. Rien n'était possible sans ces pièces, et comment l'y contraindre? On l'essayera et on y parviendra; mais, si l'on veut bien se reporter à l'omnipotence de cette magistrature, en un temps surtout où la lutte avec la royauté avait accru sa popularité, on comprendra tout ce qu'il fallut de persévérance et d'efforts pour faire rendre justice à des innocents : dans tout le ressort, il ne se trouva point un huissier pour instrumenter, un avocat pour donner ses conclusions. Rien ne démontre mieux la terreur qu'inspiraient ces cours souveraines que la contenance de Lavaysse père. Voltaire jugeait son intervention indispensable; mais il rencontre chez cet avocat couard plus de faiblesse, de résistance, de pusillanimité, que chez madame Calas. Pour peu qu'il sortît d'une réserve excessive et qu'il fît cause commune avec des imprudents qui semblaient ne pas savoir à qui ils s'attaquaient, il perdait, en effet, sa profession et

1. Voltaire, *Œuvres complètes* (Beuchot), t. LX, p. 312. Lettre de Voltaire à M. Audibert; aux Délices, le 9 juillet 1762.

s'exposait à toutes les persécutions. Ces considérations ont leur force, et il les fait valoir. Voltaire lui opposera l'honorabilité de sa famille, l'honneur d'un fils dont le sort ne saurait se séparer de celui des Calas. Mais ce ne seront pas ses seuls arguments, et il en emploiera d'autrement directs.

Un avocat savant et estimé est certainement au-dessus de ceux qui ont acheté pour un peu d'argent le droit d'être injustes; un tel avocat serait un excellent conseiller; mais où est le conseiller qui serait un bon avocat? M. Lavaisse peut être sûr que, s'il perd quelque chose à son déplacement, il le retrouvera au décuple. On répand que plusieurs princes d'Allemagne, plusieurs personnes de France, d'Angleterre et de Hollande vont faire un fonds très-considérable. Voilà de ces occasions où il serait bon de prendre un parti ferme. M. Lavaisse, en élevant la voix, n'a rien à craindre; il fera rougir le parlement de Toulouse, en quittant cette ville pour Paris; et s'il veut aller ailleurs, il sera partout respecté.

Quoi qu'il arrive, son fils se rendrait très-suspect dans l'esprit des protecteurs des Calas, et ferait très-grand tort à la cause, s'il ne faisait pas son devoir, tandis que tant de personnes indifférentes font au-delà de leur devoir[1].

Mariette s'était voué à ce procès, et son zèle ne se démentit point; mais il fallait un avocat qui apportât l'autorité de son nom et d'un talent consacré. Voltaire adresse sa protégée à Élie de Beaumont avec une lettre pressante, dans laquelle il s'engageait à soutenir de toutes les façons cette victime des passions d'une magistrature aliénée. « Je me chargerai de la reconnaissance; je serai heureux de l'exercer envers un

---

1. Voltaire, *OEuvres complètes* (Beuchot), t. LX, p. 300, 301. Lettre de Voltaire à Lavaysse père; 4 juillet 1762.

talent aussi beau qu'est le vôtre. Ce procès, d'ailleurs si étrange et si capital, peut vous faire un honneur infini, et l'honneur dans votre noble profession amène tôt ou tard la fortune [1]. » Il mettra lui-même, dans la poursuite de cette affaire si épineuse, hérissée de tant d'obstacles, son entraînement, son impétuosité ordinaires, mais tout ce feu, cette ardeur n'excluent ni la réflexion, ni la circonspection ; dans ses plus fougueux élans, c'est lui qui aura encore le coup d'œil le meilleur, le plus de rectitude et de justesse dans l'appréciation de la situation. Il saura tout aussi bien brider des impatiences trop légitimes mais inopportunes, qu'aiguillonner son monde, et il serait malaisé de décider ce qu'il y eut le plus à admirer en lui de son courage, de sa générosité, de son opiniâtreté ou de son bon sens, de son sang-froid, du tact merveilleux qui lui faisait voir mieux et plus juste que les gens du métier. Ainsi il imposera la patience à cette pauvre mère, qui, en réclamant ses filles avant le temps, s'exposait à les perdre à tout jamais. « Il faut bien que tous les moyens s'entr'aident, écrit-il à Debrus, que toutes les voix soient à l'unisson. J'ai toujours pensé qu'il ne fallait pas sitôt parler des filles. Quiconque a donné une lettre de cachet veut la soutenir. Ne nous brouillons avec personne : nous avons besoin d'amis [2]. » Mais ce qui est non moins à éviter que l'emportement,

---

1. Voltaire, OEuvres complètes (Beuchot), t. LX, p. 284. Lettre de Voltaire à Élie de Beaumont ; aux Délices, ce 11 juin 1762.

2. Voltaire, Lettres inédites sur la Tolérance (Paris, 1863), p. 91. Lettre de Voltaire à Debrus, sans date. Mêmes conseils de temporisation et de patience dans une autre lettre à Debrus, également sans date, comme la plupart de ces lettres ; p. 136.

c'est que la placidité se change en mollesse ou en apathie ; et, en un moment où madame Calas avait l'air de faiblir, on le verra s'écrier : « Il me semble que si on avait roué mon père, je crierais un peu plus fort[1]. »

Mais Voltaire, qui était résolu à tout tenter pour vaincre, n'avait garde de ne point se servir de l'arme la plus affilée, la mieux trempée dont il pût disposer. Après s'être adressé aux amis, aux protecteurs, aux puissances, il s'adressera au grand et suprême juge de tous les procès et de toutes les causes, à l'opinion ; et il publiera l'*Histoire d'Élisabeth Canning et des Calas*, qui est l'exposé rapide, dramatique de cette sombre et terrible aventure. Ce récit de quelques pages (vingt et une pages dans l'édition originale) est un chef-d'œuvre de raison, de logique, de style. L'anecdote d'Élisabeth Canning, dont il fait précéder l'histoire des Calas, quelque inattendue qu'elle soit, prépare d'une façon merveilleuse le lecteur aux incroyables faits qu'il va lire. Le passage où il démontre que, devant l'impossibilité et l'absurde, l'attestation du monde entier ne saurait avoir nulle valeur, est bien frappée à son cachet, et suffisait à déceler le véritable auteur de ce plaidoyer aussi habile qu'émouvant.

C'est en vain, dit M. Ramsay, que la loi veut que deux témoins fassent pendre un accusé. Si M. le chancelier et M. l'archevêque de Cantorbery déposaient qu'ils m'ont vu assassiner mon père et ma mère, et les manger tout entiers à mon déjeuner en un demi-quart d'heure, il faudrait met-

---

[1]. Voltaire, *Lettres inédites sur la Tolérance* (Paris, 1863), p. 120. Lettre de Voltaire à Debrus, sans date.

tre à Bedlam-M. le chancelier et M. l'archevêque plutôt que de me brûler sur leur beau témoignage. Mettez d'un côté une chose absurde et impossible, et de l'autre mille témoins et mille raisonneurs, l'impossibilité doit démentir les témoignages et les raisonnements[1].

Mais, avant cet éloquent et émotionnant énoncé des faits, Voltaire avait prêté sa plume aux deux frères, à Donat pour sa *Lettre à la veuve dame Calas, sa mère*, et son *Mémoire pour son père, sa mère et son frère* (22 juillet); et à Pierre Calas pour sa *Déclaration*[2]. Tout cela préparait le public et commençait une justification que devaient poursuivre et achever le Mémoire de Mariette, celui d'Élie de Beaumont sanctionné par la signature de quinze de ses confrères, enfin un dernier, de Loyseau de Mauléon, qui, tous, sans être des chefs-d'œuvre de style et d'éloquence, ne remuèrent pas moins puissamment les consciences[3]. Le procès avait pris les proportions d'un événement public; et c'en était un véritable, et qui, en mettant à nu les vices monstrueux de notre ancienne législation criminelle, démontrait l'urgence de réformes radicales.

1. Voltaire, *OEuvres complètes* (Beuchot), t. XL, p. 551. *Histoire d'Élisabeth Canning et des Calas;* août 1762.
2. *Pièces originales concernant la mort des sieurs Calas et le jugement rendu à Toulouse*, p. 7 à 30.
3. Mariette, *Mémoire pour dame Anne Rose Cabibel veuve du sieur Calas*, Louis et Louis Donat leurs fils; et Anne Rose et Anne Calas leurs filles, demandeurs en cassation d'un arrêt du parlement de Toulouse; — Élie de Beaumont, *Mémoire à consulter et consultation pour la dame Rose Cabibel, veuve Calas et ses enfants;*—Loyseau de Mauléon, *Mémoire pour Donat, Pierre et Louis Calas;* auxquelles pièces il faut joindre deux autres écrits: *Réflexions sur dame Rose Cabibel*, etc., et *Observations sur la dame veuve Calas*, l'un et l'autre de l'avocat Mariette.

Grâce à l'activité dévorante du « Vieux de la Montagne, » tous ces efforts n'avaient pas été stériles, l'opinion était saisie, elle était favorable. On ne se répétait pas sans horreur les détails du supplice d'un malheureux de l'innocence duquel personne ne doutait plus ; et c'était à qui déclamerait et tonnerait contre l'aveuglement, le fanatisme des juges.

Mais c'eût été concevoir de bien étranges illusions, que se flatter de réduire aisément une cour souveraine, dont les jugements étaient sans appel, avec laquelle la royauté même avait à compter. « Croiriez-vous, mandait D'Alembert au poëte, qu'un conseiller au parlement disait, il y a quelques jours, à un des avocats de la veuve Calas, que sa requête ne serait point admise, parce qu'il y avait en France plus de magistrats que de Calas ? Voilà où en sont ces pères de la patrie[1]. » Cela est caractéristique et donne la mesure de la puissance de cette magistrature moins préoccupée de ses devoirs que de ses propres intérêts. Il fallait s'attendre à un combat à outrance, et Voltaire y comptait bien. Mais déjà, quoi qu'en dise le conseiller, il y avait plus de Calas que de magistrats, car toute la France et toute l'Europe étaient Calas.

Les burlesques démêlés de Voltaire avec le président de Brosses, pour quatorze moules de bois ; par contre, sa généreuse intervention dans cette aventure des Calas qui lui prendra le meilleur de son temps, n'empêchent point, dans cet homme-légion, les autres

---

1. Voltaire, *OEuvres complètes* (Beuchot), t. LX, p. 504. Lettre de D'Alembert à Voltaire ; Paris, 12 janvier 1763.

hommes d'accomplir chacun leur tâche quotidienne. « Quand on est jeune, disait-il un jour à madame du Bocage, il faut aimer comme un fou ; quand on est vieux, travailler comme un diable[1]. » Il plante, retourne son parterre avec son jardinier Lambert, qu'il appelle « son corsaire[2]. » Il plaide, il fait des vers, écrit à mille gens ; à la tragédie ébauchée succède la comédie qu'on achève et qui est bientôt suivie d'une autre tragédie, et puis d'une autre. Il a été question d'un *Don Pèdre*, suspendu bientôt pour un sujet conçu en six jours mais qui coûtera à son auteur des mois de remaniements et de retouches exigés par ses habituels confidents ; car le poëte, toujours docile, trouvera plus aisé d'en passer par les corrections qu'on lui impose que de se révolter contre ces utiles sévérités[3]. « Malheur à qui ne consulte pas ! s'écrie-t-il. » Plus on corrige, en effet, plus on sent les défauts et les imperfections. L'enthousiasme de la première heure s'est évanoui ; mais une grande prédilection a survécu pour l'œuvre nouvelle, et l'on compte sur un succès égal à celui de *Zaïre* et de *Mérope*, si le spectacle et l'inter-

---

1. *Opere del conte Algarotti* (Venezia, 1794), t. XVII, p. 73. Lettre de madame du Bocage à Algarotti ; Paris, ce 1er mai 1761.

2. Il était de Besançon où il se retira, après avoir séjourné huit ans à Ferney, *Correspondance inédite de Voltaire avec Hennin* (Paris, Merlin, 1825), p. 132.

3. « *C'est l'ouvrage de six jours*, écrivait-il à un philosophe illustre, dont il voulait savoir l'opinion sur cette pièce. *L'auteur n'aurait pas dû se reposer le septième*, lui répondit son ami. *Aussi s'est-il repenti de son ouvrage*, répliqua M. de Voltaire ; et quelque temps après il renvoya la pièce avec beaucoup de corrections. » Voltaire, *Œuvres complètes* (Beuchot), t. VII, p. 387. *Olympie*. Avertissement des éditeurs de Kehl.

prétation sont tels qu'on les a rêvés et compris. Ces présomptions optimistes ne sont pas d'ailleurs si téméraires qu'on se l'imaginerait, elles ont la sanction d'épreuves d'autant plus rassurantes qu'elles se sont faites sur le microscopique théâtre de Ferney. La salle venait d'être achevée; elle était sur le modèle de celle de Lyon : c'était le même peintre qui avait fait les décorations, très-belles, d'un effet magique. Mais, bien que les acteurs parussent éloignés de « cinq cents toises, » que la perspective fût des mieux entendue, l'espace réel devait être plus qu'insuffisant, quoi qu'on en dise ; et cette insuffisance de moyens et de spectacle, que l'intérêt réussissait à faire oublier, autorisait à bien augurer d'une représentation où se rencontrerait, dans des proportions grandioses, tout ce qu'on ne pouvait exiger d'un théâtre et d'acteurs bourgeois, ce théâtre fût-il celui de Voltaire, et madame Denis comptât-elle parmi ces artistes bourgeois. Quoi qu'il en soit, *Olympie* produisit la plus vive impression, le bûcher fit merveille, et personne, comédiens et auditoire, ne douta d'un succès assis sur des bases aussi légitimes et aussi bien établies. Comme toujours, Voltaire sortit transporté de cet essai qui était un triomphe.

Les larmes ont coulé pendant toute la pièce, écrivait-il au duc de Villars. Les larmes viennent du cœur. Trois cents personnes, de tout rang et de tout âge, ne s'attendrissent pas, à moins que la nature ne s'en mêle; mais pour produire cet effet, il fallait des acteurs et de l'action : tout a été tableau, tout a été animé. Madame Denis a joué Statira comme mademoiselle Dumesnil joue Mérope. Madame d'Hermanches, qui fesait Olympie, a la voix de mademoiselle Gaussin, avec des inflexions et de l'âme; mais ce qui m'a le plus surpris, c'est notre ami Gabriel Cramer. Je n'exagère point; je n'ai jamais vu d'acteur, à commencer par Baron, qui eût pu jouer Cassandre comme lui; il a attendri et effrayé pendant toute la pièce. Je ne lui connaissais pas ce talent supérieur. M. Rilliet a joué le grand-prêtre, comme j'aurais voulu que Sarrazin l'eût représenté. Antigone a été rendu par M. d'Hermanches avec la plus grande noblesse. Je ne reviens point de mon étonnement[1].

C'est sous le coup de cet enchantement qu'il envoie la « relation de sa petite drôlerie » au duc de Villars et à Bernis, qu'il en parle à D'Alembert, quatre jours après.

On joua *Cassandre*, mande-t-il à ce dernier, ces jours passés sur mon théâtre de Ferney, non le *Cassandre* que vous avez vu croquer, mais celui dont j'ai fait un tableau suivant votre goût. Les ministres n'ont osé y aller, mais ils y ont envoyé leurs filles. J'ai vu pleurer Genevois et Genevoises pendant cinq actes, et je n'ai jamais vu une pièce si bien jouée, et puis un souper pour deux cents spectateurs, et puis le bal : c'est ainsi que je me suis vengé[2].

Il allait, du reste, y avoir un redoublement de représentations et de solennités dramatiques; et, durant quelques jours, il ne serait question d'autre chose au château de Ferney. Lekain, que nous avons déjà vu aux Délices, en 1755, venait oublier, auprès de son maître et de son bienfaiteur, ses triomphes parisiens et aussi ses mécomptes, car les couronnes que l'on tresse à ces demi-dieux du théâtre ne sont pas exemptes

---

[1]. Voltaire, *Œuvres complètes* (Beuchot), t. LX, p. 215, 216. Lettre de Voltaire au duc de Villars; 25 mars 1762.

[2]. *Ibid.*, t. LX, p. 212, 222. Lettre de Voltaire à D'Alembert; à Ferney, 29 mars 1762.

d'épines. Quoique d'une santé assez frêle, il avait pris du corps; et le solitaire du Mont-Jura, qui ne l'avait pas vu depuis sept ans, lui trouva l'air d'un « gros chanoine[1]. » L'on devine bien que, durant son trop rapide séjour, les heures qui ne se passeront point à jouer seront employées à répéter. Lekain se prêtait à tout avec une complaisance, une bonne grâce infinies. « Nous avons déjà joué *Tancrède;* Lekain m'a paru admirable; je lui ai même trouvé une belle figure. J'étais le bonhomme Argire; je ne m'en suis pas mal tiré; mais ni lui ni moi ne jouons dans *Olympie;* nous serons tous deux spectateurs bénévoles. Je devais naturellement jouer le grand prêtre; ce sont mes triomphes, vu le goût que j'ai pour l'Église; mais je suis honoré du même catarrhe qui a osé souffler sur mes anges. » Le patriarche n'a garde d'omettre un petit incident qui ne laisse pas d'être caractéristique. Dans *Tancrède*, à ce vers de la scène sixième du quatrième acte :

O juges malheureux, qui dans vos faibles mains...

la salle trembla sous les battements de mains accompagnés de cris et même de hurlements. « Mais voilà, ajoute Voltaire, toute la réparation qu'on a faite à la mémoire du plus malheureux des pères. » Il dictait ces lignes le 18 avril : la veille, on représentait *Alzire*. « Mes anges sauront qu'hier Lekain nous joua Zamore; il était encore plus beau que je n'avais cru. Il joua le second acte, de manière à me faire

---

[1]. Voltaire, *Œuvres complètes* (Beuchot), t. LX, p. 229. Lettre de Voltaire à d'Argental; 18 avril 1762.

rougir d'avoir loué autrefois Baron et Dufresne. Je ne croyais pas qu'on pût pousser aussi loin l'art tragique. Il est vrai qu'il ne fut pas si brillant dans les autres actes...; il fut bien mal secondé; ma nièce ne jouait point. Cramer, qui avait joué Cassandre supérieurement, joua Alvarès précisément comme le bon Cassandre. Mais enfin, nous voulions voir Lekain, et nous l'avons vu. » Il y a là un « ma nièce ne jouait point » qui vaut son pesant d'or. Mais il faut prendre son parti sur ces étranges illusions, malgré le léger agacement qu'elles causent, comme sur beaucoup d'autres faiblesses moins inoffensives.

Le poëte tenait surtout à avoir l'avis de Lekain sur *Olympie*; mais l'oncle d'un des acteurs de la petite troupe s'avise de passer de vie à trépas, et vient tout entraver par cette mort inopportune. Voltaire, bien que le cœur lui en saigne, décide que, vu le cas, on se bornera à répéter devant Lekain. Mais, au moment où l'on n'y comptait plus, les difficultés se trouvent levées; l'on va pouvoir représenter *Olympie*, et, après *Olympie*, le *Français à Londres*. Il y a, dans la comédie de Boissy, un personnage portant le nom de milord Craff, ce qui n'a rien d'étrange en soi. Mais, à cette même date, un véritable milord Craff se trouvait à Ferney, où il était venu saluer l'illustre auteur de la *Henriade*, et ce fut lui qui joua le rôle de son homonyme de la comédie. Cette coïncidence était au moins piquante, et divertit fort toute la colonie. « J'en ris encore, quoique je sois bien malade », dit Voltaire, qu'elle amusa plus que personne. La représentation d'*Olympie* à laquelle assista Lekain ne laissa rien à désirer au point de vue des décors et du spectacle; et Voltaire ne fit que trop bien les choses, à en juger par une phrase de sa lettre du 27 avril, relative au séjour projeté de la duchesse d'Enville aux Délices : « On y trouvera de la batterie de cuisine; mais comme la moitié de notre linge a été brûlée dans nos fêtes de Ferney, nous ne pouvons en fournir. » Voltaire en aurait-il donc alimenté son bûcher du cinquième acte? « Le moment du bûcher fut terrible, mande-t-il à Collini, les flammes s'élevaient quatre pieds au-dessus des acteurs[1]. »

Mademoiselle Corneille prenait une part active à ces fêtes. En attendant qu'elle s'attaquât au répertoire de l'auteur du *Cid*, elle s'était essayée dans les rôles comiques et s'en était tirée sans trop d'insuccès. « Il y a de quoi en faire une Dangeville, écrit le poëte à son vieil ami Cideville. Elle joue des endroits à faire mourir de rire, et, malgré cela, elle ne déparera pas la tragédie. Sa voix est faible, harmonieuse et tendre; il est juste qu'il y ait une actrice dans la maison de Corneille[2]. » Tout cela était au mieux, mais on courait sur ses vingt ans, et on allait être bonne à marier. Néanmoins, à Ferney, personne, à commencer par mademoiselle Corneille-Chiffon, comme l'appelait Voltaire, ne songeait à un établissement, quand se présenta un prétendant au cœur et à la main de la demoiselle, appuyé et patronné par les divins anges. Voltaire

---

1. Voltaire, *OEuvres complètes* (Beuchot), t. LX, p. 242. Lettre de Voltaire à Collini; à Ferney, 23 avril 1762.
2. *Ibid.*, t. LX, p. 96, 97. Lettre de Voltaire à Cideville; aux Délices, 20 septembre 1761.

le nomme M. de Vaugrenant, dans une de ses lettres, et M. de Cormont dans d'autres; probablement, ces noms lui appartenaient également. En homme positif, le seigneur de Ferney s'inquiète un peu de ce qu'apportera le futur; et ce qu'il découvre refroidit sensiblement son enthousiasme. « Mon demi-philosophe, que vous m'avez dépêché, écrit-il à d'Argental, n'est pas demi-pauvre, il l'est complétement. Son père n'est pas demi-dur, c'est une barre de fer. Il veut bien donner à son fils mille livres de pension; mais, en récompense, il demande que je fasse de très-grands avantages... » Voltaire donnera vingt mille francs, alors prêtés à M. de La Marche, quatorze cents livres de rentes viagères déjà assurées, environ quarante mille livres de souscriptions; le marié et la mariée « nourris, chauffés, désaltérés, portés[1], » n'était-ce pas fort honnête, et ce père était-il bien fondé à exiger davantage?

« Le demi-philosophe, » de son côté, ne semble pas moins calculateur, et montre le bout de l'oreille à madame Denis, que cette arithmétique n'impressionna pas favorablement. Voltaire, toutefois, avait pris l'affaire à cœur. Il rêvera de faire du Vaugrenant un négociateur auprès de la république de Genève, se figurant, par avance, que les Genevois seront enchantés d'un pareil arrangement : M. le duc de Praslin devait bien cela au sang du grand Corneille et à son amitié pour son commentateur indigne. Mais voilà que le père, qui servait une pension de mille livres à son fils, la suspend, sous le prétexte qu'il lui a payé sa compa-

---

1. Parodie d'un vers du *Joueur* de Regnard, acte III, scène III.

gnie, laquelle compagnie va être réformée. Il ne restait plus à ce dernier que trois chevaux « que nous nourrissons » et ses dettes ; car M. de Vaugrenant ou de Cormont s'était installé chez Voltaire, comme si tout était conclu et parachevé. Il croyait faire beaucoup d'honneur à mademoiselle Corneille en l'épousant ; le poëte, qui savait calculer, lui aussi, et qui n'entrevoyait d'arrangement possible que si M. de Praslin se fût prêté à ce qu'on sollicitait de lui, jugea qu'il fallait prendre un parti et brusquer le dénoûment. Mais M. de Cormont se trouvant bien à Ferney, sans avoir le moindre goût pour la jeune fille, voulait absolument demeurer, et ce ne fut pas sans peine qu'on le décida à déloger[1]. Mademoiselle Corneille avait assisté à ces négociations avec une grande froideur, et le vit partir sans regret. L'auteur de *Zaïre* appréhenda, un instant, que ce mariage cassé ne fît quelque tort à la pauvre enfant ; mais les circonstances prirent soin de dissiper ses inquiétudes, et de la façon la plus heureuse et la plus inattendue.

Voilà bien autre chose. Je marie mademoiselle Corneille, non pas à un demi-philosophe dégoûté du service, mal avec ses parents, avec lui-même, et chargé de dettes, mais à un jeune cornette de dragons, gentilhomme très-aimable, de mœurs charmantes, d'une très-jolie figure, amoureux, aimé, assez riche. Nous sommes d'accord, et en un moment, et sans discussion, comme on arrange une partie de souper. Je garderai chez moi futur et future ; je serai patriarche, si vous nous approuvez[2].

1. Voltaire, *OEuvres complètes* (Beuchot), t. LX, p. 498. Lettre de Voltaire à d'Argental ; 10 janvier 1763.
2. *Ibid.*, t. LX, p. 519. Lettre de Voltaire au même ; 23 janvier 1763.

Cet aimable prétendant était un garçon de vingt-trois ans et demi, M. Dupuits de La Chaux, cornette dans la colonnelle générale, possédant environ huit mille livres de rentes en fonds de terre, « à la porte de notre château. » Il paraît que si les négociations allèrent un train de galop, on se plut aussi soudainement.

Ils s'aiment passionnément; cela me ragaillardit, et n'empêche pourtant pas que je n'aie une grosse fluxion sur les yeux... Avouez, mon ancien ami, que la destinée de ce chiffon d'enfant est singulière. Je voudrais que le bonhomme Pierre revînt au monde pour être témoin de tout cela, et qu'il vît le bonhomme Voltaire menant à l'église la seule personne qui reste de son nom [1].

Cela n'est-il pas charmant, et d'un bonhomme, en effet? La joie du vieillard est aussi vive que sincère, ses entrailles se sont émues à la perspective prochaine d'un bonheur qui serait son ouvrage. Ce n'est pas un célibataire sec, égoïste, ne songeant qu'à soi : le spectacle de la félicité des autres ne le laisse pas insensible; s'il souffre, s'il est vieux, il sourit à la jeunesse et se déride à ses ébats. Tout avare qu'on le fait et qu'il est peut-être à certaines heures, il sait être généreux et répandre l'argent sans y trop regarder; il sait, en tout cas, faire de son château de Ferney un caravansérail des plus hospitaliers où le voyageur ne demande pas mieux de s'attarder, qui sera le refuge et l'asile d'un petit groupe de déshérités dont il deviendra la providence, et desquels il ne réclamera qu'un peu d'indulgence à l'égard d'inégalités bien excusables

1. Voltaire, OEuvres complètes (Beuchot), t. LX, p. 523. Lettre de Voltaire à Cideville; à Ferney, le 26 janvier 1763.

chez ce valétudinaire à titre d'office. Il fallait bien que le père se ressentît du bonheur de sa fille, et Voltaire lui fera passer vingt-cinq louis de joyeux avènement. Le bonhomme n'était pas trop à produire, il avait honoré Ferney de sa visite, à la fin d'avril 1762, et il n'avait pas été besoin à son hôte, pour le juger, d'un long examen. « Celui-ci ne sera jamais commenté, écrivait Voltaire à d'Argental (27 avril), ou je suis le plus trompé du monde. » Enfin, son avis était d'empêcher, à tout prix, François Corneille de venir à la noce, où il serait médiocrement goûté. Si le parti était cruel, on ne peut guère disconvenir qu'il ne fût indispensable; et l'auteur de *Mérope* avait dû, bien qu'il en gémît, s'incliner devant des considérations implacables.

Si c'était l'oncle Pierre, ou même l'oncle Thomas, je le prierais en grande cérémonie; mais pour François, il n'y a pas moyen. Il est singulier qu'un père soit un trouble-fête dans une noce; mais la chose est ainsi, comme vous savez. On prétend que la première chose que fera le père, dès qu'il aura reçu quelque argent, ce sera de venir vite à Ferney : Dieu nous en préserve! Nous nous jetons aux ailes de nos anges, pour qu'ils l'empêchent d'être de la noce. Sa personne, ses propos, son emploi, ne réussiraient pas auprès de la famille dans laquelle entre mademoiselle Corneille. M. le duc de Villars, et les autres Français qui seront de la cérémonie, feraient quelque mauvaise plaisanterie. Si je ne consultais que moi, je n'aurais assurément aucune répugnance; mais tout le monde n'est pas aussi philosophe que votre serviteur, et, patriarcalement parlant, je serais fort aise de rendre le père et la mère témoins du bonheur de la famille[1].

---

[1]. Voltaire, *Œuvres complètes* (Beuchot), t. LX, p. 520. Lettre de Voltaire à d'Argental; 30 janvier 1763.

Le mariage se faisait le 12 février 1763, au grand contentement non-seulement des deux époux, qui s'adoraient, mais des neveux et nièces de Voltaire, qui y applaudirent. « Je me fais deux enfants que la nature ne m'avait point donnés ; ma famille, loin d'en murmurer, en est charmée : tout cela tient un peu du roman[1]. » Moins d'un mois après, apparaissait à Ferney un arrière-petit-fils de Pierre, « par conséquent très-bon gentilhomme, » Claude-Étienne Corneille[2], lui aussi terriblement déchu. Il avait été soldat, déserteur, manœuvre, et il arrivait de Genève dans l'espérance qu'on lui ferait fête. « On nous menace d'une douzaine d'autres petits Cornillons, cousins-germains de *Pertharite*, qui viendront l'un après l'autre demander la becquée ; mais Marie Corneille est comme Marie, sœur de Marthe ; elle a pris la meilleure part. » Notez que Claude-Étienne avait une sœur, dont on annonçait la visite[3]. Voltaire espérait bien se débarrasser au meilleur compte de cette descendance encombrante, non sans être frappé, toutefois, de l'étrange hasard qui gou-

---

1. Voltaire, *OEuvres complètes* (Beuchot), t. LX, p. 362. Lettre de Voltaire à M. de Chauvelin ; à Ferney, 13 février 1763.

2. « Fils de Pierre-Alexis Corneille, lequel était fils de Pierre Corneille, gentilhomme ordinaire du roi, lequel Pierre était fils de Pierre, auteur de *Cinna* et de *Pertharite*. » Voltaire, *OEuvres complètes* (Beuchot), t. LX, p. 593. Lettre de Voltaire à d'Argental ; aux Délices, 9 mars 1763. Né le 15 avril 1728, Claude-Étienne avait alors trente-cinq ans, il était déjà père d'un fils, Louis-Ambroise, né le 9 décembre 1756. Sa fille Jeanne-Marie, venue au monde neuf ans plus tard, le 21 juillet 1765, sera élevée au couvent où M. de Malesherbes payera sa pension. Baron Stassart, *OEuvres complètes* (Paris, Didot, 1855), p. 352. Généalogie de la famille Corneille.

3. Marie-Anne Corneille, née vers 1719, âgée alors par conséquent de quarante-quatre ans environ.

verne et régit les choses de ce monde. « J'en reviens toujours à la destinée. L'arrière-petit-fils de Pierre Corneille demande l'aumône; Marie Corneille, qui est à peine sa parente, a fait fortune sans le savoir. » Mais ces retours philosophiques ne donnaient ni pain ni dot aux vrais Corneilles qui furent loin, en définitive, d'être traités comme les derniers venus à la vigne, dont parle l'Évangile.

Voltaire mariant son monde et se mirant dans son œuvre, voilà un Voltaire qu'on se figure moins, bien que ce ne soit point le premier mariage qu'il ait fait et le seul qu'il fera. En septembre 1760, il mariait, à Ferney, le résident de France à Genève, M. de Montpéroux[1]. Après avoir constitué le ménage Dupuits, il établira la sœur de ce fils d'adoption; et, plus tard, il couronnera ses prouesses de ce genre en faisant, de *belle et bonne*, une marquise de Villette. Mais ces deux passe-temps ne prennent pas toute sa vie. S'il a des moments de candeur charmante où il jouerait avec un enfant, il en est d'autres, envahis par la passion, la passion aveugle, où l'on se montre aussi emporté, aussi exclusif, aussi persécuteur que l'ennemi que l'on traque au nom de la vérité et de la tolérance. L'*Infâme!* on sait ce que signifiait cet étrange cri de ralliement qu'échangent incessamment les initiés, pour ranimer un zèle qui ne sommeillait guère, pour s'encourager à la vigilance et attiser dans les cœurs un feu inextinguible. A l'é-

---

1. Voltaire, *OEuvres complètes* (Beuchot), t. LIX, p. 22, 23. Lettres de Voltaire à madame d'Épinai et à Thiériot; 20 et 23 septembre 1760.

poque où nous sommes, la haine du culte catholique
est passée à l'état aigu, le sang-froid a disparu, il ne
faut plus parler de modération : c'est une guerre à
toute outrance, une œuvre de destruction dont le seul
terme sera le complet effacement de l'adversaire.
Longtemps on s'était borné à décocher son trait en-
venimé; désormais, le patriarche de Ferney n'écrira
plus de lettre sans qu'il ne la close par ces signes
fatidiques, ignorés des profanes et que les commis
de la poste, moins avisés que curieux, comme ce singe
de la Fable, prenaient pour un nom d'homme [1].

Le nourrisson du Temple, l'élève de Chateauneuf et
de Chaulieu, ne pouvait être un esprit religieux, et ses
maîtres de Louis-le-Grand n'avaient pas eu tort de
flairer dans cet enfant étrangement éveillé et irres-
pectueux un frondeur, un sceptique, et quelque chose
de pis encore. Nativement, sincèrement, Arouet appartenait bien à cette génération qui grandissait, aussi
peu encline à la soumission que la précédente avait
été croyante, disciplinée, chrétienne. Le clergé, par
ses divisions sur des questions de doctrine, par son
despotisme, par les mœurs scandaleuses de trop de
ses membres, n'avait pas aidé médiocrement à ce relâchement de la foi; et le mauvais exemple qu'il donnait avait déconsidéré le culte en même temps que ses
ministres. Mais ce relâchement n'avait pas empêché
l'intolérance; jamais, au contraire, l'on n'avait plus
recherché, inquiété, persécuté au nom de la religion;
jamais les tribunaux ecclésiastiques n'avaient fait

---

[1]. « Ce M. Écrlinf n'écrit pas mal », disaient ces braves gens.
Voltaire, OEuvres complètes (Beuchot), t. LXIV, p. 545.

preuve de plus de rigueurs. Livres, brochures, jusqu'à de simples préfaces de tragédies, tout était soumis au contrôle le plus vétilleux, et bien peu d'œuvres trouvaient grâce devant un censeur qui savait à quoi l'exposait un simple soupçon d'indulgence. De telles sévérités, trop souvent exercées avec un zèle maladroit, durent exaspérer cette nature d'esprits pour lesquels la contrainte morale est la moins supportable, la plus dure comme la plus odieuse des violences. Tout alors, même les choses qui lui étaient le plus étrangères, se faisait sous le couvert de la religion; ce qui explique cette haine profonde et déchaînée contre le culte, que l'on ne distingua plus de la superstition et du fanatisme.

Dès 1740, Voltaire, dans une lettre au président Hénault, ne dissimulait point ses sentiments à l'égard de ce qu'il appelle déjà « la basse et infâme superstition [1]. » Ses relations étroites avec le moderne Julien ne font que fortifier sa haine. Frédéric, qui croyait à peu de choses, et qui était bien plus fait pour écrire que pour réfuter l'abominable chef-d'œuvre de Machiavel, avait horreur des religions, et poussait cette aversion au point d'oublier qu'il est plus facile à un chef d'État de s'accommoder avec elles que de s'en passer. Ce mot fameux : *Écrasez l'infâme!* qui en eut l'idée, qui l'articula le premier? La première fois que nous le rencontrons, c'est dans une lettre aigre-douce du roi à son ancien chambellan, à la date du 18 mai 1759. « Vous dicterez encore, des Délices,

---

[1]. Voltaire, *OEuvres complètes* (Beuchot), t. LIV, p. 237. Lettre de Voltaire au président; 31 octobre 1740.

des lois au Parnasse; vous caresserez encore l'*infâme* d'une main, et l'égratignerez de l'autre; vous la traiterez comme vous en usez envers moi, et envers tout le monde[1]. » A quoi Voltaire répondait : « Votre Majesté me reproche, dans ses très-jolis vers, de caresser quelquefois l'*infâme*; eh! mon Dieu, non; je ne travaille qu'à l'extirper, et j'y réussis beaucoup parmi les honnêtes gens. J'aurai l'honneur de vous envoyer dans peu un petit morceau qui ne sera pas indifférent[2]. » Le mot faisait donc partie du vocabulaire, dès cette époque; mais comme on peut le conjecturer avec quelque fondement, l'usage n'en devait pas être aussi récent et datait de plus loin. A la fin de 1757, Voltaire écrivait à D'Alembert :

> Je fais comme Caton, je finis toujours ma harangue en disant *Deleatur Carthago*... Il ne faut que cinq ou six philosophes qui s'entendent pour renverser le colosse. Il ne s'agit pas d'empêcher nos laquais d'aller à la messe ou au prêche; il s'agit d'arracher les pères de famille à la tyrannie des imposteurs, et d'inspirer l'esprit de tolérance. Cette grande mission a déjà d'heureux succès. La vigne de la vérité est bien cultivée par des D'Alembert, des Diderot, des Bolingbroke, des Hume, etc. Si votre roi de Prusse avait voulu se borner à ce saint œuvre, il eût vécu heureux, et tous les académiciens de l'Europe l'auraient béni[3].

Voltaire, qui n'aspire qu'à l'affranchissement du genre humain, mais qui ne suppose point que l'on

---

1. Voltaire, *Œuvres complètes* (Beuchot), t. LVIII, p. 95. Lettre de Frédéric à Voltaire; 18 mai 1769.
2. *Ibid.*, t. LVIII, p. 111. Lettre de Voltaire à Frédéric, juin 1759.
3. *Ibid.*, t. LVII, p. 397, 398. Lettre de Voltaire à D'Alembert; aux Délices, 6 décembre 1757.

puisse se passer de laquais, exclut, comme on le voit, la canaille de sa république. La vérité n'est pas faite pour les classes inférieures, qui peuvent aller à la messe et au prêche, même au grand avantage de leurs maîtres [1]. Le philosophe écrivait à M. de La Chalotais qui venait de publier un *Essai d'éducation nationale* : « Je vous remercie de proscrire l'étude chez les laboureurs. Moi, qui cultive la terre, je vous présente requête pour avoir des manœuvres, et non des clercs tonsurés. Envoyez-moi surtout des frères ignorantins pour conduire mes charrues ou pour les atteler [2]. » Tout cela est à merveille, et n'instruisons pas nos valets; mais alors soyons discrets, et ne discourons que porte close. Horace Walpole mandait, deux ans plus tard, à son ami Montaigu : « J'ai dîné aujourd'hui avec une douzaine de savants, et quoique tous les domestiques fussent là pour le service, la conversation a été beaucoup moins réservée, même sur l'Ancien Testament, que je ne l'aurais souffert à ma table en Angleterre, ne fût-ce qu'en présence d'un seul laquais [3]. »

Sans tenir à ce que le peuple demeurât ignorant,

---

[1]. Il s'oublie jusqu'à dire : « C'est à mon gré le plus grand service qu'on puisse rendre au genre humain, de séparer le sot peuple des honnêtes gens pour jamais; et il me semble que la chose est assez avancée. On ne saurait souffrir l'absurde insolence de ceux qui vous disent : je veux que vous pensiez comme votre tailleur et votre blanchisseuse. » *Œuvres complètes* (Beuchot), t. LXII, p. 315. Lettre de Voltaire à d'Argental; 27 avril 1765.

[2]. *Ibid.*, t. LX, p. 581. Lettre de Voltaire à La Chalotais; à Ferney, le 28 février 1763.

[3]. *Lettres d'Horace Walpole*, traduites par M. le comte de Baillon (Didier, 1872), p. 31. Lettre de Walpole à Georges Montaigu; Paris, 22 septembre 1765.

ce qui aurait été médiocrement philosophique, Voltaire pensait qu'il lui était physiquement, sinon moralement, impossible de cesser de l'être. « Je crois que nous ne nous entendons pas, disait-il à Damilaville qui voulait que le soleil brillât pour tout le monde, sur l'article du peuple que vous croyez digne d'être instruit. J'entends par peuple la populace qui n'a que ses bras pour vivre. Je doute que cet ordre de citoyens ait jamais le temps et la capacité de s'instruire ; ils mourraient de faim avant de devenir philosophes... ce n'est pas le manœuvre qu'il faut instruire, c'est le bon bourgeois, c'est l'habitant des villes ; cette entreprise est assez forte et assez grande[1]. » Ce n'était pas, chez Voltaire, dureté et étroitesse ; mais, au beau milieu encore du XVIIIe siècle, la populace de Paris et le paysan de nos campagnes ne permettaient guère de concevoir, dans un avenir même lointain, leur affranchissement intellectuel. Cet homme pratique, qui ne rêvait pas, et avait horreur des chimères, quelles qu'elles fussent, haussait les épaules à toutes ces illusions de l'école philosophique. Mais, comme on en peut juger par ces dernières lignes, son exclusivisme n'était pas aussi complet que certaines boutades sur la « canaille » sembleraient l'indiquer. Il n'avait, d'ailleurs, qu'à regarder autour de lui pour modifier ses idées, espérer davantage des classes inférieures et se convaincre de la possibilité d'une dispersion autrement large et libérale de l'instruction et des lumières. L'avocat Linguet, croyant abonder dans son sens, lui

---

[1]. Voltaire, *OEuvres complètes* (Beuchot), t. LXIII, p. 114. Lettre de Voltaire à Damilaville ; 1er avril 1766.

avait écrit que tout était perdu à ses yeux, dès qu'on mettait le peuple dans le cas de s'apercevoir qu'il avait aussi un esprit.

Distinguons, lui répond Voltaire, dans ce que vous appelez peuple, les professions qui exigent une éducation honnête, et celles qui ne demandent que le travail des bras et une fatigue de tous les jours. Cette dernière classe est la plus nombreuse. Celle-là, pour tout délassement et pour tout plaisir, n'ira jamais qu'à la grand'messe et au cabaret, parce qu'on y chante, et qu'elle y chante elle-même; mais pour les artisans plus relevés, qui sont forcés par leurs professions mêmes à réfléchir beaucoup, à perfectionner leur goût, à étendre leurs lumières, ceux-là commencent à lire dans toute l'Europe. Vous ne connaissez guère à Paris les suisses que par ceux qui sont aux portes des grands seigneurs ou par ceux à qui Molière fait parler un patois inintelligible dans quelques farces; mais les Parisiens seraient étonnés s'ils voyaient dans plusieurs villes de Suisse, et surtout dans Genève, presque tous ceux qui sont employés aux manufactures, passer à lire le temps qui ne peut être consacré au travail. Non, monsieur, tout n'est pas perdu quand on met le peuple en état de s'apercevoir qu'il a un esprit. Tout est perdu au contraire quand on le traite comme un troupeau de taureaux; car tôt ou tard, ils vous frappent de leurs cornes[1]...

Si Voltaire nous révèle, dans la lettre à D'Alembert, que nous avons citée, les plus illustres coopérateurs à cette tâche de destruction dont le fanatisme et la superstition étaient l'objet, il est loin de les nommer tous. Helvetius, Marmontel, l'allemand Grimm, « qui ne le cède en zèle à pas un[2], » d'Holbach, tra-

---

1. Voltaire, *OEuvres complètes* (Beuchot), t. LXIV, p. 105, 106. Lettre de Voltaire à Linguet; 15 mars 1767.
2. *Correspondance inédite de Grimm* (Paris, Furne, 1829), p. 23. Lettre de Grimm à Voltaire; à Paris, ce 5 septembre (1762).

vaillent avec une ardeur égale à la « vigne de vérité » ; et il n'a pas tort de se féliciter des progrès que font auprès des honnêtes gens ces idées d'affranchissement, qui gagnent de proche en proche et auront bientôt tout envahi. Il ne vivra pas assez pour voir cet heureux jour, mais, avant de fermer les yeux, il en aura incontestablement vu poindre l'aurore. Chacun servait la cause selon son tempérament et ses forces, D'Alembert avec une persévérance flegmatique, l'auteur de la *Henriade* avec sa nature nerveuse, emportée. Certes, nul n'avait à se partager entre plus de soins, d'occupations, d'études différentes que ce dernier ; et, pourtant, il ne perd pas un instant de vue le but. *L'infâme! écraser l'infâme!* c'est son souci de toutes les minutes, comme ce sera bientôt la sentence inévitable de toutes ses épîtres. Bien que D'Alembert soit un correspondant très-actif et le coryphée du parti, il ne réussit pas à s'éparpiller avec cette admirable facilité ; et le poëte est bien forcé de chercher des correspondants subalternes ayant, par cela même, plus de temps à disposer en faveur de l'œuvre commencée.

Sans doute d'Argental compte au nombre de ce petit groupe de libres penseurs ; mais il est avant tout un lettré, un adorateur passionné des choses du théâtre. Il soigne la réputation, la gloire dramatique de son ami, et il ne faut l'enlever que le moins possible à une tâche qu'il préfère à toutes ; car s'il est acquis, corps et âme, à l'auteur de l'*Histoire de Charles XII* et du *Siècle de Louis XIV*, s'il est résolu à le servir en toute occasion, il gémit intérieurement quand, rebuté par les injustices ou les insuccès, Voltaire va demander une consolation et un refuge à la philosophie ou à l'histoire. Avec l'âge et les années, Thiériot, dont nous connaissons l'apathie et la paresse croupissante, changeant de Mécènes et de protecteurs, mais n'ayant d'autre visée que celle d'un bon gîte et d'une bonne table, se préoccupait médiocrement de répondre aux curiosités fiévreuses de son ancien camarade, et, en dépit des reproches, des plaintes d'amant que lui attirait trop souvent son peu d'exactitude et de zèle, il n'entretenait avec lui que des rapports languissants et de tous points insuffisants. Il fallait bien ronger son frein, se contenter de cette maigre pitance et des rares indemnités que lui dépêchait le hasard. Mais ceux-là étaient les bien venus qui s'offraient d'édifier plus ou moins régulièrement la marmotte des Alpes sur les agissements des Welches et des badauds de la vieille et frivole Lutèce. « Si vous n'aviez rien à faire, disait-il à M. de Montmerci, et que vous vouliez quelquefois m'écrire des nouvelles de littérature, ou même des nouvelles publiques, à vos heures de loisir, vous me feriez beaucoup de plaisir. » Et cependant, à cette date, il avait enfin trouvé son père Mersenne, un père Mersenne autrement dévoué, autrement sérieux que Thiériot, qui n'avait, à aucun moment de leur liaison, mérité un pareil surnom. Nous parlons d'un Mersenne, il eût été plus juste de dire un Séide; car le dévouement de Damilaville pour le patriarche de Ferney alla jusqu'au fanatisme.

Damilaville à qui, de 1760 à la fin de 1768, Voltaire

ne passera guère de jours sans adresser au moins un billet rapide, a tout une physionomie à part. Il ne ressemble à personne de la philosophie et de l'*Encyclopédie*, et le rôle obligatoirement effacé et impersonnel qu'il joue contraste étrangement avec l'allure tapageuse et bavarde d'un abbé de Prades ou d'un Raynal. Après avoir servi comme garde du corps et avoir fait la plupart des campagnes de la guerre de 1741, Damilaville entra dans l'administration, où nous le trouvons premier commis au bureau des Vingtièmes. Il avait le droit par sa place de contresigner, avec le cachet du contrôleur général des finances, toutes les lettres sortant de son bureau, et il usait largement de ce privilége en faveur de ses amis, auxquels il faisait ainsi passer, d'un bout à l'autre du royaume, tous les paquets, gros ou petits, qu'ils pouvaient souhaiter. L'on conçoit quelle fortune sans prix devait être l'amitié d'un pareil homme pour un écrivain de la libre pensée, dont la correspondance avait si bon besoin du secret. Les envois de Ferney, livres, brochures, manuscrits, étaient incessants; Bouret et Grimod de la Reynière s'étaient chargés jusque là de faire parvenir la correspondance et les différents papiers du patriarche; mais ce dernier avait cru s'apercevoir que cette voie n'était pas d'une sûreté absolue, et le contre-seing du contrôleur général devait lui offrir de tout autres garanties. A ces bons offices ne se borna pas, toutefois, le zèle du premier commis des Vingtièmes, qui se fit une tâche de rendre à l'illustre ami qu'il s'était acquis tous les devoirs et les services en son pouvoir.

Voilà l'origine, nous dit Grimm, de ce ton trop souvent malveillant qui ne laisse pas de mettre en défiance sur l'exactitude de ses portraits, voilà l'origine du commerce de lettres qui a duré sans interruption jusqu'à ce moment. Damilaville mandait toutes les nouvelles littéraires, politiques, hasardées, bonnes ou mauvaises, à M. de Voltaire, qui lui répondait très-exactement, et lui écrivait des lettres charmantes. Damilaville ne ressemblait pas à son correspondant; il n'avait ni grâce, ni agrément dans l'esprit, et il manquait de cet usage du monde qui y supplée. Il était triste et lourd, et le défaut de première éducation perçait toujours. Le baron d'Holbach l'appelait plaisamment le gobe-mouche de la philosophie. Comme il n'avait pas fait ses études, il n'avait dans le fond aucun avis à lui, et il répétait ce qu'il entendait dire aux autres; mais sa liaison étroite avec M. de Voltaire, qui le lia avec MM. Diderot et D'Alembert, et avec les plus célèbres philosophes de la nation, lui donna une espèce de présomption qui ne contribua pas à le rendre aimable. Il n'était pas d'ailleurs d'un caractère à mériter des amis. C'est une chose bien digne de remarque, que cet homme est mort sans être regretté de personne, et que, malgré cela, durant tout le cours de sa longue et cruelle maladie, son lit n'a cessé d'être entouré par tout ce que les lettres ont de plus illustre et de plus estimable. Ce que chacun pouvait avoir remarqué dans sa vie de moins favorable à sa réputation est resté un secret que tous savaient, mais dont, malgré leur intimité mutuelle, aucun ne s'est permis de parler à son ami. Si j'en dis ici un mot, c'est parce que ces feuilles sont consacrées à la vérité qui n'a acception de personne, et qu'elles ne sont pas lues à Paris; c'est aussi pour rendre justice à cette honnête et sage discrétion, qui a peut-être peu d'exemples[1].

Cela est de toute force, et montre jusqu'à quel degré d'ingénuité peuvent aller le besoin de médire, la

---

1. Grimm, *Correspondance littéraire* (Paris, Furne), t. VI, p. 93, 94, 95; 15 décembre 1768.

méchanceté et la sécheresse de cœur chez l'homme le moins candide. Notez que le baron était l'ami intime de Damilaville, et qu'il ne le cache point[1]. A l'entendre, ce dernier n'était pas, d'ailleurs, d'un caractère à mériter des amis; Grimm savait pourtant, par sa propre expérience, que l'on en pouvait avoir, et de très-dévoués, sans nulle des qualités qui nous les acquièrent. Mais Diderot, plus équitable, plus généreux, plus reconnaissant, aidera à modifier le portrait sur un point aussi grave. C'était le premier commis qu'il chargeait de recevoir sa correspondance avec mademoiselle Voland, comme nous l'apprenons par les lignes qui suivent; et l'on va juger avec quelle exquise recherche cet homme « triste et lourd » savait être serviable. « Voyez l'attention de M. Damilaville, mandait l'auteur du *Neveu de Rameau* à son amie; c'est aujourd'hui dimanche. Il a été forcé de sortir de son bureau. Il ne doutait pas que je ne vinsse ce soir; car je ne manque jamais quand j'espère une lettre de vous. Il a laissé la clef avec deux bougies sur une table, et entre les deux bougies la petite lettre de vous avec un billet de lui bien honnête[2]. » Des prévenances de cette nature suffisent à révéler un caractère, car il faut être sensible et délicat pour avoir de ces raffinements. Diderot, qui savait aimer, s'attache à cet homme qu'on nous dit si maussade et si pesant; et, lors de la

---

1. Il devait à l'obligeance de Damilaville la communication de toutes les lettres de l'auteur de la *Henriade* dont était farcie sa correspondance.

2. Diderot, *Mémoires et correspondance* (Garnier, 1841), t. I, p. 216; à Paris, le 10 novembre 1760.

reprise de son *Père de famille*, en 1769, si quelque chose empreint d'amertume son triomphe, c'est l'absence de ce même Grimm, si glacé sous sa sensibilité d'apparat, et la mort de Damilaville. « De tous ceux que j'aurais désirés là, et à qui ce succès aurait tourné la tête, l'un n'est plus, l'autre court les champs[1]. »

Que Damilaville fût sombre, un peu morose, nous y consentons. Il était sous le coup de souffrances continuelles, et sa vie, mal équilibrée, mal comprise, n'était pas sans tiraillements. Il avait une chaîne, chaîne peu relevée, semblerait-il, dont le poids, malgré la force de l'habitude, se faisait sentir, et qu'il n'aurait pu secouer aisément. Ses amis songent un instant à lui faire avoir la place de son chef d'emploi, et se mettent en campagne, Diderot en tête ; mais, au lieu d'enchanter, ces démarches alarment une pauvre femme qui n'est pas sans pressentir le danger pour elle d'une amélioration de fortune. « Si Damilaville devenait un de ces matins M. le directeur général du vingtième, je crois que son amie en mourrait de chagrin. Elle aimerait mille fois mieux le posséder petit commis à mille écus de gage par an, que de risquer de le perdre. M. le directeur a vingt mille livres de rentes. L'amour inspire de singulières idées ; il est vrai que notre ami Damilaville est un peu vain, mais c'est un honnête homme[2]. » Il se peut encore que Damilaville manquât tout à la fois de grâce et d'usage du monde. Mais, s'il n'avait pas fait d'études, il avait

---

[1]. Diderot, *Mémoires et correspondance* (Paris, 1841), t. II, p. 160 ; Paris, le 2 septembre 1769.

[2]. *Ibid.*, t. I, p. 267 ; Paris, le 19 octobre 1761.

beaucoup étudié, cela soit dit sans nulle intention d'équivoquer; à ne ramasser que ce qu'on entend autour de soi, l'on parvient malaisément à rassembler la somme de connaissances que nous lui verrons. Grimm aurait-il trouvé qu'un commis au bureau du Vingtième devait se borner à être le commis de la philosophie, sans la moindre prétention de collaborer autrement au grand œuvre? Damilaville, qui, à ce que nous révèle Diderot, avait bien son léger grain de vanité, tout condamné qu'il était par sa position à une réserve excessive, se croyait en droit de mêler sa voix à celle de ses coréligionnaires; peut-être estimait-il que c'était pour lui un devoir, car il était un véritable fanatique, capable du dévouement le plus complet, le plus absolu.

En définitive, il fallait bien qu'on l'eût pris pour un homme de lettres, puisque l'*Encyclopédie* lui ouvrit ses colonnes, où il publia l'article *Vingtième* sous le nom de Boulanger. Sa compétence en pareille matière ne pouvait, il est vrai, être niée, et cela ne prouverait pas qu'il fût en état d'aborder d'autres thèses. Mais, en 1767, il prendra la plume pour venger Marmontel des attaques que lui avait values son *Bélisaire*, et publiera un pamphlet intitulé l'*Honnêteté théologique*, qu'il donnait comme étant de Voltaire. « Damilaville l'avait fait imprimer à Genève, dit Grimm, et Voltaire l'avait rebonisée[1]. » Si Damilaville s'exagé-

---

1. On lui a attribué le *Christianisme dévoilé* qui parut sous le nom de Boulanger, et que Voltaire appelait l'*Impiété dévoilée*. C'est l'opinion de La Harpe, qui assure qu'il l'aurait composé en partie d'après les conversations de Diderot, en partie sous sa dictée. Il en était au moins l'éditeur; le dépôt des exemplaires était chez lui, et

rait un peu sa valeur réelle, convenons à sa décharge que Voltaire, par ses cajoleries, avait fait plus qu'il ne fallait pour lui faire perdre terre : « Je vous prie, lui écrivait-il, d'avoir le plus grand soin de votre santé : c'est vous qui tenez l'étendard auquel nous nous rallions ; c'est vous qui êtes le lien des philosophes[1]. » Voilà bien, dira-t-on, ces louanges hyperboliques dont le solitaire de Ferney n'était que trop prodigue ! Mais il était plus sincère qu'on ne le suppose, à certains égards du moins ; et il dira dans une lettre à l'adresse du ménage d'Argental : « Hélas ! mes chers anges, plût à Dieu qu'il y eût beaucoup de citoyens comme Damilaville[2] ! »

Damilaville était infatigable ; son zèle ne se ralentit jamais, il se multipliait malgré ses souffrances. Il étonnera jusqu'à Voltaire, qui pourtant sait quels prodiges on obtient par un emploi habile et bien mesuré du temps. « Comment, s'écrie-t-il, pouvez-vous écrire des lettres de quatre pages, étant malade et chargé d'affaires ? Moi qui ne suis chargé de rien, j'ai bien de la peine à écrire un petit mot. Je deviens aussi paresseux que frère Thiériot[3], mais je ne change

il en fut vendu jusqu'à dix écus pièce. Mais Barbier donne l'ouvrage au baron d'Holbach, et Beuchot partage pleinement son sentiment.

1. Voltaire, *OEuvres complètes* (Beuchot), t. LXII, p. 289. Lettre de Voltaire à Damilaville ; 10 avril 1765.

2. *Ibid.*, t. LXII, p. 339. Lettre de Voltaire à d'Argental ; à Genève, 22 mai 1765.

3. Il écrivait à Thiériot lui-même : « J'envoie cette lettre à M. Damilaville dont la santé m'inquiète beaucoup, et dont l'amitié, toujours égale, ardente et courageuse, est pour moi d'un prix inestimable. » Voltaire, *OEuvres complètes* (Beuchot), t. LXIV, p. 385. Lettre de Voltaire à Thiériot ; 30 septembre 1767.

pas de patron comme lui [1]. » Thiériot n'était, en effet, on ne le redira jamais assez, qu'un épicurien sans vergogne, sans mémoire comme sans gratitude, dont toute l'activité s'était bornée, le cas échéant, à remplacer les patrons que la mort ou le caprice lui enlevait. Il aura été successivement le parasite de Nocé, de madame de Fontaine-Martel, de La Popelinière, du comte de Montmorenci, du marquis de Paulmi, du médecin Baron. Présentement, il mange le pain de l'archevêque de Cambrai, sans songer à autre chose qu'à bien vivre, à sabler le champagne de Monseigneur, et à se moquer du reste [2].

Voltaire, rencontrant un dévouement sans bornes, ne manque pas d'en user et abuser sans scrupules, bien assuré qu'on lui en saura gré. Il n'est pas de missions ni de commissions dont il ne charge « son cher frère. » Il lui dépêche ses récents ouvrages et le charge de les distribuer aux amis, à D'Alembert, à Saurin, à Helvetius. Lors de la révision du procès Calas, il l'accablera littéralement, l'envoyant chez Mariette, Élie de Beaumont et les tièdes dont il sera nécessaire de réchauffer le zèle. Tout cela est si naturel et si habituel qu'il ne le remercie plus. « Je bénis Dieu de ce que vous avez reçu tous nos paquets, » lui dit-il pour tout compliment. « Mon cher frère a-t-il distribué les salutaires pancartes qu'il a reçues? » Il ne s'agit pas

---

1. Voltaire, *OEuvres complètes* (Beuchot), t. LXII, p. 40. Lettre de Voltaire à Damilaville; 8 octobre 1764.

2. L'archevêque de Cambrai était alors l'abbé Charles de Saint-Albin, fils naturel du Régent et de la comédienne Florence, né à Paris en 1798. *Almanach royal* pour l'année 1764, p. 56.

seulement des affaires de la secte, et le poëte transformera le plus souvent le commis du Vingtième en abbé Moussinot. « Je prends le parti d'ennuyer mon frère de mes affaires personnelles. » Mais Damilaville s'acquittera de tout ce dont on le chargera avec le même soin, avec la même ardeur. Voltaire sent le prix d'un tel attachement, et s'inquiète d'une santé qui va en déclinant et s'altérant tous les jours. Mais il l'aime sincèrement et sera, avec Diderot, celui de tous ses amis qui regrettera le plus cet honnête homme, dont l'auteur du *Petit Prophète de Boehmischbroda* nous a fait un portrait si peu flatté et, ajoutons-le, si peu ressemblant.

VI

DÉCHAINEMENT IRRÉLIGIEUX. — ÉCRASER L'INFAME.
BOUFFLERS A FERNEY.—VOLTAIRE INACCESSIBLE.

Comme on le voit, si Voltaire obéissait à ses propres instincts, sa fureur ne laissait pas d'être entretenue par tout une secte qui l'avait proclamé son grand-prêtre et attendait, à chaque courrier nouveau, un de ces lardons incisifs sans nom d'auteur ou signés d'un nom de guerre, mais sur la provenance desquels il n'y avait point à se méprendre. Les arrêts du Parlement contre l'*Encyclopédie* et, épisodiquement, contre le poëme de la *Religion naturelle*, l'avaient exaspéré. Il n'y avait plus de sûreté pour quiconque prétendait ne relever que de sa conscience et ne pas accepter le mot d'ordre de son curé; c'était une guerre d'extermination qui ne pouvait désormais avoir de fin que par la destruction de l'*infâme* et le triomphe de la philosophie. Ce triomphe était certain ; mais à la condition que les frères ne s'endormiraient pas, que chacun porterait son coup de pioche, agirait selon ses forces et ne se reposerait qu'après la victoire. C'était aux chefs, à un Diderot, à un D'Alembert, de donner l'exemple. Pour lui, il ne faillira pas à sa tâche, et, à partir de ce moment, il frappera d'estoc et de taille, allant de l'un à l'autre, sans donner à ses adversaires le temps de reprendre haleine. Et toutes les armes lui seront bonnes.

En 1733, mourait à l'âge de cinquante-cinq ans, au fond de la Champagne, un curé de village, Jean Meslier, simple fils d'un ouvrier en serge, laissant un manuscrit relatif à l'ancien Testament où ce prêtre, après avoir exercé trente ans son ministère, demandait pardon à Dieu et aux hommes d'avoir été tout ce temps au service de l'erreur et de pernicieux préjugés.

J'ai vu et reconnu, écrivait-il, sur l'enveloppe de papier gris de son manuscrit, les erreurs, les abus, les vanités, les folies et les méchancetés des hommes, je les ai haïs et détestés ; je ne l'ai osé dire pendant toute ma vie, mais je le dirai au moins en mourant et après ma mort ; et c'est afin qu'on le sache, que je fais et écris le présent mémoire, afin qu'il puisse servir de témoignage de vérité à tous ceux qui le verront et qui le liront, si bon leur semble [1].

Ce fut Thiériot qui révéla l'existence de cet étrange livre à Voltaire, dont l'attention et l'intérêt furent éveillés au plus haut point par le peu que lui en avait dit le père Mersenne. « Quel est donc ce curé de village dont vous me parlez? Il faut le faire évêque du diocèse de Saint-Vrain. Comment! un curé, et un Français, aussi philosophe que Locke? Ne pouvez-vous point m'envoyer le manuscrit? Il n'y aurait qu'à l'envoyer, avec les lettres de Pope, dans un petit pa-

---

1. Voltaire, *OEuvres complètes* (Beuchot), t. LX, p. 392. Abrégé de la vie de Jean Meslier.

quet, à Demoulin ; je vous le rendrais très-fidèlement[1]. » Ce travail, l'œuvre mystérieuse de toute une vie, cette revanche que prenait outre-tombe un prêtre obscur, trop faible pour entrer en lutte, de son vivant, avec des supérieurs qui l'auraient écrasé, cet arsenal formidable d'arguments plus ou moins sérieux contre l'ancienne loi, la foi révélée, les miracles, la doctrine chrétienne, frappèrent singulièrement l'auteur des *Lettres philosophiques*, auquel, toutefois, la pensée ne devait venir de s'en faire une arme de guerre que trente ans plus tard. L'ouvrage était diffus, incorrect, sans méthode, et ne pouvait, tel qu'il était, manquer de rebuter le commun des lecteurs. Mais le patriarche de Ferney allait y remédier et donner à cette œuvre illisible ce tour qui rend abordables les matières les plus arides et les plus abstraites.

A la fin de janvier 1762 ou au commencement du mois suivant, il dépêchait à Damilaville, par trois postes différentes, trois exemplaires de l'*Extrait des sentiments de Jean Meslier*, comptant beaucoup sur l'effet que devait produire un pareil livre. « Tous ceux qui le lisent, mandait-il à D'Alembert, demeurent convaincus ; cet homme discute et prouve. Il parle au moment de la mort, au moment où les menteurs disent vrai : voilà le plus fort de tous les arguments. Jean Meslier doit convertir la terre. Pourquoi son évangile est-il en si peu de mains ? Que vous êtes tièdes à Paris ! vous laissez la lumière sous le bois-

---

1. Voltaire, *Œuvres complètes* (Beuchot), t. LII, p. 116, 117. Lettre de Voltaire à Thiériot ; à Cirey, le 30 novembre 1735.

seau[1]. » A ces impatiences, D'Alembert, homme prudent et circonspect, répondait judicieusement : « Vous nous reprochez de la tiédeur ; mais, je crois vous l'avoir déjà dit, la crainte des fagots est très-rafraîchissante... Le genre humain n'est aujourd'hui plus éclairé que parce qu'on a eu la précaution ou le bonheur de ne l'éclairer que peu à peu. Si le soleil se montrait tout à coup dans une cave, les habitants ne s'apercevraient que du mal qu'il leur ferait aux yeux[2]. » Mais la passion fébrile du solitaire de Ferney ne pouvait s'arranger de tempéraments dont il eût mieux compris l'urgence, s'il eût encore habité sa rue Traversière. « Quoi ! s'écriait-il aussi, la *Gazette ecclésiastique* s'imprimera hardiment et on ne trouvera personne qui se charge de Meslier? » Mais, au moment même où il gémissait sur la pusillanimité de ses amis, la sensation produite par une autre publication non moins audacieuse, non moins agressive, venait surexciter sa ferveur et le consoler de la tiédeur des frères. « Le *Sermon des cinquante*, mande-t-il à Damilaville, attribué à La Métrie, à Dumarsais, à un grand prince, est tout à fait édifiant. Il y a vingt exemplaires de ces deux opuscules (l'autre est l'*Extrait*) dans le coin du monde que j'habite. Ils ont fait beaucoup de fruit... Quatre ou cinq personnes à Ver-

---

1. Voltaire, *OEuvres complètes* (Beuchot), t. LX, p. 322. Lettre de Voltaire à D'Alembert ; aux Délices, 12 juillet 1762.

2. *Ibid.*, t. LX, p. 344. Lettre de D'Alembert à Voltaire ; à Paris, le 31 juillet 1762. Voltaire disait de D'Alembert : « Il est hardi, mais il n'est point téméraire ; il est né pour faire trembler les hypocrites, sans leur donner prise sur lui. » *Ibid.*, t. LIX, p. 141. Lettre à Thiériot ; 19 novembre 1760.

sailles ont de ces exemplaires sacrés. J'en ai attrapé deux pour ma part, et j'en suis tout à fait édifié[1]. »

Le *Sermon des cinquante* est le premier ouvrage de Voltaire qui soit une attaque directe et à fond de train contre la tradition juive et chrétienne. Peu de temps après, apparaissait le *Vicaire savoyard*. On a prétendu qu'il s'était montré également jaloux du courage de Rousseau et du succès de son livre. L'accusation ne saurait être plus injuste, et Voltaire s'exprime trop catégoriquement à cet égard pour pouvoir être taxé du moindre sentiment d'envie. « Il introduit au troisième tome (de l'*Émile*) un vicaire savoyard qui, sans doute, était vicaire du curé Jean Meslier. Ce vicaire fait une sortie contre la religion chrétienne avec beaucoup d'éloquence et de sagesse[2]. » — « Son *Vicaire savoyard*, dit-il plus tard, avec un soupir, pouvait faire du bien[3]... » Et cela est d'autant plus caractéristique qu'alors ils étaient en pleine guerre, et que Rousseau n'avait rien épargné pour s'attirer la haine d'un homme chez lequel le pardon des injures n'était certes point un péché d'habitude. Mais, chose remarquable, et que les amis de Jean-Jacques se sont bien gardés de reconnaître, c'est, malgré ses griefs, l'espèce de faible de Voltaire pour

---

1. Voltaire, OEuvres complètes (Beuchot), t. LX, p. 411, 412. Lettre de Voltaire à Damilaville; 10 octobre 1762.

2. *Ibid.*, t. LXI, p. 10. Lettre de Voltaire au marquis d'Argence de Dirac; 22 avril 1762. Et, trois ans après, écrivant à Helvetius : « il y a par ci par là, disait-il, de bons traits dans ce Jean-Jacques. » *Lettres inédites* (Didier, 1857), t. I, p. 512, appendice; 1er mai 1765.

3. *Ibid.*, t. LXI, p. 501. Lettre de Voltaire à Damilaville; 6 juillet 1764.

ce dernier. Ce n'est pas lui qui a voulu la guerre, ce n'est pas lui qui l'aurait commencée. Et il ne cache pas ses regrets, son chagrin d'une telle félonie. « O comme nous aurions chéri ce fou, s'il n'avait pas été faux frère ! et qu'il a été grand sot d'injurier les seuls hommes qui pouvaient lui pardonner[1] ! »

Oui, Voltaire lâchait difficilement ceux qui avaient mérité sa colère. Il n'avait pas pardonné à Jean-Baptiste, il fut inexorable pour l'abbé Desfontaines, et il ne devait pas être plus miséricordieux dans sa vieillesse que durant ses jeunes années : Fréron, La Beaumelle, Pompignan, sauront jusqu'au dernier moment ce qu'il en coûte à provoquer les représailles d'un ennemi implacable. Nous avons assisté à l'interminable exécution de l'auteur de *Didon*, mais le poëte n'était pas las de frapper; il envoyait, en février 1762, à Damilaville, « pour amuser nos frères[2] », sur l'*air de Bechamel*, un hymne chanté au village de Pompignan, où se trouvaient énumérées toutes les vertus et toute la munificence du poëte sacré.

> Il a recrépi sa chapelle
> Et tous ses vers,
> Il poursuit avec un saint zèle
> Les gens pervers.
> Tout son clergé s'en va chantant :
> Et vive le roi et Simon Le Franc,
> Son favori,
> Son favori[3].

---

1. Voltaire, *OEuvres complètes* (Beuchot), t. LX, p. 345. Lettre de Voltaire à Damilaville; 31 juillet 1762.
2. *Ibid.*, t. LX, p. 551. Lettre du même au même; février 1762.
3. *Ibid.*, t. XIV, p. 441 à 444, *Hymne chanté au village de Pompignan*. Voltaire envoyait cette plaisanterie à D'Alembert, avec

C'était, bientôt après, la *Relation d'un voyage de M. le marquis Le Franc de Pompignan depuis Pompignan jusqu'à Fontainebleau,* dont nous avons parlé précédemment pour n'avoir pas à revenir sur le chapitre trop abondant de ces mystifications [1]. Mais le poëte allait être forcé de diviser ses coups et de se partager entre les deux frères : après Moïse Aaron, après Simon Jean Le Franc. Cette fois, c'était l'évêque du Puy-en-Velay, qui se portait assaillant et attirait sur sa tête une grêle de pamphlets, d'épigrammes, de quolibets, de facéties de tous genres. L'*Instruction pastorale* [2] était bien une œuvre de provocation à l'adresse des philosophes, et l'on poussa la prévenance jusqu'à dépêcher le mandement à ceux que l'on y attaquait, à D'Alembert nommément, qui, ne trouvant pas la plaisanterie de son goût, retournait le présent avec un petit billet à l'évêque du Puy. Le prélat lui répondit que ce n'était point par son ordre que l'*Instruction pastorale* lui avait été envoyée, et qu'il était fâché de cette méprise, puisqu'elle lui avait déplu, l'assurant qu'il ne regrettait pas moins qu'il se regardât personnellement insulté dans un ouvrage où il ne l'était point [3]. Mais

---

la musique. « Nous avons chanté l'hymne avec l'accompagnement, lui écrivait-il à la date du 21 février 1763, je joins ici l'air noté. Les philosophes devraient le chanter en goguette, car il faut que les philosophes se réjouissent. »

1. Voir le cinquième volume de ces études, *Voltaire aux Délices*, p. 438, 439.

2. *Instruction pastorale de Monseigneur du Puy* sur la prétendue philosophie des incrédules modernes (Paris, Chaubert, 1863), in-4°.

3. Les attaques contre le Dictionnaire encyclopédique se trouvent aux pages 17, 23, 33, 267, 276. D'Alembert n'y est nommé qu'une seule fois, en compagnie de Buffon, au mot *Corruption*. Les autres

ces explications, qui ne supprimaient pas le texte du mandement, ne suffirent pas à apaiser notre géomètre, qui répliqua par ce second billet des plus cassants.

> Vous m'avez mis expressément, monseigneur, dans votre *Instruction pastorale*, au nombre des ennemis de la religion, que je n'ai pourtant jamais attaquée, même dans les passages que vous citez de mes écrits ; j'avais cru qu'une imputation si publique et si injuste, faite par un évêque, était une insulte personnelle, sans parler des qualifications peu obligeantes que vous y avez jointes, et qui à la vérité n'y ajoutent rien de plus. Quoi qu'il en soit, je vois par votre lettre combien votre libraire a été peu attentif à vos ordres, puisqu'il m'a expressément écrit que vous l'aviez chargé d'envoyer votre mandement à tous les membres de l'Académie française. Vous voyez bien, monseigneur, qu'il était nécessaire de vous avertir de cette petite méprise, dont je ne suis d'ailleurs nullement blessé, non plus que de l'insulte. J'espère qu'au moins en cela vous ne me trouverez pas mauvais chrétien [1].

Cette *Instruction pastorale*, publiée chez Chaubert, ne s'adressait que pour la forme aux laboureurs, vignerons et merciers du Puy ; elle visait plus haut et s'attaquait à toute la philosophie moderne, prenant la défense de Descartes contre Newton, maltraitant particulièrement l'Anglais Locke, dont le moindre tort n'était pas d'être prôné par l'auteur des *Lettres philosophiques*[2]. Voltaire et Rousseau y sont pris à par-

---

articles incriminés sont le *Discours préliminaire* et l'article *Encyclopédie*.

1. Voltaire, *OEuvres complètes* (Beuchot), t. LXI, p. 244. Lettre de D'Alembert à M. l'évêque Du Puy. Réponse de l'évêque. Réplique.
2. L'évêque du Puy avait publié, en 1754, *La Dévotion réconciliée avec l'esprit*, que Voltaire et D'Alembert appelaient *La Réconciliation normande*. *La Réconciliation normande* est le titre d'une pièce de Dufresny.

tie, à tour de rôle, l'un pour son poëme de la *Loi naturelle*, notamment, l'autre pour son *Émile*. Monseigneur du Puy, qui n'a pas oublié sans doute les griefs de la famille, ne laisse percer aucune humeur ; c'est l'évêque, et non le frère du Pompignan, qui parle. Toutefois, pour qui sait lire, l'homme de Dieu n'a pas renoncé à tirer quelque vengeance de l'auteur du *Pauvre Diable*, vengeance discrète, anodine, innocente, mais qui porta coup. Il est plein de mesure et de convenance avec ses deux adversaires, sans se départir d'une rigueur inflexible à l'endroit des assertions malsonnantes et téméraires ; et, à cet égard, ils n'ont pas à se plaindre. Mais Rousseau, pour ce qui le concerne, ne se plaint point. Il disait, au contraire, quelque temps après, à un jeune touriste qui avait forcé sa solitude : « De tous mes antagonistes, le plus modéré, celui qui se respecte le plus, c'est monsieur l'évêque du Puy ; voilà du moins un homme qui parle sincèrement. Il expose presque toujours mes sentimens avec toute la fidélité possible, quoi qu'il ne m'ait pas compris partout, j'ai été véritablement édifié de sa charité et de sa bonne foi[1]. »

Pourquoi cette mansuétude chez Jean-Jacques, qui d'ordinaire n'accepte pas plus bénignement la contradiction que Voltaire, et pourquoi l'exaspération de ce dernier qui n'est pas légitimée à ce point par les termes suffisamment courtois du prélat ? C'est que l'évêque du Puy semble croire que, s'il a devant lui deux

---

1. *Bibliothèque universelle de Genève.* Nouvelle série (Genève, 1836), t. I, p. 85. *Souvenirs de Jean-Jacques Rousseau.* Fragments d'une correspondance inédite ; Berne, le 30 mai 1764.

ennemis de la religion, le seul redoutable, le seul sérieux, c'est Rousseau. M. de Voltaire est un poëte d'un coloris merveilleux, faisant les plus beaux vers du monde ; mais Rousseau est un joûteur autrement redoutable : il pense, il raisonne ; quand il s'égare, l'erreur a toutes les apparences d'une vérité profonde, c'est lui qu'il importe de prendre corps à corps et de combattre à toute outrance. « Il ne faut pas attendre, dit-il à l'égard de l'auteur de la *Henriade*, de son génie poétique le même enchaînement d'idées et la même profondeur que Jean-Jacques sait mettre dans ses œuvres [1]. » Tout est là, la vengeance de Jean-George, la mansuétude de Rousseau, qui n'est que l'orgueil satisfait de cette supériorité que lui reconnaît l'ennemi, et la rage de Voltaire, qui va s'épancher sans nulle mesure.

Le branle commença par une *Lettre d'un quaker à Jean-George Le Franc de Pompignan, évêque du Puy-en-Velay*. Ce quaker, comme il convient à un quaker, est le plus doux des hommes ; mais il n'aime pas que l'on manque de charité et de science, et il relève doucement les erreurs et les assertions passionnées de Jean-George. Après cette première lettre, en venait une

---

1. *Instruction pastorale de monseigneur Du Puy*, sur la prétendue philosophie des incrédules modernes (Paris, Chaubert, 1763), p. 237. Il dira encore, dans une note, p. 7, 8, qui ne laissait pas d'avoir son intention machiavélique : « Le fameux Jean-Jacques Rousseau, dont il faudra beaucoup parler dans la suite de cet ouvrage, mérite une exception particulière parmi les modernes ennemis du christianisme. Il connaît mieux que personne les prétendus philosophes de nos jours ; et c'est sans doute parce qu'il les a trop bien connus, qu'il ne veut avoir de commun avec eux, ni le nom qu'ils affectent, ni les principes qu'ils débitent. »

autre, où le bon quaker poursuivait sa tâche avec autant de longanimité que de netteté d'argumentation. Il sait beaucoup ce quaker, il a l'esprit juste et remet les choses à l'endroit. Il terminait cette dernière épître par des considérations de philosophie chrétienne qui pouvaient avoir leur immédiate application.

> Ami George, je réfléchis avec douleur sur la superbe de certaines gens : voilà l'origine des fausses démarches, des mauvais vers, de la prose ampoulée qu'on donne hardiment au public. On veut passer pour bel-esprit dans son village et à Paris ; et pour y parvenir il n'y a point de sottise qu'on ne fasse. Quand les sottises sont faites, on veut les soutenir par les calomnies ; on perd la charité comme la raison ; on perd son âme en se faisant moquer de soi. Ah ! mon frère, que ne puis-je aider à te convertir, à te rendre modéré et modeste comme tu dois l'être, et à te sauver des sifflets de ce monde et de la damnation dans l'autre [1] !

Mais nous nous trompions plus haut, et ce bon quaker n'avait pas été le premier à s'indigner des regrettables errements de Jean-George. Avant ses deux lettres, paraissait, à l'adresse des fidèles, une *Instruction pastorale de l'humble évêque d'Alétopolis, à l'occasion de l'Instruction pastorale de Jean-George, humble évêque du Puy*[2]. C'est toujours la même plaisanterie insolente mais irrésistible, qui provoque et commande le rire, et que les plus antipathiques à cette moquerie effrénée se surprenaient à relire, non sans remords pour leur faiblesse et presque leur involontaire complicité.

1. Voltaire, *OEuvres complètes* (Beuchot) t. XLI, p. 421. Seconde lettre du quaker.
2. *Ibid.*, t. LXI, p. 204. Lettre de Voltaire à Damilaville ; 16 novembre 1763.

MES TRÈS-CHERS FRÈRES,

Mon confrère Jean-George du Puy a voulu vous instruire par un gros volume[1]. Vous savez que la vérité est au fond du PUY; mais vous ne savez pas encore si Jean-George l'en a tirée. Vous vous êtes récriés d'abord en voyant les armoiries de Jean-George en taille rude à la tête de son ouvrage. Cet écusson représente un homme monté sur un quadrupède; vous doutez si cet animal est la monture de Balaam, ou celle du chevalier que Cervantes a voulu rendre fameux[2]. Les Pères de l'Église ne mettaient pas ces enseignes de la vanité à la tête de leurs ouvrages; nous ne voyons pas même que les évangiles aient été écrits par monseigneur Matthieu et par monseigneur Luc. Mais aussi, mes chers frères, considérez que les ouvrages de monseigneur Jean-George ne sont pas paroles d'évangile.

J'avoue que tous mes confrères ont trouvé mauvais qu'on prostituât ainsi la dignité du saint ministère; que sous prétexte de faire un mandement dans un petit diocèse, on imprimât en effet un livre qui n'est pas fait pour ce diocèse, et qu'on affectât de parler de Newton et de Locke aux habitants du Puy en Velai. Nous en sommes d'autant plus surpris, que les ouvrages de ces Anglais ne sont pas plus connus des habitants de Velai, que de monseigneur[3]; enfin, nous

---

1. L'*Instruction pastorale* est un in-4° de 300 pages, ce qui est quelque peu volumineux pour un mandement. Voltaire a dit dans le *Poëme de la Guerre de Genève*, chant IV :

> Longs mandements dans le Puy confinés...

2. Les armes des Pompignan étaient : « D'azur à un homme armé, monté sur un cheval, tenant de la main dextre un badelaire prêt à frapper, le tout d'argent. » *État présent de la noblesse française* (Paris, Bachelin-Deflorenne, 1868), p. 710. Il est à croire que ce rappel à la modestie et à l'humilité chrétienne de l'évêque d'Alétopolis ne produisit que peu d'effet. Au moins, retrouvons-nous, trois ans après, le même blason, si bien décrit par lui, en tête de l'*Instruction pastorale sur l'Hérésie*, pour servir de suite à celle du même prélat sur la prétendue philosophie des incrédules modernes (Paris, Chaubert, 1766).

3. Ce qu'il y a de piquant, c'est que, dans l'*Instruction pastorale*,

avouons qu'après le péché mortel, ce qu'un évêque doit le plus éviter c'est le ridicule.

C'est une entreprise un peu trop forte d'écrire contre tout son siècle ; et ce n'est peut-être pas avoir un zèle selon la science, que de dire : mes frères, tous les gens d'esprit et tous les savants pensent autrement que moi, tous se moquent de moi, croyez donc tout ce que je vais vous dire. Ce tour ne nous a pas paru assez habile.

On dit aussi qu'il y a dans l'in-4° de mon confrère Jean-George un long chapitre contre la tolérance[1], malgré la parole de Jésus-Christ et de ses apôtres, qui nous ordonne de nous supporter les uns les autres. Mes frères, je vous exhorte, selon cette parole, à supporter Jean-George. Vous avez beau dire que son livre est insupportable, ce n'est pas une raison pour rompre les liens de la charité. Si son ouvrage vous a paru trop gros, je dois vous dire, pour vous rassurer, que mon relieur m'a promis qu'il serait fort plat, quand il aurait été battu.

Quelque excessive que fût cette ironie, elle ne pouvait prétendre à faire oublier, à égaler cette moquerie des *Quand*, des *Si*, qui, tant qu'il vécut, bourdonna comme des cloches aux oreilles ahuries du pauvre Le Franc. L'énormité du ridicule dont son frère était accablé amortit en partie les coups portés à Jean-George. En dépit de ces attaques, à cause de ces attaques, ce dernier se voyait, un peu plus tard, appelé à l'archevêché de Vienne, où il demeura l'adversaire déclaré de Voltaire et du groupe de philosophes dont il était l'âme.

Il paraîtrait que les deux Pompignan avaient un

Voltaire est soupçonné lui-même de n'entendre ni Newton ni Locke, p. 41.

1. Voltaire, *Œuvres complètes* (Beuchot), t. XLI, p. 196 à 200.

frère, militaire celui-là[1], qui, se fatiguant de voir leur nom livré à toutes les risées, tint quelques propos menaçants qui parvinrent jusqu'à Voltaire. Le poëte prit-il sérieusement l'alarme, ou voulut-il s'amuser une fois de plus et amuser son monde aux dépens de l'auteur de *Didon* et des siens? Ce qu'il y a de sûr, c'est qu'il écrivait au duc de Choiseul une lettre éplorée dans laquelle il invoquait à tout événement sa haute protection.

Monseigneur, je ne sais ce que j'ai fait aux frères de Pompignan ; l'un m'écorche les oreilles, et l'autre veut me les couper. Protégez-moi, monseigneur, contre l'assassin, je me charge de l'écorcheur, car j'ai besoin de mes oreilles pour entendre le bruit de votre renommée[2].

Beuchot cite ce même billet, qu'il reporte à l'année 1763, mais avec des changements qui, sans trop altérer le sens, en modifient essentiellement la forme[3].

[1]. Ils en avaient même trois, Guillaume, qui fut mestre de camp de cavalerie et lieutenant-colonel au régiment de carabiniers ; Louis, capitaine au régiment d'infanterie de M. le Dauphin ; Jean-Baptiste, capitaine au régiment de Brissac. Nous serions assez embarrassé de démêler lequel se montrait si disposé à couper les oreilles du poëte, si l'on ne disait, dans la lettre de Cramer qui va suivre, qu'il était officier de carabiniers. Il s'agit donc de Guillaume. Bibliothèque nationale. Manuscrits. *Cabinet généalogique.*

[2]. Dutens, *Mémoires d'un voyageur qui se repose* (Paris, Bossange, 1806), t. II, p. 281.

[3]. Voici la lettre telle que Beuchot la donne : « J'ignore ce que mes oreilles ont pu faire aux Pompignans. L'un me les fatigue par ses mandements, l'autre me les écorche par ses vers, et le troisième me menace de les couper. Je vous prie de me garantir du spadassin ; je me charge des deux écrivains. Si quelque chose, monseigneur, me faisait regretter la perte de mes oreilles, ce serait de ne pas entendre tout le bien que l'on dit de vous à Paris. » *Œuvres complètes* (Beuchot), t. LX, p. 628. A M. le duc de Choiseul, fragment, 1763.

Auquel des deux faut-il s'arrêter? Malgré le soin que cet éditeur de Voltaire a apporté dans la reproduction du texte, nous croyons devoir accepter de préférence celui de Dutens, qui lui fut communiqué par madame de Choiseul. Beuchot, d'ailleurs, se trompe indubitablement sur l'époque précise où cette lettre fut écrite, comme cela nous est démontré par une autre facétie qui, elle du moins, n'est pas du fait de Voltaire, et que nous trouvons dans le *Journal* de Collé, vers la fin de 1759. C'est une prétendue lettre d'un des Cramer à un confrère de Paris. Il raconte qu'appelé par le poëte, « qui venait de composer un petit discours sur la *bravoure*, » il débarquait un matin aux Délices, où il trouvait son ami de la plus riante humeur, très-alerte, très-expansif et très-loquace.

Nous parlâmes ensuite de nouvelles. Je lui dis que, la veille, un officier français qui venoit de Paris étoit venu dans ma boutique, et s'étoit beaucoup informé de lui. Quelle fut ma surprise de le voir tout d'un coup tomber dans un fauteuil ! Les mains et les genoux lui trembloient d'une façon effrayante ; j'appelai du secours. Madame Denis et ses valets vinrent. *Qu'on ferme vite les portes*, s'écria-t-il !

Tandis qu'ils couroient les fermer: *M. Crammer, mon cher M. Crammer*, m'a dit M. de Voltaire, *retournez vite à Genève, et faites-y courir le bruit que je viens de mourir subitement.* Il me pressa, me supplia avec des instances si fortes, que je repartis sur le champ pour répandre dans cette ville le

Les Mémoires secrets, de leur côté, publient ce billet, avec des variantes assez notables, t. III, p. 110 ; 7 décembre 1766. Il est probable que ces divers billets furent reproduits de mémoire, sauf celui de Dutens. Le duc de Choiseul, même après la mort du poëte, refusa de communiquer sa correspondance avec Voltaire; ses lettres lui furent rendues, et ce n'est que par voie indirecte qu'on a pu se procurer celles qui lui sont adressées.

bruit de sa mort... Le lendemain, une personne que madame Denis avoit envoyée secrètement s'informer de l'Officier français, rapporta qu'il s'appeloit le chevalier de l'Espine; qu'il alloit partir pour Avignon, et que ce n'étoit point du tout M. de Pompignan, officier des carabiniers, qui avoit fait à M. de Voltaire de si terribles menaces.

Alors M. de Voltaire fit ouvrir les portes du château et reçut des complimens de ses amis sur sa convalescence. Mais il lui reste un tremblement dans les mains qu'il aura peut-être toute sa vie...[1]

Cette facétie repose donc sur un fait véritable. M. de Pompignan, l'officier, avait dû faire du bruit, crier fort haut qu'il châtierait son homme d'importance; et sans doute, M. de Choiseul ne s'était pas fait scrupule de communiquer le curieux billet du poëte, qui comptait bien d'ailleurs sur pareille indiscrétion. Mais ce billet n'est-il pas à mettre à côté de la requête éplorée du docteur Akakia, suppliant messieurs les docteurs et écoliers de l'Université de Leipzig de lui venir en aide, et de s'armer de leurs écritoires et de leurs canifs contre le « lapon, natif de Saint-Malo [2]? »

L'Ancien Testament allait être l'objet incessant des attaques de l'auteur du *Sermon des cinquante*; il l'attaquera sous toutes les formes, en vers comme en prose, avec une violence, un acharnement voisins de la monomanie. Son *Saül* est une de ces ébauches d'un esprit effréné, chez lequel la passion étouffe jusqu'au

1. Collé, *Journal historique* (Paris, 1807), t. II, p. 381, 382; septembre et octobre 1759. Lettre de Crammer, libraire à Genève, à..... libraire à Paris, à l'occasion du bruit qui a couru, de la mort de M. de Voltaire. Voir notre précédent volume, *Voltaire aux Délices*, p. 425.
2. *Voltaire et Frédéric*, p. 406, 407.

goût, et n'a d'autre mérite, aux yeux mêmes de son auteur, que le ridicule qu'il déverse sur le peuple de Dieu. Cette moquerie cruelle devait révolter les âmes religieuses et croyantes. « Je me souviens parfaitement, nous dit Gœthe, que, dans mon fanatisme enfantin, si j'avais pu tenir Voltaire, je l'aurais étranglé à cause de son *Saül*[1]! » Cette religiosité passera, il est vrai, chez l'auteur de *Werther*, qui se permettra des plaisanteries tout aussi choquantes[2]. Ce *Saül* parut à Paris, et l'on jugea prudent de répudier toute paternité à l'endroit de « je ne sais quelle farce, intitulée, dit-on, *Saül et David*, » dans une Déclaration destinée aux *Petites-Affiches*[3]. Il recommandait en même temps à son neveu d'Hornoy de détourner toutes les tracasseries que pourrait lui attirer cette farce anglaise, « indignement tirée de la Sainte-Écriture, qu'on dit faite par ces coquins d'Anglais qui ne respectent pas plus l'*Ancien Testament* que nos flottes[4]. » Le tout était de toucher au but, et on pensait l'avoir atteint. « J'ai grand'peur que cette tragédie de *Saül* ne fasse grand tort à l'*Ancien Testament;* car enfin, tous les traits rapprochés du bon roi David ne forment pas le tableau d'un Titus ou d'un Trajan.

---

1. *OEuvres de Goëthe* (Paris, Hachette, 1862), t. VIII, p. 441. *Mémoires*, 3ᵉ partie.

2. Il dit, dans sa soixante-septième épigramme, qu'il y a quatre choses qui lui sont insupportables, les punaises, la fumée de tabac, l'ail et la Croix. Mezières, *Goëthe, les OEuvres expliquées par la vie*, première partie, p. 367.

3. Voltaire, *OEuvres complètes* (Beuchot), t. LXI, p. 116. Lettre de Voltaire à Damilaville; 14 auguste 1763. *Avertissement*.

4. *Ibid.*, t. LXI, p. 118. Lettre de Voltaire à M. d'Hornoy; aux Délices, 14 auguste 1763.

M. Hut, qui a fait imprimer à Londres l'*Histoire de David*, l'appelle sans façon le Néron de la Palestine. Personne ne l'a trouvé mauvais : voilà un bien abominable peuple[1]? »

« Plus je vieillis et plus je deviens implacable pour l'*infâme !* » mandait Voltaire au premier commis du Vingtième, en mai 1763. L'abolition de la Compagnie de Jésus avait été une fête pour le petit troupeau, qui croyait déjà toucher à la terre promise. C'était un peu se presser de chanter victoire, et ce grand acte, qui avait toute l'importance d'une révolution, n'allait pas avoir toutes les conséquences décisives que l'on en espérait. L'auteur de la *Henriade*, au premier moment, applaudit comme tout le monde à ce coup d'État. Mais la réflexion le refroidissait sensiblement. Élevé à Clermont, dès son enfance, il avait été à même de juger une institution dont on ne pouvait nier les grands côtés ; féconde plus qu'aucune autre en gens de talent, en gens habiles, en écrivains, en savants, en historiens, en orateurs. Il avait eu le loisir d'apprécier leur aménité dans les relations du monde, leur facilité, leur indulgence durement taxées par des adversaires qui ne leur pardonnaient point leur influence, et qui n'auraient pas eu leur science du cœur et leur politique profonde. N'eussent été le *Journal de Trévoux* et les virulentes attaques de cette feuille, en dépit de quelques gaietés un peu vives, il serait demeuré l'ami des jésuites, et n'aurait jamais, c'est à croire, rompu avec eux. Mais tout fut oublié,

---

1. Voltaire, *Œuvres complètes* (Beuchot), t. LXI, p. 140. Lettre de Voltaire à Damilaville ; 29 auguste 1763.

tout fut répudié devant les critiques acerbes des pères Berthier et consorts; et ce fut, dès lors, une guerre d'extermination entre eux et lui. Somme toute, les jésuites chassés ne faisaient que laisser le champ libre à leurs adversaires plus intolérants qu'eux, et qui, pour prouver qu'ils étaient meilleurs chrétiens, ne manqueraient pas de multiplier les recherches, les vexations et les persécutions. On sent chez Voltaire cette nature d'appréhension, notamment dans une lettre au marquis d'Argence signée *Christmoque*.

> Nous sommes défaits des jésuites, mais je ne sais si c'est un si grand bien ; ceux qui prendront leur place se croiront obligés d'affecter plus d'austérité et plus de pédantisme. Rien ne fut plus atrabilaire et plus féroce que les huguenots, parce qu'ils voulaient combattre la morale relâchée [1].

Cette préoccupation revient à tout instant dans la Correspondance [2]. Elle se trouve plus particulièrement indiquée dans un apologue de six vers qu'il a intitulé *Les renards et les loups* [3]. Mais Voltaire n'était pas le seul qui eût pressenti les inévitables conséquences d'un pareil changement; et Rousseau avait dit, avant l'événement, qu'il ne manquait aux jansénistes que d'être les maîtres pour être plus durs et plus intolérants que leurs ennemis [4].

---

1. Voltaire, *OEuvres complètes* (Beuchot), t. LX, p. 587. Lettre de Voltaire au marquis d'Argence; à Ferney, le 2 mars 1762.
2. *Ibid.*, t. LXI, p. 398, 399. Lettres à Marmontel et à Damilaville; des 12 et 16 avril 1764.
3. *Ibid.*, t. LXI, p. 72. Lettre de Voltaire à Damilaville; 19 juin 1763.
4. Rousseau, *Œuvres complètes* (Paris, Dupont, 1824), t. IX, p. 442. *La Nouvelle Héloïse*, part. vi, lett. VII, de Saint-Preux à madame de Wolmar; t. VI, p. 34. *Lettre à Christophe de Beaumont.*

Après leur avoir donné plus d'un coup d'aile, après avoir, en dernier lieu, soutenu une lutte acharnée avec ses voisins d'Ornex, Voltaire se vengera de la redoutable Compagnie en faisant l'aumône à ceux de ses membres qu'un hasard narquois lui envoyait. Dans le *Commentaire historique*, il protestera contre toute accusation de malveillance à l'égard d'un ordre illustre au sein duquel il avait compté tant d'amis. « Ce n'était assurément ni par haine pour le Père Fessi, ni par aucune envie de mortifier les jésuites, qu'il avait entrepris cette affaire (la revendication des biens de MM. de Crassi), puisqu'après la dissolution de la Société, il recueillit un jésuite chez lui, et que plusieurs autres lui ont écrit pour le supplier de les recevoir aussi dans sa maison [1]. » Wagnière, dans ses additions au *Commentaire*, nous donne à ce sujet des détails plus curieux qu'édifiants. « J'en ai vu, raconte-t-il, trois à Ferney, dont l'un était Espagnol, venir demander à M. de *Voltaire* un asile. Il me dit, en riant, de m'informer d'eux si c'était à titre de laquais qu'ils se présentaient chez lui, et s'ils prendraient sa livrée. L'Espagnol accepta sur-le-champ la proposition, sur quoi M. de *Voltaire* les congédia tous trois, en les aidant de quelques secours pour continuer leur voyage et gagner une autre retraite [2]. » Ces trois jésuites sont probablement les mêmes que l'auteur du *Sermon des cinquante*, en belle humeur, prit plaisir

---

1. Voltaire, *Œuvres complètes* (Beuchot), t. XLVIII, p. 306. *Commentaire historique*.
2. Longchamp et Wagnière, *Mémoires sur Voltaire* (Paris, André, 1828), t. I, p. 55, 56. Additions au *Commentaire historique*.

à faire apostasier en présence des nombreux hôtes de Ferney.

Avant hier, il y avait deux jésuites[1] chez moi avec une nombreuse compagnie ; nous jouâmes une parade, et la voici : j'étais M. le premier président, j'interrogeai mes deux moines ; je leur dis : renoncez-vous à tous les priviléges, à toutes les bulles, à toutes les opinions, ou ridicules ou dangereuses, que les lois de l'État réprouvent ? Jurez-vous de ne jamais obéir à votre général ni au pape, quand cette obéissance sera contraire aux intérêts et aux ordres du roi ? Jurez-vous que vous êtes citoyens avant d'être jésuites ? Jurez-vous sans restriction mentale ? A tout cela ils répondirent oui. Et je prononçai : la Cour vous donne acte de votre innocence présente, et, fesant droit sur vos délits passés et futurs, vous condamne à être lapidés sur le tombeau d'Arnaud avec les pierres de Port Royal[2].

Soit pour l'aide qu'il en attendait, soit pour le côté piquant et plaisant d'une telle acquisition, il venait de s'attacher un ancien professeur de rhétorique aux jésuites de Dijon, qu'il avait d'ailleurs connu à Colmar, en 1754, et qu'il retrouvait au couvent d'Ornex, au moment même où il achetait Ferney. Il mandait à l'avocat Dupont : « J'ai ici quelquefois votre ancien confrère Adam ; *ce n'est pas le premier homme du monde*[3]. » Cette plaisanterie, tant de fois répétée, n'était pas de Voltaire, qui n'avait d'autre mérite que celui de l'application[4]. Peut-être le bon père était-il

1. Voltaire dit trois jésuites, dans sa lettre à d'Argental du 25 février.
2. Voltaire, *OEuvres complètes* (Beuchot), t. LX, p. 551, 552. Lettre de Voltaire à Damilaville ; février 1763.
3. *Ibid.*, t. LVIII, p. 16. Lettre de Voltaire à M. Dupont ; aux Délices, 20 janvier 1759.
4. Voici l'origine que donne Patin de cette saillie : « Le Père Adam

moins souple et moins nul que ne se l'imaginaient les visiteurs de Ferney, et ne faisait-il, en s'effaçant, que se plier aux circonstances et à la mauvaise fortune. Voici ce qu'écrivait l'auteur de la *Henriade* à l'abbé de Sade, au commencement de 1764 : « J'oubliais de vous dire que nous avons chez nous un jésuite qui nous dit la messe; c'est une espèce d'Hébreu que j'ai recueilli dans la transmigration de Babylone : il n'est point du tout gênant, il joue très-bien aux échecs, dit la messe fort proprement; enfin c'est un jésuite dont un philosophe s'accommoderait [1]. » Quand Voltaire écrivait cela, il n'y avait que quelques mois que Père Adam était installé à Ferney, où il restera treize ans; il n'avait pas encore de défauts, et il avait le mérite d'être un joueur d'échecs de premier ordre, ce qui le rendait précieux au poëte dont on sait la passion pour ce jeu brillant et savant.

Nous avons vu celui-ci dans un village perdu des Vosges, ravi de rencontrer un M. Bellon placé là pour surveiller la manufacture des cartes à jouer, dont tout le mérite consistait à être un joueur d'échecs passable [2], et oublier avec lui le peu d'agrément du lieu.

est un jésuite de Limosin qu'on a fait taire pour avoir prêché à Saint-Paul contre saint Augustin; au sortir d'un de ses sermons, la reine-mère demanda à un homme de la cour ce qu'il en pensoit; ce seigneur répondit gentiment, que ce père l'avoit convaincu de l'opinion des préadamites; la reine lui ayant demandé ce qu'il vouloit dire: c'est, dit-il, que ce sermon m'a fait voir clairement qu'Adam n'est pas le premier homme du monde. » *Patiniana* (Paris, 1701), p. 62, 63. Sorbière nomme le courtisan, qui serait Benserade. *Sorbieriana* (Tolosæ, 1694), p. 14.

1. Voltaire, *OEuvres complètes* (Beuchot), t. LXI, p. 319. Lettre de Voltaire à l'abbé de Sade; Ferney, 12 février 1764.

2. Voir la cinquième série de nos études, *Voltaire aux Délices*, p. 9.

Il avait fait la partie, dans sa jeunesse, du chancelier Maupeou. « Mais il me gagnait comme de raison[1]. » Ce « comme de raison » est piquant, et ferait croire à une complaisance qu'il était loin d'avoir pour tout le monde. Il était, il devait être un habile joueur, et le docteur Maty n'avait pas oublié ses défaites, à leur rencontre à Leyde, durant le séjour en Hollande de l'auteur de la *Henriade*[2]. Mais il avait trouvé son maître dans le Père Adam ; et ce n'était pas sans chagrin qu'il était obligé de confesser cette sorte d'infériorité. Il disait à Lauraguais : « J'ai peut-être employé moins de temps à faire une chose quelconque qu'à jouer aux échecs : je les aime, je m'y passionne, et le Père Adam, qui est une bête, m'y gagne sans cesse, sans pitié ! Tout a des bornes. Mais pourquoi le Père Adam est-il pour moi le premier homme du monde aux échecs ? Pourquoi suis-je aux échecs, et pour lui, le dernier des hommes ? Tout a des bornes. Croyez-moi, c'est le refrain que nous ne saurions trop répéter[3]. » Voilà qui est philosophique. Mais, à l'application, Voltaire laissait là sa robe de stoïcien pour

---

1. Voltaire, *OEuvres complètes* (Beuchot), t. LXIV, p. 10. Lettre de Voltaire au comte de Rochefort ; 4 février 1767.

2. « Je ne sais, écrivait le célèbre docteur à Tissot, s'il se souviendrait d'un jeune homme de dix-huit ans extrêmement étourdi, qu'il vit à Leyde dans le premier voyage qu'il y fit en 1736, qui, si je ne me trompe, l'accompagna à la bibliothèque, où il eut l'imprudence de lui proposer une partie d'échecs et de se faire battre par lui. Ce jeune homme c'était moi, toujours également pénétré d'admiration pour son mérite et un peu mieux en état de juger et de profiter de ses écrits. » Eynard, *Vie de Tissot* (Lausanne, Ducloux, 1839), p. 42, 43.

3. *Lettres de L. B. Lauraguais* à madame*** (Paris, 1802), p. 59, 60.

s'emporter contre ce fils de Loyola qui l'écrasait de sa supériorité. Condorcet a prétendu que Père Adam, sentant la nécessité des concessions et mettant tout amour-propre de côté, s'arrangeait de façon à se faire battre, quand il s'apercevait que ses victoires répétées avaient exaspéré son trop nerveux partner[1]. Mais La Harpe soutient énergiquement que rien n'est moins exact que cette condescendance du jésuite.

> Le fait est vraisemblable, dit-il, mais je puis assurer qu'il n'est pas vrai. Je les ai vus jouer tous les jours, pendant un an ; et non-seulement le Père *Adam* n'y mettait point de complaisance, lui qui dans tout le reste était plus que complaisant, mais je puis attester qu'il jouait souvent avec humeur, surtout quand il perdait, et qu'il était fort loin de perdre volontairement. Au contraire, je n'ai jamais vu *Voltaire* se fâcher à ce jeu, et je jouais souvent avec lui. Il y mettait même beaucoup de gaîté, et une de ses ruses familières était de faire des contes pour vous distraire, quand il avait mauvais jeu. Il aimait beaucoup les échecs, et se les reprochait comme une perte de temps ; car il faisait cas du temps en raison de l'emploi qu'il en savait faire. *Passer deux heures*, disait-il, *à remuer de petits morceaux de bois ! on aurait fait une scène pendant ce temps-là*[2].

Cependant, nous avons, quoi qu'en dise La Harpe, des témoignages de l'extrême sensibilité du poëte

---

1. Voltaire, *OEuvres complètes* (Beuchot), t. I, p. 243. *Vie de Voltaire*, par Condorcet.

2. Longchamp et Wagnière, *Mémoires sur Voltaire* (Paris, André, 1826), t. II, p. 531, 532. Wagnière, dans son examen des *Mémoires de Bachaumont* (13 octobre 1768), dit également : « Père Adam n'était point du tout assez jésuite pour se faire gagner exprès aux échecs par *M. de Voltaire* ; c'était tout le contraire... » *Ibid.*, t. I, p. 288.

devant l'insuccès, et de ses étranges emportements, lorsqu'il se voyait battu. L'abbé Galiani fait allusion à ces plaisantes vivacités dans une lettre curieuse au patriarche, d'une date plus éloignée. « J'ai vu dernièrement à Naples un de vos élèves, le chevalier de P... avec sa Dulcinée[1] ; il a demeuré, m'a-t-il dit, quinze jours à Ferney, et auroit bien voulu y passer le reste de sa vie. Il m'a conté des choses tout à fait drôles du père Adam, de la gouvernante Barbara[2], du seigneur du logis, de son tourloutoutou, de ses accès de colère, lorsqu'il perd la partie aux échecs, de la perruque du bon jésuite couverte de dés, de sa fuite et de sa cachette, semblable à celle de son vieux patron lorsqu'il eut péché[3]. » Il paraîtrait, en effet, que Voltaire, quand la situation tournait mal, commençait à chantonner un « tourloutoutou » dont son partner connaissait, à dire d'expert, la signification. Il n'était que temps de fuir ; et si l'imprudent s'attar-

1. Nous pensons qu'il s'agit de Dorat-Cubières, qui portait alors le nom de chevalier de Palmézeaux, en correspondance, d'ailleurs, avec Voltaire auquel il disait qu'il avait deux maîtresses : une fille de quinze ans et la Gloire. Ce ne peut être Pezai, qui avait pris le titre de marquis et dont le voyage à Ferney eut lieu, en 1765, dix ans avant cette lettre de Galiani. Ce ne peut être davantage le chevalier Parny, dont il n'est question dans aucune lettre de Voltaire et qui ne faisait à ce moment que quitter l'île Bourbon.

2. « Rien de plus gai, nous dit Charles Pougens, que ses dialogues du matin avec sa grosse servante suisse Barbara, qui lui témoignait si naïvement le profond mépris qu'elle avait pour son esprit prétendu, l'assurant de la meilleure foi du monde qu'elle ne concevait pas comment il y avait des gens assez bêtes pour lui trouver seulement une once de bon sens. » *Lettres philosophiques à madame*** sur divers sujets de morale et de littérature* (Paris, 1826), p. 83.

3. *Correspondance inédite de l'abbé Galiani* (Paris, Dentu, 1818), t. II, p. 152. Lettre de Galiani à Voltaire ; Naples, 3 janvier 1775.

dait, il recevait toutes les pièces de l'échiquier dans sa perruque, ce qui arrivait rarement; car, au premier « tourloutoutou », notre homme s'évanouissait doucement, en attendant que l'orage fût dissipé. Alors l'auteur de *Mérope* de s'écrier : « *Adame, ubi es?* » Et Adam de sortir de sa cachette et de reparaître, comme s'il ne s'était rien passé. Bien qu'à l'arrière-plan, le bon Père n'est pas une figure insignifiante. Quoique discrètement d'abord, il ne laisse pas d'intervenir dans les mille incidents d'une existence qui n'était pas sans imprévu : il tiendra compagnie aux touristes accourus pour honorer et admirer le maître de céans, et se rendra agréable par de petits offices dont on lui saura gré. Il avait été professeur à Dijon, comme on l'a dit plus haut, et il aurait pu, ce semble, être de quelque utilité au poëte; mais Wagnière nie positivement qu'il en fût rien.

Quoique malingre et souffrant, Voltaire travaillait toujours, et, selon son habitude, était attelé à plus d'un sujet. Il n'avait pas complétement corrigé son *Olympie*, qu'il confiait à ses anges qu'il avait en tête un drame sombre, un peu barbare, un peu à l'anglaise, où il y aurait de l'assassinat et qui serait bien loin de nos mœurs énervées. Mais il faut que personne ne soit au fait du complot, car ce sera un vrai complot. Comme pour le *Droit du Seigneur*, Voltaire entend bien n'être pour rien dans le péché; c'était le péché d'un jeune homme qui annonçait des dispositions et méritait d'être encouragé. « Ne serait-ce pas un grand plaisir pour vous de vous moquer de ce public si frivole, si changeant, si incertain dans ses goûts, si volage, si français¹ ? » Il s'agit du *Triumvirat*, œuvre de décadence, qui lui coûtera plus de soins, de remaniements ou de suppressions qu'aucune autre de ses pièces. L'auteur de *Sémiramis* et d'*Oreste* hésite à lui donner un nom, comme si avec un titre différent l'on aurait moins deviné ce qu'il voulait, quelles étaient ses visées. « Je ne sais s'il faut intituler la pièce le *Triumvirat* ; le titre me ferait soupçonner, et on dirait que je suis le savetier qui raccommode toujours les vieux cothurnes de Crébillon ; cependant il est difficile de donner un autre titre à l'ouvrage. Tirez-vous de là comme vous pourrez². » Et c'est, finalement, sous ce titre que seront joués les « roués » de ce jeune débutant, dont il était juste d'encourager les talents naissants, et qui, après mûre délibération, se trouvera être un ex-jésuite, ou, disons mieux, « un jeune novice qui avait demandé son congé, dès qu'il avait su la banqueroute du P. La Valette, et appris que nosseigneurs du parlement avaient un malin vouloir contre saint Ignace de Loyola ; » ce qui sera, pour le public, une raison de protéger ce pauvre diable³.

Mais, avant le *Triumvirat*, devait apparaître, dans toute la magnificence de son spectacle, cette *Olympie*, qui, elle aussi, avait été l'objet de tant de retouches et de remaniements. « On va nous donner encore, écrivait Fréron à l'abbé Gossart, une rapsodie tra-

1. Voltaire, *OEuvres complètes* (Beuchot), t. LXI, p. 89. Lettre de Voltaire à d'Argental ; 13 juin 1763.
2. *Ibid.*, t. LXI, p. 161. Lettre de Voltaire au même ; aux Délices, 27 septembre 1763.
3. *Ibid.*, t. LXI, p. 442. Lettre de Voltaire au même ; aux Délices, 21 mai 1764.

gique de Voltaire intitulée *Olympie*, et tout le monde lui applique son titre : Ô l'impie[1] ! » Le jeu de mots allait directement au poëte, qui aime mieux croire que c'est à sa pièce. « *O l'impie!* n'est pas juste, écrivait-il à D'Alembert, car rien n'est plus pie que cette pièce ; et j'ai grand'peur qu'elle ne soit bonne qu'à être jouée dans un couvent de nonnes, le jour de la fête de l'abbesse[2]. » Elle sera représentée le 17 mars 1764, et sera bien reçue du public, qui témoignera qu'il ne serait pas fâché de voir l'auteur ; c'est ce que mande du moins le poëte à Collini[3], non sans s'illusionner quelque peu sur la vraie portée d'un accueil, où la reconnaissance avait plus de part que l'admiration et l'enthousiasme. En réalité, la pièce parut faible, et les amis ne la traitent guère plus favorablement que les ennemis dans le secret de l'intimité[4]. Les triomphes dramatiques sont clos, et le *Triumvirat* de l'ex-jésuite ne sera reçu, le 5 juillet suivant, qu'avec froideur. Le secret avait été si bien gardé, et l'on ignorait si parfaitement le coupable, que Poinsinet eut peur qu'on ne le lui attribuât, et crut devoir

---

1. Laverdet, *Catalogue d'autographes* du 23 novembre 1861, p. 48, n° 230. Lettre de Piron à l'abbé Gossart, à Nyon; Paris, 4 février 1762. Il y a là erreur, c'est 1764 ou peut-être 1763, car Collini avait fait imprimer *Olympie* à Francfort au commencement de 1763.
2. Voltaire, *Œuvres complètes* (Beuchot), t. LX, p. 513. Lettre de Voltaire à D'Alembert ; 18 janvier 1763.
3. *Ibid.*, t. LXI, p. 379. Lettre de Voltaire à Collini ; à Ferney, 28 mars 1764.
4. Grimm, *Correspondance littéraire* (Paris, Furne), t. III, p. 221, 441. — Collé, *Journal historique* (Paris, 1807), t. III, p. 89 à 94. — Favart, *Mémoires et correspondance littéraires* (Paris, 1808), t. II, p. 199.

protester contre des soupçons si désobligeants [1]. Cependant, l'auteur était loin d'accepter l'arrêt comme définitif; il reprit son poëme et se mit à le refondre avec une ardeur, un zèle infatigables [2].

Le *Commentaire*, ce travail auquel Voltaire s'était donné tout entier et avec tant d'enthousiasme d'abord, et qui l'avait si vite rebuté, allait être livré au public. Quoi qu'on ait dit, il crut avoir fait œuvre de critique consciencieuse, il crut même s'être montré indulgent à l'excès. Ce ne fut pourtant point l'avis des contemporains, qui l'accusèrent de malveillance systématique et d'envie; et, à cet égard, les avis n'ont pas sensiblement varié. Mais, encore une fois, rabaissa-t-il le grand Corneille de parti pris, ou ne cédat-il qu'à l'impatience nerveuse d'un esprit délicat, qui savait par cœur Racine, et oubliait les beautés devant les incorrections et les inégalités trop fréquentes, dans les dernières pièces surtout, de l'auteur de *Pertharite*, d'*Agésilas*, d'*Attila*?

De Racine ou de Corneille, qui Voltaire devait-il rabaisser d'après les insinuations de la jalousie, se demande Chabanon? n'est-ce pas celui des deux dont la perfection lui sem-

---

1. Voltaire, *OEuvres complètes* (Beuchot), t. LXI, p. 508. Lettre de Voltaire à d'Argental; 17 juillet 1764. Il s'agit ici de l'auteur du *Cercle*, du « petit Poinsinet », comme on l'appelait, pour le distinguer de Poinsinet de Sivry son cousin, de Poinsinet-le-Mystifié, pour tout dire, qui était allé rendre visite, comme les autres, à l'auteur de *Zaïre*. « J'ai eu aujourd'hui à dîner un M. Poinsinet revenant d'Italie. *Fratres*, qui est ce M. Poinsinet? Il m'a récité d'assez passables vers. » *Ibid.*, t. LIX, p. 455. Lettre de Voltaire à Damilaville; 15 juin 1761.

2. *Ibid.*, t. LXI, p. 537. Lettre de Voltaire à madame d'Argental; 6 auguste 1764.

blait plus difficile à égaler ? C'est Racine cependant devant qui il a fléchi les genoux, et qu'il ne pouvait se lasser d'admirer. N'est-ce pas que le charme du style de Racine entraînait Voltaire dans son parti ? Par la même raison, le style de Corneille, inégal et souvent raboteux, ne devait-il pas lui servir de démérite devant un juge si sensible à l'élégance et à l'harmonie ? Observez que sur ce point ses jugemens n'ont point varié. Partout où il a trouvé la clarté, la justesse, l'élégance et l'harmonie, il a senti vivement ces qualités du style, et il les a louées [1].

Il n'y a qu'à le suivre dans sa correspondance intime de ce temps pour s'assurer de sa sincérité. Il pense à cœur ouvert avec d'Argental, il n'a pas à feindre avec cet autre lui-même, et l'on peut, sans crainte, prendre ce qu'il lui écrit comme l'expression de son sentiment le plus vrai. Qu'on lise ce qu'il lui mandait, dans tout le fort de son travail, en janvier 1763.

Ce Pierre me fait passer de mauvais quarts d'heure ; je suis outré contre lui, il est comme les bouquetins et les chamois de nos montagnes, qui bondissent sur un rocher escarpé, et descendent dans des précipices. J'avais cru que Racine serait ma consolation, mais il est mon désespoir. C'est le comble de l'insolence de faire une tragédie après ce grand homme-là. Aussi après lui je ne connais que de mauvaises pièces, et avant lui que quelques bonnes scènes [2].

Il écrivait à l'abbé de Voisenon, à la distance d'un mois :

C'est Racine qui est véritablement grand, et d'autant plus

---

1. Chabanon, *Tableau de quelques circonstances de ma vie* (Paris, 1795), p. 149, 150.
2. Voltaire, *OEuvres complètes* (Beuchot), t. LX, p. 578. Lettre de Voltaire à d'Argental ; Ferney, 25 janvier 1763.

grand qu'il ne paraît jamais chercher à l'être ; c'est l'auteur d'*Athalie* qui est l'homme parfait. Je vous confie qu'en commentant Corneille je deviens idolâtre de Racine. Je ne peux plus souffrir le boursouflé et une grandeur hors de nature [1].

De bonne foi, cela n'a-t-il pas toute l'apparence de la sincérité? et que de gens, il faut bien le dire, préfèrent la pureté continue de Racine aux magnificences intermittentes du père de notre théâtre !

Voltaire annonçait vers la fin de mars 1764, à Damilaville, la prochaine mise en vente de l'ouvrage, et le prévenait qu'il lui adressait un ballot de quarante-huit exemplaires pour distribuer, comme il en avait manifesté l'intention dès l'origine, aux gens de lettres peu riches, dignes d'ailleurs d'une telle faveur, à Goldoni, à la Harpe, à Diderot, à Lemière, à Sainmore, à Debelloi. Il n'ignore déjà point qu'il a révolté plus d'un fanatique; mais il en a pris son parti de vieille date. « Quoi qu'il en soit, dit-il, j'ai marié deux filles pour avoir critiqué des vers; Scaliger et Saumaise n'en ont pas fait autant [2]. » Ces deux filles sont mademoiselle Corneille et sa belle-sœur, mademoiselle Dupuits. La première, Cornélie-Chiffon, ou, si l'on aime mieux, Chimène-Marmotte, venait d'accoucher d'une petite fille qui fut bien accueillie de tout le monde, à commencer par le poëte qui annonce sa naissance avec un contentement manifeste, sans paraître

---

1. Voltaire, *OEuvres complètes* (Beuchot), t. LX, p. 584. Lettre de Voltaire à l'abbé de Voisenon; à Ferney, 28 février 1763.
2. *Ibid.*, t. LXI, p. 422, 427. Lettres de Voltaire à D'Alembert et à madame du Deffand, des 8 et 9 mai 1764.

trop regretter le sexe du nouveau-né[1]. Il s'était dit apparemment que la fille de Pierre-François Corneille n'avait pas assez de sang cornélien dans les veines pour engendrer un Sophocle ou un Euripide, et il ne nous a pas caché, d'ailleurs, que sa pupille, qui avait toute la gentillesse possible avec le meilleur cœur, ne serait jamais qu'une charmante enfant, une bonne et douce femme comme les veulent les esprits sages et les gens sensés ; et ceux qui seront à même de l'approcher à Ferney ne la jugeront pas autrement. « Il y a ici, écrivait à sa mère le chevalier de Boufflers, madame *Denis* et madame *Dupuis*, née *Corneille*. Toutes deux me paraissent aimer leur oncle. La première est bonne de la bonté qu'on aime : la seconde est remarquable par ses grands yeux noirs et un teint brun ; elle me paraît tenir plus de la corneille que du *Corneille*[2]. »

Pardonnons cette pointe au futur auteur d'*Aline*, dont le petit talent n'était guère qu'un composé de

---

1. Voltaire, *OEuvres complètes* (Beuchot), t. LXI, p. 459. Lettre de Voltaire à d'Argental ; 6 juin 1764.

2. Le prince de Ligne est encore plus dur pour cette enfant, qui, au moins, avait de la naïveté et de la bonté. « ... Il me demanda comment je la trouvais : *nigra*, lui répondis-je, sans être *formosa*. » La belle-sœur avait trouvé grâce aux yeux de l'impertinent grand seigneur. « Mademoiselle Dupuis, belle-sœur de la Corneille, qui jouait Martine (des *Femmes savantes*) me plaisait infiniment, et me donnait quelquefois des distractions, lorsque ce grand homme me parlait. Il n'aimait pas qu'on en eût. Je me souviens qu'un jour que ses belles servantes suisses, nues jusqu'aux épaules à cause de la chaleur, passaient à côté de moi, ou m'apportaient de la crème, il s'interrompit, et prenant, en colère, leurs beaux cous à pleines mains, il s'écria : *gorge par-ci, gorge par-là, allez au diable.* » *Lettres et pensées* (Genève, 1809), p. 330, 331, 332. *Mon séjour chez M. de Voltaire.*

pointes les plus jolies du monde. Le passage du chevalier à Ferney est à citer. Il avait fait un voyage, comme en faisaient rarement les jeunes gentilshommes de son temps. Loin de chercher à éblouir ces républicains par un train de prince, non-seulement il avait dépouillé tout apparat, mais il s'était fait passer pour un modeste dessinateur français, vivant honnêtement et chichement de son crayon. Il raconte, à ce propos, tout un petit roman avec des bonnes gens de Vévay trop simples pour être en défiance; cela est délicieux et va jusqu'à l'attendrissement. Sa manière de voir les choses et d'exprimer ses émerveillements n'est pas celle d'un Rousseau ou d'un Saussure; il n'est ni enthousiaste ni savant; ce n'est autre qu'une caillette qui sait bien à qui s'adressent ses folies. Il s'était arrêté à Lausanne, qu'il appelle l'île de Circé.

Je vis dans une société que Voltaire a pris soin de former, et je cause un moment avec les écoliers avant d'aller écouter le maître. Il n'y a pas de jour où je ne reçoive des vers et où je n'en rende; pas un où je ne fasse un portrait et une connaissance... Une fois, j'envoyai à une dame de *Gentil* un portrait du diable, avec des cornes et une queue; elle me demanda à quel propos :

>   Ce n'est point sans raison, marquise trop aimable,
>   Que j'envoyai chez vous le diable et son portrait ;
>   Je ne sais s'il vous tenteroit ;
>   Mais vous, vous tenteriez le diable.

Il arrive à Ferney, où il est accueilli comme le fils de sa mère, et tombe sous le charme de cet esprit, qui, sans effort, redescend à ses dix-huit ans et le traite en camarade. Une chose digne de remarque et que constate tout d'abord le touriste introduit dans cet intérieur, c'est la générosité du maître, c'est la bonne chère, c'est la large existence du patriarche.

Vous ne pouvez point vous faire d'idée de la dépense et du bien qu'il fait. Il est le roi et le père du pays qu'il habite ; il fait le bonheur de ce qui l'entoure, et il est aussi bon père de famille que bon poëte. Si on le partageoit en deux, et que je visse d'un côté l'homme que j'ai lu, et de l'autre celui que j'entends, je ne sais auquel je courrois. Ses imprimeurs auront beau faire, il fera toujours la meilleure édition de ses livres.... Au reste, la maison est charmante, la situation superbe, la chère délicate, mon appartement délicieux... Voltaire m'a beaucoup parlé de Pampan [1], et comme j'aime qu'on en parle. Il a beaucoup recherché dans sa mémoire l'abbé Porquet qu'il a connu autrefois, mais il n'a jamais pu le retrouver ; les petits bijoux sont sujets à se perdre.

Le chevalier rencontra à Ferney madame Cramer, la femme du libraire, un esprit de verte allure, qui pensait librement et tout haut, se permettant parfois des saillies fort peu orthodoxes, comme on en a pu juger par une assez osée que l'on n'a sans doute pas oubliée [2]. La dame et le chevalier imaginèrent de lutter aux couplets, et voici celui qu'elle trouva, un peu aidée par Boufflers :

> Il faudrait que père Adam
> Voulût être mon amant.
> Oui, que la peste me crève,
> S'il me veut, je suis son Ève ;
> Et je serai, dès demain,
> La mère du genre humain.

1. M. Devaux, dont il a été question dans les tomes III et IV de cet ouvrage (*Voltaire à Cirey, Voltaire à la cour*).
2. *Voltaire aux Délices*, p. 179.

Ces vers ne rappellent-ils pas ceux, tout aussi libres, faits par la mère du chevalier sur l'abbé Porquet :

> Jadis, je plus à Porquet,
> Et Porquet m'avait su plaire...[1]

Madame Cramer ne s'effarouchait pas aisément et entendait la plaisanterie, même celle qu'on ne fait guère devant une femme. C'est d'elle que Voltaire veut parler, dans sa réponse aux *Cœurs* de Boufflers :

> Certaine dame honnête, et savante et profonde[2].

Dans un couplet à elle adressé, le poëte semble insinuer que ce charmant vaurien, qui sait tout à la fois rimer avec lui et peindre avec Hubert, pourrait bien utiliser, d'une manière plus douce, ses instants avec la dame [3]. Si un rigorisme exagéré rend tout commerce rebutant, il est bon aussi de ne point trop fournir de prétextes à la médisance. Cette femme vive, spirituelle, gâtée par son entourage, s'inquiétait médiocrement des propos, et, par ses saillies, laissait un libre champ à la malice des ennemis et des envieux. Ainsi, nous lisons, dans des Nouvelles à la main, que le duc de Richelieu, durant l'apparition qu'il fit à Ferney, en octobre 1762, ayant trouvé

---

1. *Voltaire à la cour*, p. 299.
2. Voltaire, *Œuvres complètes* (Beuchot), t. XII, p. 540. A M. le chevalier de Boufflers qui lui avait envoyé une pièce de vers intitulée *Le Cœur*.
3. *Ibid.*, t. XIV, p. 455. Couplet à madame Cramer, par M. le chevalier de Boufflers, 1766. Ce millésime nous paraît fautif. Boufflers vint à Ferney en décembre 1764 et y resta les premiers jours de 1765.

madame Cramer à son gré, songea tout aussitôt à grossir de son nom la liste de ses conquêtes, s'en reposant pour cela sur la complaisance de son hôte, qui se chargea d'écarter le mari. Des vers avaient été faits à la gloire du vainqueur de Port-Mahon; il importait qu'ils fussent imprimés dans la nuit pour que l'incomparable duc les eût à son réveil, et l'on attendait de l'obligeance du libraire qu'il veillerait par lui-même à l'exécution de ce petit complot. S'il faut en croire le chroniqueur, l'anecdote venait en droiture du maréchal qui ne s'était pas fait scrupule de la raconter [1]. Tout est possible de la part d'un Richelieu, et ses soixante-six ans qu'il avait alors ne seraient pas un motif sérieux de douter de l'aventure; car, si elle n'est rien moins que réelle, Voltaire, à ce même voyage, surprenait ce vétéran de la galanterie aux genoux d'une jeune et jolie femme, madame Ménage, qui était venue, elle aussi, consulter Tronchin, et avait été invitée par l'auteur de *Zaïre* à passer quelques jours à Ferney [2]. En tous cas, voilà une femme de prime-saut, une Française, une Parisienne du dix-huitième siècle égarée dans la calviniste Genève, qu'elle est loin d'édifier, se souciant peu de mécontenter le vénérable Consistoire, ne songeant qu'à vivre en toute indépendance, au milieu d'une société choisie, comme elle émancipée, ne chantant d'autres psaumes et d'autres antiennes que ceux qui s'entonnaient

---

1. *Correspondance secrète, politique et littéraire* (Londres, John Adamson, 1788), t. XV, p. 237.

2. *Correspondance inédite de Grimm* (Paris, Furne, 1829), p. 348, 349.

à Ferney, à la table de l'étrange patriarche. Revenons au chevalier.

Les instants se passaient comme des minutes ; la gaîté, la gentillesse du jeune Boufflers animaient, émoustillaient tout ce monde, qui avait besoin, mais auquel les occasions ne manquaient point, de se retremper. Il s'avise de crayonner pour les étrennes de la marquise un petit dessin de Voltaire, pendant qu'il perd aux échecs. « Ce n'est qu'une ébauche hâtée, à la lumière et aux travers des grimaces qu'il fait toujours quand on veut le peindre. » Mais le caractère de la figure avait été saisi, et, comme le dit le chevalier, c'est bien l'essentiel[1]. Voltaire, de son côté, se laisse aisément gagner par cette bonne humeur qui ne se dément pas, et adresse à la marquise les éloges les plus flatteurs et les plus sincères sur son peintre. « Je crois qu'il ira loin. J'ai vu des jeunes gens de Paris et de Versailles, mais ils n'étaient que des barbouilleurs auprès de lui... Il a fort réussi en Suisse[2]. » Quant au chevalier, il s'amuse, il ne songe pas à s'en aller : il est toujours sous le charme. « Vous ne sauriez vous figurer, écrit-il encore à sa mère, combien l'intérieur de cet homme-ci est aimable ; il seroit le meilleur vieillard du monde, s'il n'étoit point le pre-

---

1. Voltaire écrivait au président Henault, le 20 juin 1764 : « Riez d'une caricature qui me ressemble assez : c'est l'ouvrage d'un jeune homme de quinze ans, qui, en me voyant par la fenêtre, m'a croqué en deux minutes, et m'a gravé en quatre. » OEuvres complètes (Beuchot), t. LXI, p. 476, 477. Mais ce ne peut être Boufflers, qui ne paraissait à Ferney que six mois plus tard.
2. Ibid., t. LXII, p. 130. Lettre de Voltaire à la marquise de Boufflers ; Ferney, 15 décembre 1764.

mier des hommes : il n'a que le défaut d'être fort renfermé[1]... »

Ce défaut que signale Boufflers, et qui s'aggravera de plus en plus, est déjà très-sensible, et le vieillard, auquel les souffrances laissaient peu de trêve, n'accordera la présence réelle qu'à bon escient. « Mon Dieu! *délivrez-moi de mes amis : je me charge de mes ennemis!* » s'écriait-il, quand on lui annonçait la visite de ces coureurs de châteaux qui croient bien mériter de leur hôte en traînant chez lui leurs inutilités[2]. Ou bien : « Vite, vite du Tronchin[3]; » ce qui voulait dire qu'on le fît passer pour malade, pour agonisant, s'il n'en fallait pas moins; et cela n'était pas de trop, et cela ne suffisait pas à désarmer certaines curiosités féroces. Des Anglais se présentent, les gens avaient le mot; l'un d'eux insiste : il le verra malade, comme il est. « Qu'on lui dise que je suis à la mort. » Mais cela n'arrête pas l'insulaire. « Dites-lui que je suis mort. » L'Anglais voulut le voir mort. « Dites-lui que le diable m'a emporté! » s'écrie, à bout d'expédients, l'auteur de la *Henriade*, qui ne commettait peut-être qu'un anachronisme[4]. Voltaire ne fermera

---

1. *OEuvres de Boufflers* (Paris, 1792), lettre VIII, p. 44.
2. *OEuvres du marquis de Villette* (Édimbourg, 1788), p. 165. Lettre du marquis à sa femme; 14 juillet 1782.
3. Prince de Ligne, *Lettres et pensées* (Genève, 1809), p. 327.
4. Ch. Monnard, *Biographie de Jean de Muller* (Paris, 1839), t. XXXVII, 18 octobre 1774. Voltaire était d'autant plus excusable que c'était une importunité de toutes les heures et de toutes les minutes, et qu'il se voyait relancé par toutes gens, même des maniaques et des fous. Lire l'étrange invasion à Ferney, par une affreuse nuit d'hiver, du fantasque Chassaignon, dans *Les Nudi-*

pas sa porte, l'hospitalité sera aussi bienveillante, aussi grande; mais il arrivera à plus d'un visiteur de ne pas obtenir la faveur de lui être présenté. « Quand j'ai bien travaillé, je n'en peux plus. On vient dîner chez moi, et la plupart du temps je ne me mets point à table; madame Denis est chargée de toutes les cérémonies, et de faire les honneurs de ma cabane à des personnes qu'elle ne reverra plus [1]. » Mais l'on ne peut guère évincer des fâcheux du rang des ducs de Lorges et de Randan, qui viennent avec des acteurs et ont décidé qu'ils joueraient la comédie sur le théâtre de Ferney [2]. Il fallait donc l'envahir, le conquérir, l'emporter d'assaut.

Il avait son endroit faible, comme Achille; il ne savait pas résister à l'esprit, à la gaîté assaisonnée d'une pointe de malice et même de méchanceté. Mais ce dont il s'effrayait le moins, c'était de la jeunesse, à laquelle il faisait fête avec une bonhomie dont nous venons d'être les témoins. Le chevalier de Boufflers nous a raconté, avec une piquante originalité, comment on l'avait accueilli. Un peu auparavant, Voltaire ne faisait pas moins bonne réception à un autre original, d'un esprit étincelant s'échappant en fusées, dont peut-être la rectitude n'égalait pas l'éblouissement, le prince de Ligne, ce fou aimable, que madame du Deffand appelait précisément « le Gilles du chevalier

---

tés ou les crimes affreux du peuple (Paris, 1792), p. 314, 315, 316.

1. Voltaire, *OEuvres complètes* (Beuchot), t. LXI, p. 474. Lettre de Voltaire à madame du Deffand; aux Délices, 20 juin 1764.

2. *Ibid.*, t. LXII, p. 222, 383. Lettres de Voltaire à Richelieu et au marquis de Villette, des 7 février et 8 juillet 1765.

de Boufflers [1]. » Il passa huit jours à Ferney qu'il employa de son mieux, et nous a raconté des folies dans un jargon dont on serait vite las, si on s'attardait trop, mais qui surprend et amuse quelques minutes. Il s'en est fallu de bien peu que les deux écervelés ne se rencontrassent ; c'est donc le même homme dont ils nous entretiennent, le même entourage, les mêmes comparses. Nous avons le crayon de Boufflers ; voici le portrait du patriarche par le prince de Ligne, vu presque à la même heure ; la page, d'ailleurs, est intéressante, et n'est pas la moins raisonnable qui soit sortie de cette plume d'improvisateur.

Il étoit toujours en souliers gris, bas gris-de-fer, roulés, grande veste de basin, longue jusqu'aux genoux, grande et longue perruque, et petit bonnet de velours noir. Le dimanche il mettoit quelquefois un bel habit mordoré uni, veste et culotte de même, mais la veste à grandes basques, et galonnée en or, à la bourgogne, galons festonnés et à lames, avec de grandes manchettes à dentelles jusqu'au bout des doigts, *car avec cela*, disoit-il, *on a l'air noble* [2]. M. de Voltaire étoit bon pour tous ses alentours et les faisoit rire. Il embellissoit tout ce qu'il voyoit et tout ce qu'il en-

1. « Il voudrait, je crois, ressembler au chevalier de Boufflers, mais il n'a pas, à beaucoup près, autant d'esprit ; il est son Gilles. » Madame du Deffand, *Correspondance complète* (Paris, Plon, 1865), t. I, p. 441. Lettre de la marquise à Horace Walpole ; lundi, 3 août 1767. C'était faire tort au prince de Ligne, qui valait bien l'auteur d'*Aline*.

2. Sherlock nous le peint en déshabillé, sa tenue la plus habituelle chez lui. « Les deux jours que je l'ai vu, il portoit des souliers de drap blanc, des bas blancs de laine, des culottes rouges, deux gilets, avec une robe de chambre et la veste de toile bleue, semée de fleurs jaunes et doublée de jaune : il portoit une perruque grise à trois marteaux, et par dessus un bonnet de nuit de soie brodé d'or et d'argent. *Lettres d'un voyageur anglois* (Londres, 1779), p. 153.

tendoit. Il fit des questions à un officier de mon régiment qu'il trouva sublime dans ses réponses. *De quelle religion êtes-vous, monsieur?* lui demanda-t-il. — Mes parens m'ont fait élever dans la religion catholique. — *Grande réponse!* dit M. de Voltaire : *il ne dit pas qu'il le soit.* Tout cela paroît ridicule à rapporter et fait pour le rendre ridicule; mais il falloit le voir, animé par sa belle et brillante imagination, distribuant, jetant l'esprit, la saillie à pleines mains, en prêtant à tout le monde[1]; porté à voir et à croire le beau et le bien, abondant dans son sens, y faisant abonder les autres; rapportant tout à ce qu'il écrivoit, à ce qu'il pensoit; faisant parler et penser ceux qui en étoient capables; donnant des secours à tous les malheureux, bâtissant pour de pauvres familles, et bon homme dans la sienne; bon homme dans son village, bon homme et grand homme tout à la fois, réunion sans laquelle on n'est jamais complétement ni l'un ni l'autre : car le génie donne plus d'étendue à la bonté, et la bonté plus de naturel au génie[2].

Voltaire avait pris un grand parti, il avait prononcé un arrêt dont on ne l'eût jamais cru capable, et qui ne devait pas sortir de sa bouche. Il avait fini par se dire que ces représentations dramatiques étaient une occasion de fatigues et d'embarras qu'il se sen-

[1]. Voltaire a quelquefois de ces étonnements naïfs, de ces retours singuliers sur l'insuffisance de ses connaissances, qui le produisent sous un jour fort inattendu et qui ramènent à lui. Un jour, à table, il trouve que la farine du blé qu'il avait récolté aux Délices ne faisait pas le pain blanc, et il l'attribue naturellement à la qualité inférieure de la terre. Wagnière, qui le servait, lui fit observer qu'il sera plus blanc, lorsque la farine trop fraîche sera reposée. « Quel âge as-tu? lui demanda vivement Voltaire. — Quinze ans. — Comment? à quinze ans tu en sais déjà plus que moi qui en ai plus de soixante! » Gaullieur, *Annales nationales*, IIIe année (Genève, 1855), p. 203. Anecdotes inédites sur Voltaire, racontées par François Tronchin.

[2]. Prince de Ligne, *Lettres et pensées* (Genève, 1809), p. 335, 336. *Mon séjour chez M. de Voltaire.*

tait de moins en moins la force d'affronter; Ferney était, d'ailleurs, plus qu'exigu, eu égard au personnel mouvant qu'il avait à abriter. Pourquoi ne pas transformer un local relativement spacieux, qu'on n'utilisait plus guère, en lingerie et en chambres à donner? La sentence eut son plein effet, et cet acte de vandalisme s'accomplit. Mais il faudra bien, quoi qu'on en ait, que l'on revienne à ses dieux, après s'être convaincu de l'impossibilité de vivre sans spectacle et sans théâtre. Survient mademoiselle Clairon (29 juillet[1]). Melpomène dans Ferney, sans temple et sans autels! Était-ce admissible? L'on eut bientôt fait, à l'annonce de son arrivée, de rendre à sa destination première cette jolie salle, qui avait retenti déjà de tant d'alexandrins. « Mademoiselle Clairon est chez moi; elle joue sur mon théâtre que j'ai rebâti pour elle[2]; mais à peine puis-je me traîner pour l'aller entendre[3]. » Elle-même n'était pas beaucoup plus vaillante, et venait demander de la santé et des forces à l'Esculape génevois. « Mademoiselle Clairon, écrit-il à d'Argental, va jouer, à basse note, Aménaïde et Électre sur mon petit théâtre de Ferney, qu'on a rétabli comme vous le vouliez. C'est contre les ordres exprès de Tronchin, qui ne répond pas de sa vie si elle fait des

---

1. *Voltaire à Ferney* (Didier, 1860), p. 403. Lettre de Voltaire à Thiériot; 28 juillet 1765. — *Lettres inédites* (Didier, 1857), t. I, p. 416. Lettre à D'Alembert, même date.

2. Voltaire, *Lettres inédites* (Didier, 1857), t. I, p. 414. Lettre de Voltaire à d'Argental; 25 juin 1765. C'est madame Denis, qui l'a fait réédifier « presque malgré moi. »

3. Voltaire, *Œuvres complètes* (Beuchot), t. LXII, p. 399. Lettre de Voltaire à Collini; Ferney, 4 auguste 1765.

efforts, et qui veut absolument qu'elle renonce à jouer la tragédie [1]. »

Lorsqu'elle arriva à Ferney, le patriarche était à l'agonie ou peu s'en fallait, et l'on imagina pour sa résurrection de la prier de réciter quelques-uns de ses vers. Elle s'y prêta de la meilleure grâce, et déclama avec tant de pathétique son rôle de l'*Orphelin de la Chine*, qu'il en oublia son agonie [2]. Pareil oubli, quelque étrange qu'il puisse sembler, se renouvelait à tout instant, au grand divertissement de l'assistance, qui savait, de vieille date, à quoi s'en tenir à cet égard. Un jour, aux prises avec sa sciatique, Voltaire entre dans le salon, se traînant sur des béquilles et soutenu par deux dames; on l'assied dans son fauteuil, ses béquilles à ses côtés. Les contes se succédaient, l'on était en verve; il en entame un à son tour, qu'il se met à mimer selon son habitude; il s'anime à mesure qu'il avance, perd totalement de vue et sa goutte et sa faiblesse, se lève avec la légèreté d'un enfant, prend ses béquilles sous son bras, traverse la pièce en s'agitant, se démenant, gesticulant, jusqu'au moment où un rire général le rappelle au sentiment de ses maux. « Il retombe sur ses béquilles, nous dit Tronchin des

---

[1]. Voltaire, *OEuvres complètes* (Beuchot), t. LXII, p. 403. Lettre de Voltaire à d'Argental; 12 auguste 1765.

[2]. *The private correspondence of David Garrick* (London, 1832), t. II, p. 448. Lettre de Cailhava d'Estandoux à Garrick; à Paris, le 28 août. *Ibid.*, t. II, 452. Lettre de Monnet à Garrick; ce 14 août 1765. — Il existe une eau-forte représentant la visite de mademoiselle Clairon à Ferney. Le poëte et l'actrice tombent aux genoux l'un de l'autre, dans la posture la plus plaisante; le secrétaire du patriarche essaye de relever celui-ci. *Troisième catalogue des livres anciens et modernes de Techener* (Paris, 1865), p. 121, n° 1962.

Délices, qui avait été le témoin de cette petite comédie, et se fait aider à regagner son fauteuil [1]. » Le conseiller d'État génevois, qui l'entendait continuellement gémir sur ses souffrances, était fait à cette note depuis longtemps, car le premier mot qu'il avait articulé devant lui avait été une plainte ; et il y avait de cela quarante ans et plus. « En 1722, raconte-t-il, étant à l'amphithéâtre de la Comédie-Française, un jeune homme fort maigre, habit noir, longue perruque naturelle, passa dans le couloir. J'étais assis à côté d'un inconnu qui lui demanda comment il se portait : « *Toujours allant et souffrant* » fut toute sa réponse, et je ne l'ai retenue que parce que j'appris un moment après que c'était Voltaire qui venait de passer. Dès lors, il est allé *toujours allant et souffrant*, cinquante-six ans avant de mourir. C'est ainsi que je l'ai connu tout ce temps [2]. »

Le cousin du narrateur, le docteur Tronchin, était à même plus encore d'apprécier la sincérité de ce malade intentionné, qui croyait sa sécurité, sa liberté compromises, si on le savait et moins cacochyme et moins vieux de quelques mois. Depuis longtemps, à l'époque où nous sommes, Voltaire, s'il fallait l'en croire, n'allait plus à Genève. Mais un homme à béquilles ne va nulle part et ne quitte point le coin de son feu et sa chaise à bras. Notre infirme cependant ne laissait point de faire de longues promenades à pied dans ses terres, ou des

---

1. Gaullieur, *Étrennes nationales*, IIIe année (Genève, 1855), p. 202, 203. Anecdotes inédites sur Voltaire, août 1756.

2. Gaullieur, *Mélanges historiques et littéraires sur la Suisse française* (Genève, 1855), p. 5.

excursions aux environs dans un simple cabriolet tiré par un cheval fringant, dont il n'hésitait pas à se constituer l'automédon. « Voltaire se porte on ne peut pas mieux, écrivait un jour le docteur à Grimm. Je l'ai rencontré hier entre les deux ponts du Rhône conduisant un cabriolet attelé d'un poulain qui n'a que deux ans. Je lui criai par la portière : « Vieux « enfant, que faites-vous? » Ce matin j'en ai reçu ce billet. Voyez si c'est l'allure et le ton d'un agonisant ; il est plus étourdi que jamais. » Voltaire avait été pris en flagrant délit de santé et même de gaillardise ; il fallait bien expliquer son cas, invoquer l'indulgence et le secret de son juge. « Le spectacle d'un jeune pédant de soixante et dix ans[1], lui marquait-il, conduisant un cabriolet ne se donne pas tous les jours, mon cher Esculape, j'allais chez vous, j'avais quelque chose à vous dire ; je n'avais point de chevaux de carrosse et j'ai pris le parti de vous aller voir en petit maître. N'allez pas en tirer vos cruelles conséquences que je me porte bien, que je suis un corps de fer, etc. Ne me calomniez pas et aimez-moi[2]. » Mais revenons à mademoiselle Clairon.

Il y avait dix-sept ans qu'il ne l'avait vue ; alors c'était déjà la première dans son art, mais elle était

---

1. M. Courtat, prenant cette indication d'âge à la lettre, fait remonter l'anecdote, en l'absence de dates précises, à l'année 1764. Comme l'auteur de *Zaïre* ne parlait point de son âge sans se donner une ou deux années de plus, il se pourrait que ce billet fût quelque peu plus ancien. *Défense de Voltaire contre ses amis et contre ses ennemis* (Paris, Lainé, 1872), p. 46.
2. Sayous, *Le dix-huitième siècle à l'étranger* (Paris, Didier, 1861), t. II, p. 505, 506.

loin encore d'avoir atteint et cette élévation et ce pathétique. L'on pense bien que le passage de ce météore à Ferney fut l'occasion de fêtes et de réjouissances, et que tout Genève assiégea les issues de ce palais enchanté. L'auteur de *Zaïre* et de *Mérope*, lui, ne se possède plus : il a vu la perfection pour la première fois[1]. Si Aménaïde a été interprétée excellemment, que dire de Clairon dans Électre? elle aurait ébranlé les Alpes et le mont Jura. Madame Denis joua Clytemnestre « très-bien, » cela va de soi; Voltaire ne nous dit pas pourtant qu'elle ait surpassé ni même égalé la grande tragédienne. Le rôle effacé d'Éphise échut à l'autre nièce, madame de Florian, qui s'en tira à merveille. Mais c'était le cas ou jamais de décrocher la lyre et de chanter le génie et les vertus de la Melpomène de la France; car on vante jusqu'à ses vertus :

Les vertus que tu peins, je les retrouve en toi[2].

A la réflexion, Voltaire sera étonné, tout le premier, d'en avoir autant dit, et il en conviendra avec une candeur devant laquelle on se sent désarmé. « Vous aurez trouvé, écrit-il à Richelieu, que j'ai poussé l'enthousiasme un peu loin dans certains petits versiculets; mais si vous aviez vu comme elle a joué Électre dans mon *tripot*, vous me pardonneriez[3]. » Il fera le

---

1. Voltaire, *Œuvres complètes* (Beuchot), t. LXII, p. 421. Lettre de Voltaire au marquis d'Argence; 30 auguste 1765.

2. *Ibid.*, t. XIII, p. 241. Épître à mademoiselle Clairon, 1765.

3. *Ibid.*, t. LXII, p. 434. Lettre de Voltaire à Richelieu; à Genève, 16 septembre 1765. Voltaire parle de versiculets; cela ne peut guère s'appliquer à l'Épître à mademoiselle Clairon, mais s'entend parfaitement, entre autres, des *Couplets d'un jeune homme*, chantés à Ferney,

même aveu à d'Argental; seulement les considérants sont moins personnels dans sa lettre à l'ange gardien : « J'ai cru qu'il fallait un tel baume sur les blessures qu'elle avait reçues au For-l'Évêque. Elle m'a paru d'ailleurs aussi changée dans ses mœurs que dans son talent; et plus on a voulu l'avilir, et plus j'ai voulu l'élever [1]. »

Nous avons vu Voltaire s'expliquer avec une certaine emphase sur ses droits seigneuriaux, ses droits de moyenne et haute justice. Comme il avait acheté Ferney au nom de madame Denis autant qu'au sien [2], et que Ferney devait faire retour à sa nièce, il va sans dire que les arrêts et exécutions avaient lieu au nom de tous les deux. A la limite de sa suzeraineté, se dressaient les poteaux seigneuriaux [3], rarement em-

---

le 11 auguste 1765, veille de Sainte-Claire, à mademoiselle Clairon, sur l'air : *Annette à l'âge de quinze ans*. *Ibid.*, t. XIV, p. 451, 452. — *Mémoires secrets pour servir à l'histoire de la République des Lettres* (Londres, John Adamson), t. II, p. 232; 7 septembre 1765.

1. Voltaire, *OEuvres complètes* (Beuchot), t. LXII, p. 436. Lettre de Voltaire à d'Argental; 17 septembre 1765. Mademoiselle Clairon ayant refusé, comme ses camarades, de jouer dans *le Siége de Calais* avec l'acteur Dubois, qui avait été convaincu d'un acte flétrissant, fut envoyée au For-l'Évêque, où, du reste, elle fut visitée par tout ce que Paris avait de distingué et d'illustre. Après ce traitement ignominieux, elle n'avait qu'à se retirer, si elle n'obtenait point une juste réparation, ce qu'elle exécuta avec la dignité un peu théâtrale qu'elle mettait dans tout. Et c'est à ces procédés inqualifiables envers une actrice célèbre que Voltaire fait allusion ici.

2. Dans une pièce signée de la nièce et de l'oncle, on lit : « Nous Marie-Louise Denis, dame de Ferney.... » *Mélanges curieux et anecdotiques* tirés d'une collection de lettres autographes de M. Fossé-Darcosse (Paris, Techener, 1861), p. 467, n° 1126. Cette pièce, datée de Ferney, est du 14 décembre 1774.

3. Ch. Burney, *The present state of music in France and Italy* (London, 1771), p. 56.

ployés, bien que la situation frontière de Ferney l'exposât aux méfaits des contrebandiers et des bandits de tout genre[1], et dans un état de délabrement qui ne nous déplaît point, quoiqu'il ne fût pas sans inconvénients et même sans danger. Le Résident de Genève, Hennin, avec lequel le poëte était sur le pied de l'intimité, lui écrivait à ce propos :

> Nous nous sommes proposé vingt fois, M. l'ambassadeur[2] et moi, de vous avertir que votre justice est prête à tomber, et que son penchant l'entraîne à écraser quelque honnête voyageur qui passera sur le grand chemin sans penser à mal. Votre intention n'est pas que ce qui est fait pour effrayer les méchants devienne funeste aux bons. Faites donc redresser ou plutôt remplacer ces quatre pilliers, symbole de votre pouvoir sur vos vassaux. Ils interceptent le chemin de Ferney. Les bons catholiques se signent en passant le long du fossé opposé. Mais tous ceux qui vont vous voir n'usent pas de cette recette, et vous, qui aimez les hommes, vous seriez au désespoir que quelque mécréant fût écrasé sous la chute d'un gibet, comme vous l'êtes quand par malheur on y accroche quelqu'un pour y faire peur aux autres[3].

Ce qui sans doute n'arrivait pas tous les jours. Il

---

1. L'on trouve, dans les Archives du Parlement de Bourgogne, un tenancier de Voltaire, Joseph Novatier, cordonnier à Ferney, condamné par cette cour, le 12 octobre 1768, à être pendu pour avoir volé deux écus de six livres à Jeanne Berthet, servante d'un sieur Rigot, à Villars-Tascon, et avoir abusé de cette fille. Nous devons ces détails à l'obligeance de l'auteur de *Voltaire au collége*, M. Henri Béaume.

2. Le chevalier de Beauteville.

3. *Correspondance inédite de Voltaire avec M. Hennin* (Paris, Merlin, 1825), p. 84, 85. Lettre de Hennin à Voltaire; Genève, 29 novembre 1766. Voltaire répondait le lendemain : « Je serais très-fâché que mes quatre poteaux tombassent sur mon ami Vernet; je les relèverai en sa faveur, dût-on l'y faire attacher. » Dimanche soir, 30 novembre.

est au moins piquant de le surprendre dans l'exercice de ces fonctions passablement sourcilleuses ; aussi ne nous saura-t-on pas mauvais gré de reproduire une lettre du seigneur de Ferney aux autorités de Genève, pour solliciter leur concours dans la publicité d'un arrêt de son procureur fiscal :

Monsieur, écrivait-il à M. le Premier, nous vous prions, madame Denis et moy, de vouloir bien permettre que l'exécution de votre haute justice vienne afficher aux poteaux de Ferney la condamnation d'un voleur qui fesait beaucoup de tort à tout le pays, le procureur fiscal de notre juridiction qui aura l'honneur de vous rendre cette lettre se conformera à vos ordres [1].

L'autorisation fut accordée sans difficulté [2]. Les relations de Voltaire, à ce moment, avec la république étaient sur le meilleur pied. Il avait à Genève de nombreux amis, des alliés puissants qui ne laissaient pas, au besoin, de lui venir en aide. Il était d'ailleurs fortement recommandé au Magnifique Conseil par le duc de Choiseul, qui s'était donné la peine, en son temps, d'insister d'une façon toute particulière, comme cela résulte d'une curieuse lettre de M. Sellon, le Résident de Genève à notre cour.

1. Archives de Genève. Lettre de Voltaire; à Ferney, 18 juillet 1764.
2. Le Registre du Conseil, année 1764, n° 264, contient la note qui suit : « M. le Premier a rapporté qu'ayant reçu une lettre du sieur de Voltaire du 18 de ce mois, dans laquelle il le prie, tant en son nom qu'au nom de M° Denis, de vouloir permettre que l'exécution de la haute justice vienne afficher aux poteaux de Ferney la condamnation d'un voleur, condamné par contumace, il a accordé la d° permission, ce qui a été approuvé. » P. 342.

M. le duc de Choiseul, en me parlant de M. de Voltaire, m'a prié de témoigner au M. C. qu'il verroit avec plaisir qu'il jouît à Genève de la considération que peut luy valoir sa recommandation. J'ay pu comprendre que l'ouvrage auquel il travaille pour une cour étrangère, que l'on est dans le cas d'obliger [1], peut avoir quelque part à cette démarche. Quoi qu'il en soit, j'espère que le M. C. voudra bien faire connoître à M. de Voltaire que je me suis acquitté de la commission dont j'ay été chargé, ayant répondu d'avance à M. le duc de Choiseul que le M. C. auroit tous les égards que mérite sa recommandation [2].

Malgré la considération qu'il s'était acquise et par son nom et par un train de prince, malgré l'appui diplomatique qui venait s'y joindre, l'auteur de la *Henriade* savait qu'il avait à compter avec un Consistoire, dont il n'était pas l'ami. Il lui fallut bien renier sa *Pucelle*, qui fut inexorablement brûlée. Il dut renier tout aussi catégoriquement son roman de *Candide*, dénoncé au Conseil le 2 mars 1759, et dont

---

1. On sait quels efforts faisait alors Voltaire pour amener les puissances belligérantes à s'entendre et les services occultes qu'il rendait au ministre, en mettant à sa disposition ses rapports d'amitié avec le roi de Prusse.

2. Lettre de Voltaire à M. le Premier; Paris, 15 novembre 1859. Elle était jointe, comme pièce justificative, à la note du même jour du Registre du Conseil : « ... Dans le surplus de sa lettre le sieur Sellon demande le détail de la réception qui a été faite ici à M. de Chauvelin ambassadeur de France à la cour de Turin pendant qu'il a été à la campagne de M. de Voltaire, et dit que S. E. Mons^{eur} le duc de Choiseul en lui parlant dudit s^r de Voltaire l'a prié de témoigner au Conseil qu'il verroit avec plaisir que M. de Voltaire jouît ici de la considération que peut lui valoir sa recommandation, priant qu'on veuille bien lui faire connoître que lui s^r Sellon s'est acquitté de la commission dont le ministre l'avoit chargé, lui ayant répondu d'avance que le Mag. Cons^l auroit tous les égards que mérite sa recommandation. » Archives de Genève. Registre du Conseil, de l'année 1759, p. 493; 15 novembre 1759.

l'édition ne fut pas moins rigoureusement traitée. L'ouvrage était anonyme; et Voltaire de s'écrier : « Dieu me garde d'avoir la moindre part à cet ouvrage! » Le Conseil avait fait son devoir en ordonnant la destruction du livre; quant à l'auteur, il en était quitte pour un désaveu qui ne trompait personne, et pour prendre ses mesures avec son libraire. Bien des gens se faisaient ses complices, et il avait, à vrai dire, dans son parti, la classe élevée de la population, quelque peu déchue de son austérité première, s'il fallait prendre à la lettre ces quelques lignes du poëte à D'Alembert :

Il n'y a plus dans la ville de Calvin que quelques gredins qui croient au consubstantiel. On pense ouvertement comme à Londres; ce que vous savez est bafoué. Il n'y a pas longtemps qu'un pauvre ministre de village prêchant devant quelques citoyens qui ont des maisons de campagne, un de ces messieurs le fit taire. Vous m'ennuyez, lui dit-il, allons dîner; il fit sortir de l'église toute l'honorable compagnie. Jean-Jacques, il est vrai, a été condamné, mais c'est parce que, dans un petit livret intitulé *Contrat Social*, il avait trop pris le parti du peuple contre le magistrat : aussi le peuple, très-reconnaissant, a pris à son tour le parti de Jean-Jacques[1].

Cette anecdote du ministre de village nous paraît un peu forte, si nous la rapprochons de ces violences d'un autre ministre, Leresche, qui, onze ans plus tard, en 1772, ne craignait pas de tonner en pleine chaire contre des hommes tels que les frères

---

1. Voltaire, *OEuvres complètes* (Beuchot), t. LXI, p. 165. Lettre de Voltaire à D'Alembert; 28 septembre 1763.

Tissot[1]. Voltaire fait allusion dans cette même lettre à la condamnation du livre de Rousseau, à laquelle nous arrivons; l'auteur du *Contrat social* et d'*Émile* (car le *Contrat* précéda de quelques mois l'apparition d'*Émile*), avait signé son œuvre, et les juges, cette fois, pourront condamner l'auteur en même temps que l'ouvrage, contentement que pour sa part le patriarche de Ferney n'aurait pas été homme à leur donner.

1. *Voltaire aux Délices*, p. 320.

VII

DOUBLE CONDAMNATION D'ÉMILE. — LETTRES ÉCRITES DE LA MONTAGNE.—SENTIMENT DES CITOYENS.

A Paris, l'enthousiasme qu'*Émile* excita alla jusqu'au délire; il fut le bréviaire des jeunes mères, qui crurent toutes qu'en se conformant aux préceptes, aux doctrines du philosophe génevois, elles ne pouvaient manquer de donner le jour à des hommes et d'élever de grands citoyens. Il obtint, en somme, le genre de succès que devait souhaiter son auteur, auquel, quoi qu'on en dise, il ne déplaisait ni d'être décrété ni d'être condamné. Rousseau eut cette satisfaction tout au long, il fut obligé de s'enfuir; et il nous a raconté dans ses *Confessions* cette odyssée ou cette exode, avec l'entraînement, le charme qui lui sont propres.

Le moment n'était pas bon pour les publications de cette nature. Les rigueurs exercées contre la Compagnie de Jésus semblaient exiger du parti qui les avait préparées et arrachées un redoublement de sévérités à l'égard des auteurs et des écrits qui s'attaquaient à la religion. Les jansénistes, en majorité au parlement, pénétrés de la nécessité de donner au monde ce témoignage de leur zèle et de leur piété, s'inquiétèrent peu de garder une sage mesure. « On entendait dire tout ouvertement aux parlementaires qu'on n'avançait rien à brûler les livres, et qu'il fallait brûler les auteurs [1]. » Et Rousseau n'exagère pas autant peut-être qu'il le croit. Il y avait des gens dont c'était bien la pensée, et la condamnation de Calas, plus tard l'affreuse exécution de La Barre, n'indiquent que trop une volonté implacable d'anéantir, même dans le sang, l'irréligion et une philosophie qui ne cachait point ses criminelles espérances. *Émile* fut condamné sur le réquisitoire d'Omer Joli de Fleuri, qui n'entrevoyait dans cette éducation conseillée aux pères de famille que l'anéantissement de la société chrétienne. « Que seraient, s'était-il écrié, des sujets élevés par de pareilles maximes, sinon des hommes préoccupés du scepticisme et de la tolérance? »

Le parlement avait décrété l'arrestation de Rousseau, et, le 11 juin, son livre était brûlé par la main du bourreau. Tout cela était dans l'ordre, mais ne faisait qu'accroître la vogue de l'ouvrage, qui n'avait pas besoin de la persécution pour se glisser dans toutes les bibliothèques et jusque sur toutes les toilettes; car les jeunes mères n'allaient bientôt plus donner le sein à leur nouveau-né que l'*Émile* à la main. Pourtant, il avait fallu s'éloigner. Jean-Jacques se dirigea vers la Suisse, sans aller jusqu'à Genève où il se croyait des ennemis puissants. Les faits semblèrent légitimer ses appréhensions : neuf jours après

---

[1]. Rousseau, *OEuvres complètes* (Paris, Dupont, 1824), t. XVI, p. 53. *Confessions*, part. II, liv. XI.

l'arrêt du parlement de Paris, les magistrats génevois condamnaient son livre à « être brûlé avec infamie; » et un décret de prise de corps ne tardait pas à être lancé contre lui. Cette procédure trop expéditive avait lieu d'étonner, et fit plus qu'étonner à Genève. Mais on ne pouvait confesser l'existence d'un dessous de cartes, dont pourtant on fera le demi-aveu [1]; il y avait, pour tout dire, une pression exercée par le ministre de France, et qui se révéla par une précipitation dont l'effet fut d'enlever à l'arrêt son autorité. Aussi M. Sellon envoyait-il de Paris, à la date du 11 juillet, les félicitations de M. de Choiseul, pour cet acte de rigueur du Magnifique Conseil, que ces éloges ne durent pas enorgueillir outre mesure [2]. L'arrêt, en somme, était légal : le premier article du serment des Bourgeois les obligeait « à vivre selon la Réformation du saint Évangile, » comme le premier devoir des syndics et du Conseil était de « maintenir la pure religion. » Était-ce vivre selon l'Évangile que d'écrire contre l'Évangile? Était-ce maintenir la pure religion que de ne pas flétrir les livres qui tendaient à la détruire?

Peut-on se dissimuler, objectait l'auteur des *Lettres écrites de la campagne*, que, dans *Émile* et dans le *Contrat social*, la religion et le Gouvernement ne soient livrés à la plus audacieuse critique? Et pour se borner à ce qui regarde la reli-

---

1. *Lettres écrites de la campagne* (1763), p. 23. Lettre première.
2. Plus tard, au mois d'avril 1763, sur la requête de M. de Montperoux, le gouvernement de Genève empêchait également l'impression de la lettre de Rousseau à M. de Beaumont, en réponse au mandement de l'archevêque de Paris sur l'*Émile*. Sordet, *Histoire des Résidents de France à Genève* (Genève, 1854), p. 86.

gion, peut-on nier que l'auteur d'un livre qui détruit les prophéties et les miracles, qui trouve le pur Évangile rempli de choses incroyables, contraires à la raison, et qu'un homme sensé ne sauroit admettre, qui rejette la prière comme inutile, qui accuse la morale chrétienne de rendre tous nos devoirs impraticables en les outrant, qui déclare la religion incompatible avec la liberté, c'est-à-dire avec le bonheur de la société civile, et faite seulement par des despotes et des esclaves, peut-on nier que cet auteur n'ait écrit contre la religion, et qu'il n'ait violé par cela même un article important de la loi civile[1] ?

C'était surtout le *Contrat social* que poursuivait jusqu'à Genève le gouvernement français, et l'on ne s'y méprit point. « On a battu l'*Émile* sur le dos du *Contrat social*, » disaient les amis de Jean-Jacques[2]. Rousseau n'ignorait pas l'influence exercée par M. de Choiseul, et ne se serait pas cru plus en sûreté à Genève qu'en France, si le cabinet de Versailles eût été résolu à le traquer sans pitié ni merci. Mais, abstraction faite de ce qu'il avait à redouter du dehors, il avait, il prétendait avoir des ennemis acharnés dans sa ville, le procureur général Tronchin, auquel il n'avait pas tenu que sa *Julie* fût condamnée[3], et, autant que tous (car c'était lui qui les faisait agir), l'auteur du poëme sur le *Désastre de Lisbonne*. « Il est vrai, écrivait Rousseau à madame de Boufflers, que le crédit de M. de Voltaire à Genève a beaucoup contribué à cette violence et à cette précipitation. C'est à l'instiga-

---

1. *Lettres écrites de la campagne* (1763), p. 10, 11. Lettre première.
2. Gaberel, *Rousseau et les Génevois* (Genève, 1758), p. 74.
3. Rousseau, *Œuvres complètes* (Paris, Dupont, 1824), t. XVI, p. 61. *Confessions*, part. II, liv. XI.

tion de M. de Voltaire qu'on y a vengé contre moi la cause de Dieu[1]. » Le mot est plaisant, car ce qui révoltait Voltaire dans *Émile* n'était pas, à coup sûr, ce que le parlement et l'archevêque de Paris y avaient condamné[2]. Mais l'auteur de la *Henriade* était-il donc aussi impie qu'on voulait le faire croire? Il avait des ennemis qui le calomniaient; au fond, nous le savons, c'était un bon chrétien, se souvenant de l'éducation qu'il avait reçue au collège de Clermont, et surtout incapable d'avoir écrit une ligne des abominables livres qu'on disait bien méchamment être de lui, comme cela ressort sans difficulté du petit dialogue qui suit : c'est une conversation de M. de Voltaire avec un de ses ouvriers du comté de Neuchâtel.

M. de Voltaire. — Est-il vrai que vous êtes du canton de Neuchâtel?

L'ouvrier. — Oui, monsieur.

M. de Voltaire. — Êtes-vous de Neuchâtel même?

L'ouvrier. — Non, monsieur; je suis du village de Butte, dans la vallée de Travers.

M. de Voltaire. — Butte! Cela est-il loin de Motiers?

L'ouvrier. — A une petite lieue.

M. de Voltaire. — Vous avez dans votre pays un certain personnage de celui-ci qui a bien fait des siennes.

L'ouvrier. — Qui donc, monsieur?

M. de Voltaire. — Un certain Jean-Jacques Rousseau. Le connaissez-vous?

L'ouvrier. — Oui, monsieur; je l'ai vu un jour à Butte,

---

1. Rousseau, *Œuvres complètes* (Dupont, Paris, 1824), t. XIX, p. 325. Lettre de Rousseau à la comtesse de Boufflers; Yverdun, 4 juillet 1762.

2. Voltaire, *OEuvres complètes* (Beuchot), t. XXVII, p. 139, 419; t. XLII, p. 174; t. L, p. 245.

dans le carrosse de M. de Montmollin, qui se promenait avec lui.

M. de Voltaire. — Comment! ce pied-plat va en carrosse! Le voilà donc bien fier?

L'ouvrier. — Oh! monsieur, il se promène aussi à pied. Il court comme un chat maigre, et grimpe sur toutes nos montagnes.

M. de Voltaire. — Il pourrait bien grimper quelque jour sur une échelle. Il eût été pendu à Paris s'il ne se fût sauvé; et il le sera ici s'il y vient.

L'ouvrier. — Pendu, monsieur! il a l'air d'un si bon homme; eh! mon Dieu! qu'a-t-il donc fait?

M. de Voltaire. — Il fait des livres abominables. C'est un impie, un athée.

L'ouvrier. — Vous me surprenez. Il va tous les dimanches à l'église.

M. de Voltaire. — Ah! l'hypocrite! et que dit-on de lui dans le pays? Y a-t-il quelqu'un qui veuille le voir?

L'ouvrier. — Tout le monde, monsieur; tout le monde l'aime. Il est recherché partout; et on dit que milord lui fait aussi bien des caresses [1].

M. de Voltaire. — C'est que milord ne le connaît pas, ni vous non plus. Attendez seulement deux ou trois mois, et vous connaîtrez l'homme. Les gens de Montmorency où il demeurait ont fait des feux de joie quand il s'est sauvé pour n'être pas pendu. C'est un homme sans foi, sans honneur, sans religion.

L'ouvrier. — Sans religion, monsieur! mais on dit que vous n'en avez pas beaucoup vous-même.

M. de Voltaire. — Qui? moi, grand Dieu! et qu'est-ce qui dit cela?

L'ouvrier. — Tout le monde, monsieur.

M. de Voltaire. — Oh! quelle horrible calomnie! moi qui ai étudié chez les jésuites, moi qui ai parlé de Dieu mieux que tous les théologiens!

---

[1]. Georges Keith, milord Maréchal, alors gouverneur de Neuchâtel, pour le roi de Prusse.

L'ouvrier. — Mais, monsieur, on dit que vous avez fait bien des mauvais livres.

M. de Voltaire. — On ment. Qu'on me montre un seul qui porte mon nom, comme ceux de ce croquant portent le sien, etc. [1].

C'est Rousseau qui transmet à madame de Boufflers ce très-véridique entretien. « J'ai écrit ce dialogue de mémoire, lui mande-t-il, d'après le récit de M. de Montmollin, qui ne me l'a rapporté lui-même que sur le récit de l'ouvrier, il y a plus de deux mois. Ainsi le tout peut n'être pas absolument exact, mais les traits principaux sont fidèles, car ils ont frappé M. de Montmollin; il les a retenus, et vous croyez bien que je ne les ai pas oubliés... » Cette réserve, que Rousseau a la loyauté de faire, n'était pas d'une indispensabilité absolue, et le lecteur se fût bien imaginé, sans cela, que « le tout pût n'être pas absolument exact. » Ne nous en plaignons point. Il n'est pas douteux qu'avec plus de précision les souvenirs de Rousseau ne nous eussent pas offert un tableau aussi réussi et d'un comique aussi parfait. Cet ouvrier ne se targue d'être ni plaisant, ni habile, et il n'en est pas moins vrai qu'il n'eût pas dit plus ni mieux, si Rousseau l'eût soufflé. Ajoutons que, de son côté, Voltaire ne serait pas entré aussi complaisamment, c'est à croire, dans les intentions du citoyen de Genève : à cette époque sa haine n'avait point encore les proportions que ce dernier lui suppose et se serait soulagée d'un tout autre ton.

[1]. Rousseau, *Œuvres complètes* (Dupont, 1824), t. XIX, p. 395 à 398. Lettre de Rousseau à la comtesse de Boufflers; le 30 octobre 1762.

Ce qu'il y a de remarquable dans sa correspondance de ce temps, envahie d'ailleurs par les démarches incessantes qu'il lui faut faire en faveur des Calas et des Sirven, c'est le peu de place qu'y tient Rousseau; sauf dans une lettre à D'Alembert, du 12 juillet, et une autre à Cideville, du 21 (1762), c'est à peine si son nom s'y rencontre. « Jean-Jacques, mandait-il à ce dernier, qui a écrit à la fois contre les prêtres et contre les philosophes, a été brûlé à Genève dans la personne de son plat *Émile*, et banni du canton de Berne, où il s'était réfugié. Il est à présent entre deux rochers, dans le pays de Neuchâtel, croyant toujours avoir raison, et regardant les hommes en pitié. Je crois que la chienne d'Érostrate, ayant rencontré le chien de Diogène, fit des petits, dont Jean-Jacques est descendu en droite ligne[1]. »

Même à l'égard de Voltaire, il ne faudrait pas accepter ces accusations d'un esprit aliéné, qui croit de la meilleure foi du monde l'univers déchaîné contre lui. Le poëte les repousse avec indignation. On avait fait courir à Paris le bruit de son intervention hostile; D'Alembert en avait été impressionné[2], et il se permit même de donner au trop nerveux philosophe des conseils de générosité et de modération, auxquels Voltaire répondit de façon à dissiper toutes craintes à ce sujet.

Comment peut-on imaginer que j'aie persécuté Jean-

1. Voltaire, *OEuvres complètes* (Beuchot), t. LX, p. 333. Lettre de Voltaire à Cideville; aux Délices, le 21 juillet 1762.
2. *Ibid.*, t. LX, p. 380, 381. Lettre de D'Alembert à Voltaire; à Paris, 8 septembre 1762.

Jacques? voilà une étrange idée; cela est absurde. Je me suis moqué de son *Émile*, qui est assurément un plat personnage : son livre m'a ennuyé; mais il y a cinquante pages que je veux faire relier en maroquin. En vérité, ai-je le nez tourné à la persécution? Croit-on que j'aie un grand crédit auprès des prêtres de Berne? Je vous assure que la prêtraille de Genève aurait fait retomber sur moi, si elle avait pu, la petite correction qu'on a faite à Jean-Jacques [1].

Ce ne sont pas, en effet, les prêtres qui pressent le Conseil d'agir; ils se tiennent, au contraire, dans une excessive réserve: ils font voir en chaire les parties répréhensibles et dangereuses, mais sans dissimuler leur penchant pour leur compatriote, qui n'était pas à confondre avec les coryphées d'une philosophie sceptique et déiste, quand elle n'était pas pire. Rousseau avait, parmi le clergé de Genève, des amis zélés que désola son livre. Nous citerons Vernet, Moultou, Vernes dont les lettres témoignent de leur chagrin et de leur embarras. Ils eussent désiré se prononcer le moins possible, et leurs protestations se fussent bornées à indiquer aux fidèles les erreurs dans lesquelles le philosophe était tombé. Mais les ennemis de Jean-Jacques ne leur laissèrent pas le choix du terrain. « L'honneur de notre Église au dehors, son édification au dedans, lui écrivait Vernet, exigent quelque chose. Nos prédicateurs ont fait leur devoir, mais on demande quelque écrit. Ma place et la nature de mes travaux m'ont imposé cette tâche. Je suis bien aise

---

1. Voltaire, *OEuvres complètes* (Beuchot), t. LX, p. 386. Lettre de Voltaire à D'Alembert; à Ferney, le 15 septembre 1762.

d'apprendre que vous la verrez sans peine[1]. » Les lettres de Moultou et de Vernes sont aussi conciliantes et témoignent toute leur sympathie pour Jean-Jacques. Mais le silence n'était plus possible : la *Gazette de Bruxelles* avait insinué que, si les magistrats avaient condamné l'*Emile*, le clergé l'avait approuvé; et la *Gazette d'Utrecht*, en dernier lieu, aurait reproduit ces lignes que l'on attribua à Voltaire : « Grand et édifiant spectacle offert par la vénérable compagnie des pasteurs de Genève! Tandis que le gouvernement brûle les livres de Rousseau, le clergé les approuve et se trouve très-heureux d'en être réduit à une religion naturelle qui ne prouve rien et ne demande pas grand'chose[2]. » Mais tout cela n'était, en somme, que le prologue, pour ainsi parler, de cette comédie-drame, qui devait amener, avec les dissensions intestines, l'intervention étrangère.

A entendre Rousseau, tout le complot fut tramé, à Ferney, par le *polichinelle* Voltaire et le *compère* Tronchin (il l'appelle plus souvent le *jongleur*[3]), « qui, tout doucement et derrière la toile, ont mis en jeu les autres marionnettes de Genève et de Berne. » Ce Tronchin est le docteur Tronchin, avec lequel Rousseau avait longtemps entretenu une correspondance si intime et si cordiale : Théodore Tronchin

1. Gaberel, *Rousseau et les Génevois* (Genève, 1858), p. 75, 76. Lettre de Jacob Vernet à Rousseau, 1762.
2. Nous avons, à deux reprises, recherché ce passage dans la *Gazette d'Utrecht*, sans avoir réussi à l'y trouver.
3. Rousseau, *OEuvres complètes* (Paris, Dupont, 1824), t. XIX, p. 339. A la maréchale de Luxembourg; le 21 juillet, p. 346. A M. Marcet, p. 349. A la comtesse de Boufflers; le 27 juillet 1762.

était alors *son respecté citoyen, son excellent ami.* Sur lequel des deux devra retomber la responsabilité d'une transformation si radicale dans les sentiments d'estime et de vénération même du philosophe pour l'Esculape génevois, qui n'est plus qu'un jongleur, « le jongleur Tronchin? » Fut-ce la faute de l'un et de l'autre, fut-ce la faute de Tronchin ou celle de Rousseau? Jean-Jacques est fou, véritablement fou; sa susceptibilité, dont le principe est dans un orgueil de Titan, l'a rendu tel; tout le froisse, le blesse : les compliments auxquels il suppose des arrière-pensées, aussi bien que le blâme et les critiques. Il n'a plus d'amis. Ce ne sont pas eux qui l'ont laissé, c'est lui qui les a quittés : tous conspiraient contre lui, tous sont des perfides, des cœurs pervers dont il a été trop longtemps la dupe pour son repos. Il a, notamment, rompu avec Diderot, « qui manque bien plus à son cœur qu'à ses écrits, » bien qu'il rende justice à la profondeur et au goût éclairé de cet aristarque. Tronchin, auquel il s'ouvre de ses chagrins, ne cache pas à ce malade sa maladie. Il pose le doigt sur la plaie, et ne dissimule pas davantage à son compatriote ce que sa situation, ce que ses déterminations lui inspirent. Il blâme avec sévérité cette rupture que quelques torts n'excuseraient pas. Il faut être sans péché pour avoir le droit de ne pas tolérer certaines aspérités chez ceux que nous estimons et aimons. « Mais cet ami, me répondrez-vous, avait des défauts ; je vous demanderai, à mon tour, s'il en est un parfait dans ce monde, si vous, qui vous en plaignez, croyez l'être, si moi, qui vous écris, le suis ou le serai? » Rousseau parle de sa patrie, de Genève, comme d'une Babylone, dont il ne saurait trop se tenir à distance. Tronchin redresse ces exagérations et ces déclamations, comme il le doit, avec toute l'autorité du bon sens et du patriotisme révolté.

> Je n'en suis pas sorti, et je pense que je ne me fais aucune illusion; notre patrie est cette année ce qu'elle était l'année passée, et si elle n'a rien gagné, au moins n'a-t-elle rien perdu. Aujourd'hui comme alors, les citoyens les plus distingués sont ceux qui méritent le mieux de l'être. La vertu y jouit de tous ses avantages, la voix du peuple est celle de Dieu, du moins l'est-elle plus qu'ailleurs. Un magistrat sage, un clergé qui l'est aussi, une académie qui ne néglige rien de tout ce qui peut servir à l'éducation privée, un tribunal des mœurs qui veille à tout ce qui peut les maintenir, une police enfin aussi exacte qu'elle peut l'être, fait que nous plaignons ceux qui vivent à Montmorency... Si mon style vous paraît dur, ou si les choses que je vous dis le sont, je vous dirai, mon cher ami, ce que les quakers disaient au roi Jacques : Accorde-nous la liberté que tu prends pour toi-même, et je n'en serai pas moins votre véritable ami[1].

C'est le citoyen et le philosophe qui parlent, et le font avec logique et éloquence. Mais, dans ces quelques lettres, Tronchin se souvient trop, sans cesser d'être moraliste et chrétien, qu'il est physiologiste, et le médecin s'accuse un peu trop dans la façon de juger la conduite et les torts de son ami; si Rousseau ne pense ni n'agit comme lui, cela doit fatalement tenir à deux causes : « au point du globe où vous vous

---

1. *J.-J. Rousseau, ses amis et ses ennemis* (Paris, Lévy, 1865), t. I, p. 330. Lettre de Tronchin à Rousseau, sans date. M. Gaberel lui donne celle du 6 juin 1759.

trouvez, et à votre mauvaise santé, car j'estime que nos principes sont les mêmes ; mais je me porte bien, et je suis ici ; l'humeur aqueuse de mon œil et son cristallin transmettent à l'organe immédiat de ma vue les rayons tels qu'ils sont ; ils ne reçoivent dans ce trajet aucune teinte qui les altère... Je ne suis donc plus heureux que vous que parce que je me porte bien, et que vous n'êtes pas ici[1]. » On pressent l'agacement de Rousseau devant cet optimisme sentencieux qui semble insulter à ses misères. Hâtons-nous d'ajouter que Tronchin le traite à toute occasion avec une amitié, une tendresse presque paternelle, l'exhortant à plus de calme et aussi à plus de confiance et d'équité envers ses semblables. Mais c'était toucher à la plaie de ce blessé qui ne veut pas guérir, qu'irritent et humilient les soins du médecin.

Jean-Jacques répondra par des extravagances, des plaintes et des reproches basés sur des chimères, qui

1. *J.-J. Rousseau, ses amis et ses ennemis* (Paris, Levy, 1865), t. I, p. 327, 328. Lettre de Tronchin à Rousseau, sans date. Tronchin dit à Rousseau, dans une autre lettre : « ... Une fièvre très-mal guérie, le plus petit dérangement de l'organe qui sert à la secrétion de la bile, la plus légère altération de notre cerveau, ne peut-elle pas ébranler tout l'édifice de notre sagesse et nous rendre en un instant plus petits et plus faibles que ceux dont nous plaignons la petitesse et la faiblesse ? La plus profonde humilité est le seul état qui convient à l'homme... » Gaberel, *Rousseau et les Génevois* (Genève, 1858), p. 111. Lettre de Tronchin à Rousseau ; 7 mai 1859. — Nous avons vu, autre part, Tronchin, interpellé par son confrère Tissot, sur le chapitre de Voltaire, répondre : « Une bile toujours irritante et des nerfs toujours irrités, ont été, sont et seront toujours la cause éternelle de ses maux. » Ici, sans doute, c'est de médecin à médecin. Mais tout spiritualiste que soit Tronchin, il ne cherche guère hors de son art des analogies pour ses appréciations et ses jugements de métaphysique et de morale.

finiront par lasser Tronchin. Il y eut, nous le pensons, cessation de rapports sans rupture ; et les choses en seraient demeurées là, si, lors de la condamnation d'*Emile*, l'intervention obligée de Robert Tronchin, le procureur général, n'eût, dans l'esprit de Rousseau, transformé les Tronchins, « les philosophes de Saint-Jean, » en ennemis déclarés de son repos, de sa gloire, de son honneur. Dès lors, ce sera le docteur qui, soufflé par Voltaire, attisera le feu, précipitera une mesure qui, à vrai dire, n'eût rien perdu à être moins hâtée. Il n'est pas le seul à penser cela, et nous voyons Moultou, qui ne tardera pas à entrer en rapports avec le seigneur de Ferney, abonder dans son sens avec une inconcevable acrimonie. « Il faut l'avouer, monsieur, écrivait-il à Jean-Jacques, nous avons ici de très-aimables gens : la mission de Paris a eu du succès. M. de Voltaire avait bien disposé les esprits en sa faveur[1]. » Le citoyen de Genève n'avait rien négligé pour faire partager à tous sa conviction ; et l'auteur de *Mérope* n'ignorait point la façon de penser des princes de Conti, de la comtesse de Boufflers et de madame de Luxembourg. L'accusation, fausse ou vraie, passa pour véritable aux yeux du plus grand nombre. Le colonel Pictet s'oublia jusqu'à écrire une lettre dans laquelle il accusait le Conseil de connivence avec Voltaire, et

---

1. *J.-J. Rousseau, ses amis et ses ennemis* (Paris, Levy, 1865), t. I, p. 53. Lettre de Moultou à Rousseau ; 17 juillet 1762. — Thourel, *Histoire de Genève* (Genève, 1833), t. III, p. 143, 144. — Le docteur Tissot mandait, de son côté, à Haller : « Une dame bernoise écrit que l'arrêt qui le proscrit est l'œuvre de la cabale de Fernex, et écrit de façon à le faire croire. » Eynard, *Essai sur la vie de Tissot* (Lausanne, 1839), p. 89, 90.

dont la violence lui attirera un emprisonnement temporaire.

Je crois voir dans trois causes, disait le colonel, la source de cette sentence infamante; l'une est l'engouement où l'on est de Mʳ Voltaire, la seconde qu'on aura cru faire sa cour à celle de Versailles, et on aura voulu en troisième lieu réparer par une démarche éclatante le mal que M. D'Alembert peut nous avoir fait par l'article *Genève* du Dictionnaire encyclopédique.

Le premier motif ne peut se justifier par aucun endroit, il n'est jamais permis de flétrir la réputation d'un autheur pour augmenter celle de son adversaire et encor moins à un tribunal d'entrer dans des voies aussi odieuses; en vérité si cette sentence est émanée de Fernex, les moyens que les adhérens de Mʳ de Voltaire employent pour étayer sa réputation me paroissent bien plus propres à la détruire qu'à y contribuer; je comprends qu'il faut que cette faction ait prévalu dans le Conseil, car comment ne se seroit-il pas aperçu de ce qu'il y a d'inconséquent dans sa sentence. Ce tribunal flétrit par un jugement infamant un citoyen de la République qui a jusqu'à présent bien mérité d'elle par ses démarches et par ses écrits; on le condamne sur des matières sur lesquelles une explication plus ample eût peut-être ôté tout équivoque, pendant que le même tribunal permet qu'on imprime avec l'approbation publique les ouvrages d'un homme qui insulte à Genève et à la religion qu'on y professe, qui infecte tout ce qui l'environne du poison de ses sentimens erronés, et qui a fait à Genève plus de déistes que Calvin n'y a fait de protestans; et en faveur de qui le Conseil fait-il cette distinction, en faveur d'un étranger auquel on a accordé une retraite dans un tems où toute l'Europe la lui refusoit; j'avoue que cette sentence nous couvre de confusion si l'esprit de parti l'a dictée, et qu'en ce cas elle fait plus de tort à Voltaire et à ses partisans qu'à Rousseau contre lequel elle a été exécutée[1].

1. Archives de Genève. Registre du Conseil, de l'année 1762. La lettre originale écrite par Pictet, et datée du 22 juin 1762, n'a pas

Disons-le, cependant, le poëte ne fut pour rien dans la condamnation d'*Emile* et du *Contrat social*, et, s'il y eut pression de la part de la France, elle ne fut pas en désaccord avec le sentiment des gouvernants et de ceux qu'effrayaient les visées démocratiques de leur auteur, tels que Bonnet, notamment [1]. Quant à Voltaire, comme on l'a déjà indiqué, ce qu'il ressentait pour Rousseau tenait plus de l'agacement que de la véritable colère. Il lui en voulait (et il exprime à tout instant cette idée) d'avoir trahi leurs espérances; et, si ses lettres sont empreintes d'humeur, elles n'expriment rien de plus. Encore une fois, il éprouvait pour Jean-Jacques une sorte d'attrait, que ne changea point en haine la confession de sentiments qui avaient tout le caractère d'une provocation et d'une déclaration de guerre. Lorsque le citoyen de Genève, publia son *Extrait du projet de paix perpétuelle de l'abbé de Saint-Pierre*, qui fournit au seigneur de Ferney l'occasion d'une nouvelle facétie, *Rescrit de l'empereur*

---

de signature; il est vrai qu'il s'en reconnaîtra l'auteur, alléguant d'ailleurs le caractère intime d'une pièce qui n'était aucunement destinée à être rendue publique. Mais cela ne détourna pas l'orage qu'il avait provoqué sciemment; il fut appréhendé au corps, condamné à demander pardon au Sénat, et à la suspension pendant un an de ses droits honorifiques. On s'étonne de compter un ennemi parmi ces Pictet, tous fort liés avec Voltaire; mais le lien commun de la parenté des membres de cette famille remontait à la fin du seizième siècle, et à cette distance, l'on sent que l'on ne peut exiger de tous une solidarité absolue. Le Pictet dont il s'agit avait servi longtemps en Savoie et en Angleterre, et avait peu vécu avec ses divers cousins, plus ou moins ses juges.

1. Sayous, *Le dix-huitième siècle à l'étranger* (Paris, Didier, 1761), t. I, p. 293. — Gaullieur, *Étrennes nationales*, IIIe année (Genève, 1858), p. 26. Charles Bonnet considéré comme homme politique.

de la Chine sur ladite paix perpétuelle, Voltaire écrivait à Damilaville : « Jean-Jacques politique ! nous verrons s'il gouvernera l'Europe comme il a gouverné la maison de madame de Wolmar. C'est un étrange fou... il m'offense de gaieté de cœur, moi qui lui avais offert non pas un asile, mais ma maison, où il aurait vécu comme mon frère[1]. » Mais ces propositions n'auraient point été les premières de ce genre qu'il lui aurait faites, comme semblerait l'indiquer la lettre du poëte à David Hume : « Quand je sus qu'il avait beaucoup d'ennemis à Paris, qu'il aimait comme moi la retraite, et que je présumai qu'il pouvait rendre quelques services à la philosophie, je lui fis proposer par M. Marc Chappuis, citoyen de Genève, dès l'an 1759, une maison de campagne appelée l'*Ermitage*, que je venais d'acheter[2]. » Si Voltaire se fût senti outragé, on s'en apercevrait à la violence des termes, à l'emportement de ses paroles. Il se contente de lever les épaules, de se moquer de *la Nouvelle Héloïse*, du *Contrat social* et d'*Emile*, faisant exception toutes fois en faveur du *Vicaire savoyard*, à qui il applaudira sans réserve. Charles Pougens, bien des années après, en 1781, de passage à Genève, s'était lié avec l'avocat Végobre, auquel il avait été adressé par Court de Gébelin ; et il raconte, dans ses *Lettres philosophiques*, une scène piquante et attendrissante qu'il tenait de celui-ci, l'ami, le commensal du patriarche de Ferney, et qui fait

---

1. Voltaire, *OEuvres complètes* (Beuchot), t. LIX, p. 342, 343. Lettre de Voltaire à Damilaville ; à Ferney, 19 mars 1761.

2. *Ibid.*, t. LXIII, p. 385. Lettre de Voltaire à David Hume ; Ferney, 24 octobre 1766.

trop d'honneur à la sensibilité du poëte pour être omise.

On était à déjeuner; M. de Végobre, assis près de madame Denis, prenait paisiblement sa tasse de café. Les lettres de Paris, les papiers publics arrivent; M. de Voltaire ouvre et lit; sa physionomie s'altère et devient sombre; on l'interroge; il donne ses lettres à sa nièce, et les papiers à M. de Végobre, en lui disant d'en faire tout haut la lecture. On y racontait fort au long l'histoire de la persécution qu'éprouvait alors le célèbre et malheureux auteur de la profession de foi du Vicaire savoyard, le décret de prise de corps lancé contre lui, sa fuite : M. de Voltaire n'y tint plus, il se mit à fondre en larmes, et de ce ton de voix moitié solennel, moitié sépulcral qui lui était propre, il s'écria à diverses reprises : « Qu'il vienne! qu'il vienne! Je le recevrai à bras ouverts : il sera ici plus maître que moi; je le traiterai comme mon propre fils [1]. »

L'on ne saurait révoquer en doute l'anecdote. Elle est racontée par un honnête homme « sans imagination », nous dit Pougens, qui n'a dû ni ajouter, ni embellir, comme n'aurait pas manqué de le faire, en toute candeur et en toute sincérité, un prince de Ligne[2].

1. Charles Pougens, *Lettres philosophiques à madame**** (Paris, 1826), p. 85, 86. Lettre XIII.
2. Ainsi l'on trouve ce passage dans le récit du séjour du prince de Ligne, à Ferney. Voltaire parle de Rousseau avec plus que de l'acrimonie, c'est un monstre, c'est un scélérat, contre lequel il n'y aurait pas de loi assez sévère. Quelqu'un s'avise de lui dire : « Je crois que le voilà qui entre dans votre cour. — *Où est-il, le malheureux?* s'écria-t-il, *qu'il vienne, voilà mes bras ouverts. Il est chassé peut-être de Neuchâtel, et des environs. Qu'on me le cherche. Amenez-le-moi; tout ce que j'ai est à lui.* » *Lettres et Pensées* (Genève, 1869), p. 332. *Mon séjour chez M. de Voltaire.* C'est la même anecdote, le prince de Ligne était peut-être à ce déjeuner; ce n'est donc pas un conte. L'on sent cependant l'arrangeur qui ne permet pas à la vérité d'être vraie. Grimm cite une anecdote pareille qu'il fait passer à la suite

Wagnière dit, de son côté, que son maître fit transcrire jusqu'à sept copies de la lettre qu'il adressait au fugitif, et qui partirent dans diverses directions, à cause de l'incertitude où l'on était de son présent asile[1]. Mais Rousseau s'est-il ouvert sur ce propos? Affirme-t-il ou infirme-t-il une offre honorable pour tous les deux, qu'il était en droit de décliner mais qu'il ne pouvait, si elle avait été réellement faite, nier sans félonie? Il est relancé en juin 1764, dans sa retraite, par un jeune voyageur avec lequel il consent, chose de plus en plus rare, à dépouiller toute sauvagerie. L'auteur de la *Henriade* est inévitablement mis sur le tapis : c'était le cas pour le solitaire de se soulager et de décharger son cœur; il n'y manqua pas et avec une notable aigreur. « M. de Voltaire dit à tout le monde qu'il est fort lié avec J.-J. Rousseau, et qu'il lui a offert un asile chez lui, lorsqu'il fut obligé de quitter la France; mais moi je vous dis que je n'ai aucune liaison avec M. de Voltaire et que je n'en veux point avoir[2]. » Cela a l'ambiguïté d'un oracle, et ne nous tire pas de peine. Il ne s'en suit pas d'ailleurs, de ce que Rousseau ne veuille avoir aucune liaison avec le poëte, que ce dernier n'ait point fait près de lui la tentative cordiale, dont il est question. Mais, trois ans après, la lettre de Voltaire à David Hume, citée plus haut, allait le mettre

---

d'une lecture des *Lettres écrites de la montagne. Correspondance littéraire* (Paris, Furne), t. V, p. 5.

1. Longchamp et Wagnière, *Mémoires sur Voltaire* (Paris, André, 1826), t. I, p. 68, 69.

2. *Bibliothèque universelle de Genève*, nouvelle série (Genève, 1830), t. I, p. 89, 90. Souvenirs de J.-J. Rousseau. Fragments d'une correspondance inédite; Berne, le 16 juin 1764.

dans la nécessité de sortir des nuages et de se prononcer sans ambages. « Jamais, écrit-il alors à M. de Chauvel qui l'avait pressé de s'expliquer, ni en 1759, ni en aucun autre temps, M. Marc Chappuis ne m'a proposé, de la part de M. de Voltaire, d'habiter une petite maison appelée l'*Ermitage*. En 1755, M. de Voltaire, me pressant de revenir dans ma patrie, m'invitait d'aller boire du lait de ses vaches. Je lui répondis. Sa lettre et la mienne furent publiques. Je ne me souviens pas d'avoir eu de sa part aucune invitation [1] ».

Cette réponse, qui débuté par la certitude, finit par le doute : « je ne me souviens pas d'avoir eu de sa part aucune invitation... » C'est au moins une porte de sortie, dans le cas où les faits viendraient démontrer le peu de sûreté de notre mémoire. Que l'on révoque le témoignage de Wagnière, un serviteur, nous l'admettons. Mais voici le poëte Chabanon qui a eu sous les yeux le billet de Voltaire à Jean-Jacques décrété, ainsi que la réplique de l'auteur d'*Emile*, qu'il reproduit telle qu'il l'a vue à Genève, dans les mains d'une personne digne de foi ; il est vrai qu'il la transcrit de mémoire, et il a la loyauté de nous en prévenir, bien qu'il soit convaincu de n'avoir pas été desservi par elle [2]. Repoussera-t-on le témoignage de l'auteur d'*Eponine*, qui a toujours passé pour un homme délicat et un galant homme, à cause de son attachement

---

1. Rousseau, *Œuvres complètes* (Paris, Dupont, 1824), t. XXI, p. 220. Réponse aux questions faites par M. de Chauvel ; à Wootton, le 5 janvier 1767.

2. Chabanon, *Tableau de quelques circonstances de ma vie* (Paris, 1795), p. 163.

pour Voltaire, son maître? Nous y consentons encore. Mais il n'en saurait être ainsi de Deluc, qui vient apporter son attestation, et dont la haine profonde pour l'auteur de la *Henriade* ne donnera que plus de poids à ses paroles.

Dans le tems où le caractère soupçonneux de cet infortuné avoit commencé de troubler sa retraite aux montagnes de Neuchâtel, quelques circonstances me conduisirent à fréquenter *Voltaire*, qui me savoit lié avec lui. En m'en parlant il feignit de le plaindre et de s'intéresser à son sort.— Le fourbe! Dans ce tems-là même, il le détestoit comme un *déiste*, dont les écrits étoient partout la censure de sa coupable légèreté sur les objets les plus graves; mais il craignoit sa puissante logique, ce qui l'engageoit à se masquer avec moi, qui ne le connaissois pas encore, et il alla même jusqu'à me charger, avec un de mes amis, de lui offrir de sa part un asyle dans sa terre, dans un lieu fort retiré, où il l'assûra qu'il pourroit vivre à son gré et à l'abri de toute persécution ; nous fûmes, mon ami et moi, dupes de ce sycophante, mais *Rousseau* ne le fut pas. Sans beaucoup s'expliquer, il me chargea de répondre à *Voltaire* : qu'il avoit besoin de la retraite, et qu'il ne pouvoit espérer de l'obtenir dans le voisinage d'un homme si célèbre [1].

Laissons de côté les injures, les interprétations peu charitables que l'on ne se donne pas la peine de justifier; ne voyons que le fait : Voltaire fit bien réellement auprès de Rousseau de sérieuses tentatives pour l'attirer à Ferney, où il aurait trouvé, avec une entière liberté, toute la solitude qu'il pouvait souhaiter ; il dit vrai quand il l'affirme, confondant tout au plus dans son souvenir M. Chappuis avec Deluc.

---

1. Deluc, *Lettres sur l'histoire physique de la terre* adressées au professeur Blumenbach (Paris, 1798), p. cxj, cxij. *Discours préliminaire.*

Si donc Ginguené repousse, dans ses lettres sur Rousseau, avec un ton si absolu, l'existence de ces avances, c'est qu'il ne pouvait connaître ni ce qu'avait dit Chabanon, ni ce que rapporte Deluc, dont le citoyen de Genève proclame tout le premier l'honnêteté et la vertu[1].

Malgré l'émotion causée par un arrêt d'une précipitation regrettable, l'on s'était calmé à Genève et refroidi peu à peu, et l'on pouvait croire que les choses s'accommoderaient : qui savait si Rousseau tout le premier ne ferait point sa paix, que lui faciliterait le bon-vouloir des puissances? Voltaire, se trouvant chez madame d'Enville, exprima cette opinion, avec cette teinte de scepticisme qui lui était habituelle, sans se douter qu'il allait s'attirer une verte réplique de l'un des assistants. « Jean-Jacques reviendra, les syndics lui diront : « Monsieur Rousseau, vous avez mal « fait d'écrire ce que vous avez écrit; promettez de « respecter à l'avenir la religion du pays. » Jean-Jacques le promettra, et peut-être il dira que l'imprimeur a ajouté quelques pages à son livre. » Cette supposition, qui, dans la pensée peu scrupuleuse de Voltaire, n'avait rien de bien énorme[2], choqua Moul-

---

1. Ginguené, *Lettres sur les Confessions de J.-J. Rousseau* (Paris, Barrois aîné, 1791), p. 114 à 123. L'ouvrage de Chabanon paraissait, en effet, quatre ans, et le livre de Deluc, sept ans plus tard.

2. « Il ne faut jamais rien donner sous son nom, écrivait-il à un adepte. Je n'ai pas même fait la *Pucelle*. M⁰ Joly de Fleuri aura beau faire un réquisitoire, je lui dirai qu'il est un calomniateur, que c'est lui qui a fait la *Pucelle* qu'il veut méchamment mettre sur mon compte. » *Voltaire à Ferney* (Paris, Didier, 1860), p. 311. Appendice. Lettre de Voltaire à Helvetius; 13 août 1764.

tou, le visiteur auquel nous avons fait allusion :
« Non, monsieur, lui répondis-je, Jean-Jacques ne met
pas son nom à ses ouvrages pour les désavouer. Voltaire resta muet, il demanda qui j'étais[1]. »

Rousseau attendit plus d'un an que quelqu'un réclamât contre une procédure illégale. Mais comment entendait-il cette réclamation ; et le moyen qu'elle eût lieu sans quelque trouble et même quelque désordre ? Au fond, et bien qu'il eût, de vieille date, fait serment de ne jamais prendre part dans son pays à aucune dissension civile, son orgueil, sans se l'avouer, se serait arrangé de démonstrations plus ou moins énergiques ; et ce fut avec une amère déception qu'il se vit abandonné de la bourgeoisie, sur l'intervention de laquelle il avait compté[2]. Devant une telle défection, il résolut de se séparer de son ingrate patrie, « dont je n'avais, ajoute-t-il, reçu ni bien ni service, et dont, pour prix de l'honneur que j'avais tâché de lui rendre, je me voyais indignement traité d'un consentement unanime, puisque ceux qui devaient parler n'avaient rien dit. » Il écrivit au premier syndic, Favre, le 12 mai 1763, une lettre par laquelle il abdiquait manifestement ses droits de bourgeoisie et de cité dans la ville et la république de Genève. « Je n'ai rien oublié, disait-il, pour me faire aimer de mes compatriotes ; on ne saurait plus mal réussir. Je veux leur complaire jusque dans leur haine : le dernier sacrifice

---

1. *J.-J. Rousseau, ses amis et ses ennemis* (Paris, Levy, 1865), t. I, p. 50. Lettre de Moultou à Rousseau ; 7 juillet 1762.
2. Rousseau, *Œuvres complètes* (Paris, Dupont, 1824), t. XVI, p. 128. *Confessions*, part, II, liv. XII.

qui me reste à faire est celui d'un nom qui me fut si cher. » Mais la patrie est-elle donc moins la patrie, parce que quelque injustice nous sera venue de ceux qui gouvernent, et peut-on dire, sans un criminel orgueil : « Je ne crois pas être en reste avec l'État en le quittant[1]? »

Quoi qu'il en soit, cet acte de fierté, comme il le caractérise lui-même, était un appel à ceux de ses partisans qui avaient ressenti avec le plus de vivacité l'iniquité dont il se croyait l'objet. Les esprits s'échauffèrent, une notable fermentation se manifesta dans la cité habituellement si paisible, et qui allait bientôt se séparer en deux camps. Des représentations furent adressées par les amis de Rousseau au Conseil, qui les rejeta comme illégitimes, et tendant ostensiblement à conquérir, au profit d'un groupe quelconque de citoyens sans mandat, un droit inouï, excessif, et qui aurait modifié du tout au tout la nature et les bases du gouvernement[2]. Cette fin de non-recevoir du Conseil fut loin de calmer les têtes. Deux partis se trouvèrent en présence : les *représentants* et les *négatifs*. Ces derniers soutenaient la faculté qu'avait le petit Conseil de rejeter les demandes des citoyens visant à assembler le Conseil général pour maintenir les lois violées, ou pour interpréter ou modifier celles qu'un chan-

---

1. Voir la remarquable lettre de Diderot à Naigeon, où il juge et condamne la conduite de Rousseau reniant sa patrie. Diderot, *OEuvres complètes* (Paris, Brière, 1821), t. XII, p. 349 à 351.

2. *Représentations des citoyens et bourgeois de Genève au premier syndic de cette République, avec les réponses du Conseil à ces représentations occasionnées par ce qui a précédé et suivi la renonciation volontaire de M. Rousseau au droit de citoyen de Genève.*

gement dans les mœurs avait rendues inapplicables.

Voltaire, dans ses lettres de ce temps, ne laisse pas de faire allusion à ces démêlés entre le gouvernement de Genève et ses gouvernés ; et la façon dont il s'exprime à l'égard de Rousseau, loin d'être amère et haineuse, est tout au contraire, malgré un petit ricanement qui lui est ordinaire, visiblement sympathique : en définitive, Jean-Jacques est l'auteur du *Vicaire savoyard*, et cela doit faire passer sur bien des griefs personnels. « Il est bon, s'écrie-t-il, que les frères sachent qu'hier six cents personnes vinrent pour la troisième fois [1] protester en faveur de Jean-Jacques contre le Conseil de Genève, qui a osé condamner le *Vicaire savoyard*[2]. » Et, deux jours après, au même : « Mon cher frère, ne bénissez-vous pas Dieu de voir le peuple de Calvin prendre si hautement le parti de Jean-Jacques ? Ne considérez point sa personne, considérons la cause[3]. » Cela n'est-il pas concluant et ne démontre-t-il pas jusqu'à quel point Voltaire, cet homme si passionné pourtant, peut se réprimer et se contenir, quand il y va de l'intérêt de ses convictions et de ses idées ? Le plus pressé encore est d'écraser l'Infâme. Reste-t-il des doutes ? lisez ce qui suit : « Que dit mon cher frère du peuple génevois ? que disent nos chers frères de la liberté que doit avoir,

---

1. Ce fut le 18 juin 1763, qu'un groupe de citoyens et de bourgeois, au nombre de deux cents, « parmi lesquels il y avait trois prêtres », dit Voltaire à Damilaville, firent auprès du Magnifique Conseil une première démarche qu'ils réitérèrent les 8 et 20 août.

2. Voltaire, *Œuvres complètes* (Beuchot), t. LXI, p. 128. Lettre de Voltaire à Damilaville ; 21 auguste 1763.

3. *Ibid.*, t. LXI, p. 130. De Voltaire au même ; 23 auguste 1763.

selon les lois, tout vicaire savoyard?... Ne vous ai-je pas dit que de deux mille personnes de toutes les parties du monde, et même jusqu'à des Espagnols, que j'ai vus dans mes retraites, je n'en ai pas vu une seule qui ne fût de la paroisse de ce vicaire? L'affaire va grand train chez les honnêtes gens. *Orate, fratres, et vigilate* [1] ».

Avant l'action, viennent les dits et les écrits ; des publications pour ou contre entretenaient l'animosité des uns et des autres, et les choses en étaient à ce point, quand parurent, en faveur du Conseil, les *Lettres écrites de la campagne*, ouvrage d'une argumentation serrée, appuyée sur des faits et des témoignages historiques, d'ailleurs modéré et presque paternel par le ton, qui réduisit « pour un temps, » de l'aveu de Rousseau, le parti des représentants au silence. L'auteur, qui ne se nomma pas d'abord et ne faisait, en définitive, que défendre ses propres actes, était le procureur général Robert Tronchin, « homme d'esprit, homme éclairé, très versé dans les lois et le gouvernement de la République. » Cette brochure franchit la frontière génevoise, et, malgré les dissipations et les frivolités de la grande ville, elle trouva à Paris des juges qui admirèrent le sens pratique, les connaissances, l'habileté de discussion et de développement de celui qui l'avait écrite. « Tout le monde a dit, après cette lecture, que le Conseil avait raison ; c'est peut-être le premier exemple de l'empire de la

---

1. Voltaire, *OEuvres complètes* (Beuchot), t. LXI, p. 136, 137. De Voltaire au même ; 26 auguste 1763.

raison sur un peuple échauffé par des cabaleurs[1]. »
Ainsi parle Grimm. M. de Montclar, procureur général au parlement d'Aix, dans une lettre au gouverneur de Provence, le duc de Villars, après s'être étendu, avec une complaisance bien honorable pour le procureur général de Genève, sur le mérite des *Lettres écrites de la campagne*, qu'il estime un chef-d'œuvre de convenance pour le moment et les circonstances, finissait également par un éloge que les partis surexcités ne se piquèrent point de mériter : « On a bien du bon sens et du bon esprit dans ce pays[2]. »

Les représentants, après un premier moment de prostration, ne se tinrent pas pour accablés, et se tournèrent vers Rousseau comme le seul qui pût entrer en lice avec un tel adversaire. « J'avoue que je pensai de même, » nous dit, avec un orgueil mêlé de candeur, l'auteur d'*Emile* et du *Contrat social*, qui entreprit la réfutation des cinq lettres de Tronchin dont il parodia le titre par celui de *Lettres écrites de la montagne*. Ces *Lettres écrites de la montagne*, qui ne les a lues ? qui n'a admiré cette puissance de discussion, ce maniement formidable de la dialectique auxquels rien ne semble devoir résister ? Avec un tel art, une telle science, quand le sophisme revêt de tels airs de vérité, il est bien secondaire d'avoir raison. Rousseau, dans ses *Lettres*, s'en prenait à tout, soulevait toutes les questions, politique, législation, gouvernement, religion. Il abordait toutes les thèses,

1. Grimm, *Correspondance littéraire* (Paris, Furne), t. III, p. 370; 1er décembre 1763.
2. *Ibid.*, t. III, p. 372.

sans réticences, en homme qui a brûlé ses vaisseaux et fait sauter le pont sur ses talons. La discussion sur les miracles n'est pas la partie la moins brillante, la moins audacieuse d'un ouvrage qui scandalisa et désespéra également ceux de ses amis qui croyaient en Jésus-Christ et en sa divinité. « En travaillant pour les incrédules, disait Bonnet avec tristesse, fallait-il révolter les chrétiens[1]? »

Mais les *Lettres écrites de la montagne* ne furent pas la seule réplique à la brochure de Tronchin, et d'Ivernois publiait une *Réponse aux lettres écrites de la campagne*[2], qui méritait la pleine approbation de Jean-Jacques. « Cet ouvrage est excellent, et doit être en tout temps le manuel des citoyens. Voilà, monsieur, le ton respectueux, mais ferme et noble, qu'il faut toujours prendre, au lieu du ton craintif et rampant dont on n'osait sortir autrefois ; mais il ne faut jamais passer au delà. Vos magistrats n'étant plus mes supérieurs, je puis, vis-à-vis d'eux, prendre un ton qu'il ne vous conviendrait pas d'imiter[3]. » Voilà bien le sophiste ! Est-on donc en droit de mettre le feu à la maison que l'on quitte ; et un fils bien né, forcé par les

1. Sayous, *Le dix-huitième siècle à l'étranger* (Paris, Didier, 1861), t. I, p. 297.
2. *Réponse aux lettres écrites de la campagne* (1764), in-8°, 316 p. suivie d'une *Addition à la Réponse*, qui est un examen analytique du droit négatif.
3. Rousseau, *OEuvres complètes* (Dupont, 1824), t. XX, p. 268. Lettre de Rousseau à M. d'Ivernois; Motiers, le 7 janvier. Il disait aussi dans une lettre à Gauffecourt, du 12 janvier 1765 : « Je voudrais encore plus que vous que le *moi* parût moins dans les *Lettres écrites de la montagne* ; mais sans le *moi* ces lettres n'auraient point existé. Quand on fit expirer le malheureux Calas sur la roue, il lui était difficile d'oublier qu'il était là. »

mauvais traitements d'abandonner le toit paternel, est-il autorisé pour cela à y porter le désordre et à armer ses frères les uns contre les autres? Rousseau sentira plus tard, en présence des conséquences, qu'il a été « au delà », et dira à Pictet : « J'aurais pu, j'en conviens, le remplir (le devoir de répondre) sur un autre ton; mais je n'en n'ai qu'un; ceux qui ne l'aiment pas ne devaient pas me forcer à le prendre, car je n'en changerai sûrement pas pour eux. Du reste, ne craignez rien de l'effet de mon livre; il ne fera du mal qu'à moi. Je connais mieux que vous la bourgeoisie de Genève; elle n'ira pas plus loin qu'il ne faut, je vous en réponds[1]. » Mais Jean-Jacques était-il bien sûr de ne pas se tromper dans ses prévisions optimistes?

Tronchin dut reprendre la plume pour défendre les *Lettres écrites de la campagne* contre l'ouvrage anonyme d'Ivernois, et il le fit dans des *Lettres populaires*, où l'on retrouve la raison, la sagesse, la modération des premières lettres[2]. Mais la passion est intarissable, et les *Lettres populaires* eurent également leur réponse[3]. L'on n'en était, hélas! qu'au début de ces agitations intestines qui devaient bouleverser si profondément et pour si longtemps ce petit État.

---

1. Rousseau, *OEuvres complètes* (Dupont, 1824), t. XX, p. 280. Lettre de Rousseau à Pictet; Motiers, le 19 janvier 1765.

2. *Lettres populaires* où l'on examine la réponse aux *Lettres écrites de la campagne*, in-8° de 350 p. avec une *Suite* de 78 p.

3. *Réponse aux Lettres populaires*, 1765 et 1766, deux parties in-8° avec une suite; et *Lettres écrites de la plaine*, Paris, 1765, in-12.

Dans la pensée de Rousseau, Voltaire avait été la cheville ouvrière, le moteur invisible de toutes les vexations dont *Emile* et le *Contrat social* furent l'objet. Certains symptômes auraient pu, cependant, l'ébranler dans sa conviction, si son orgueil n'eût pas été intéressé à voir un ennemi implacable dans l'auteur de *Zaïre*. Moultou, dont nous connaissons le peu de sympathie et l'éloignement même pour Voltaire, a eu occasion de rencontrer ce dernier, de s'entendre avec lui pour l'œuvre commune de la réhabilitation des Calas; et, s'il persiste dans ses préventions, on sent déjà qu'une méfiance hésitante et sur la réserve a fait place à l'espèce d'horreur que lui inspirait ce contempteur de toute religion. Dans une de leurs conversations, le seigneur de Ferney, qui n'ignorait pas, lui non plus, l'attachement du ministre pour son fantasque concitoyen, s'exprima sur le compte de Jean-Jacques avec une modération si peu affectée, une envie telle de voir cesser un état d'hostilité qu'aucuns torts de sa part n'avaient fait naître, que Moultou en fut presque étourdi et ne sut trop quoi en penser.

... Je vous parlerai aussi beaucoup de Voltaire, écrivait ce dernier à son ami, il a une passion extrême de se réconcilier avec vous; je ne comprends rien à cela. Quelles sont ses vues? Est-il de bonne foi? Je vous jure que je m'y perds... Je le vis deux fois, et il ne me parla point de vous, mais il y a trois jours qu'il me fit dire qu'il était malade, qu'il avait à me parler, qu'il ne pouvait venir chez moi : je crus qu'il s'agissait des Calas, il ne me parla que de vous. Je n'ai pas le temps de vous dire cette conversation, je vous la rendrai à Motiers, mais je vous jure que je n'y comprends rien, c'est un comédien bien habile, j'aurais juré qu'il vous aimait[1].

Si Moultou compte bien ne se rendre que devant l'évidence et, jusque là, se tenir sur la plus stricte défensive, Rousseau, on se l'imagine, devait pousser autrement loin le scepticisme. Il aurait été désespéré qu'on le détrompât, et bien malin sera celui qui amènera une réconciliation que Voltaire est seul à souhaiter, s'il la souhaite.

M. de Voltaire, répondait Jean-Jacques, vous a paru m'aimer, parce qu'il sait que vous m'aimez : soyez persuadé qu'avec les gens de son parti il tient un autre langage. Cet habile comédien, *dolis instructus et arte pelasgâ*, sait changer de ton selon les gens à qui il a affaire. Quoi qu'il en soit, si jamais il arrive qu'il revienne sincèrement, j'ai déjà les bras ouverts ; car, de toutes les vertus chrétiennes, l'oubli des injures est, je vous jure, celle qui me coûte le moins. Point d'avancés, ce serait une lâcheté ; mais comptez que je serai toujours prêt à répondre aux siennes d'une manière dont il sera content. Partez de là, si jamais il vous en reparle. Je sais que vous ne voulez pas me compromettre, et vous savez, je crois, que vous pouvez répondre de votre ami en toute chose honnête. Les manœuvres de M. de Voltaire, qui ont tant d'approbateurs à Genève, ne sont pas vues du même œil à Paris : elles y ont soulevé tout le monde et balancé le bon effet de la protection des Calas. Il est certain que ce qu'il peut faire de mieux pour sa gloire est de se raccommoder avec moi[2].

Cette lettre est caractéristique, et peint Jean-Jacques. Si l'on est sincère, ses bras sont déjà ouverts;

1. *J.-J. Rousseau, ses amis et ses ennemis* (Paris, Levy, 1865), t. I, p. 76. Lettre de Moultou à Rousseau ; 19 mars 1763.
2. Rousseau, *OEuvres complètes* (Dupont, 1824), t. XIX, p. 513, 514. Lettre de Rousseau à Moultou, 21 mars 1763.

Voltaire a bien quelques dix-huit ans plus que lui, mais Rousseau ne se figure point que cela soit une raison pour lui de faire le premier pas. Au moins est-il assuré que les torts soient du côté de Voltaire? Il l'accuse; mais où sont les preuves? qui lui démontre irréfutablement qu'il ne se trompe point; car, plus ou moins fondés, tout se borne à des soupçons? Quant à lui, il n'a pu oublier qu'il a pris l'initiative de la rupture : l'auteur de *Zaïre* et de *Mérope* était le corrupteur de sa patrie en y apportant le goût et la fureur des spectacles, et un tel homme ne pouvait être que son ennemi. Mais il n'a pas changé, cet homme; et, en y songeant bien, Rousseau n'avait plus le droit, sans inconséquence, d'accueillir ses ouvertures et de lui tendre les bras, comme il se dit prêt à le faire, avec peu de franchise. Et, si cet argument ne lui vint pas, c'est que ce qui l'avait fait agir alors avait un tout autre mobile qu'un puritanisme excessif, assez inexplicable dans un faiseur de comédies et de livrets d'opéra. Qu'on se souvienne de sa réponse à la *Muse limonadière :* « Je ne bois pas dans la coupe de cet homme-là ! »

Deux jours après cette réponse de Rousseau, Moultou, revenant sur le même sujet, s'empressait d'assurer son ami, sans lui donner d'autres détails, qu'il saurait lire dans la pensée du seigneur de Ferney. « Soyez tranquille sur Voltaire, lui disait-il, je le verrai, je le connais; c'est avec votre réputation qu'il veut se réconcilier, la lettre de Hume le fait trembler[1]. »

---

1. *J.-J. Rousseau, ses amis et ses ennemis* (Paris, Levy, 1865), t. I, p. 77. Lettre de Moultou à Rousseau; 23 mars 1763.

Voltaire redoute Jean-Jacques; il préfère être l'ami que l'adversaire d'un tel jongleur. Nous le voulons bien; mais alors il se gardera de faire naître les *casus belli*, et, si Rousseau le prend à partie, ce sera très-gratuitement et sans provocation aucune. Nous ne trouvons rien de plus dans la correspondance des deux génevois, et nous ignorons si d'autres insinuations se produisirent dans le sens d'un rapprochement que Voltaire pouvait avoir ses raisons de désirer. Mais les bruits de réconciliation n'avaient pas cessé de circuler, et l'auteur d'*Emile*, qui ne pouvait qu'être flatté d'une telle persistance, une année après, dans une lettre au prince de Wirtemberg, disait que les amis de M. de Voltaire faisaient tout pour les accréditer.

C'est ici le lieu de citer une petite aventure qui se trouve racontée tout au long dans cette lettre même, et qui n'a peut-être pas l'importance et la gravité que lui donne Rousseau. Une dame, pleine d'enthousiasme pour les écrits et la morale du citoyen de Genève, s'avise de lui demander quelques éclaircissements sur la religion; ne sachant point où il demeurait alors, elle eut l'idée assurément étrange d'adresser sa lettre à M. de Voltaire, le priant de la faire remettre à destination. Elle attendait avec impatience mais avec confiance, une réponse de l'auteur d'*Emile*, et fut également étonnée et scandalisée, en défaisant un paquet dépêché par la voie de Genève, de se trouver en face du *Sermon des Cinquante*, qu'il n'était point supposable que Rousseau lui eût envoyé [1]. C'était le

---

[1] Cette dame reçut le paquet, le 4 décembre 1763.

cas de demander des explications. Cette fois la lettre prenait un autre chemin et parvenait à Jean-Jacques, qui ne semble pas être trop sûr de n'avoir pas eu affaire à de mauvais plaisants [1]. Cette espièglerie de Voltaire n'est pas d'un goût parfait, et nous trouvons sans excuse l'interception de la lettre de l'inconnue, s'il ne se crut pas, comme Rousseau, l'objet lui-même d'une moquerie, dont il savait par expérience n'être pas à l'abri. Dans cette hypothèse, l'envoi du *Sermon des cinquante* démontrait au mystificateur que l'on n'était point sa dupe, et, véritablement, nous pensons que c'est la seule interprétation que l'on puisse donner à tout cela avec quelque apparence.

Cette attitude pacifique et conciliante du camp ennemi, si elle n'était pas suffisante pour persuader Rousseau, n'était pas faite non plus pour accroître et son aversion et ses rancunes. Tout en déversant à pleins bords, dans sa correspondance privée, l'amertume et le fiel dont son âme était remplie, il n'avait point encore attaqué ouvertement l'homme odieux qu'il accusait de lui fermer sa patrie; et celui-ci était loin de s'attendre que sa part lui serait faite dans les *Lettres écrites de la montagne*. A propos du despotisme que les sociétés se croient fondées à exercer sur les opinions particulières, lors même que ce ne sont que des opinions et non des ridicules outrageants, des impiétés grossières et des blasphèmes, il renvoie les intolérants à l'apôtre de la Tolérance, à ce pa-

---

[1]. Rousseau, *OEuvres complètes* (Dupont, 1824), t. XX, p. 81, 82. Lettre de Rousseau à madame de B***; décembre 1763.

triarche de Ferney, dont les conseils étaient en grande faveur à Genève.

Ces messieurs voient si souvent M. de Voltaire, dit-il avec un persiflage enfielé, comment ne leur a-t-il point inspiré cet esprit de tolérance qu'il prêche sans cesse, et dont il a quelquefois besoin? S'ils l'eussent un peu consulté dans cette affaire, il me paraît qu'il eût pu leur parler à peu près ainsi :

« Messieurs, ce ne sont point les raisonneurs qui font du mal, ce sont les cafards. La philosophie peut aller son train sans risque, le peuple ne l'entend pas ou la laisse dire, et lui rend tout le dédain qu'elle a pour lui. Raisonner est de toutes les folies des hommes celle qui nuit le moins au genre humain; et l'on voit même des gens sages entichés parfois de cette folie-là. Je ne raisonne pas moi, cela est vrai; mais d'autres raisonnent : quel mal en arrive-t-il? Voyez, tel, tel et tel ouvrage : n'y a-t-il pas des plaisanteries dans ces livres-là? Moi-même enfin, si je ne raisonne pas, je fais mieux, je fais raisonner mes lecteurs. Voyez mon chapitre des juifs; voyez le même chapitre plus développé dans le *Sermon des cinquante* : il y a là du raisonnement, ou l'équivalent, je pense. Vous conviendrez aussi qu'il y a peu de *détour*, et quelque chose de plus que des *traits épars et indiscrets*.

« Nous avons arrangé que mon grand crédit à la cour et ma toute puissance prétendue vous serviraient de prétexte pour laisser courir en paix les jeux badins de mes vieux ans : cela est bon; mais ne brûlez pas pour cela des écrits plus graves, car alors cela serait trop choquant.

« J'ai tant prêché la tolérance! Il ne faut pas toujours l'exiger des autres, et n'en jamais user avec eux. Ce pauvre homme croit en Dieu, passons-lui cela, il ne fera pas secte : il est ennuyeux, tous les raisonneurs le sont. Nous ne mettrons pas celui-ci de nos soupers; du reste, que nous importe? Si l'on brûlait tous les livres ennuyeux, il faudrait faire un bûcher du pays. Croyez-moi, laissons raisonner ceux qui nous laissent plaisanter; ne brûlons ni gens ni livres, et restons en paix; c'est mon avis. » Voilà, selon moi, ce qu'eût pu dire d'un meilleur ton M. de Voltaire; et ce n'eût pas été là, ce me semble, le plus mauvais conseil qu'il aurait donné[1].

Ce petit morceau est curieux, c'est un persiflage léger, mais incisif, et qui n'a pas la forme ordinaire de l'ironie de Rousseau. On sent qu'en faisant parler l'auteur de *Candide*, il s'est efforcé d'imiter sa manière; et l'on conviendra qu'il aurait pu plus mal réussir. Mais il y avait autre chose que du sarcasme dans ce singulier fragment; il y avait une intention perfide qui allait exaspérer Voltaire plus qu'une moquerie à laquelle il avait tout ce qu'il faut pour répondre. Le patriarche de Ferney avait énergiquement répudié la paternité du *Sermon des cinquante* qu'il qualifie de « libelle le plus violent qu'on ait jamais fait contre la religion chrétienne. » Était-il complétement indifférent que l'on crût en France [2], même en Suisse, que

---

1. Rousseau, *OEuvres complètes* (Paris, Dupont, 1824), t. VI, p. 327, 328, 329. *Lettres écrites de la montagne*, part. I, lettre v.

2. Le *sermon des cinquante* n'était pas, à coup sûr, moins digne des foudres de la Sorbonne que le *Portatif*, et voici ce qu'on lit dans les *Nouvelles à la main*, à la date du 27 décembre 1764, à propos de la nouvelle édition du *Dictionnaire philosophique portatif*: « Au mois de septembre dernier, MM. de l'Académie des Belles-Lettres ayant été présenter au roi leur nouveau volume... *Eh bien!* dit le roi au président Henault, chef de la députation, *voilà votre ami qui fait des siennes*. Le Dictionnaire venait de paraître. *Le malheureux*, dit le président à ses confrères, *il travailloit dans ce moment à revenir en France*. C'est ce qui a donné lieu au désaveu envoyé par M. de Voltaire à l'Académie françoise, que personne n'a cru. » *Mémoires secrets pour servir à l'histoire de la République des lettres* (Londres, John Adamson), t. II, p. 135. Wagnière s'inscrit en faux contre l'anecdote, par la raison que Voltaire n'a jamais travaillé à revenir à Paris. Mais nous savons à cet égard, mieux que lui, ce qui en est. *Mémoires sur Voltaire*, t. I, p. 228.

l'ouvrage était de lui, et qu'on le lui attribuât, en dépit de ses dénégations; et n'était-ce pas, en l'en déclarant l'auteur, jouer le rôle d'un délateur qui compte bien que ses paroles ne seront point perdues?

« Il n'est point d'excuses, sans doute, pour une action si coupable et si lâche, » écrivait-il à la maréchale de Luxembourg, sur laquelle cette protestation aura, du reste, peu d'effet [1]. Évidemment, après la diatribe violente du colonel Pictet, appelant les rigueurs du gouvernement contre un étranger auquel on avait accordé une retraite « dans un tems où toute l'Europe la lui refusoit, » les paroles de Rousseau étaient bien faites pour exalter les mauvaises passions de ceux auxquels il s'adressait et forcer la main des magistrats, qui ne verraient d'autre moyen, on l'espérait du moins, d'apaiser les rumeurs, qu'en exerçant les poursuites les plus actives contre ces ouvrages réprouvés dont on ne pouvait, il est vrai, atteindre l'audacieux auteur.

Remarquons, du reste, que le reproche de coupable indulgence que l'on faisait peser sur le Conseil n'était rien moins que fondé, et Pictet n'ignorait point que la *Pucelle* et *Candide* n'eussent été condamnés. En tous cas, les rigueurs dont *Emile* avait été l'objet faisaient une loi à l'autorité de redoubler de surveillance à l'égard d'une nature d'ouvrages que repoussaient également la religion et la morale; et ordre fut donné de saisir impitoyablement tout ce qui paraîtrait de condamnable sur le territoire de la république. Mais Voltaire,

---

1. Voltaire, *Œuvres complètes* (Beuchot), t. LXII, p. 171. Lettre de Voltaire à la maréchale de Luxembourg; 9 janvier 1765.

retranché dans son domaine de Ferney, et encore plus dans son *incognito*, qui était bien celui de la comédie, ne pouvait être que contrarié de ces taquineries, sans en appréhender rien de sérieux et de grave. Aussi avait-il pris le parti de rire plutôt que de s'en fâcher, se vengeant de ces petites vexations par la moquerie et le persiflage, qu'il poussait, il faut l'avouer, aussi loin que possible. Ce seront de vraies comédies, conduites et filées avec un art, une malignité, une gaieté dont on ne saurait se faire une idée, et qui devaient ahurir des têtes carrées peu faites pour lutter avec ce démon incarné. Le 19 juillet 1764, il écrivait au conseiller François Tronchin :

> J'apprends, mon cher ami, que quelques malins débitent une rapsodie intitulée : *Saül, tragédie tirée de l'Écriture sainte, par M. de Voltaire, à Genève.*
> Il est clair par l'intitulé que c'est un tour qu'on me joue. On dit qu'il y en a très-peu d'exemplaires, et qu'ils ont été très-sagement supprimés par messieurs les scholarques ; mais c'est assez que les ministres du Saint-Évangile en aient un exemplaire pour qu'ils fatiguent la prudence du Conseil. Il me semble que dans cette occasion ce serait à moi et non à eux à demander justice de l'abus qu'on a fait du nom de Genève et du mien... Ainsi donc, je joins ici à tout événement une requête que je soumets à votre prudence et que je recommande à votre amitié... Si vous et vos amis pouvez faire en sorte que cette sottise soit étouffée, je vous en aurai aussi bien que maman (madame Denis) une véritable obligation. Le Conseil sait combien je lui suis dévoué [1].

François Tronchin, qui savait au fond ce que valaient

---

1. *Voltaire à Ferney* (Paris, Didier, 1860), p. 396, 397. Lettre de Voltaire au conseiller Tronchin ; Ferney, 19 juillet 1764 (et non 1763).

ces assurances, lui répondit le même jour qu'il était bien loin de le soupçonner l'auteur de ce libelle, et que sa réclamation serait remise entre les mains du premier syndic, qui aviserait selon sa sagesse ordinaire. Le surlendemain, autre lettre de Voltaire, qui, à part ce qu'elle a de piquant, offre un intérêt vraiment historique.

J'ai fait ce que j'ai pu pour avoir un exemplaire de cette misère, et je n'ai pu y parvenir. On dit qu'il n'y en a qu'un. Cette petite manœuvre est un tour de la faction qui a prétendu que c'était à Ferney qu'on avait résolu de condamner Jean-Jacques à cause de l'*Émile* et du *Contrat social*. Depuis ce temps, presque toutes les remontrances des bourgeois ont roulé en partie sur la sévérité exercée contre Jean-Jacques et sur le silence observé par les magistrats à mon égard. Mais les *factieux* auraient pu observer que je suis Français, établi en France, et non à Genève. Ce dernier effort de mes ennemis vous paraît aussi méprisable qu'à moi. Je crois qu'il faut laisser tomber ce petit artifice. Un éclat qui me compromettrait m'obligerait à faire un autre éclat. On sait assez que je n'ai opposé jusqu'ici qu'un profond silence à toutes les clabauderies et aux entreprises du parti opposé. Le fond de l'affaire est, qu'un certain nombre de vos citoyens (les représentants) est outré qu'un citoyen soit exclu de sa patrie, et qu'un étranger ait un domaine dans votre territoire. Voilà la pierre d'achoppement [1].

Il serait superflu d'insister sur l'habileté de ce maître homme en diplomatie, qui, loin de songer à se disculper, ce qui était aussi peu nécessaire qu'indigne de lui, semblait plus disposé à répondre par la menace aux provocations dont il était l'objet : « Un éclat qui

1. Gaullieur, *Étrennes nationales* (Genève, 1855), IIIe année, p. 212, 213. Lettre de Voltaire au conseiller Tronchin; 21 juillet 1764.

me compromettrait m'obligerait à faire un autre éclat. » On savait qu'il avait l'oreille du ministre ; le Résident de France ne quittait pas Ferney, et la conviction que l'on avait à Genève de son crédit était de nature à inspirer quelque circonspection. L'affaire fut donc assoupie, mais il fallait s'attendre aux récidives.

En effet, deux mois après, un rapport du Consistoire appelait l'attention des magistrats sur le *Dictionnaire portatif*, imprimé sous la rubrique de Londres, et dont de nombreux exemplaires avaient fait leur pernicieuse invasion dans Genève. Tronchin fait saisir les ballots, et le Conseil déclare l'ouvrage impie, scandaleux, téméraire, destructif de la religion. L'on a reproduit une petite conversation entre celui-ci et Voltaire, au sujet de l'introduction du *Portatif*, qui ne nous semble pas dans la vraisemblance de leurs rapports. Après des représentations énergiques, Tronchin aurait ajouté que le livre pourrait bien passer par la main du bourreau. « Vraiment, monsieur le magistrat, interrompit l'auteur de la *Henriade*, on croirait que vous regrettez d'avoir brûlé l'*Emile* de Jean-Jacques, et que vous voulez vous faire bien venir auprès des citoyens représentants, ses amis. — Vous détournez la question, aurait réparti Tronchin ; retirez ce livre, exigez de vos complices la remise de tous les ballots, ou je me verrai dans l'obligation de faire contre vous le plus désagréable réquisitoire, et je vous avertis que, dans ce moment, les ministres du roi de France sont peu disposés en votre faveur. »

M. Gaberel, qui reproduit l'anecdote, ne nous paraît pas se préoccuper assez des temps et des dates ;

il travaille sur des documents souvent curieux, sur des Mémoires contemporains, piquants sans doute mais dont il faut se méfier, parce qu'ils ne sont pas exempts de passion, et parce que leurs auteurs ne sont pas toujours placés de façon à apporter une critique suffisante dans le récit des événements qu'ils ont pris le soin de nous transmettre. Ainsi, à l'entendre, la conversation qui précède aurait eu lieu, durant une visite à Ferney de la dernière moitié de septembre; et il ajoute que, le lendemain même de l'entrevue, Voltaire adressait au Conseil une lettre que l'on va trouver plus bas, et que nous avons nous-même relevée dans les archives de Genève. Cette lettre est du 12 janvier suivant; elle fut donc écrite près de quatre mois plus tard. L'on comprend à quelles confusions et à quelles méprises peut entraîner ce manque complet de précision, dont le premier effet est d'enlever à l'historien tout son crédit.

Selon Voltaire, les choses se seraient passées tout autrement et on ne l'aurait pas quitté sans s'excuser de la liberté grande. « Un magistrat, écrivait-il à d'Argental, vint me demander poliment la permission de brûler un certain *Portatif;* je lui dis que ses confrères étaient bien les maîtres, pourvu qu'ils ne brûlassent pas ma personne, et que je ne prenais nul intérêt à aucun *Portatif*[1]. » Sans demander aussi obséquieusement permission, il se peut que Tronchin, très-lié avec le poëte, lui ait manifesté son embarras

---

1. Voltaire, *OEuvres complètes* (Beuchot), t. LXII, p. 189. Lettre de Voltaire à d'Argental; 23 décembre 1764.

et l'impossibilité où il était de ne pas sévir; et que l'auteur de la *Henriade* lui ait dit : « Brûlez, mon ami, ne vous gênez pas, » bien que la chose ne lui fût pas aussi indifférente qu'il veut le faire croire. Ce qui prouve que ce petit dialogue est inexact au moins dans la couleur, c'est que Tronchin n'a pu dire à Voltaire que les ministres du roi de France étaient peu disposés en sa faveur; il savait, au contraire, que le seigneur de Ferney était au mieux avec eux[1]. Mais ce dernier avait à compter aussi avec le parlement, avec un Omer Joli de Fleuri, auprès duquel, précisément alors, il faisait agir son neveu d'Hornoy[2]; et c'est pourquoi le passage que Rousseau lui avait consacré dans les *Lettres écrites de la montagne* devait et l'inquiéter et l'irriter tout ensemble.

Nous arrivons à cette lettre dont M. Gaberel n'a pas assez respecté la date. Le Magnifique Conseil recevait de Voltaire la communication suivante, le 12 février 1765.

Je suis obligé d'avertir le Magnifique Conseil de Genève que, parmi les libelles pernicieux dont cette ville est inondée depuis quelque temps, tous imprimés à Amsterdam, chez Marc-Michel Rey, il arrive lundi prochain chez le nommé Chirol, libraire de Genève, un ballot contenant des dictionnaires philosophiques, des évangiles de la raison et autres sottises qu'on a l'insolence de m'imputer, et que je méprise presque autant que les *Lettres de la montagne*; je crois sa-

---

1. Le bruit avait même couru que la cour de France avait choisi Voltaire pour la représenter. *J.-J. Rousseau, ses amis et ses ennemis* (Paris, 1865), t. II, p. 98. Lettre de Rousseau à milord Maréchal; Édimbourg, 2 février 1764.
2. Voltaire, *OEuvres complètes* (Beuchot), t. LXII, p. 144. Lettre de Voltaire à Damilaville; 26 décembre 1764.

tisfaire mon devoir en donnant cet avis, et je m'en remets entièrement à la sagesse du Conseil, qui saura bien réprimer toutes les infractions à la paix publique et au bon ordre.

Je ne dois que me borner à l'assurer de mon profond respect[1].

Après un pareil avertissement, qui aurait pu supposer Voltaire de connivence avec ces audacieux libraires dont il avait été plus souvent la victime que le complice? Mais on a dit que, pendant que saisie se faisait chez Chirol des ballots annoncés, une autre cargaison plus considérable à l'adresse du libraire Gando, avec lequel Chirol s'était entendu, franchissait la frontière du côté opposé, et venait impunément inonder Genève de son contenu empoisonné. Si l'on ne prête qu'aux riches, il faut convenir que Voltaire est traité en véritable millionnaire par les chroniqueurs genevois. Et, vraiment, à n'admettre qu'un tiers des légendes dont il est l'objet, l'on est encore émerveillé qu'il ait trouvé le temps d'ourdir ces puérils complots mis si généreusement à son actif. Ainsi, pour donner plus sûrement le change au Consistoire, qui pourtant faisait bonne garde, il aurait imaginé de placer en tête de ces mille brochures, qui étaient autant d'attaques et d'outrages à l'Ancien et au Nouveau Testament, trois ou quatre pages de parfaite édification, et derrière lesquelles se cachait le venin, comme le serpent sous les fleurs. Et, grâce à cette diabolique manœuvre, l'auteur du *Sermon des cinquante*, nous

---

1. Archives de Genève, n° 4890. *Lettres de M. de Voltaire concernant certains libelles qui lui étaient attribués;* au château de Ferney, 12 janvier 1765.

dit M. Gaberel, vida dans Genève tout l'arsenal de son incrédulité.

Une propagande furibonde était exercée par les familiers de Ferney, dont les relations et la position sociale devenaient d'un puissant secours à l'extension de cette œuvre des ténèbres. Vous achetiez un ballot de livres chez un libraire ; rentré chez vous, en l'ouvrant, vous vous aperceviez qu'il s'était grossi de ces pernicieux livrets. On en glissait sous les portes, on en pendait aux cordons de sonnettes, les bancs des promenades en étaient couverts. Dans les lieux d'instruction religieuse, ils se trouvaient substitués comme par enchantement aux catéchismes ; et, jusque dans le temple de la Madeleine, des *Dictionnaires portatifs*, habillés comme des Psaumes, traînaient sur les banquettes où ils ne laissaient pas d'être ramassés par quelqu'un[1]. On est pris de vertige rien qu'en lisant l'énumération abrégée de ces piéges continuels tendus par l'infernal vieillard sous les pas de l'innocence et de la piété. Mais nous voulons croire que tout cela est quelque peu enflé. Les horlogers surtout, ces horlogers qui formeront la population du Ferney naissant, étaient les distributeurs et les agents de cette propagande clandestine. « On en trouvait des piles (des piles de libelles) dans les cabinets d'horlogers, et les petits *messagers* avouaient qu'un *monsieur* leur avait donné six sous pour déposer le paquet sur l'établi du patron. » Si ces brochures étaient dévorées par les

---

1. Gaberel, *Voltaire et les Génevois* (Paris, Cherbuliez, 1857), p. 116, 117, 118,

hommes, les femmes, plus dociles aux exhortations des pasteurs, les avaient en une sainte horreur; et pour les sauver de quelque auto-da-fé, il n'était que prudent de les tenir sous triple verrou. Un de ces braves gens était parvenu à réunir tout une bibliothèque de ces petits livres, dont il ne se serait pas dessaisi pour des trésors. Un jour, après le dîner, sa mère, avec laquelle il vivait, lui dit : « Il était bon le fricot, il avait bon goût, n'est-ce pas? — Mais oui, très-bon, et surtout chaud à point, répond celui-ci. — Ah! pour chaud, je le crois bien! si tu veux savoir de quel bois je l'ai chauffé, va voir ta cachette à Voltaire. » La vieille avait découvert le *coin*, selon l'expression genevoise, et tout y avait passé[1].

Nous avons vu Voltaire se plaindre avec amertume à madame de Luxembourg du procédé de Jean-Jacques. Il ne tarira pas sur la félonie de ce misérable transfuge de la philosophie, et ce sera le véritable point de départ d'une haine, qu'il ne faut pas faire remonter au delà. « Ce petit magot de Rousseau a écrit un gros livre contre le gouvernement, et son livre enchante la moitié de la ville. Il dit, en termes formels, qu'il faut avoir perdu le bon sens pour croire les miracles de Jésus-Christ; malheureusement, il m'a fourré là très-mal à propos. Il dit au Conseil que j'ai fait le *Sermon des cinquante*. Ah! Jean-Jacques, cela n'est pas du philosophe : il est infâme d'être délateur, il est abominable de dénoncer son confrère et de calomnier aussi

---

[1]. *Revue suisse*, t. XX (1857), p. 227. *Genève et ses poëtes libertins*, par Marc-Monnier.

injustement[1]?... » Il écrivait en même temps au professeur Tronchin : « Je sais que le bâtard du chien de Diogène n'a pas dit des choses agréables de vous et de moi à madame de Luxembourg. Esculape était peint avec un serpent à ses pieds. C'était apparemment quelque Jean-Jacques qui voulait lui mordre le talon. Il faut avouer que ce malheureux est un monstre[2]? » Mais il ne devait pas se borner à de stériles récriminations : on l'avait attaqué, attaqué gratuitement; l'on semblait appeler sur lui, en perçant l'*incognito* dans lequel il s'était enveloppé, les sévérités d'une magistrature dont Rousseau savait par sa propre expérience les passions et la violence ; un tel homme, un tel ennemi n'avait droit à nuls ménagements.

Le *Sentiment des citoyens*, qui ne tardait pas à paraître, est une réponse indignée aux blasphèmes de l'auteur d'*Emile*. On y défend Jésus-Christ contre lui, on y défend la religion et ses ministres, objets de sa part des plus indécentes comme des plus coupables appréciations, avec ce saint emportement du *pro domo* qui trompa Rousseau et bien d'autres.

Est-il permis à un homme né dans notre ville d'offenser à ce point nos pasteurs, dont la plupart sont nos parents et nos amis, et qui sont quelquefois nos consolateurs? Considérons qui les traite ainsi : est-ce un savant qui dispute contre un savant? Non ; c'est l'auteur d'un opéra et de deux comédies sifflées. Est-ce un homme de bien qui, trompé par un faux zèle, fait des reproches indiscrets à des hommes ver-

---

1. Voltaire, *Œuvres complètes* (Beuchot), t. LXII, p. 174. Lettre de Voltaire à d'Argental ; 10 janvier 1765.

2. Voltaire, *Lettres inédites* (Paris, Didier, 1857), t. I, p. 580, Supplément. Lettre de Voltaire au professeur Tronchin.

CE QU'EST L'AUTEUR D'ÉMILE. 349

tueux? Nous avouons avec douleur et en rougissant que c'est un homme qui porte encore les marques funestes de ses débauches, et qui, déguisé en saltimbanque¹, traîne avec lui, de village en village, et de montagne en montagne, la malheureuse dont il fit mourir la mère² et dont il a exposé les enfants à la porte d'un hôpital, en rejetant les soins qu'une personne charitable voulait avoir d'eux, et en abjurant tous les sentiments de la nature, comme il dépouille ceux de l'honneur et de la religion.

Quel homme est-ce que ce législateur, ce moraliste, cet apôtre sans mandat qui se compare à Jésus-Christ et se répand en blasphèmes, tourne en ridicule les miracles les plus révérés, et repousse jusqu'à l'autorité de l'Évangile?

Il traite de tyrans les magistrats de notre république, dont les premiers sont élus par nous-mêmes. « On a toujours vu, dit-il, dans le Conseil des deux cents, peu de lumières, et encore moins de courage. » Il cherche par des mensonges accumulés à exciter les deux cents contre le petit Conseil; les pasteurs contre ces deux corps; et enfin tous contre tous, pour nous exposer au mépris et à la risée de nos voisins. Veut-il nous animer en nous outrageant? Veut-il renverser notre Constitution en la défigurant, comme il veut renverser le christianisme, dont il ose faire profession? Il suffit d'avertir que la ville qu'il veut troubler le désavoue avec horreur. S'il a cru que nous tirerions l'épée pour le roman d'*Émile*, il peut mettre cette idée dans le nombre de ses ridicules et de ses folies. Mais il faut lui apprendre que si on châtie légèrement un romancier impie, on punit capitalement un vil séditieux³.

1. En habit d'Arménien.
2. Madame Levasseur.
3. Voltaire, *OEuvres complètes* (Beuchot), t. XLII, p. 81, 83. *Sentiment des citoyens*.

Nous avons constaté, dans le passage relatif à Voltaire, des *Lettres écrites de la montagne* (lettre V), une sorte de pastiche assez réussi de la raillerie voltairienne; le poëte, dont le génie flexible prenait indifféremment tous les tons, en se faisant le vengeur de Jésus-Christ et de ses prêtres, comptait bien que personne ne s'aviserait de le soupçonner. Si l'attaque est violente, elle a l'accent d'une sainte colère : c'est un membre qui défend son corps, comme il le dit, c'est un ministre qui s'arme pour son Dieu. C'était indubitablement, en tous cas, l'écrit d'un ecclésiastique ; et Rousseau n'eut même pas l'idée de chercher le coupable en dehors du clergé de Genève. Aussi bien hésita-t-il peu : ce pamphlet virulent était l'œuvre de Vernes ; et, malgré les dénégations de son ancien ami, il s'acharnera à l'attribuer au pasteur de Soligny.

De quelque part qu'il vînt, Rousseau se sentit frappé en pleine poitrine. S'il ne lui était que trop facile de prouver qu'il n'était ni un libertin ni un assassin, toutes les allégations de l'écrit anonyme n'étaient pas fausses, notamment celles qui avaient trait à ses enfants naturels. Étrange en tout, il dépêchait à Duchesne un exemplaire du pamphlet, en le priant de le réimprimer. Cette édition nouvelle devait être précédée d'une Épître au libraire, où Vernes était nommé en toutes lettres. « Je l'ai reconnu d'abord à son style pastoral. Si toutefois je me trompe, il ne faut qu'attendre pour s'en éclaircir; car, s'il en est l'auteur, il ne manquera pas de le reconnaître, selon le devoir d'un homme d'honneur et d'un bon chrétien; s'il ne l'est pas, il le

désavouera de même, et le public saura bientôt à
quoi s'en tenir. » Mais Rousseau, au moment où il se
plaint si amèrement de l'injustice et de l'iniquité des
hommes, croit-il, de son côté, agir avec équité et scrupule ? N'est-il pas de la morale la plus sommaire de
s'abstenir, dans le doute ? Il croit ne pas se tromper ;
mais s'il se trompait, pourtant ? Serait-il bien sûr
alors qu'en retirant son accusation, il aurait tout réparé, et pourrait-il faire que Vernes n'eût souffert
d'inculpations calomnieuses ? Rousseau s'en reposait
trop sur son flair, qui n'était pas infaillible. Ne prendra-t-il pas également la lettre fabriquée du roi de
Prusse au sérieux ? et lorsqu'il lui sera démontré
qu'elle était apocryphe, ne dira-t-il pas : « La prétendue lettre du roi de Prusse est certainement de
D'Alembert ; en y jetant les yeux, j'ai reconnu son
style, comme si je la lui avais vu écrire[1], » bien que
D'Alembert fût, en somme, parfaitement innocent de
ce persiflage, l'œuvre de l'Anglais Walpole ? Cependant, Du Peyrou s'était plaint de sa trop grande hâte
à incriminer un homme jusque-là son ami. Mais Rousseau n'était pas aisé à dissuader et il répondait à
celui-ci : « Je prends acte du reproche que vous me
faites de trop de précipitation vis-à-vis de M. Vernes ;
et je vous prédis que, dans trois mois d'ici, vous me
reprocherez trop de lenteur et de modération[2]. »

La lettre à Duchesne ne devait pas suffire, et il avait

---

1. Rousseau, *Œuvres complètes* (Paris, Dupont, 1824), t. XXI,
p. 73. Lettre de Rousseau à Du Peyrou ; Woothon, le 10 mai 1766.
2. *Ibid.*, t. XX, p. 367. Lettre de Rousseau au même ; 15 avril
1765.

annoté le *Sentiment des citoyens* aux endroits qui paraissaient le plus l'exiger, ce qui d'ailleurs allait de soi. On attribue à la débauche des infirmités qui sont nées avec lui, comme en peuvent témoigner Malouin, Morand, Thierry, Daran, et le frère Côme. « La personne sage, ajoute-t-il, et généralement estimée (Thérèse), qui me soigne dans mes maux et me console dans mes afflictions, n'est malheureuse que parce qu'elle partage le sort d'un homme fort malheureux ; sa mère (madame Levasseur) est actuellement pleine de vie et de bonne santé malgré sa vieillesse. Je n'ai jamais exposé ni fait exposer aucun enfant à la porte d'aucun hôpital ni ailleurs. » Pour ce dernier cas, Rousseau équivoque sur les mots. On sait, on le sait par lui, l'abandon de ses enfants, et de quels sophismes il s'étaye pour pallier ce crime contre nature. Tout le monde fut dupe. Et, à l'accent, l'on crut le *Sentiment des citoyens* sorti de la plume d'un ministre du Saint Évangile ; et bien des gens furent de l'avis du citoyen de Genève, à l'égard du pasteur de Soligny.

... Quelque tems après, nous dit Deluc, parut à Genève une brochure anonyme, dans laquelle *Rousseau* étoit indignement attaqué comme *incrédule* à l'égard du *christianisme.* Le ton de cet écrit ressembloit tellement à celui d'un ecclésiastique, écrivain lui-même, et ami de *Rousseau,* qu'on le lui attribua assez généralement. *Rousseau* le crut, et lui écrivit comme à un fourbe, qui l'attaquoit clandestinement tandis qu'il se disoit son ami. L'ecclésiastique se justifia de la manière la plus précise ; mais *Rousseau* avoit pour règle (et il l'énonça formellement alors) de ne jamais croire les hommes dans leur propre cause ; en quoi il jugeoit des autres par lui-même, comme je pourrois le prouver. Il persista donc à accuser l'ecclésiastique, qui fut obligé de faire imprimer leur correspondance, pour se justifier du moins aux yeux du public. Personne alors ne douta qu'on ne leur eût joué ce tour abominable, et j'en soupçonnai *Voltaire*, parce que je l'avois ouï imiter cet ecclésiastique, qui le voyoit quelquefois ; et je me rendis plus attentif à son caractère, qui me repoussa par d'autres traits, avant que j'eusse éclairci celui-là ; mais quelque tems après j'appris, par des personnes qui l'avoient fréquenté plus familièrement que moi, qu'en effet cette brochure étoit de lui, et qu'on s'étoit bien réjoui dans sa coterie des effets de cette pomme de discorde entre un *déiste* et un *croyant*[1].

Quant aux indiscrétions des habitués de Ferney, il y a peu de vraisemblance dans ce que nous dit Deluc. Ceux-ci se turent et affectèrent une sorte d'horreur pour cet « infâme petit libelle, » comme le désigne Cramer, dans une lettre à Grimm, en réponse aux questions que lui adressait de Paris celui-ci[2]. Le coupable demeura ignoré, et Jean-Jacques, forcé de reconnaître l'innocence de Vernes, reporta d'un tout autre côté des soupçons qu'il garda pour lui, mais qui, à coup sûr, n'eurent pas l'auteur de la *Henriade* pour objet.

Après avoir cassé les vitres, Rousseau s'étonnera qu'un adversaire, dont il connaît l'emportement, le traite en ennemi impitoyable. En tous cas, les conseils de circonspection et de prudence ne lui auront pas manqué : mais il voulait du bruit, dût-il lui en

---

1. Deluc, *Lettres sur l'histoire physique de la terre adressées au professeur Blumenbach* (Paris, 1798), p. cxij, cxiij. Discours préliminaire.

2. Sayous, *Le dix-huitième siècle à l'étranger* (Paris, Didier, 1861), t. I, p. 304. Billet du libraire Cramer à Grimm.

coûter son repos, et Buffon était quelque peu naïf de l'engager à ménager ce terrible et implacable jouteur.

Voici enfin, écrivait-il à Du Peyrou, la lettre de M. de Buffon, de laquelle je suis extrêmement touché. Je veux lui écrire, mais la crise horrible où je suis ne me le permettra pas si tôt. Je vous avoue cependant que je n'entends pas bien le conseil qu'il me donne de ne pas me mettre à dos M. de Voltaire. C'est comme si l'on conseillait à un passant, attaqué dans un grand chemin, de ne pas se mettre à dos le brigand qui l'assassine. Qu'ai-je fait pour m'attirer les persécutions de M. de Voltaire[1]? Et qu'ai-je à craindre de pire de sa part? M. de Buffon veut-il que je fléchisse ce tigre altéré de mon sang? Il sait bien que rien n'apaise ni ne fléchit jamais la fureur des tigres. Si je rampais devant Voltaire, il en triompherait sans doute, mais il ne m'en égorgerait pas moins[2]. Des bassesses me déshonoreraient, et ne me sauveraient pas. Monsieur, je sais souffrir; j'espère apprendre à mourir; et qui sait cela n'a jamais besoin d'être lâche.

Il fait, ajoute-t-il, jouer les pantins de Berne à l'aide de son âme damnée, le jésuite Bertrand : il joue à présent le même jeu en Hollande[3]. Toutes les puissances plient sous l'ami des ministres tant politiques que presbytériens. A

---

1. « Je ne digère point, mandait-il à un de ses correspondants du nom duquel il ne nous est donné que l'initiale ; je ne digère point que M. de Buffon suppose que c'est moi qui m'attire sa haine. Eh ! qu'ai-je donc fait pour cela? Si l'on parle trop de moi, ce n'est pas ma faute ; je me passerais d'une célébrité acquise à ce prix. » *OEuvres complètes* (Dupont, 1824), t. XX, p. 303. Lettre de Rousseau à M. D*** ; Motiers, le 7 février 1765.

2. Il dit ailleurs : « Il me poursuit, il m'écrase, il me persécute, et peut-être me fera-t-il périr à la fin. » *OEuvres complètes* (Paris, Dupont, 1824), t. XX, p. 310, 311. Lettre de Rousseau à Lenieps ; Motiers, le 8 février 1765.

3. On venait de brûler son livre à la Haye : « C'est le ministre Chaix et l'inquisiteur Voltaire qui ont arrangé cela. »

cela que puis-je faire? Je ne doute presque pas du sort qui
m'attend sur le canton de Berne, si j'y mets les pieds; cependant j'en aurai le cœur net, et je veux voir jusqu'où,
dans ce siècle aussi doux qu'éclairé, la philosophie et l'humanité seront poussées. Quand l'inquisiteur Voltaire m'aura
fait brûler, cela ne sera pas plaisant pour moi, je l'avoue;
mais avouez aussi que, pour la chose, cela ne saurait l'être
plus [1]. »

Tout cela serait bien ridicule si ce n'était pas encore plus insensé. Ainsi Voltaire est un tigre altéré
de sang, qui l'égorgerait en tout état de cause, qu'il
se redressât ou courbât le front jusqu'à terre devant
cet orgueilleux Aman! Le citoyen de Genève n'aime
pas Voltaire et il laisse percer à tout instant le secret
de son incurable aversion. Il le hait, encore une fois,
parce que c'est un heureux, un acclamé de ce monde;
parce que les cent bouches de la renommée lui brisent
les oreilles de ce nom odieux; il le hait, parce qu'il
n'est que trop bien vu dans cette Genève où, par contre, lui se suppose jalousé, dédaigné, abhorré. « Pouvez-vous croire, écrivait-il à Moultou en avril 1762,
que je ne m'aperçoive pas que ma réputation blesse
les yeux de mes concitoyens, et que si Jean-Jacques
n'était pas de Genève, Voltaire y eût été moins fêté?
Il n'y a pas une ville d'Europe dont il ne me vienne
des visites à Montmorency, mais on n'y aperçoit jamais la trace d'un Génevois; et quand il en est venu
quelqu'un, ce n'a jamais été que des disciples de Voltaire, qui ne sont venus que comme espions. Voilà,

[1] Rousseau, OEuvres complètes (Paris, Dupont, 1824), t. XX,
p. 291, 292. Lettre de Rousseau à Du Peyrou; Motiers, le 31 janvier
1765.

très-cher citoyen, la véritable raison qui m'empêchera de jamais me retirer à Genève... » Moultou s'efforce, par de douces paroles, comme on berce le chagrin d'un enfant, de le rappeler à plus d'équité : « Vous avez, lui répond-il, fort peu d'ennemis à Genève et beaucoup d'amis. Voltaire, il est vrai, n'y eût pas été tant fêté, si vous n'aviez pas été notre compatriote ; mais par qui l'a-t-il été ? Par de mauvais citoyens, qui trouvaient chez lui l'apologiste de leurs mœurs, et le censeur des vôtres ; mais ces hommes, qui ne sont plus genevois, sont en fort petit nombre, et pour la plupart contraints à se cacher. Revenez dans votre patrie, ils n'oseront pas lever la tête[1]. » Mais c'était peine perdue. Voltaire adulé, admiré, entouré, n'aurait point « corrompu sa patrie », qu'il ne lui aurait pas été moins odieux, aux portes de Genève. Et, lorsqu'il lui décochait ce manifeste de haine que nous connaissons, cette cause qu'il allègue n'était pas la véritable ; au fond, c'est l'orgueil déçu qui crie en lui et bondit de fureur.

Au milieu de ces phrases incohérentes, nous trouvons des accusations formelles. Rousseau parle des pantins de Berne, que le « jésuite » Bertrand faisait jouer du mieux qu'il pouvait au profit de l'*inquisiteur* Voltaire. Mais si ce dernier avait ses âmes damnées, l'auteur d'*Emile* n'était pas moins pourvu de son côté. A entendre les amis de Jean-Jacques, le poëte serait parvenu à circonvenir un sénateur de Berne,

---

[1]. *J.-J. Rousseau, ses amis et ses ennemis* (Paris, Levy, 1865), t. I, p. 30. Lettre de Moultou à Rousseau ; 19 mai 1762.

dans le louable but d'obtenir son expulsion[1]. La meilleure réplique à des accusations qui avaient trouvé des croyants jusque dans le Conseil était le démenti du magistrat. Voltaire s'empressa d'envoyer au secrétaire d'État, Lullin, la lettre suivante du banneret de Frendenreich, dont l'un des ancêtres, à ce qu'il paraîtrait, possédait, au sixième siècle, le château de Ferney. Il était lié depuis longtemps avec le pasteur Bertrand et le banneret qu'il était allé voir, on s'en souvient, durant son excursion dans le canton de Berne, au printemps de 1756[2]. Et c'était l'unique fondement d'une inculpation qui demandait sûrement d'autres preuves.

J'ai conservé toutes les lettres que vous m'avez fait l'honneur de m'écrire, lui répondait M. de Frendenreich; je viens de les relire, je n'y ai trouvé ni trace, ni indication quelconque relative au Sr Rousseau, ni directement, ni indirectement. Bien plus, dans les conversations que j'ai eues avec M. Bertrand, il ne m'a jamais témoigné qu'il souhaitât le bannissement dudit Rousseau, bien loin de nous avoir sollicités soit par commission, soit autrement.

Voilà, monsieur, ce que j'ai l'honneur de vous déclarer sur mon honneur. Je suis véritablement affligé qu'on vous

1. Voltaire, *OEuvres complètes* (Beuchot), t. LXIII, p. 199, 200. Lettre de Voltaire à M. Lullin, conseiller et secrétaire d'État de Genève; à Ferney, 5 juillet 1766. Cette date est fausse, comme nous avons pu le constater sur la lettre autographe, datée du 30 janvier, même année. Archives de Genève, n° 4890. *Sur les affaires publiques.*
2. Né en 1692, mort en 1773, après avoir servi en Hollande dans sa jeunesse, Frendenreich était parvenu aux premières dignités de Berne. « Beaucoup d'esprit et de savoir, nous dit le comte Golowkin, un caractère sûr, des manières distinguées en faisaient un particulier et un magistrat fort remarquable. » *Lettres diverses recueillies en Suisse* (Genève, Paschoud, 1821), p. 164.

tracasse par des imputations si peu vraisemblables et si contraires à votre caractère, et qu'on trouble le précieux loisir dont on devroit vous laisser jouir en paix [1]...

Mais n'en voilà que trop sur ces débats qui, nous sommes forcé d'en convenir, ne font pas plus honneur au patriarche de Ferney qu'au citoyen de Genève.

1. Archives de Genève, n° 4890. *Sur les affaires publiques.* Copie de la lettre de M. le banneret de Frendenreich; Berne, 16 janvier 1766. A cette lettre et à la lettre d'envoi était joint un billet autographe, à l'adresse aussi de M. Lullin, dont le poëte avait à se plaindre. « Vous verrez, monsieur, que je dois être plus content de la lettre de M. le baron de Frendenreich que de la vôtre. J'envoie à Paris la copie dont j'ai l'honneur de vous dépêcher la minute. Je ne m'ingère pas dans les affaires qui ne me regardent pas, mais je dois repousser les calomnies qui m'offensent et qui outragent *vos seigneurs* autant que moi-même. Si dans les premiers moments on m'avait aidé à détourner les bruits dangereux qui ont irrité tant de citoyens, vous ne seriez pas où vous en êtes. On se conduisit alors très-mal et on me devait plus d'égards. Vous savez que je dis toujours ce que je pense. V. t. h. sr *V.* »

VIII

L'HISTOIRE DE PIERRE LE GRAND. — CATHERINE II.
LA SŒUR DE LA VISITATION.

Voltaire écrivait, en août 1764, au pasteur Bertrand : « Mon cher philosophe, j'ai rompu, Dieu merci, tout commerce avec les rois [1]. » Cette rupture avec les puissances de ce monde était-elle absolue ; et, surtout dans son for intérieur, était-elle sans aucun espoir de retour ? Il mandait, quelques jours après, à D'Alembert :

Vous me parlez souvent d'un certain homme. S'il avait voulu faire ce qu'il m'avait autrefois tant promis, prêter vigoureusement la main pour écraser l'*inf*..., je pourrais lui pardonner [2] ; mais j'ai renoncé aux vanités de ce monde, et je crois qu'il faut un peu modérer notre enthousiasme pour le Nord ; il produit d'étranges philosophes. Vous savez

---

1. Voltaire, *OEuvres complètes* (Beuchot), t. LXI, p. 547. Lettre de Voltaire à M. Bertrand ; Ferney, 24 auguste 1764.
2. Dans une lettre antérieure de deux années, il disait, presque dans les mêmes termes : « Je vous parle rarement de *Luc*, parce que je ne pense plus à lui : cependant s'il était capable de vivre tranquille et en philosophe et de mettre à écraser l'*inf*... la centième partie de ce qui lui en a coûté pour faire égorger du monde, je sens que je pourrais lui pardonner. » *OEuvres complètes* (Beuchot), t. LX, p. 387. Lettre de Voltaire à D'Alembert ; à Ferney, 15 septembre 1762.

bien ce qui s'est passé, et vous avez fait vos réflexions : Dieu merci, je ne connais plus que la retraite. Je laisse madame Denis donner des repas de vingt-six couverts, et jouer la comédie pour ducs et présidents, intendants et passe-volants, qu'on ne reverra plus. Je me mets dans mon lit au milieu de ce fracas, et je ferme ma porte. *Omnia fert ætas* [1].

Ces lignes sont curieuses, et font allusion à l'un des épisodes les plus sombres de l'histoire. Ce « certain homme » qu'il ne nomme pas, on l'a nommé, c'est le roi de Prusse, c'est Luc. On a vu avec quelle activité, durant la guerre, les deux correspondants avaient échangé des épîtres où il n'était pas seulement question de belles-lettres et de petits vers, où se trouvaient discutés, débattus les intérêts les plus considérables. Quelque désirée qu'elle fût même des victorieux, la paix n'était pas facile à conclure ; et, tout en la demandant à hauts cris, Frédéric, en somme, était celui qui aurait fait le moins de sacrifices pour l'obtenir. La rupture des négociations semble avoir été, pour ainsi dire, la date de l'interruption des rapports entre le souverain et le poëte. Voltaire, qui avait vu ces relations incriminées et avait eu tout au moins à en démontrer l'innocence, averti par le passé, n'en était plus à comprendre la nécessité d'une réserve excessive et le danger de donner à des amis trop politiques un prétexte pour se dispenser de rémunérer ses services. Nous ne supposons pas, pourtant, que ce fut là la cause de la cessation complète de tout com-

---

[1]. Voltaire, *OEuvres complètes* (Beuchot), t. LXII, p. 5. Lettre de Voltaire à D'Alembert ; 7 septembre 1764.

merce entre les deux amis. La dernière lettre de Frédéric remonte au 31 octobre 1760[1], et, la reprise de la correspondance étant à la date du 1ᵉʳ janvier 1765, il y a là un intervalle de silence et de bouderie, que ne venait pas clore la paix signée le 10 février 1763. Il y avait donc une autre cause qu'une réserve commandée par les circonstances et qui aurait cessé avec cette guerre *de sept ans* si meurtrière, si ruineuse et si peu glorieuse pour nos armes.

Il a été, à plus d'une reprise, fait allusion à une *Histoire de Pierre le Grand*, à laquelle l'historien de Charles XII s'était consacré avec une véritable passion, malgré les ennuis et les difficultés d'une tâche ingrate, malgré l'insuffisance ou le peu de sûreté des documents qu'on lui faisait attendre des siècles, malgré d'autres écueils plus malaisés à tourner et qui résultaient des liaisons qu'il avait dû établir avec le ministre de Russie. La lecture seule de la correspondance de l'écrivain avec le comte de Schowalow nous révèle tout ce qu'un tel travail dut lui coûter de peines[2]. Il avait pris à cœur le sujet; après avoir fait l'histoire d'un héros de roman, il trouvait plus intéressant et plus digne d'un philosophe d'écrire les belles actions et les durables créations d'un véritable

---

1. Toutefois, l'édition de Bâle (t. II, p. 344, 345), renferme une lettre de Frédéric à Voltaire, datée de Strehlen, novembre 1761, dans laquelle il lui parle d'une épître badine qu'il a faite pour Catt. *Œuvres complètes de Frédéric le Grand* (Berlin, Preuss), t. XXIII, p. 90, 91.

2. Voir la correspondance qu'il entretient avec le comte, notamment, d'octobre 1760 à mai 1761, comprise dans le t. LIX des *Œuvres complètes*.

grand homme. Mais il lui faudra toute sa ténacité, toute son habileté pour éviter ou surmonter les mille difficultés auxquelles il vient d'être fait allusion. Il bout d'impatience de se voir interrompre à tout instant, faute de pièces indispensables qu'on lui annonce et que l'on ne se presse point de lui dépêcher. « Vous sentez, monsieur, dit-il à Schowalow, que je ne puis bâtir la seconde aile de l'édifice, si je n'ai des matériaux; vous avez commencé, vous achèverez[1]. » Si nous en croyons Chamfort, le docteur Poissonnier, à son retour de Russie, étant allé rendre visite au patriarche de Ferney, ne craignit pas d'aborder le chapitre délicat des erreurs que l'on ne rencontrait que trop dans son livre; mais, au lieu de s'amuser à discuter, Voltaire se serait borné à lui répondre : « Mon ami, ils m'ont donné de bonnes pelisses, et je suis très-frileux[2]. » Qui prendra cette répartie d'un homme si peu naïf au sérieux? Qui ne sentira que cette saillie avait pour but unique d'indiquer à l'interlocuteur plaisamment, poliment mais clairement, qu'on n'était pas pour l'instant d'humeur à engager un long débat sur un pareil sujet.

En réalité, Voltaire a prétendu faire œuvre d'historien. « On a un peu de peine avec les Russes, écrit-il à madame du Deffand, et vous savez que je ne sacrifie la vérité à personne[3]. » Cela est plus aisé à dire qu'à

---

1. Voltaire, *OEuvres complètes* (Beuchot), t. LIX, p. 94. Lettre de Voltaire au comte de Schowalow ; à Ferney, 25 octobre 1760.
2. Chamfort, *OEuvres* (Lecou, 1852), p. 50.
3. Voltaire, *OEuvres complètes* (Beuchot), t. LIX, p. 76. Lettre de Voltaire à madame du Deffand; 10 décembre 1760.

exécuter, sans doute. C'est de la main des Russes qu'il recevra ces matériaux si lents à venir, et les coudées ne sont plus aussi franches lorsqu'on attend ses preuves de ceux dont on s'est constitué le juge. Convenons aussi qu'il n'est ni de bronze ni de marbre, qu'il désirerait ne chagriner personne, qu'il désirerait, s'il était possible, satisfaire tout son monde, et d'abord l'impératrice. « Je voudrais savoir surtout si la digne fille de Pierre le Grand est contente de la statue de son père, taillée aux Délices par un ciseau que vous avez conduit[1]. » Pareille question, dans une autre lettre à Schowalow, à la date du 10 janvier 1761. Mais, s'il est plus préoccupé de mettre en relief les grandeurs que les aspects sauvages, les côtés féroces même du fondateur de la puissance moscovite, il défend le plus qu'il peut son indépendance, il fait entendre à son correspondant que, dans l'intérêt même de son héros, il faut que l'historien ne compromette ni ne discrédite son caractère et son autorité par de maladroites et stériles condescendances, et que des faits authentiques sont les seuls éloges sérieux et durables. « Ce sont les grandes actions, dit-il, qui louent les grands hommes[2]. » Sa correspondance est toujours à lire avec soin, avec discernement et dans son ensemble; car il ne peut être sincère avec tout le monde. Il promet tout ce qu'on veut et de la meilleure grâce ; mais, vienne l'échéance, il se

---

1. Voltaire, *OEuvres complètes* (Beuchot), t. LIX, p. 135. Lettre de Voltaire à Schowalow; aux Délices, 15 novembre 1760.

2. *Ibid.*, t. LIX, p. 354. Lettre de Voltaire au même; aux Délices, 30 mars 1761.

gardera bien de tenir compte des remarques, des réclamations, des rectifications, et n'en fera qu'à sa tête[1].

Contrairement à toute prévision, au lieu d'y applaudir, le Salomon du Nord parut peu favorable à une telle entreprise ; et son mécontentement se révélait, dès l'abord, par une boutade caractéristique. « Dites-moi, je vous prie, de quoi vous avisez-vous d'écrire l'histoire des loups et des ours de la Sibérie ? Et que pourrez-vous rapporter du Czar, qui ne se trouve dans la vie de Charles XII ? Je ne lirai point l'histoire de ces barbares ; je voudrais même pouvoir ignorer qu'ils habitent notre hémisphère[2]. » A coup sûr, voilà une délicatesse assez étrange, et cette histoire est-elle beaucoup plus repoussante que les débuts de l'histoire de son propre pays ? Quelle est d'ailleurs l'histoire où le philosophe, où le moraliste ne trouvent qu'à admirer et à s'attendrir ? Aussi Voltaire écrivait à D'Alembert avec un parfait à-propos : « *Luc* me mande qu'il est un peu scandalisé que j'aie fait, dit-il, l'histoire des loups et des ours : cependant, ils ont été à Berlin des ours très-bien élevés[3]. » Sans doute, Frédéric revint sur ce chapitre, et avec une aigreur croissante, qui finit par amener, avec les gros mots,

---

1. Voir deux lettres inédites de Voltaire au prince Cantimir, au sujet d'une rectification relative à un passage de l'*Histoire de Charles XII*, implorée par le prince, promise par l'écrivain, mais qui ne sera jamais faite. *Le Bulletin du Bibliophile* (Techener, 1860), 14ᵉ série, p. 1120 à 1126.

2. Voltaire, *OEuvres complètes* (Beuchot), t. LIX, p. 110. Lettre de Frédéric à Voltaire ; 31 octobre 1760.

3. *Ibid.*, t. LIX, p. 137. Lettre de Voltaire à D'Alembert.

une bouderie que la lettre suivante à Schowalow indique même suffisamment :

> Monsieur, je dois confier à votre prudence et à votre bonté pour moi que le roi de Prusse m'a su très-mauvais gré d'avoir travaillé à l'*Histoire* de Pierre le Grand et à la gloire de votre empire. Il m'en écrit dans les termes les plus durs, et sa lettre ménage aussi peu votre nation que l'historien. Je ne croyais pas choquer ce prince en célébrant un grand homme ; je ne m'attendais pas à l'injustice que j'essuie ; mais je me flatte que votre auguste impératrice, que la digne fille de Pierre le Grand sera aussi contente du monument élevé à son père que le roi de Prusse en est fâché [1].

La disposition d'esprit du philosophe de Sans-Souci, à cette époque, est curieuse à rechercher, et nous trouvons à l'égard du poëte de piquantes révélations dans la correspondance de Frédéric et du marquis d'Argens. *Luc* a oublié les services qu'on a pu lui rendre, et les efforts que l'on tentait naguère encore pour amener une paix qu'il ne souhaitait pas moins ardemment que personne. Mais tout a échoué, tout est rompu, et ce qui survit à ses espérances déçues, c'est, avec le dessein de porter des coups formidables, la haine profonde qu'il ressent pour la favorite et le ministre dirigeant. *Tancrède* vient d'être joué et reçu avec

---

1. Voltaire, *OEuvres complètes* (Beuchot), t. LIX, p. 161. Lettre de Voltaire au comte Schowalow ; Ferney, 13 décembre 1760. Il y a deux Schowalow, ou plutôt Chouvalof, également correspondants de Voltaire qu'ils sont allés tous deux voir à Ferney : l'oncle, Jean Chouvalof, et André Chouvalof, le neveu, auteur de l'*Épître à Ninon*. C'est de Jean Chouvalof qu'il s'agit ici, qui fut le favori d'Élisabeth et non de Catherine II, comme il est dit dans l'avertissement en tête de *Voltaire à Ferney*, p. 11. — Voir l'*Intermédiaire des chercheurs et curieux*, du 30 septembre 1864, p. 240.

transport : jusque là tout est bien. Mais Voltaire dédie l'ouvrage à madame de Pompadour, et c'est ce qu'on ne saurait lui pardonner à Berlin. « Passons aux nouvelles littéraires, écrivait Frédéric à son chambellan, dans le courant de mai 1761. Je porte de la nouvelle tragédie de Voltaire un jugement tout pareil au vôtre. Certainement ce n'est pas une des bonnes pièces de l'auteur. L'*Epître dédicatoire* est d'un faquin qui souffle le froid et le chaud, dont les flatteries et les injures sont mercenaires. L'on s'aperçoit d'abord qu'il loue cette femme parce qu'elle protége sa nouvelle tragédie. Comparez certains vers de la *Pucelle* avec cette *Epître dédicatoire*, et avouez qu'il faut être un faquin pour se déshonorer par de telles contradictions [1]. » Frédéric fait allusion à des vers bien connus qui commencent ainsi :

Telle plutôt cette heureuse grisette [2]...

et que l'auteur de *Jeanne* n'a jamais avoués, mais qui lui appartiennent bien par le tour et la malice ; et l'on ne saurait disconvenir qu'il est un peu étrange que ces deux morceaux si différents de forme et de sentiment soient sortis de la même plume. Mais encore est-il juste de se reporter aux dates. Voltaire, dépité de trouver dans la marquise un appui si peu solide et si tiède, ne laissait pas, devant tant de circonspection, de ressentir de violents accès d'humeur, dont sa correspondance nous révèle l'existence, et c'est durant un

---

1. *OEuvres de Frédéric le Grand* (Berlin, Preuss), t. XIX, p. 226. Lettre du roi à d'Argens ; Hausdorf, 13 mai 1761.
2. Voltaire, *OEuvres complètes* (Beuchot), t. XI, p. 38, 39. La *Pucelle*, ch. II, vers 207-217.

de ses moments d'aigreur qu'il avait rimé ces dix vers, à coup sûr plus plaisants que flatteurs pour la fille de madame Poisson. S'il lui arrive de changer de mode, c'est qu'il y a été amené par les bons procédés, la bienveillance plus active de la marquise ; et, en cela, il n'a fait, ce nous semble, qu'obéir aux conseils de la reconnaissance la plus vulgaire et la plus obligatoire.

Mais revenons aux lettres échangées entre le roi et d'Argens et dont l'auteur de *Tancrède* fait en partie les frais. Neuf jours après celle que nous venons de citer, Frédéric mandait à celui-ci : « Je n'ai rien appris de Voltaire ; je ne sais pas s'il est à Paris ou à sa seigneurie de Tournay ; s'il a eu la permission de retourner en France (le bruit en avait couru), elle lui aura été accordée sans doute en faveur de l'*Epître dédicatoire* de *Tancrède* adressée à la Pompadour. Tout ce qui le touche ne m'affecte guère... laissons ce misérable se prostituer lui-même par la vénalité de sa plume, par la perfidie de ses intrigues, et par la perversité de son cœur[1]. » Voilà de bien gros mots et qui s'accordent mal avec le parfait scepticisme de Frédéric. Mais il n'est pas disposé à l'indulgence, et l'auteur de la *Henriade* trouvera pour le moment difficilement grâce dans son esprit. Cependant, en dépit et de ces mépris et de cette colère, il ne saurait ni l'oublier ni se taire sur son compte : il le maltraitera, ce qui sera encore une occasion de s'occuper de lui. « On n'entend plus parler de Voltaire, il s'épuise avec son czar Pierre, et lui donne la vie de son esprit et de son style,

---

1. *OEuvres de Frédéric le Grand* (Berlin, Preuss), t. XIX, p. 231. Lettre de Frédéric à d'Argens ; Kunzendorf, 24 mai 1761.

qui était si brillant, autrefois. Cet ouvrage pourra aller de pair avec celui que Milton fit pour l'Apocalypse[1]. » Et le bon d'Argens, qui n'est pas homme à contredire son maître pour si peu, de répondre : « Son dernier ouvrage sur la Russie est entièrement tombé[2]. » Certes, cette *Histoire de Pierre le Grand* n'est pas à la hauteur de son sujet ; elle manque d'ampleur, elle n'est pas envisagée du grand côté, et l'on sent la contrainte, l'évidente gêne qui résultent des rapports de l'auteur avec les successeurs de son héros. Mais, somme toute, elle n'était pas faite pour tomber des mains du lecteur. « On la lit avec plaisir, écrivait Diderot à son amie ; mais si l'on se demandait à la fin : quel grand tableau ai-je vu ? quelle réflexion profonde me reste-t-il ? on ne saurait que se répondre. L'écrivain de la France ne s'est peut-être pas élevé au niveau du législateur de la Russie. Cependant, si toutes les gazettes étaient faites comme cela, je n'en voudrais perdre aucune[3]. » Et ce dut être le sentiment de Frédéric, dont l'esprit exact, amoureux de la limpidité plus que d'un grandiose toujours un peu dans les nuages, était fait pour goûter un tel ouvrage, malgré les défauts et même les faiblesses. Mais un amant furieux d'être quitté est disposé à prendre au pis les plus innocentes

---

1. *OEuvres de Frédéric le Grand* (Berlin, Preuss), t. XIX, p. 255. Lettre de Frédéric à d'Argens ; Strehlen, 27 septembre 1761. Au lieu de Milton, c'est Newton, qu'il faut lire.

2. *Ibid.*, t. XIX, p. 261. Lettre de d'Argens au roi de Prusse ; Berlin, 3 novembre 1761.

3. Diderot, *Mémoires et correspondance* (Paris, Garnier, 1841), t. I, p. 175. Lettre de Diderot à mademoiselle Voland ; du Grandval, le 20 octobre 1760.

démarches de l'infidèle ; et le roi de Prusse envisageait comme une trahison cet engouement du poëte pour un pays avec lequel lui-même finira par ne s'entendre que trop, pour le malheur de l'infortunée Pologne.

Puisque ce livre à la gloire du peuple russe lui aliénait l'amitié ombrageuse du Salomon du Nord, c'était bien le moins que cela lui fût compté dans l'autre camp. « Je veux vous donner avis de tout, mandait Voltaire à sa nièce : l'impératrice de Russie m'avait envoyé son portrait avec de gros diamants; le paquet a été volé sur la route. J'ai du moins une souveraine de deux mille lieues de pays dans mon parti; cela console des cris des polissons [1]. » Cette impératrice, avec laquelle il est au mieux, est l'impératrice Élisabeth, dont la mort venait, un an après, renverser, il le pensait, tous les châteaux de cartes du poëte. « Mon impératrice de Russie est morte, écrivait-il encore à madame de Florian, et, par la singularité de mon étoile, il se trouve que je fais une très-grande perte [2]. » Il en disait autant à Bernis : « Vous ne vous douteriez pas que j'ai fait une perte dans l'impératrice de Russie : la chose est pourtant ainsi; mais il faut se consoler de tout [3]. » Il faut se consoler de tout, parce que c'est peut-être là, des mille préceptes de la philosophie, le plus pratique et le plus efficace; et parce qu'aussi nous ignorons si ce qui nous déses-

---

1. Voltaire, *OEuvres complètes* (Beuchot), t. LIX, p. 288. Lettre de Voltaire à madame de Florian; à Ferney, 1ᵉʳ février 1761.

2. *Ibid.*, t. LX, p. 155. Lettre de Voltaire à madame de Florian, sans date.

3. *Ibid.*, t. LX, p. 173. Lettre de Voltaire au cardinal de Bernis; aux Délices, le 10 février 1762.

père dans le présent ne nous arrive point au plus grand avantage d'un avenir plus ou moins voisin. Si Voltaire avait ses raisons de regretter l'impératrice Élisabeth, il devait rencontrer dans Catherine II une amie passionnée et enthousiaste, une adepte de la philosophie et de toutes les idées d'émancipation et de tolérance si mal vues des souverains de la vieille Europe.

La Sémiramis du Nord, comme l'appellera l'auteur de *Pierre le Grand*, n'est pas une de ces physionomies tout d'une pièce que l'on peigne d'un seul trait; et l'historien, aussi bien que le moraliste, devra s'y reprendre à plus d'une fois, dans le calque de cette extraordinaire figure. Il y a la femme cruelle, sans principes, capable d'un crime pour en arriver à ses fins, la Messaline obéissant servilement, à certaines heures, aux incitations de ses sens surexcités eux-mêmes par une imagination fougueuse; mais il y a aussi la souveraine au génie vaste, tourmentée de l'amour du grand, se vouant, comme Pierre, au développement et à l'agrandissement de son peuple. Il y a encore l'intelligence élevée que séduisent, qu'exaltent toutes les productions de l'esprit humain. A cet égard, elle est sincère, elle obéit à son penchant; et si elle sait parfaitement qu'en flattant toutes ces trompettes de la célébrité, elle s'acquiert des admirations bruyantes, elle aime les lettres et les arts pour leur charme propre, et ressemblera en cela à son royal voisin. Mais elle aura besoin que le bourdonnement des louanges couvre d'autres voix qui, celles-là, pourraient raconter de tragiques aventures; et cette considération, à coup sûr, ne sera pas pour peu dans ses caresses, ses cajoleries à l'adresse de nos philosophes et de nos écrivains en renom.

La lamentable fin de Pierre III avait besoin d'être expliquée. On la rapportait en Europe de bien des manières, et toutes n'étaient pas en faveur de sa veuve. Catherine comprenait trop l'importance de retourner l'opinion pour n'y pas employer tous ses soins. L'ambassadeur de notre cour, M. de Breteuil, écrivait, le 13 septembre 1762, peu de jours après son retour à Saint-Pétersbourg, ces lignes curieuses, qui enlèvent de leur platonisme à ces avances faites aux dispensateurs officiels de la renommée. « La czarine m'a fait demander si je connaissais M. de Voltaire[1], pour m'engager à rectifier ses idées sur le rôle qu'a joué la princesse Daschkow[2]... » Cette princesse Daschkow,

---

1. Voltaire avait connu M. de Breteuil de fort bonne heure, ce que celui-ci reconnaissait de la meilleure grâce, une année après l'envoi de sa dépêche à la cour de France. « Il n'est pas, malheureusement pour moi, en mon pouvoir de me rappeler l'époque de mon maillot, dont vous voulez bien dater votre connaissance; mais, je vous prie, monsieur, d'être très-persuadé que je n'ai point oublié, ni n'oublierai jamais que j'ai eu souvent l'avantage de me trouver à portée, dans les premières années de ma raison, de vous voir et de vous entendre... » *Voltaire à Ferney* (Paris, Didier, 1860), p. 395, 396. Lettre de M. de Breteuil à Voltaire; Paris, ce 1ᵉʳ août 1763. Louis-Auguste de Breteuil (non le père, comme on l'a dit par une étrange inadvertance, mais le neveu à la mode de Bretagne de madame du Châtelet), né en 1733, avait débuté dans la diplomatie en qualité de ministre plénipotentiaire près de l'Électeur de Cologne. Il passa en Russie en 1760, et, de là, en Suède, puis à Vienne où il fut remplacé par le cardinal de Rohan, auquel il voua une haine dont il ne donna que trop de marques, dans l'affaire du Collier.

2. *De la cour de Russie, il y a cent ans* (1725-1783). Extraits des dépêches des ambassadeurs anglais et français (Paris, Dentu, 1858), p. 231. Le comte de Falloux cite cette dépêche dont, toutefois, il

ou plutôt Daschkof, avait eu la plus grande part à la conspiration qui avait enlevé le trône et la vie à Pierre III ; elle était à cheval, en uniforme, avec Catherine, lorsque celle-ci passa dans les rangs de sa garde à laquelle elle déclarait ses desseins. Il était donc fort important pour la czarine que la conduite de madame Daschkof ne fût pas appréciée avec une sévérité qui retomberait sur elle-même. Mais un des amis du poëte, le propre secrétaire de Catherine II, le Génevois Pictet, que nous avons vu avec un si beau panache sur le petit théâtre de Tournay, avait mission de présenter les faits, de manière à démontrer combien l'événement était inévitable et combien il serait injuste d'en faire reposer la responsabilité sur sa maîtresse.

Je me persuade, mandait-il à l'auteur de *Mérope*, que tous ceux qui ont connu le caractère de Pierre III, son peu de génie, la manière dont il s'est conduit et ses projets, tous ceux-là, dis-je, ne pourront qu'approuver la nation russe d'avoir expulsé un tel homme pour mettre sur le trône la plus digne et la plus grande impératrice qui ait jamais régné dans l'univers... Soiés sûr, M., que ce n'est point l'impératrice qui a cherché le trône, qu'en y montant elle n'a fait que céder au mouvement général de la nation... Ce qui a produit la révolution est uniquement la différence des caractères de Pierre III et de Catherine II ; que devait, en effet, penser le peuple russe, quand il a vu Pierre III, après avoir passé sa jeunesse à s'amuser avec des bouffons, monter sur le trône, donner, il est vrai, de grandes espérances pendant les premières semaines, temps pendant lequel il consulta l'impératrice et suivit ses avis, mais bientôt oublier

modifie les termes, dans *Madame Swetchine, sa vie et ses œuvres* (Didier, 1860), t. I, p. 10.

la promesse qu'il avait faite, de s'appliquer aux affaires, pour se livrer entièrement à la débauche et à la crapule la plus honteuse¹?... Que devoit-il penser, lorsqu'il voioit son empereur passer les jours et les nuits à table, paraître communément ivre aux yeux de tout le monde²?...

Mais Voltaire, qui n'isolait pas les faits de leurs conséquences, et, comme infiniment de gens, se sentait beaucoup d'indulgence envers le succès, avait déjà dit son mot, lorsque la lettre du Génevois Pictet dut lui parvenir.

On parle, écrivait-il au comte Schowalow, d'une colique violente qui a délivré Pierre Ulric du petit désagrément d'avoir perdu un empire de deux mille lieues. Il ne manquera plus qu'un Ninias à votre Sémiramis pour rendre la ressemblance parfaite. J'avoue que je crains d'avoir le cœur assez corrompu pour n'être pas aussi scandalisé de cette scène qu'un bon chrétien devrait l'être. Il peut résulter un très-grand bien de ce petit mal. La Providence est comme étaient autrefois les jésuites, elle se sert de tout ³.

Toutefois il est flottant et ne sait trop quelle contenance tenir. Ce qu'il y a de sûr, c'est qu'on attache une sérieuse importance à le conquérir, et qu'une attitude expectante va devenir pour lui, chaque jour, de plus en plus difficile. Le géant Pictet lui écrit en son privé

---

1. M. de Breteuil écrivait, le 18 janvier (n. st.) : « La vie que l'empereur mène est la plus honteuse. Il passe les soirées à fumer, à boire de la bière, et ne cesse ces deux exercices qu'à cinq ou six heures du matin, et presque toujours ivre-mort. » *De la Cour de Russie il y a cent ans* (Paris, 1858), p. 185.

2. Charavay, *Catalogue Lajariette* (1860), p. 282, n° 2412. Lettre de Pictet à Voltaire ; Saint-Pétersbourg, 4 août 1762.

3. Voltaire, *OEuvres complètes* (Beuchot), t. LX, p. 558. Lettre de Voltaire au comte Schowalow ; aux Délices, 13 auguste 1762.

nom; mais le malin vieillard comprend qu'il n'agit qu'en conséquence d'ordres formels. Il lui faut répondre à qui lui écrit, et il sent aussi qu'il ne peut répondre au secrétaire de Catherine II, sans le charger de ses profonds respects pour l'impératrice. L'on attendait plus encore, et la déception du Suisse, devant la stricte réserve dont on semble ne pas vouloir se départir, est aussi manifeste que significative. Nous allons reproduire une seconde épître du géant, qui révèle, pour qui sait lire, toute l'envie qu'on avait à Saint-Pétersbourg de voir le solitaire des Délices céder aux agaceries, aux provocations amicales dont il était l'objet depuis trop longtemps.

Monsieur, j'ai reçu hier la lettre que vous m'avez fait l'honneur de m'écrire, et je me hâte de répondre, quoique je ne sache point encore le jour que partira le courrier de M. le baron de Breteuil. Me seroit-il permis de vous gronder; j'en ai bien envie, mais je n'ose prendre cette liberté. Je vous ai écrit une longue lettre; quoi que je vous aie dit, vous avez compris parfaitement que j'aurois trouvé le secret de la faire voir; elle avoit été vue en effet, et on attendoit avec impatience une réponse. Cette réponse arrive; mais si sèche, si nue, si décharnée, que je n'ai pas voulu la faire voir.

Il y a près de six mois que je n'écris pas une lettre à Genève sans persécuter pour qu'on vous prie de me confier vos deux nouvelles pièces, et les autres nouveautés qui peuvent être sorties de votre plume depuis mon départ. Je ne sais de quels termes me servir pour vous conjurer d'avoir cette bonté pour moi.

Vous dire que ma fortune dépend de votre complaisance à cet égard est certainement avancer beaucoup; ce n'est cependant point trop dire : on a la bonté d'imaginer ici que je suis homme de lettres, et ce que vous avez eu la bonté d'écrire sur mon compte à M. de Schowalow, et dont il a enfin parlé depuis quinze jours, a contribué à persuader que vous aviez quelque estime pour ma personne et pour mes talents.

On en conclut que vous ne devez pas me refuser copie de vos productions, et Sa Majesté, qui les sçait presque toutes par cœur, ne cesse de me demander que je lui fasse avoir vos nouvelles pièces et tout ce que vous avez fait et ferés qui n'est pas imprimé dans l'édition de vos œuvres : vous devés être certain que personne que Sa Majesté ne verrà ce que vous voudrés qui reste secret. Elle m'a permis de vous en donner sa parole; seulement, elle m'a chargé de savoir si vous permettrés qu'on jouât à la cour vos nouvelles pièces, quand nous les aurons; quand je dis jouer à la cour, ce n'est pas par les comédiens, que nous n'aurons que cet été, mais par les dames et les seigneurs de la cour; en attendant, nous apprenons pour cet hiver : *Zaïre, Alzire* et *Gengiskan*[1].

Voltaire était indécis, il se défendait en homme circonspect qui ne veut pas faire d'école, bien plus, comme il le laisse assez entrevoir dans sa lettre à Schowalow, qu'en puritain austère et inflexible. Cette hésitation avait d'ailleurs cela d'avantageux, qu'elle donnerait à la capitulation plus de valeur et de prix. Mais on lui demande ses pièces, on les jouera sur le théâtre de la cour; ce seront les dames de l'impératrice, les grands seigneurs qui se disputeront les rôles, comme cela avait lieu jadis aux petits appartements, et, à Berlin, chez la princesse Amélie. Où trouver le courage d'une plus longue résistance ? Il céda, il se laissa vaincre et sans trop de remords. Les premières lettres échangées entre le poëte et la czarine ne nous sont point parvenues. Longtemps encore, Pictet fut le lien, le trait d'union de ce commerce d'abord un peu

---

1. Gabriel Charavay, *Revue des autographes* (octobre 1866), n° 10, p. 88. Lettre de Pictet à Voltaire; Moscou, le 19-30 novembre 1762.

contraint : Voltaire continuait à écrire au colosse, et Catherine en était quitte pour sauter sur les lettres quelconques dépêchées de Suisse à son secrétaire. « J'ai commis un péché mortel en recevant la lettre adressée au géant, mandait-elle au patriarche, dans la première épître que nous ayons d'elle : j'ai quitté un tas de suppliques, j'ai retardé la fortune de plusieurs personnes, tant j'étais avide de la lire. Je n'en ai pas même eu de repentir... » Voltaire est le modèle des courtisans, il sait louer, il commence par louer : dans cette lettre même dont elle a violé le secret, il la louait avec un tel excès, qu'elle crut devoir prendre la plume « pour prier M. de Voltaire, très-sérieusement, de ne me plus louer avant que je l'aie mérité [1]. » Mais c'était ajourner les louanges et l'encens à un délai assez éloigné, car nous touchons à une catastrophe qui allait rendre encore plus ardue la tâche des défenseurs et des apologistes de la czarine.

La fin tragique de Pierre III, malgré l'indignité de celui-ci, n'avait pas trouvé que des approbateurs, en Russie comme à l'étranger. Le prince Ivan avait ses partisans, et un sourd mécontentement faisait pressentir des troubles prochains dont on ne pouvait prévoir l'issue. Voltaire, déjà conquis, n'était pas sans inquiétude sur le dénoûment. « Mais est-il vrai que le feu couve sous la cendre en Russie ? qu'il y a un grand parti en faveur de l'empereur Ivan ? que ma chère impératrice sera détrônée, et que nous aurons un nouveau

---

1. Voltaire, *Œuvres complètes* (Beuchot), t. LXI, p. 189. Lettre de Catherine à Voltaire. Sans date, mais à compter de la seconde moitié de 1763.

sujet de tragédie¹? » C'était à d'Argental qu'il posait cette question, que les faits ne devaient résoudre qu'un an plus tard (16 auguste 1764). Quinze jours après il écrivait à l'autre ange : « J'ai peur que M. le duc de Praslin n'aime pas mon impératrice de Russie, j'ai peur qu'on ne me la dégote ; il ne me restait plus que cette tête couronnée ; il m'en faut une absolument²? » Mais Catherine n'était pas une Marie Stuart, elle avait la résolution, l'intrépidité qui amènent le triomphe et fixent les destinées des rois et des peuples. Ce n'était pas pour elle qu'il y avait à s'alarmer, et la mort d'Ivan allait rassurer ses amis, non toutefois sans inquiéter un peu leur admiration. Il est curieux de connaître l'opinion de la philosophie sur un acte qui émut à bon droit toute l'Europe. Voltaire commence par l'indignation. D'Alembert, qui préférait son indépendance et ses amis à toute chaîne même dorée, pressé par Catherine de se charger de l'éducation de son fils, avait décliné ces offres, comme il avait antérieurement refusé la succession de Maupertuis à Berlin, malgré les instances réitérées du roi de Prusse. Le poëte, faisant allusion à cette circonstance, disait à Damilaville : « Il n'a pas mal fait de refuser les honneurs qui l'attendaient dans le Nord... Tout bon géomètre qu'il est, il aurait eu peine à résoudre le problème de ce qui vient de se passer au bord de la mer Baltique. On conte cet événement avec des circonstances si

---

1. Voltaire, *Œuvres complètes* (Beuchot), t. LXI, p. 95. Lettre de Voltaire à d'Argental ; 27 juillet 1763.

2. *Ibid.*, t. LXI, p. 113. Lettre de Voltaire à la comtesse d'Argental ; 13 auguste 1763.

atroces, qu'on croirait que ce sont des dévots qui ont conduit toute l'aventure[1]. » Il écrivait encore, douze jours après, au même : « Mon cher frère, je reçois votre lettre du 13, dans laquelle vous trouvez le procédé de la philosophe du Nord bien peu philosophe ; et en même temps un de vos confrères (Grimm probablement) me demande un *Dictionnaire philosophique* pour elle : mais je ne l'enverrai certainement pas, à moins que je n'y mette un chapitre contre des actions si cruelles[2]. » La résolution fait le plus grand honneur à Voltaire. Mais le tout est de persévérer, et là est le difficile, là est l'impossible pour cette tête si mobile. Catherine eut-elle le *Dictionnaire philosophique* avec ou sans l'addition du chapitre dont on la menace ? C'est ce que nous ignorons ; mais, en revanche, nous savons que six mois après, au commencement de mars 1765, il lui envoyait la *Philosophie de l'Histoire*, avec une belle dédicace[3]. C'était tout ce qu'avait pu durer et tenir sa résolution, si elle tint jusque-là. Quant à Protagoras-D'Alembert, il écrivait au patriarche de Ferney, deux mois après cette sanglante aventure :

Ma bonne amie de Russie vient de faire imprimer un grand manifeste sur l'aventure du prince Ivan, qui était en effet, comme elle le dit, une espèce de bête féroce[4]. *Il vaut mieux,*

1. Voltaire, *OEuvres complètes* (Beuchot), t. LXII, p. 7. Lettre de Voltaire à Damilaville ; 7 septembre 1764.
2. *Ibid.*, t. LXII, p. 11. Lettre de Voltaire au même. Ces lignes furent supprimées dans l'édition de Kehl.
3. C'est le neveu de l'abbé Bazin, ce n'est pas Voltaire, comme on va voir.
4. Le manifeste de Catherine a été reproduit dans le *Journal encyclopédique* du 1er octobre 1764.

dit le proverbe, *tuer le diable, que le diable ne nous tue*. Si les princes prenaient des devises comme autrefois, il me semble que celle-là devrait être la sienne. Cependant il est un peu fâcheux d'être obligé de se défaire de tant de gens, et d'imprimer ensuite qu'on en est bien fâché, mais que ce n'est pas sa faute. Il ne faut pas faire trop souvent de ces sortes d'excuses au public. Je conviens avec vous que la philosophie ne doit pas trop se vanter de pareils élèves : mais que voulez-vous ? il faut aimer ses amis avec leurs défauts [1].

D'Alembert ne pense pas qu'il n'y ait qu'à louer; mais il le prend sur un ton de persiflage qui n'est ni très-philosophique ni même très-humain. Voltaire, qui oublie vite, mandait de son côté, mais plus tard, à madame du Deffand : « Je suis son chevalier envers et contre tous. Je sais bien qu'on lui reproche quelque bagatelle au sujet de son mari [2]; mais ce sont des affaires de famille dont je ne me mêle pas ; et d'ailleurs il n'est pas mal qu'on ait une faute à réparer, cela engage à faire de grands efforts pour forcer le public à l'estime et à l'admiration, et assurément son vilain mari n'aurait fait aucune des grandes choses que ma Catherine fait tous les jours [3]. » De tels sophismes révoltent à juste titre les esprits droits et honnêtes. Walpole, auquel madame du Deffand avait communiqué sa lettre, lui répondait, non sans une indignation très-sincère : « Voltaire me fait horreur avec sa Catherine. Le beau sujet de badinage que l'assassinat d'un

---

1. Voltaire, *OEuvres complètes* (Beuchot), t. LXII, p. 38. Lettre de D'Alembert à Voltaire; à Paris, ce 4 octobre 1764.

2. Il faut voir comme Voltaire glisse sur cette page sanglante dans son *Précis du siècle de Louis XV* (Beuchot), t. XXI, p. 305.

3. *Ibid.*, t. LXIV, p. 232, 233. Lettre de Voltaire à madame du Deffand; 18 mai 1767.

mari et l'usurpation de son trône ! Il n'est pas mal, dit-il, qu'on ait une faute à réparer. Eh ! comment répare-t-on un meurtre ? Est-ce en retenant des poëtes à ses gages ? en payant des historiens mercenaires et en soudoyant des philosophes ridicules à mille lieues de son pays ? Ce sont ces âmes viles qui chantent un Auguste et se taisent sur ses proscriptions [1]. »

Mais il faut lire ce que pense et ce que dit d'une telle indulgence la douce et intéressante madame de Choiseul. Si son indignation, sa colère sont bavardes et un peu prolixes (sa lettre à madame du Deffand a presque les proportions d'une brochure), elle analyse, elle épluche par le menu et avec une recherche impitoyable cette Catherine dont les admirateurs exaltaient les grands côtés et les belles actions, et elle ne voit rien qui puisse effacer les taches de sang qui souilleront toujours sa mémoire, en dépit du verdict du trop indulgent patriarche de Ferney.

Quoi ! Voltaire trouve-t-il qu'il y a le mot pour rire dans un assassinat ! et quel assassinat ? Celui d'un souverain par sa sujette, celui d'un mari par sa femme ! Cette femme conspire contre son mari et son souverain, lui ôte l'empire et la vie de la façon la plus cruelle, et usurpe le trône sur son propre fils, et Voltaire appelle cela des *démêlés de famille !* « Il n'est pas mal, ajoute-t-il, qu'on ait une faute à réparer. » Comment ! ces crimes atroces ne sont que des *bagatelles*, des fautes, de petits péchés véniels faciles à réparer ; il ne lui faut qu'un *meâ culpâ* et une absolution : la voilà blanche comme neige ; elle est la gloire de son empire, l'amour de ses sujets, l'admiration de l'univers, la merveille de son siècle !... Vous

---

[1]. Madame du Deffand, *Correspondance complète* (Paris, Plon, 1865), t. I, p. 426, 427. Note de l'édition de Londres non reproduite dans les éditions françaises.

avez senti cela comme moi et vous lui avez répondu par le persiflage le plus fin et le plus délicat. Puisse-t-il en rougir [1] !

Voltaire méritait, en effet, qu'on lui fît au moins sentir l'inconvenance et l'indécence d'un tel badinage. Ce fut la marquise qui s'en chargea ; elle était en possession de tout dire et savait tout dire avec ce tour bien à elle qui l'a placée directement après lui, à la tête des épistoliers si nombreux et si brillants du dix-huitième siècle.

Ne résistez jamais, monsieur, au désir de m'écrire ; vous ne sauriez vous imaginer le bien que me font vos lettres ; la dernière surtout a produit un effet admirable, elle a chassé les vapeurs dont j'étais obsédée. Il n'y a point d'humeur noire qui puisse tenir à l'éloge que vous faites de votre Sémiramis du Nord ; *ces bagatelles que l'on dit d'elle au sujet de son mari, et desquelles vous ne vous mêlez pas, ne voulant point entrer dans des affaires de famille*, feraient même rire le défunt ; mais le pauvre petit Niñias voyage-t-il avec madame sa mère ? Je voudrais qu'elle vous le confiât ; j'aimerais mieux pour lui vos instructions que ses beaux exemples. J'admire son zèle pour la tolérance, elle ne se contente pas de l'avoir établie dans ses États, elle l'envoie prêcher chez ses voisins par cinquante mille missionnaires armés de pied en cap. Oh ! c'est la véritable éloquence ! Qu'en dira la Sorbonne [2] ?

Il est vrai que, lorsque le poëte écrivait cet étrange badinage, près de trois années s'étaient écoulées de-

---

1. *Correspondance complète de madame du Deffand avec la duchesse de Choiseul* (Paris, Levy, 1867), t. I, p. 111. Lettre de madame de Choiseul à la marquise ; 12-14 juin 1767.

2. Madame du Deffand, *Correspondance complète* (Paris, Plon, 1865), t. I, p. 427. Lettre de la marquise à Voltaire ; 26 mai 1767.

puis le dernier de ces sanglants événements (l'assassinat d'Ivan), et que Catherine n'avait rien négligé pour en effacer jusqu'au souvenir. Frédéric avait gratifié quelques gens de lettres français de pensions plus honorables que considérables ; Catherine fera les choses avec une munificence qui laissera loin derrière elle les maigres dons du marquis de Brandebourg. Elle achètera quinze mille livres la bibliothèque de Diderot, dont elle lui abandonnera la jouissance, et lui fera une rente viagère de mille francs comme conservateur de ses livres. « Aurait-on soupçonné, il y a cinquante ans, qu'un jour les Scythes récompenseraient si noblement dans Paris la vertu, la science, la philosophie, si indignement traitées parmi nous ? Illustre Diderot, recevez les transports de ma joie[1]. » L'auteur de la *Henriade* était trop grand seigneur pour que l'on songeât à le pensionner. Mais il n'en avait pas moins son côté vulnérable. Il faut voir avec quelle adresse féline cette souveraine de tant de peuples s'efforce de subjuguer l'ermite du Mont-Jura, avec quelle familiarité enchanteresse elle le traite, oubliant ce qu'elle est pour l'entretenir des petits intérêts de l'humanité, de la philosophie et des lettres. Le neveu de l'abbé Bazin avait bien eu l'audace de lui adresser la première édition de la *Philosophie de l'Histoire* ; elle a lu d'un bout à l'autre « ce beau livre », et elle s'empresse de l'en remercier ; mais, dans l'ignorance du lieu de sa résidence, elle charge M. de Voltaire de faire parvenir sa lettre audit neveu, espérant bien

[1]. Voltaire, *Œuvres complètes* (Beuchot), t. LXII, p. 311, 312. Lettre de Voltaire à Damilaville ; 24 avril 1765.

qu'il excusera cette démarche en faveur du mérite éclatant de ce jeune homme [1]. Toutes ses lettres auront ce cachet de simplicité, de gaieté, de familiarité noble, qui dérouteraient, si l'on ne savait combien il peut se rencontrer d'hommes différents dans un cœur d'homme.

Avec le temps les rapports ne feront que se resserrer, et Catherine sera la *Sémiramis du Nord*, comme Frédéric en avait été le *Salomon ;* elle sera aussi sa Catherine, sa « Cateau, » comme il l'appelle avec un tendre sans-gêne. Il lui est tout acquis, il se mettra à sa dévotion, se constituera son homme-lige, et prendra son parti envers et contre tous, contre Moustapha, sur le compte duquel il s'égayera fort irrévérencieusement, contre les fédérés de Pologne, à qui, en les croquant, l'on allait faire beaucoup d'honneur. Ce qu'on ne peut refuser à la veuve de Pierre III, c'est la volonté, la résolution d'être une grande princesse, c'est la noble ambition de continuer l'œuvre que le czar avait léguée à ses successeurs. Le poëte, subjugué par la réelle magnanimité de ce caractère, ne comprenait pas que l'on ne partageât point son enthousiasme, et que la moderne Tomyris inspirât dans la frondeuse Genève plus d'éloignement que d'admiration. « Il y a quelques magistrats que l'esprit de parti a rendus ridiculement ennemis de la France et de la Russie, et qui fesaient des feux de joie à leur maison de campagne lorsque nos armes avaient été malheureuses dans le cours de la dernière guerre. »

---

1. Voltaire, *OEuvres complètes* (Beuchot), t. LXII, p. 376. Lettre de Catherine à Voltaire, sans date.

Mais il s'agit ici de tout autre chose que de haine de peuple à peuple, et Voltaire le sait mieux que personne. Cette répulsion que justifiaient amplement les terribles antécédents de l'impératrice, le gouvernement génevois aura l'occasion de l'accentuer par une mesure exceptionnelle, très-discutable au point de vue de la loi, mais qui trouva peu de critiques au sein de cette population rigide. Catherine, qui sentait que le moyen d'émancipation le plus efficace comme le plus rapide était de mettre ses sujets à moitié sauvages en perpétuel contact avec les nations occidentales, usait de toutes les séductions pour attirer à Pétersbourg des officiers de mérite, des savants, des ingénieurs, les recrutant de préférence parmi ceux qui parlaient notre langue, car elle était *toute française*. Mais ce n'était là qu'un côté de la tâche. Il fallait également élever le niveau moral, le niveau intellectuel des femmes de son empire, des mères de la génération qu'elle préparait; et elle pensait avec raison qu'il n'y avait rien de mieux, pour y parvenir, que d'attirer à sa cour des jeunes filles instruites, bien élevées, dont l'exemple et les connaissances ne pouvaient manquer d'exercer une salutaire influence, une action vraiment civilisatrice.

Elle savait quelle éducation sérieuse recevaient, en Suisse, les enfants des deux sexes, et elle crut que c'était le lieu où elle pourrait faire les meilleures recrues. Le voisinage de Ferney rendait encore plus aisée une négociation qui, d'ailleurs, ne devait rencontrer aucun obstacle. Aussi dépêchait-elle, sans plus attendre, le comte de Bulow, avec la mission de

ramener, tant du pays de Vaud que de Genève, un
certain nombre d'institutrices qu'elle voulait placer
auprès de jeunes filles de qualité, à Moscou ou à Saint-
Pétersbourg. Mais c'était compter sans le petit Conseil, qui prit aussitôt ses mesures pour faire avorter
un tel projet. Tout, du reste, se fit au grand jour,
sans tergiversations, sans faiblesse; et l'attitude des
gouvernants de ce petit État fut aussi digne qu'énergique, comme on en va juger par le procès-verbal
même de leur décision, à la date du 20 août (1765).

> M. Sales, syndic de la garde, ayant avis que le sieur de
> Bulow, colonel au service de Sa Majesté l'Impératrice Catherine, vient d'arriver en cette ville avec charge d'engager
> des demoiselles pour les emmener en Russie, il a été attentif, depuis l'arrivée de cet officier, à éclairer sa conduite.
> Cet officier a essayé de débaucher quelques personnes; sur
> quoi l'avis a été de la part du Conseil que, de tels engagements étant opposés à nos lois, qui ne permettent pas ces
> sortes de voyages, on prierait le sieur de Bulow de se désister volontairement de ses efforts, afin de n'être pas
> obligé de lui faire de la peine [1].

Mais le petit Conseil ne s'attribuait-il point un pouvoir exorbitant qui n'appartenait déjà plus au père,
puisqu'il ne s'agissait que de l'expatriation de filles
majeures? Avait-on, d'ailleurs, fait difficulté en aucun temps de laisser passer en Angleterre, à titre
d'institutrices ou de gouvernantes, les filles que leur
existence précaire avait pu déterminer à prendre un tel
parti? Voltaire, comme on le pense bien, ne se constituera pas l'avocat de mesures aussi arbitraires qu'ou-

---

[1]. Gaberel, *Voltaire et les Génevois* (Cherbuliez, 1857), p. 50.

trageantes pour la souveraine d'un grand empire; il jettera feu et flamme, et en écrira avec plus que de la vivacité à ses amis de Paris. Mais tous ne partagent pas son indignation; d'Argental est d'un autre sentiment, et n'est pas loin d'applaudir à cet acte de vigueur, ainsi qu'il résulte des explications mêmes du patriarche de Ferney, car sa lettre ne nous est pas parvenue.

Comme *il faut à son ami montrer son injustice,* vous croyez donc me montrer la mienne en prenant parti contre les filles, et vous trouvez bon qu'on les empêche d'aller où vous savez, c'est-à-dire en Russie? Je conçois bien qu'il n'est pas permis d'enrôler des soldats et de débaucher des manufacturiers; mais je vous assure que les filles majeures ont le droit de voyager, et que la manière dont on en a usé avec un seigneur envoyé par Catherine est directement contre les lois divines, humaines, et même génevoises. J'ai été d'autant plus piqué, que M. le comte de Schowalow, très-intéressé dans cette affaire, était alors chez moi [1].

Voltaire mande à Ferney les parents de ces « voyageuses affligées » qui, s'il faut l'en croire, subissaient malgré eux une décision tyrannique en opposition avec toutes les lois. On devine que l'envie de plaire à Catherine II ne le laissa pas inactif et dut le pousser à quelque démarche : il s'adressait, en effet, à Tronchin, qui lui répondait en termes plus qu'explicites : « M. de Voltaire, le Conseil se regarde comme le père de tous les citoyens; en conséquence il ne peut souffrir que ses enfants aillent s'établir dans une cour

---

[1]. Voltaire, *Œuvres complètes* (Beuchot), t. LXII, p. 467. Lettre de Voltaire à d'Argental; 26 octobre 1765.

dont la souveraine est violemment soupçonnée d'avoir laissé assassiner son mari, et où les mœurs les plus relâchées règnent sans frein¹. » Heureux le peuple dont le gouvernement peut s'interposer dans les affaires des particuliers à leur plus grand bien, sans qu'il en résulte aucun inconvénient grave pour la liberté des citoyens! Disons qu'un tel peuple doit non-seulement avoir conservé une partie de sa première vertu, mais encore, pour s'arranger d'une intervention toute paternelle, ne guère dépasser les proportions d'une famille qui se compte, malgré son nombre. M. de Bulow prit une attitude hautaine et presque menaçante. Il déclara qu'il ne quitterait Genève qu'après avoir accompli les ordres de sa souveraine. Il allait se briser néanmoins contre la fermeté de la parvulissime république, comme l'appelait l'auteur de *Mérope*, dans ses moments d'humeur. Le canton de Berne n'avait pas hésité, de son côté, à se joindre à elle, dans une question qui ne le regardait pas moins directement, et l'émissaire de Catherine dut partir et partir seul. Ce qui vint accroître encore cette petite humiliation, c'est que plusieurs jeunes filles étaient déjà en chemin, et que le Conseil de Genève les fit arrêter sur le territoire bernois, qui se prêta à cet acte d'autorité. Voltaire devait être d'autant plus exaspéré, qu'on semblait avoir compté sur l'efficacité de son concours. Au moins tient-il à ce que sa Catherine sache qu'il n'a pas dépendu de lui que la volonté de la czarine fût respectée et exécutée.

1. Gaberel, *Voltaire et les Génevois* (Cherbuliez, 1857), p. 51, 52.

Monsieur, mandait-il au prince de Gallitzin, j'ai trop d'obligations à Sa Majesté impériale, je lui suis trop respectueusement attaché pour ne l'avoir pas servie, autant qu'il a dépendu de moi... C'est d'ailleurs un si grand honneur pour notre langue, que j'aurais secondé cette entreprise, quand même la reconnaissance ne m'en aurait pas imposé le devoir.

M. le comte de Schowalow a déjà rendu compte à Votre Excellence de toute cette affaire, et de la manière dont le petit Conseil de Genève a fait sortir de la ville M. le comte de Bulau, chargé des ordres de l'impératrice... Je ne me mêle en aucune manière des continuelles tracasseries qui divisent cette petite ville; et, sans avoir la moindre discussion avec personne, je me suis borné, dans cet éclat, à témoigner à M. le comte de Schowalow et à d'autres mon respect, ma reconnaissance, et mon attachement pour Sa Majesté l'impératrice. Ces sentiments gravés dans mon cœur seront toujours la règle de ma conduite[1].

Les répugnances du petit Conseil étaient concevables, et nous admettons que les terribles antécédents de la Tomyris moscovite ne semblassent point des plus rassurants. Mais, comme on l'a dit, il y avait plus d'une femme dans Catherine; et, si elle ne veilla que trop peu sur ses mœurs, elle ne dut pas souhaiter que la flatterie allât jusqu'à les copier. Cette levée qu'elle comptait faire à Genève et dans le pays de Vaud révèle des visées civilisatrices qui sont à son honneur, et que cet insuccès ne lui fera point abandonner. Le génie de Catherine était moins un génie inventif qu'organisateur. Elle savait lire et tirer parti de ses lectures, et s'approprier ce qu'elle trouvait de bon et de grand dans les annales des autres peuples.

1. Voltaire, *Œuvres complètes* (Beuchot), t. LXII, p. 471, 472, 473. Lettre de Voltaire au prince de Gallitzin; octobre 1765.

Notre histoire lui était familière, et surtout celle du grand siècle. Bien qu'il n'y eût guère d'analogies entre elle et madame de Maintenon, elle sentit toute l'utilité et l'importance d'une maison comme celle de Saint-Cyr. Elle voudra avoir son Saint-Cyr, elle aussi, élever des épouses et des mères pour sa noblesse. Et, lorsque l'établissement sera fondé et en plein exercice, elle s'adressera à Voltaire comme la marquise s'était adressée à Racine; car il faudra bien copier Saint-Cyr sur ce point comme sur le reste.

Ce côté sans doute n'est pas le plus grand; mais, en somme, on aura rêvé une louable et belle institution, et, à n'en croire que sa fondatrice, le succès aura répondu à toutes les espérances. « Ces demoiselles, je dois l'avouer, surpassent notre attente : elles font des progrès étonnants, et tout le monde convient qu'elles deviennent aussi aimables qu'elles sont remplies de connaissances utiles à la société. Elles sont de mœurs irréprochables, sans avoir cependant l'austérité minutieuse des recluses. Depuis deux hivers, on a commencé à leur faire jouer des tragédies et des comédies. » Mais, naturellement, les supérieures se montrent difficiles sur les choix et ne veulent pas d'amour. « Comment faire donc? Je n'en sais rien, et j'ai recours à vous[1]. » Et Voltaire, aussitôt, de proposer les *Lois de Minos*. « Si ces demoiselles jouent des tragédies, un jeune homme de mes amis (on sait quel il est) en a fait une depuis peu, dans laquelle

---

1. Voltaire, *OEuvres complètes* (Bouchot), t. LXVII, p. 359. Lettre de Catherine à Voltaire; le 30 janvier-10 février 1772.

on ne peut pas dire que l'amour joue un rôle... Je l'enverrai à Votre Majesté Impériale dès qu'elle sera imprimée[1]. » A part ce chapitre du théâtre dont on ne veut pas entendre parler à Genève, cette éducation est sage, réservée, bien comprise, celle qu'il fallait pour de jeunes filles dont le pays attendait beaucoup. Et ce programme, en supposant qu'il fût observé en toute rigueur, eût pu trouver grâce à Genève et à Berne.

Désormais, l'auteur de l'*Histoire de Pierre le Grand* aura les yeux obstinément attachés sur la digne héritière de son héros ; tous ses vœux seront pour la gloire et la prospérité de ce vaste empire, qu'il ne trouve pas assez vaste, et pour lequel il rêve toute la Turquie d'Europe. Quand les deux pays armeront l'un contre l'autre, dans sa tendresse pour « sa Cateau », il la gourmandera sur sa modération ; qu'on ne lui parle point d'une paix qui ne lui donnerait pas Stamboul[2], et ne la constituerait pas la libératrice et la régénératrice de la patrie de Sophocle et d'Alcibiade ! Il faut que ce soit Catherine qui essaye, sans y réussir, de lui faire entendre raison. Ah ! s'il n'avait que soixante-dix ans, et qu'il fût propre à quelque chose ! Et voilà qu'il se rappelle que, durant la guerre de 1756, il avait proposé à d'Argenson certains chars, auxquels on ne fit pas l'accueil qu'ils méritaient et qui nous eussent sauvés peut-être, si l'on avait été moins dé-

---

1. Voltaire, *Œuvres complètes* (Beuchot), t. LXVII, p. 383. Lettre de Voltaire à Catherine; à Ferney, 12 mars 1772.

2. *Ibid.*, t. LXVIII, p. 70. Lettre de Voltaire à Catherine II ; à Ferney, 11 décembre 1772.

daigneux et plus sérieux [1]. Mais rien n'est perdu, et tout aura été pour le mieux, s'ils peuvent contribuer aux triomphes de Sémiramis.

Dans une lettre à Catherine, de février 1769, Voltaire glissait le mémoire du marquis de Florian sur ces foudres de guerre, qu'il ne cessera de recommander, d'appuyer avec des tendresses d'auteur; car il avait sa bonne part de propriété dans l'invention. Nous n'avons pas oublié avec quelle insistance infatigable il provoquait l'attention du ministre, celle du maréchal de Richelieu sur une trouvaille que l'on eût pu accueillir avec plus de faveur. Il reprendra la thèse à nouveau, et ne sera avec la souveraine du Nord ni moins pressant, ni moins insinuant, torturant légèrement la vérité, quant à l'historique de ses pourparlers avec nos bureaux. « Le comte d'Argenson, ministre de la guerre, en fit faire un essai. Mais comme cette invention ne pouvait réussir que dans de vastes plaines, telles que celles de Lutzen, on ne s'en servit pas [2]. » Était-ce la seule raison? probablement en supposa-t-on encore une autre, à Saint-Pétersbourg: A-t-on bien compris, là aussi, l'utilité, l'importance de ces chars, et n'est-il pas du devoir de l'auteur de *Zaïre* d'en mettre en relief tous les avantages? Il est trop l'ami de Catherine II et lui est trop complétement attaché pour ne pas persister, aux risques d'ennuyer et de paraître ridicule.

Je m'imagine très-sérieusement, lui écrivait-il, que la

1. *Voltaire aux Délices*, p. 221 à 227.
2. Voltaire, *OEuvres complètes* (Beuchot), t. LXV, p. 459. Lettre de Voltaire à Catherine II ; à Ferney, 27 mai 1769.

grande armée de Votre Majesté impériale sera dans les plaines d'Andrinople au mois de juin. Je vous supplie de me pardonner si j'ose insister encore sur les chars de Tomyris. Ceux qu'on met à vos pieds sont d'une fabrique toute différente de ceux de l'antiquité. Je ne suis point du métier des homicides. Mais hier deux meurtriers allemands m'assurèrent que l'effet de ces chars était immanquable dans une première bataille, et qu'il serait impossible à un bataillon ou à un escadron de résister à l'impétuosité et à la nouveauté d'une telle attaque... Je ne sais d'ailleurs rien de moins dispendieux et de plus aisé à manier. Un essai de cette machine, avec trois ou quatre escadrons seulement, peut faire beaucoup de bien sans aucun inconvénient.

Il y a très-grande apparence que je me trompe, puisqu'on n'est pas de mon avis à votre cour; mais je demande une seule raison contre cette invention. Pour moi, j'avoue que je n'en vois aucune.

Daignez encore faire examiner la chose; je ne parle qu'après les officiers les plus expérimentés. Ils disent qu'il n'y a que les chevaux de frise qui puissent rendre cette manœuvre inutile... Après tout, on ne hasarde de perdre, par escadron, que deux charrettes, quatre chevaux, et quatre hommes.

Encore une fois, je ne suis point meurtrier, mais je crois que je le deviendrais pour vous servir [1].

On est pressant, on est un peu piqué, l'on implore de n'être jugé qu'après avoir été entendu; tout cela est à considérer, car la czarine ne voudrait pas se brouiller avec cet adorateur à distance qui ne pèse ni l'encens ni la louange. Aussi lui répondra-t-elle par une lettre des plus aimables où lui sera laissée l'espérance, ce dernier bien de celui qui a tout perdu.

---

[1]. Voltaire, *OEuvres complètes* (Beuchot), t. LXVI, p. 234, 235. Lettre de Voltaire à Catherine; à Ferney, 10 avril 1770.

Monsieur, vos deux lettres, la première du 10, et la seconde du 14 avril, me sont parvenues l'une après l'autre avec leurs incluses. Tout de suite j'ai commandé deux chars selon le dessin et la description que vous avez bien voulu m'envoyer, et dont je vous suis bien obligée. J'en ferai faire l'épreuve en ma présence, bien entendu qu'ils ne feront mal à personne dans ce moment-là. Nos militaires conviennent que ces chars feraient leur effet contre des troupes rangées : ils ajoutent que la façon d'agir des Turcs dans la campagne passée était d'entourer les troupes en se dispersant et qu'il n'y avait jamais un escadron ou un bataillon ensemble[1].....

Voltaire ne voit pas que l'on se ménage une porte de sortie et qu'à plus ample informé, les chars, parfaits pour toute autre guerre, ne pourront convenir à cette guerre d'éparpillement. Il n'est pas, toutefois, sans sentir le côté spécieux de l'argument, aussi s'efforcera-t-il d'en affaiblir la portée du mieux qu'il pourra.

Madame, j'ai reçu la lettre dont Votre Majesté impériale m'honore, en date du 27 mai[2]. Je vous admire en tout ; mon admiration est stérile, mais elle voudrait vous servir : encore une fois je ne suis pas du métier, mais je parierais ma vie que, dans une plaine, ces chars armés, soutenus par vos troupes, détruiraient tout bataillon ou tout escadron ennemi qui marcherait régulièrement ; vos officiers en conviennent : le cas peut arriver. Il est difficile que dans une bataille tous

1. Voltaire, OEuvres complètes (Beuchot), t. LXVI, p. 275. Lettre de Catherine II à Voltaire ; le 9-20 mai 1770.
2. Ibid., t. LXVI, p. 285. L'impératrice y rend compte au poëte du progrès de ses flottes. La lettre, qui n'est pas longue, est pleine de détails sur des avantages qui ne doivent pas être indifférents à M. de Voltaire. Quant aux chars assyriens, on excusera l'impératrice de n'en point parler.

les corps turcs attaquent en désordre, dispersés, et voltigeant vers les flancs de votre armée [1]...

En définitive, il n'a pas perdu tout espoir. Un mois après, il écrivait encore à son impératrice :

> Nous sommes actuellement dans la plus belle saison du monde : voilà un temps charmant pour battre les Turcs. Est-ce que ces barbares-là attaqueront toujours comme des houssards? ne se présenteront-ils jamais bien serrés, pour être enfilés par quelques-uns de mes chars babyloniques?
> Je voudrais du moins avoir contribué à vous tuer quelques Turcs; on dit que pour un chrétien c'est une œuvre fort agréable à Dieu. Cela ne va pas à mes maximes de tolérance; mais les hommes sont pétris de contradictions, et d'ailleurs Votre Majesté me tourne la tête [2].

Aussi se proclame-t-il *catherinier* dans une lettre qui débute comme la Salutation angélique : « Madame, vous êtes bénie par-dessus toutes les impératrices et par-dessus toutes les femmes [3]... » Mais, des chars assyriens, il n'est, il ne sera plus question, soit qu'en effet il eût compris qu'il ne pouvait qu'embarrasser et importuner sans rien obtenir, soit que nous n'ayons pas toutes ses lettres de ce temps à Catherine. Disons aussi qu'à ce moment, les Gazettes avaient déclaré la paix faite ou bien près d'être conclue, et cela, naturellement, rendait sans objet ses sollicitations et ses instances. C'était un leurre, et la guerre avec Mus-

---

1. Voltaire, *OEuvres complètes* (Beuchot), t. LXVI, p. 326. Lettre de Voltaire à Catherine ; à Ferney, 4 juillet 1770.
2. *Ibid.*, t. LXVI, p. 381. Lettre de Voltaire à la même ; à Ferney, 11 auguste 1770.
3. *Ibid.*, t. LXVI, p. LXVII, p. 90. Lettre de Voltaire à la même ; à Ferney, 12 mars 1771.

tapha n'en continua que de plus belle; mais les chars de Cyrus avaient été rentrés sous la remise, et sans doute Voltaire, quoique un peu tardivement, se dit que ce qu'il avait de mieux à faire, c'était de les y laisser dormir. Il n'y a pas à insister sur le côté comique et même burlesque de cette visée cornue, comme nous l'avons déjà dénommée. Ce qui est non moins remarquable dans tout cela, c'est cet engouement du poëte pour Catherine et la condescendance et les égards vraiment uniques de cette princesse, dont toutes les lettres sont celles d'une femme du monde écrivant à un vieillard spirituel que l'on admire et vénère également. Et certes, madame du Deffand, pour ne parler que d'elle, n'y mettra pas, à beaucoup près, tant de façons et de politesse.

Après avoir boudé, quatre années et plus, Berlin et Ferney se rapprochèrent. Le bruit avait couru que le roi de Prusse était fort malade, et l'auteur de la *Henriade*, qui regrettait sans doute un commerce souvent pointu mais dont s'arrangeait son amour-propre, à défaut d'un sentiment moins personnel, écrivit une lettre de politesse, que l'on ne pouvait laisser sans réponse. Frédéric, en effet, répliquait par une lettre où régnait encore quelque contrainte, mais qui était polie, elle aussi, et devait être la date de la reprise de leur correspondance [1]. Il semble même s'excuser sur

---

[1]. Cependant, dès avril 1763, Voltaire écrivait à la princesse de Gotha ces quelques lignes qui feraient croire au moins, de la part du poëte, à une démarche que l'on n'eût pas repoussée certainement. « Il y a deux ans que j'ai cessé d'écrire au roi de Prusse. Tant qu'il n'a pu faire autre chose que de verser du sang, j'ai respecté cette sorte de gloire. Mais celle dont il se couvre aujourd'hui (il venait de

un silence, dont assurément la vraie cause n'est pas celle qu'il avance. « Je vous ai cru si occupé à écraser l'*inf*..., que je n'ai pu présumer que vous pensiez à autre chose[1]. » Quoi qu'il en soit, la glace était de nouveau rompue, et désormais les épîtres allaient succéder aux épîtres avec une fréquence qui ne fut jamais plus grande, aux époques mêmes de la lune de miel d'une amitié dont les hauts et les bas peignent bien le caractère ardent, irritable, mobile, des deux personnages. Le solitaire de Sans-Souci retombera pleinement sous le charme de cet esprit séduisant, et il s'écriera, un jour, dans un véritable élan d'enthousiasme : « Non, il n'est point de plus plaisant vieillard que vous. Vous avez conservé toute la gaîté et l'aménité de votre jeunesse. » Et plus bas, dans la même lettre : « Vous créez des êtres où vous résidez : vous êtes le Prométhée de Genève. Si vous étiez demeuré ici, nous serions à présent quelque chose. Une fatalité qui préside aux choses de la vie n'a pas voulu que nous jouissions de tant d'avantages[2]. » Plus les années s'enfuiront, plus l'influence grandira; et Voltaire pourra dire, sans exagération, au marquis de Florian : « Ce prince m'écrit tous les quinze jours; il fait tout ce que je veux[3]. » Il lui en donnera en effet des preu-

---

signer la paix) étant plus humaine, elle m'intéresse davantage, et m'enhardira jusqu'à le féliciter d'être Trajan, après avoir été César. » *Voltaire à Ferney* (Paris, Didier, 1860), p. 270.

1. Voltaire, *OEuvres complètes* (Beuchot), t. LXII, p. 160. Lettre de Frédéric à Voltaire; Berlin, le 1ᵉʳ janvier 1765.
2. *Ibid.*, t. LXIII, p. 10, 11. Lettre de Frédéric au même; Berlin, 8 janvier 1766.
3. *Ibid.*, t. LXIV, p. 145. Lettre de Voltaire au marquis de Florian; 3 avril 1767.

ves multipliées, à propos des Calas, des Sirven et de ce jeune d'Étallonde, l'un des figurants du drame atroce d'Abbeville.

Nous venons de nommer Calas. L'heure éclatante de la réparation a sonné. Voltaire n'a pas à regretter ses peines, ni le temps consacré à cette œuvre d'un dévouement qui ne s'est pas un seul instant ralenti, en dépit des obstacles, des brigues, des menées souterraines d'une magistrature qui ne voulait pas s'être trompée. « Un petit Calas était avec moi, écrit-il à d'Argental, quand je reçus votre lettre, et celle de madame Calas, et celle d'Elie, et tant d'autres : nous versions des larmes d'attendrissement le petit Calas et moi. Mes vieux yeux en fournissaient autant que les siens ; nous étouffions, mes chers anges. C'est pourtant la philosophie toute seule qui a remporté cette victoire. » Le poëte avait fait de la réhabilitation des Calas l'objectif de sa vie : les intérêts de sa vanité littéraire, ses intérêts d'argent, qu'il n'oublie guère, ne venaient qu'après. Il s'irrite, il s'indigne, il s'exalte ; mais il n'a garde de désespérer, et, s'il a des moments où il doute du succès, il refoule ses inquiétudes. « On ne peut empêcher, s'écrie-t-il, à la vérité, que Jean Calas ne soit roué ; mais on peut rendre les juges exécrables, et c'est ce que je leur souhaite. Je me suis avisé de mettre par écrit toutes les raisons qui pourraient justifier ces juges ; je me suis distillé la tête pour trouver de quoi les excuser, et je n'ai trouvé que de quoi les décimer. Gardez-vous, ajoute-t-il, d'imputer aux laïques un petit ouvrage sur la tolérance qui va bientôt paraître. Il est, dit-on, d'un bon prêtre [1]; il y a des endroits qui font frémir, et d'autres qui font pouffer de rire; car, Dieu merci, l'intolérance est aussi absurde qu'horrible [2]. »

Il s'agit du *Traité sur la tolérance*, qui n'était pas achevé et ne circula dans Paris que quelques mois plus tard, l'un de ces livres décisifs qui font plus pour une cause que des milliers de volumes. Ce petit traité eut une action profonde sur l'opinion; il n'avait pas été mis en vente, par la raison qu'il aurait trouvé difficilement un censeur qui lui eût donné son approbation; mais il n'en parvenait pas moins dans les mains de tous ceux qui, de près ou de loin, pouvaient influer sur le sort de cette famille opprimée. Bien qu'inspiré par le malheur des Calas, l'auteur le prenait historiquement, et de haut. Les circonstances étaient particulièrement opportunes pour discuter une telle matière, et il avait cru devoir s'élever à des considérations générales, et de tous les temps et de tous les pays. Le livre n'était pas de Voltaire, c'était entendu et chose convenue; il y avait, toutefois, mis son cachet et sa griffe, et il n'aurait pas fallu être grand clerc pour l'y reconnaître. En somme, l'*incognito* officiel gardé, il ne lui déplaisait pas d'être deviné : il pressentait que c'était là un de ses meilleurs passe-ports auprès de la postérité, et son meilleur argument contre ceux qui lui refusaient de la philosophie et des entrailles.

---

1. Il écrivait, le 2 janvier, à Damilaville : « Au reste, mes frères, gardez-vous bien de m'imputer le petit livre sur *la Tolérance*, quand il paraîtra. Il ne sera point de moi; il ne doit point en être, il est de quelque bonne âme qui aime la persécution comme la colique. »

2. Voltaire, *Œuvres complètes* (Beuchot), t. LX, p. 521. Lettre de Voltaire à Damilaville; 24 janvier 1763.

Quoi qu'il en soit, ces efforts persévérants allaient triompher de résistances non moins obstinées. A entendre ceux que l'on visait de prendre à partie, ce qui se tramait était une atteinte à la majesté, à la souveraineté des parlements, c'était l'avilissement de la magistrature. L'irritation, l'exaspération étaient au comble dans tout le Midi. Mais, encore une fois, l'opinion avait été la plus forte; et, si M. de Saint-Florentin avait tout fait, bien qu'occultement, pour empêcher ces tentatives de réhabilitation d'aboutir, en revanche, MM. de Choiseul et de Praslin, bienveillants sans compromettre leur caractère, n'avaient pas laissé d'accorder leur appui à une cause qui était bien véritablement celle de l'humanité. D'Argental écrivait à Voltaire, le 15 janvier : « Le vent du bureau est très-favorable; M. le duc de Praslin veut aller au Conseil le jour qu'on jugera l'affaire; il fait cette démarche, et pour cette affaire dont il sent l'importance et par rapport à vous qui y prenez le plus grand intérêt [1]. » Mais tous les ministres d'État s'y trouvèrent, les conseillers d'État de robe, d'épée et d'église se firent un devoir d'assister à cette séance solennelle présidée par le chancelier en personne; et, au nombre de ces derniers, l'on remarqua plusieurs abbés et trois évêques [2]. Sur les conclusions de M. Thiroux de Crosne, la sentence fut rendue, à l'una-

1. Voltaire, *Lettres inédites sur la Tolérance* (Paris, Cherbuliez, 1863), p. 182. Lettre de Voltaire à Debrus; Ferney, 22 janvier 1763, au soir.
2. Athanase Coquerel, *Jean Calas et sa famille* (Paris, Cherbuliez, 1869), p. 240.

nimité des quatre-vingt-quatre membres présents. Un témoin oculaire (on a pensé que ce pourrait être Lavaysse) a raconté les diverses péripéties de cet acte émouvant sans aucun artifice de forme et de style, avec une candeur et une simplicité qui donnent confiance en son récit, exempt d'ailleurs de toute amertume, se renfermant strictement dans l'énoncé des faits dont il a été le spectateur attentif.

L'affaire de Mme Calas fut jugée hier au Conseil; je fus avec elle à Versailles, avec plusieurs autres messieurs, chez les ministres; l'accueil qu'ils lui firent fut des plus favorables; on ne la fit attendre aucune part; aussitôt qu'elle se présentait, on ouvrait à deux battans; tout le monde la consolait de son mieux. M. le chancelier lui dit : « Votre affaire est des plus intéressantes, madame; on prend beaucoup de part à votre situation; nous souhaitons bien que vous trouviez parmi nous des consolations à vos maux. » L'accueil de M. le duc de Praslin fut des plus gracieux. Elle se rendit à la galerie (la galerie des glaces), avec ses demoiselles, pour voir passer le roi; elle fut accostée par plusieurs seigneurs; le duc d'A...[1], le comte de Noailles, qui furent du nombre, lui promirent de la faire remarquer au roi; ils lui fixèrent sa place, mais leur bonne volonté n'eut point d'effet; comme le roi était à portée de la voir, une personne de sa suite se laissa tomber, et attira par sa chute les regards de la cour et du roi : tout cela se passa le dimanche. Le lundi matin, Mme Calas fut, vers les neuf heures, se constituer prisonnière. On avait tout préparé : l'écrou fut daté, signé et porté au rapporteur; les jeunes demoiselles allèrent à l'en-

---

1. Probablement le duc d'Ayen, capitaine des gardes de Louis XV, l'une des langues les plus spirituelles et les plus malignes de son temps. On cite ses bons mots. Bornons-nous à celui-ci, qui est de situation. Un conseiller du Parlement de Toulouse lui disait à propos du jugement si discuté de Calas que le meilleur cheval peut broncher. « Oui; mais toute une écurie ! » repartit le duc. Mallet Dupan, *Mémoires*, t. II, p. 467.

trée du Conseil se présenter à leurs juges; le nombre en fut prodigieux, et l'assistance des ministres rendit ce Conseil encore plus brillant; la requête fut admise tout d'une voix. L'aînée des demoiselles Calas se trouva mal pendant le temps du Conseil; elle eût une vapeur très-considérable et très-longue : elle durait encore, lorsque ces messieurs, étant sortis, vinrent lui annoncer la réussite de ses entreprises; une partie s'empressa de lui donner des secours; des eaux spiritueuses, des sels, des flacons de toute espèce furent prodigués : je reçus les plus grandes politesses de ces messieurs. L'intendant de Soissons, entre autres, et M. Astruc, m'en firent beaucoup. La charité de ces messieurs ne se borna pas à Mlle Calas; ils s'empressèrent beaucoup d'obtenir l'acte d'élargissement de Mme Calas. On remarqua dans leur façon d'agir combien ils étaient pénétrés du malheur de cette famille et indignés de l'injustice qu'on lui avait faite.

L'arrêt d'élargissement prononcé, nous fîmes sortir Mme Calas de la prison, où elle était dans une ample bergère, auprès d'un grand feu; le geôlier lui avait fait servir le matin du café au lait, du chocolat et un bouillon, c'étaient ses ordres; mais nous fûmes bien surpris de sa belle réponse lorsqu'on lui demanda combien il lui fallait : « Mme Calas, dit-il, est trop malheureuse, je serais bien fâché de prendre le moindre salaire; je souhaiterais avoir un ministère plus agréable pour lui offrir mes services; personne ne la respecte plus que moi. » Quel contraste avec le peuple de Toulouse! Les domestiques de tous ses juges, de tous ses protecteurs, la regardent avec admiration et respect : il n'en est aucun qui n'ait lu tous ses mémoires [1].

Nous avons vu les deux jeunes Calas enlevées à leur mère par lettres de cachet et renfermées; Rose au couvent de Notre-Dame de la rue du Sac, Nanette à celui de la Visitation, où leur conversion fut l'ob-

---

[1]. *Annales protestantes* (Paris, 1819), t. I, p. 153, 154, 155. Le 8 mars 1763.

jet et le but de tous les efforts. Si la première n'eut que médiocrement à se louer des religieuses auxquelles elle avait été remise, Nanette, tout au contraire, ne rencontra que compassion, petits soins, zèle aussi éclairé que charitable. La supérieure, la Mère Anne d'Hunaud, lui témoigna le plus tendre intérêt; mais la jeune captive devait trouver une protection, un appui, un conseil aussi judicieux que pur et dévoué dans une simple visitandine, la sœur Anne-Julie Fraisse, qui se consacra exclusivement à la garde de ce dépôt que leur confiait la Providence. La douce pitié que lui inspirait cette enfant, l'envie de ramener au Seigneur une brebis égarée, firent qu'elle s'attacha chaque jour un peu plus à la jeune fille qu'elle ne quitta bientôt plus ; elle s'appliqua à lire dans son âme, à saisir sa pensée la plus fugitive, car il fallait avant tout s'assurer en quelle terre on allait essayer de semer la parole de Dieu. Après une mûre et bien consciencieuse investigation, la sainte femme s'apercevait qu'elle avait affaire à une foi profonde, qui ne se laisserait point entamer, mais qu'en même temps rien n'était plus innocent et plus pur que ce jeune cœur. Dès lors, sans désespérer du ciel qui sait remuer et transformer les consciences, quand il le juge convenable, elle se borna à entourer Nanette Calas d'une affection toute maternelle. Sa conviction était faite, elle en connaissait assez pour ne plus douter de l'innocence de toute cette famille. Son âme droite ne craignit pas alors, du fond de son cloître, de mettre tout en œuvre pour faire pénétrer, dans la pensée des grands de ce monde, la conviction dont elle était remplie. Citons cette lettre adressée à M. Castanier d'Auriac, conseiller d'État, son parent et le gendre du chancelier de Lamoignon, par conséquent un protecteur puissant, si elle pouvait le gagner à la cause de sa jeune amie.

> Je ne prétends pas, monsieur, vous instruire et vous raconter la tragique histoire de l'infortunée famille de Calas, mais vous témoigner le plaisir sensible que j'auray si vous leur êtes favorable et que vous contribuiez par votre suffrage à les réhabiliter. Nous avons eu sept mois dans notre maison une de ces demoiselles par lettre de cachet. La Religion en étoit l'objet, que nous n'avons pu remplir : c'est à Dieu seul qu'il appartient. A cela près, elle a gagné l'amitié et l'estime de notre communauté par ses excellentes qualités. Nous n'avons eu qu'à regretter que tant de vertus dont elle est remplie ne puissent lui servir que pour cette vie. On m'avoit chargée d'elle; j'y étois tous les jours et je n'ai eu jamais le moindre mécontentement; elle ne mérite que des éloges. Nous avons eu occasion de connoître ce qui reste de cette famille; leur bon caractère nous assure de leur innocence. Il est bien désirable qu'elle soit reconnue et justifiée [1].

Dans une lettre à Cazeing, un mois après, au sujet même de la délivrance de mademoiselle Calas, la bonne sœur écrivait :

> Je n'aurois cédé à personne de lui en donner la nouvelle; vous jugez combien elle en fut transportée... Elle s'est conduite dans notre maison tout au mieux, polie, sage, modeste, discrète et prudente. Je l'ai connue remplie de mérite et des qualités les plus désirables. Je n'ai rien négligé pour lui adoucir la captivité; point de tracasserie ni de gêne. Il

---

1. Athanase Coquerel, *Jean Calas et sa famille* (Paris, Cherbuliez, 1869), p. 381. Lettre de la sœur Anne-Julie Fraisse à M. Castanier d'Auriac; le 24 décembre 1762.

nous paroît par tous les discours depuis sa sortie, qu'elle est aussi contente de nous que nous l'avons été d'elle[1].

Les lettres de cette vertueuse fille[2] sont remarquables par un accent ému, une sensibilité profonde, une élévation de sentiments qui, dans les questions d'équité, lui rendent sa parfaite indépendance. Elles contrastent fort avec ce qui se faisait et se disait alors à Toulouse; et cette humble nonne en aurait remontré, par les seules inspirations de son cœur, à ces magistrats hautains, infatués de leur grand mérite, qui, s'étant trompés, eussent tout admis, plutôt que de reconnaître leur erreur. Voltaire avait eu connaissance de la lettre de la sœur à M. d'Auriac, et avait été frappé de tant de générosité et de candeur. « J'envoie à mes frères, écrivait-il à Damilaville, la copie d'une lettre d'une bonne religieuse; je crois cette lettre bien essentielle à notre affaire. Il me semble que la simplicité, la vertueuse indulgence de cette nonne de la Visitation, condamnent terriblement le fanatisme sanguinaire des assassins de robe de Toulouse[3]. » Il mandait, le même jour, à Élie de Beaumont : « Vous avez vu, sans doute, la lettre de la religieuse de Toulouse. Elle me paraît importante; et je vois avec plaisir que les sœurs de la Visitation n'ont pas le cœur si dur que *Messieurs*. J'espère que

---

1. Athanase Coquerel, *Jean Calas et sa famille* (Paris, Cherbuliez, 1869), p. 382. Lettre de la sœur Anne-Julie Fraisse à M. Cazeing; 24 janvier 1763.
2. On en a recueilli quarante.
3. Voltaire, *Lettres inédites* (Didier, Paris, 1857, t. II, p. 357. Lettre de Voltaire à Damilaville; 21 janvier 1763.

le Conseil pensera comme les dames de la Visitation[1]. »

Voltaire s'incline devant la « vertueuse indulgence » de la nonne; mais cette indulgence, qui venait du cœur, faisait place, à l'occasion, à une sainte horreur pour les ennemis de son culte et de son Dieu. Cette correspondance de Nanette avec sœur Anne-Julie n'eut d'autre fin que la mort de cette dernière. Bien des années après ces événements, Nanette, dans une de ses lettres, ayant parlé avec un enthousiasme très-légitime de leur sauveur, M. de Voltaire, la bonne religieuse tout aussitôt de se récrier, de protester avec indignation contre des épithètes que ne saurait mériter un blasphémateur, un impie. « Mon affliction est extrême, répondait-elle à madame Duvoisin, de vous voir appeler illustre l'ennemi de Dieu et de toute religion; ce sentiment est même opposé à la vôtre. Peut-il y avoir quelque chose de grand dans l'homme, lorsqu'il s'oppose à l'auteur de son être? Que ne vous dirois-je pas si je suivois l'impétuosité de mon cœur et de mon esprit? Depuis votre lettre, j'en parle au bon Dieu[2]... »

L'abbé Salvan, qui ne peut nier l'autorité de ces lettres et qui ne se dissimule pas quel poids elles ont dans l'opinion de tout juge sans passion, ne réussit pas à cacher sa mauvaise humeur; il ne vou-

---

1. Voltaire, *OEuvres complètes* (Beuchot), t. LX, p. 516. Lettre de Voltaire à Élie de Beaumont; à Ferney, 21 janvier 1763.

2 Athanase Coquerel, *Jean Calas et sa famille* (Paris, Cherbuliez, 1869), p. 422. Lettre de la sœur Fraisse à Nanette; 28 novembre 1770.

drait point que l'on donnât autant d'importance à des cailletages venus du dehors, et qui n'ont que trop influé sur les sentiments de la sœur Anne-Julie.

On voit, dit-il, dans cette correspondance que notre bonne visitandine allait souvent au parloir et recevait un grand nombre de visites. Il y a dans ses lettres une infinité de détails que peut expliquer son excessive tendresse pour Nanette, mais que sa piété aurait désavoués, si elle eût pu prévoir que ces lettres confidentielles dussent voir le jour, grâce à l'indiscrète complaisance d'un ministre du Saint-Évangile... On plaint cette bonne religieuse d'avoir perdu son temps à poursuivre une conversion que Nanette était bien éloignée de réaliser, puisqu'elle épousa bravement le pasteur Duvoisin, et anéantit ainsi toutes les espérances d'Anne-Julie [1].

On se demande quels torts peut faire à la bonne religieuse une telle publication, et si ces lettres ne témoignent point d'une charité bien à l'honneur de sa religion et de sa robe. Mais faut-il tant la plaindre « d'avoir perdu son temps? » Est-il si sûr qu'elle l'ait perdu, et qu'elle n'ait point eu sur ce jeune cœur une douce et heureuse influence, récompense assez belle déjà de ses soins, de ses efforts, de sa maternelle affection?

1. L'abbé Salvan, *Histoire du procès de Jean Calas, à Toulouse* (Toulouse, Delboy, 1863), p. 112, 143. — Nanette Calas épousa, le 25 février 1767, Jean-Jacques Duvoisin, chapelain de l'ambassade de Hollande, le représentant de l'Église réformée de Paris.

IX

RÉHABILITATION DES CALAS.—LES SIRVEN.—ACCUSATION DE PARRICIDE. — VOLTAIRE INTERVIENT.

Nous avons cru devoir insister sur les bonnes qualités, la modestie, la simplicité, l'honnêteté de Nanette. Un tel soin n'était pas inutile. Voici ce que rapporte le continuateur de dom Vayssette, M. Du Mège, dans une des notes nombreuses dont il a grossi son édition de l'*Histoire générale du Languedoc*. Le héros de l'aventure (triste héros, si on ne le calomnie pas) serait un chevalier de Cazals, que son étrange étoile avait fait le voisin de la famille Calas.

Ce gentilhomme habitait une maison dans la rue des Filatiers vis-à-vis de Calas. Cette dernière transformée presque en entier depuis peu d'années conserve cependant sa porte à ogive moresque, qui annonce que sa construction remonte au quinzième siècle. Les demoiselles Calas occupaient une chambre dont les fenêtres s'ouvraient presque en face des fenêtres de M. de C..... Jean Calas restait constamment, sauf à l'heure des repas, dans sa boutique, ou dans le magasin, situé en arrière. Quelques jeunes personnes du quartier se rassemblaient chez ses filles. M. de C... avait demandé et obtenu la faveur d'être admis dans cette société, et peut-être à l'insu même de Calas. Un soir du mois d'octobre, la servante catholique vint avertir ses maîtresses que leur père voulant recevoir quelques amis dans leur chambre, il les engageait à passer dans l'appartement de leur mère. On entendait les pas de ces personnes qui s'approchaient. M. de C... dut se blottir sous le lit, tandis que les demoiselles Calas et leurs amies, toutes tremblantes, furent dans l'appartement de madame Calas. C'est dans cette position que M. de C... aurait vaguement entendu Calas parler de la prochaine conversion de son fils, et les résolutions fatales des personnes réunies dans cette chambre. Il aurait sans doute dû aussitôt prévenir Marc-Antoine Calas. Mais comment croire à la persistance d'une aussi atroce résolution? Lorsque le *Monitoire* fut publié, il ne révéla point d'une manière légale ce qu'il savait sur cette affaire; il en dit quelque chose à des amis intimes. Plus tard, ayant obtenu d'être relevé de l'excommunication qu'il avait encourue par son silence, il raconta ce qu'il avait entendu, et dans Toulouse, une partie de la haute société a toujours cru à la culpabilité de Calas. Mme de Montbel, qui ferme la liste des supérieures de Saint-Pantaléon, a raconté le fait relatif à M. de C... à plusieurs personnes et, entre autres, à M. l'abbé Barre, encore vivant. Cet ecclésiastique éclairé, qui a exercé les fonctions sacrées à l'île de Bourbon, nous a même remis à ce sujet un récit signé de lui, et qui a servi à la rédaction de ces lignes[1].

En tous cas, cette aventure ne devenait publique qu'en 1846, avec l'ouvrage de M. du Mège, plus de quatre-vingts ans après ce terrible drame. Il faut convenir que le bon sens, le sens critique, le désintéressement historique sont des dons inestimables, en absence desquels les écarts de jugement peuvent être sans limites. Ainsi, ce sont ces deux mêmes jeunes filles, c'est cette Nanette que la sœur Fraisse nous peint comme un miroir de pureté, d'innocence et de mo-

---

1. Du Mège, *Histoire générale du Languedoc* par Dom Claude de Vic et Dom Vayssette, commentée et continuée jusqu'en 1830 (Toulouse, 1846), t. X, p. 574.

destie, qui reçoivent en cachette, et à coup sûr sans l'autorisation des parents[1], un beau cavalier, qu'elles ne pouvaient se flatter d'épouser un jour. Pour laquelle des deux venait-il? Pour la plus belle, pour la seule belle, sans doute, pour Nanette; car l'aînée, Rose, n'était ni jolie, ni spirituelle, si elle rachetait ce qui lui manquait en fait de qualités brillantes par beaucoup d'abnégation, de bonté et de dévouement. Le chevalier était introduit par la fille de service : était-ce Jeanne Viguière, dont on entend parler, et ce serviteur honnête se serait-il prêté à une semblable action? Si ce n'était pas elle, le moyen de lui dérober ces entrevues qu'elle aurait blâmées, qu'elle n'aurait pas souffertes? Mais le moyen encore d'introduire le galant dans une maison assez restreinte, à tout instant traversée par le père ou la mère[2], l'un ou l'autre des fils? Mais tout cela n'est rien. La domestique accourt, au beau milieu de l'entretien, et prévient le troupeau effarouché que M. Calas approche. L'on perd la tête, l'on se sauve, et le chevalier se glisse tout naturellement sous le lit, placé des mieux, comme on voit, pour entendre l'horrible entretien dont il a été question plus haut. Il peut sembler étrange que ce soit le domicile même de la future victime qui ait été choisi pour ces sinistres confidences, et qu'on ait installé chez soi une sorte de tribunal où va se dé-

---

1. M. Du Mège dit « peut-être à l'insu de Calas », ce serait « certainement » qu'il aurait dû dire pour être conséquent.
2. L'abbé Salvan nous dit lui-même que ces jeunes filles passaient leurs jours « sous la surveillance active de leur mère. » *Histoire du procès de Jean Calas à Toulouse* (Toulouse, 1863), p. 4.

battre le sort d'un fils impie, sans se préoccuper des conséquences et du danger d'une pareille assemblée. Après le meurtre, ce père fanatique compte-t-il que des recherches ne seront pas faites? La présence de ces amis réunis chez lui, à la veille du crime, est-il bien assuré qu'elle n'aura pas été ébruitée, et ne devra-t-elle pas donner à réfléchir? Mais ni Calas, ni M. Du Mège n'ont songé à cela. Marc-Antoine est sur le point d'abjurer sa religion, et le trouble doit être grand dans cette famille de protestants exaltés, dont ce n'était pas, toutefois, le premier deuil de ce genre. Son frère, avant lui, s'était fait catholique, et Calas l'avait laissé vivre. Si le chagrin du père n'avait pas été douteux, au moins s'était-il résigné, au moins s'était-il conduit en homme prudent, et rien dans son attitude n'aurait pu faire prévoir ce qui arriverait devant une seconde apostasie. Notez que nous raisonnons comme si Calas eût été un huguenot fanatique[1] et comme si Marc-Antoine eût jamais songé à se faire catholique; comme

---

1. Calas était si peu fanatique et on le savait de mœurs si tolérantes qu'en 1735, un catholique, du nom de Bonafous, juge de Ferrières et d'Esperausses, ayant placé ses filles au couvent des religieuses de Notre-Dame, à Toulouse, permettait qu'elles sortissent chez les Calas, où elles étaient allées loger d'abord ; et l'aînée, trop souffrante pour y demeurer davantage, ne laissa pas de passer plusieurs mois chez ceux-ci, sans que leur croyance y fût dans le moindre danger. Devenue madame Boulade (son mari était maire de Castelnau-de-Brassac), elle eut l'honnêteté de déclarer, ainsi que sa sœur, dans deux certificats authentiques, que « tandis qu'elle demeurait chez les sieur et dame Calas, elle y a rempli ses devoirs de catholicité, et fait ses pâques, en l'année 1757; que le dit Calas la faisait accompagner dans toutes les églises par des personnes de confiance. » Athanase Coquerel, *Calas et sa famille* (Paris, Cherbuliez, 1869), p. 40, 41.

si, tout au contraire, ce dernier n'eût pas donné d'irréfutables preuves de sa persistance à demeurer protestant. L'on comprend les angoisses du chevalier ; il fallait d'abord sortir de cette caverne. Une fois en sûreté, il se questionne. Que fera-t-il ? Le monitoire le rend bien un peu perplexe ; mais la générosité l'emporte sur les scrupules, il ne parlera pas : de cette façon, mesdemoiselles Calas ne seront point compromises. Il est vrai que leur frère sera immolé ! Et voilà ce qui rend cette histoire aussi inadmissible que ridicule. Un homme allait être assassiné, sa vie était absolument dans les mains de M. de Cazals, et cette pensée ne suffit pas pour mettre fin à ses incertitudes et à lui dicter ce qu'il doit faire. Était-il, d'ailleurs, dans l'obligation de tout révéler à la justice, et n'y avait-il pas mille façons d'effrayer, d'arrêter le bras de ces misérables ? Une lettre anonyme au père ou à l'un des figurants de cet étrange conciliabule, sans être un moyen chevaleresque, était un expédient dont l'efficacité n'était point douteuse. Mais M. de Cazals laisse faire, et, quand il aura des remords, quand il ira demander l'absolution à Rome, ce ne sera pas pour n'avoir point empêché, lorsqu'il le pouvait, le plus épouvantable des crimes ! Tout cela est-il bien sérieux, et n'est-ce pas bien du scrupule que de se donner le souci de discuter des contes de cette force[1] ? C'est

---

1. Ce roman n'est pas, d'ailleurs, le premier de ce genre. Voir l'histoire des quatre hommes glissés derrière une tapisserie et entendant Calas prononçant l'arrêt de mort de son fils. Longchamp et Wagnière, *Mémoires sur Voltaire* (André, Paris, 1820), t. I, p. 57. Additions au *Commentaire historique*.

pourtant ce que M. de Bastard considère comme le dernier mot de la justification du parlement[1]. Hâtons-nous d'ajouter que l'abbé Salvan, qui n'est pas tendre envers les Calas, n'hésite pas à répudier, comme inepte, un pareil conte. « Nous regardons, dit-il, ce récit, comme une fable qui n'a aucun fondement ; et comme ce fait n'a été cité que sur le témoignage du seul abbé Barre, qui prétendait le tenir de madame l'abbesse, nous déclarons que l'abbé Barre, que nous avons connu, et qui est mort depuis quelques années, était un homme d'assez peu de portée[2]. »

L'arrêt du grand Conseil fut des mieux accueillis par l'opinion. La cour, qui n'était pas parlementaire, fut toute Calas ; et, malgré sa religion un peu étroite, la reine se fit présenter la veuve et ses filles, et leur témoigna beaucoup de bienveillance. Mais tout était loin d'être dit. Le roi, en son Conseil, ordonnait aux premiers juges de lui envoyer les charges et informations, ainsi que les motifs de la sentence ; on ne saurait se faire une idée de l'indignation, de la colère que causèrent à Toulouse ces injonctions. Le greffier déclara tout d'abord au procureur de madame Calas, qu'il ne fallait pas moins de vingt-cinq mains de papier timbré, et que les frais de la copie monteraient à quarante pistoles au

---

[1]. Bastard d'Estang, *Les Parlements de France* (Didier, 1857), t. I, p. 410, 411. Du Mège, dans son *Histoire des institutions de la ville de Toulouse* (Toulouse, 1846), t. IV, p. 546, a fait un autre récit, qui, bien qu'écrit la même année, diffère du nôtre par de petits détails qui ne laissent pas de changer la physionomie des choses. C'est ce dernier que M. de Bastard a reproduit.

[2]. L'abbé Salvan, *Histoire du procès de Jean Calas à Toulouse* (Toulouse, Delboy, 1863), p. 32.

moins. « Quoi! s'écrie Voltaire, dans le dix-huitième siècle, dans le temps que la philosophie et la morale instruisent les hommes, on roue un innocent à la pluralité de huit voix contre cinq, et on exige quinze cents livres pour transcrire le griffonnage d'un abominable tribunal ! Et on veut que la veuve le paye[1] ? » Ce ne serait pas à elle, en tout cas, ce serait au roi à payer, puisque c'est lui qui requiert : « Le Conseil de madame Calas, reprend l'auteur de la *Henriade*, dans une autre lettre, jugera sans doute que l'ordre a été donné par le roy au parlement de Toulouse, d'envoyer au roy la copie des procédures, et non pas de les envoyer à la veuve; donc ce n'est pas à elle de payer l'obéissance que le parlement de Toulouse doit au roy... S'il est absolument nécessaire de payer l'iniquité et de donner quinze cents livres pour le greffe de l'iniquité, il faudra se cotiser; il n'y aura qu'à faire une répartition entre les contribuans et j'offre d'en être. Je fais la même offre quand il s'agira de prendre à partie les juges eux-mêmes[2]. »

Il fallut payer. Les copies collationnées de toute la procédure furent faites et certifiées par le greffe, aux frais de la veuve. Mais la patience de ces pauvres gens n'était pas à sa dernière épreuve. Le mauvais vouloir, les lenteurs calculées, des obstacles incessants devaient leur faire passer bien des nuits sans sommeil, ainsi qu'à ceux qui s'intéressaient à leur fortune. Ce ne fut que vers la fin de juillet 1763

---

1. Voltaire, *Lettres inédites sur la tolérance* (Paris, Cherbuliez, 1863), p. 215. Lettre de Voltaire à Debrus, sans date.
2. *Ibid.*, p. 216. Lettre de Voltaire au même, sans date.

que les pièces furent expédiées de Toulouse, et près d'une année s'était écoulée avant que n'intervînt une nouvelle sentence. « Ces lenteurs inévitables, écrivait madame Calas à un ami, me déssespère; et sy je n'avez la douce satisfaction d'avoir mes filles auprès de moy, je croy que je succomberai sous le poix de mes peines[1]. »

L'arrêt de cassation prononcé par le Conseil privé est à la date du 4 juin 1764. L'affaire était renvoyée aux requêtes de l'hôtel. C'était à recommencer une nouvelle procédure, mais devant des juges définitifs, qui n'avaient aucun intérêt à l'éterniser, ce qui n'empêcha point qu'elle ne traînât encore neuf mois, malgré la diligence et le zèle de Dupleix de Bacquencourt. Élie de Beaumont dut donner un troisième mémoire, Mariette un quatrième. Le jeune Lavaysse, qui en avait déjà fait un, en publia un second dont Voltaire fut des plus contents[2]. Le ciel s'éclaircissait enfin, l'espérance était rentrée dans le cœur de ces infortunés. En attendant, et comme fiche de consolation, ils apprenaient la destitution du sinistre David de Beaudrigue (février 1765). «J'espère, disait le poëte à ce propos, qu'il payera chèrement le sang des Calas, » Tout entier à son objet, ne voyant que le but à atteindre, Voltaire redoublait de persévérance et d'énergie; il flattait les uns, encourageait les autres, n'épargnait pas la louange, ce plus puissant des leviers. Cet homme, d'un amour-

---

1. Athanase Coquerel, *Jean Calas et sa famille* (Paris, Cherbuliez, 1869), p. 247. Lettre inédite de madame Calas à Cazeing fils aîné.
2. Voltaire, *Œuvres complètes* (Beuchot), t. LXII, p. 247. Lettre de Voltaire à d'Argental; 15 mars 1765.

propre si chatouilleux, fait abnégation de lui-même;
il semblerait rougir, devant des intérêts aussi pressants, de se préoccuper de l'honneur qui peut lui revenir du succès final. Si la passion ne l'a que trop
souvent emporté bien au delà de ses limites les plus
extrêmes, dans les grandes questions de justice et
d'humanité son équité naturelle reprend tous ses
droits et l'isole pleinement de toutes considérations
personnelles; et c'est véritablement alors un philosophe, nous ne dirons pas un chrétien, dans la plus
complète acception du mot. Dans ce mémorable procès des Calas et celui des Sirven, auquel nous allons
arriver, il fut admirable; et ceux qui se sentaient le
moins portés à le louer n'ont pu s'empêcher d'applaudir à ce dévouement, que rien n'affaiblit ni ne
lasse. « C'est Voltaire qui écrit pour cette malheureuse famille, mandait Diderot à mademoiselle Voland,
au début de ces tentatives de réhabilitation, dont le
succès était plus que problématique. Oh! mon amie,
le bel emploi du génie! Il faut que cet homme ait
de l'âme, de la sensibilité, que l'injustice le révolte,
et qu'il sente l'attrait de la vertu. Eh! que lui sont
les Calas? Qu'est-ce qui peut l'intéresser pour eux?
Quelle raison a-t-il de suspendre des travaux qu'il
aime, pour s'occuper de leur défense? Quand il y aurait un Christ, je vous assure que Voltaire serait
sauvé[1]. » Blasphème à part, tout cela est très-sensé,
très-vrai, très-logique, surtout si l'on se dit que,
malgré ses efforts, son action sur l'opinion, et finale-

---

1. Diderot, *Mémoires et correspondance* (Garnier, 1841), t. I,
p. 293, 294. Lettre à mademoiselle Voland; Paris, ce 8 août 1762.

ment la bonté de sa cause, il était plus qu'improbable que l'auteur de la *Henriade* pût soutenir la lutte contre une magistrature puissante, quoique ébranlée, et que l'esprit de corps rendait formidable. Diderot, nous en convenons, est un enthousiaste, qui se grise à l'éclat seul de ses phrases. Mais Charles Bonnet, le vertueux solitaire de Genthod, auquel le poëte était loin d'être sympathique, qui, comme Haller, se sentait peu de penchant pour l'écrivain français, n'essaye pas de contenir l'admiration que lui inspire un dévouement aussi désintéressé qu'infatigable.

Voltaire, dit-il, a fait un livre sur la tolérance, qu'on dit bon ; il ne le publiera qu'après que l'affaire des malheureux Calas aura été décidée par le conseil du roi. Le zèle de Voltaire pour ces infortunés peut couvrir une multitude d'écarts ; ce zèle ne se ralentit point, et s'ils obtiennent satisfaction, ce sera principalement à ce protecteur qu'ils le devront. Il reçoit bien des applaudissements pour cette affaire, et il les mérite pleinement[1].

Les accusés durent une fois encore (mais c'était de pure forme) se constituer prisonniers à la Conciergerie, où ils furent visités, reconfortés par les amis connus et inconnus dont ils étaient redevables à leur malheur.

J'ai passé, écrivait Damilaville au seigneur de Ferney, deux heures aujourd'hui en prison avec Mme Calas et ses infortunés compagnons. Je les ai été consoler plusieurs fois depuis qu'ils y sont. Je ne suis pas le seul ; bien d'autres gens de bien en ont fait autant, et j'ai vu avec une grande satis-

---

[1]. *Lettres de Bonnet*, n° 97. Lettre de Bonnet à Haller ; 9 avril 1765.

faction qu'il y avoit encore de la vertu et de l'honnêteté dans le monde. Ils sortiront après-demain ; du moins je l'espère[1].

Carmontel, dans son estampe bien connue, a essayé de reproduire cet intérieur de prison, où se trouve rassemblée, cette fois rayonnante d'espérance, cette famille qui, depuis si longtemps, avait perdu jusqu'à la notion du bonheur. La veuve, ses deux filles, Jeanne Viguière sont là, ainsi que Pierre, tous attentifs à la lecture que leur fait Lavaysse de son mémoire. Les verrous et les grilles subsistent encore, mais le désespoir a disparu, et les âmes sont déjà bien loin de ce sombre cachot où ces captifs savent bien qu'ils ne séjourneront guère.

L'affaire demanda six séances de quatre heures chacune, à l'exception de la dernière, qui en prit plus de huit. L'arrêt fut rendu, le 9 mars 1765, à l'unanimité, non pas d'une commission, mais de tous les quartiers assemblés des requêtes de l'Hôtel. Les juges étaient au nombre de quarante, dont quatorze intendants de province[2]. La sentence était des plus expli-

1. *Collection d'autographes de Lajariette* (novembre 1860), p. 98, n° 890. Lettre de Damilaville à Voltaire; 7 mars 1765.
2. « Ces maîtres des requêtes, au nombre de soixante-sept en 1765, siégeaient ordinairement à tour de rôle, par quartier et trimestre, et ils examinèrent, nous dit M. Berriat-Saint-Prix, l'affaire Calas dans ses plus petits détails, car, dans leur jugement souverain, on compte 269 pièces du procès visées par leur *date* et leur *objet*. » *Des tribunaux et de la procédure du grand criminel au dix-huitième siècle* (Aubry, 1859), p. 30. Cependant Du Mège nous dit que les maîtres des requêtes rendirent leur arrêt « sans avoir même étudié la procédure. » M. de Bastard fait à cet égard les observations suivantes : « La copie de la procédure envoyée à Paris par ordre du Parlement de Toulouse existe encore. Comment donc n'a-t-elle pas été connue de la commission de révision? Si le fait attesté par l'historien toulousain est

cites ; elle réhabilitait les accusés et la mémoire de Jean Calas, ordonnant que leurs noms fussent rayés et biffés des registres, et le jugement transcrit en marge des écrous : « A quoi faire, tous les greffiers, concierges et geoliers seront contraints, même par corps. » Sur la demande des prévenus en prise à partie et dommages-intérêts, elle les renvoyait « à se pourvoir ainsi qu'ils aviseront. » Ce dernier article était, en réalité, un déni de justice. M. de Fargès opina dans le sens d'une autorisation, et soutint, « en renforçant sa petite voix », qu'il était de toute équité que le parlement de Toulouse rendît compte de sa conduite inique et barbare. Les termes étaient vifs, médiocrement *parlementaires*, et d'Aguesseau l'invita à retirer ce qu'il y avait d'un peu trop ferme dans son langage. Mais il n'en voulut point démordre[1].

L'exaspération fut grande à Toulouse, et la détermination de ne point se soumettre aussitôt prise. La sœur Fraisse écrivait à Nanette, le 17 avril : « Notre parlement a fait, dit-on, des assemblées secrètes, pour examiner la légitimité des pouvoirs des requêtes, mais ils n'ont rien trouvé à pouvoir les combattre. Ils disent qu'ils feront imprimer la procédure et la donneront au public pour leur justification. Je réponds

---

vrai, il ne peut s'expliquer que par cette pression de l'opinion qui entraîna la commission sans examen et sans délibération. » Vicomte de Bastard, *Les Parlements de France* (Paris, Didier, 1857), t. I, p. 410. Mais le fait n'est pas vrai, et l'on s'étonne même qu'un magistrat accepte des assertions si graves et si peu vraisemblables, sans les vérifier lui-même.

1. Voltaire, *OEuvres complètes* (Beuchot), t. LXI, p. 522. Lettre de Voltaire à Richelieu; Ferney, 21 juillet 1764.

qu'ils s'en garderont bien¹. » Voltaire, quinze jours auparavant, mandait également à Debrus que le 21 mars toutes les Chambres du parlement de Toulouse s'étaient réunies et avaient nommé des commissaires². L'abbé Salvan fait aussi allusion à cette menace d'imprimer la procédure. « Il aurait dû le faire! » s'écrie-t-il³. Mais il ne le fit pas, comme l'avait si judicieusement prédit la religieuse de la Visitation, et son abstention, qu'on ne saurait attribuer à l'esprit de modération et d'apaisement, semble reconnaître implicitement qu'une telle publicité pouvait être moins favorable aux juges qu'aux condamnés⁴.

Lavaysse père, qui était un des bons avocats de Toulouse et qui avait des amis, profita des vacances du parlement pour faire biffer l'écrou de son fils sans rencontrer d'opposition de la part de la Chambre des vacations. Mais ç'avait été chose extorquée, et jamais le fondé de pouvoir de madame Calas ne put, à la rentrée, faire exécuter à son tour l'arrêt des maîtres des requêtes. Si l'on échouait même pour cela, à plus forte raison restait-il peu d'espoir d'obtenir des dommages-intérêts, à l'égard desquels les juges s'étaient

---

1. Athanase Coquerel, *Jean Calas et sa famille* (Paris, Cherbuliez, 1869), p. 400. Lettre de la sœur Fraissé à mademoiselle Calas; 17 avril 1765.

2. Voltaire, *Lettres inédites sur la tolérance* (Paris, Cherbuliez, 1863), p. 229. Lettre de Voltaire à Debrus; 2 avril 1765. — *OEuvres complètes* (Beuchot), t. LXII, p. 285. Lettre de Voltaire à Damilaville; 5 avril 1765.

3. L'abbé Salvan, *Histoire du procès de Jean Calas à Toulouse* (Toulouse, Delboy, 1863), p. 126.

4. Athanase Coquerel, *Jean Calas et sa famille* (Paris, Cherbuliez, 1869), p. 258.

abstenus de se prononcer. Voltaire, qui avait une si grande pratique des hommes et des affaires, ne s'abusait pas sur l'impossibilité, sur les difficultés tout au moins, d'une semblable tâche; et il donnera le meilleur conseil, celui, avant toutes choses, de tâter le terrain, de s'assurer comment des poursuites seraient envisagées par les puissances. « Il m'est venu à la tête, mandera-t-il à Damilaville, que madame Calas devait faire pressentir monsieur le vice-chancelier et monsieur le contrôleur-général, afin de ne pas faire une démarche qui pourrait alarmer la cour, et diminuer peut-être les bontés qu'elle espère du roi [1]. » Ces bontés, implorées en corps par les derniers juges dans une lettre à M. de Maupeou, ne s'étaient pas fait trop attendre, et le vice-chancelier dans sa réponse leur apprenait que Sa Majesté avait accueilli de la meilleure grâce leur supplique en faveur de la dame et des enfants Calas. « Le roi, dont l'âme est sensible à la justice et au malheur, a bien voulu jeter sur eux un regard favorable; il a accordé à la veuve Calas une gratification de douze mille francs, six mille francs à chacune de ses filles, trois mille francs à ses fils, trois mille francs à la servante, et six mille francs pour les frais de voyage et de procédure. » Maupeou fit venir madame Calas et sa famille, et voulut leur annoncer lui-même cette bonne nouvelle. Élie de Beaumont les avait accompagnés, et la délicate question de la prise à partie fut posée : les bienfaits du roi devaient-ils

---

1. Voltaire, *OEuvres complètes* (Beuchot), t. LXII, p. 257. Lettre de Voltaire à Damilaville; Ferney, 1er avril 1765.—*Ibid.*, p. 274, lettre à d'Argental, et du même jour.

être considérés comme un dédommagement et une défense tacite de poursuivre; ou bien leur laissait-on toute liberté d'agir? « Vous avez de bons conseils, répondit M. de Maupeou; consultez-les, et faites ce qu'ils vous diront ».

En apparence, du moins, ils étaient les maîtres de n'en pas demeurer là. Mais c'était toujours une grosse affaire, dans laquelle on ne pouvait se lancer à la légère. « Le dernier résultat de l'assemblée tenue chez M. d'Argental, le mercredi 3 avril, écrivait l'avocat de Beaumont à Voltaire, a été que, pour être conséquent et raisonnable, il fallait aussi prendre à partie les treize juges de la Tournelle, plus coupables encore que les Capitouls, puisqu'ils étaient préposés par la loi pour les rectifier. Pour cela, il faut la permission du Conseil, et l'on craint fort que ces petits rois plébéiens ne paraissent assez puissants pour que, par une faiblesse honorée du nom de politique, on refuse de la permettre [1]. » Tout cela donnait à réfléchir. Lavaysse père, que sa position à Toulouse condamnait à une grande circonspection et qui par nature n'était pas homme à se jeter dans les aventures, avait écrit à madame Calas pour la déconseiller de toute tentative de ce genre, lui déclarant que son fils Gaubert ne s'associerait point à une démarche aussi hasardeuse, pour ne pas dire aussi désespérée (16 avril). La correspondance de Grimm a une page très-sensée, très-philosophique même sur la situation faite à de pauvres gens dépouillés que l'on eût ruinés encore une fois en frais, si c'eût été possi-

---

1. Ch. Coquerel, *Les Églises du Désert* (Paris, Cherbuliez, 1841), t. II, p. 337. Lettre d'Élie de Beaumont à Voltaire.

ble, après avoir reconnu la justice de leur cause et l'iniquité de leurs juges[1]. Mais, en définitive, il ne fut pas loisible aux Calas de vider leur bourse et celle de leurs amis dans une tentative qui n'avait que peu de chances d'aboutir. On a trouvé parmi les papiers de la veuve une note indiquant que le chancelier avait fait dire officieusement à la famille de se tenir tranquille. L'on ne poussa pas outre et l'on fit sagement : c'est au pot de terre à ne pas oublier d'où il sort et quel il est. Mais, quoique incomplète, la revanche des Calas eut toute sa portée, et l'histoire du Parlement de Toulouse est inséparable du souvenir de cette famille infortunée, dont la lamentable aventure souleva l'indignation et la pitié du monde entier.

Que disons-nous? Tout cela n'aura été qu'un roman inique, et le parlement toulousain, loin de s'être trompé, aura été odieusement calomnié par cette poignée de philosophes et d'encyclopédistes, en tête desquels marchait Voltaire. Tout un groupe d'écrivains modernes s'est imposé la tâche de refaire cette histoire et de démontrer l'équité de l'arrêt qui avait condamné Jean Calas à la roue. Bien que notre mission ne soit pas tant de prouver l'innocence de cette famille que de mettre hors de doute la parfaite sincérité de l'auteur de *Mérope* et des quelques cœurs généreux qui se dévouèrent à sa réhabilitation, nous nous sommes efforcé d'exposer les faits dans leur véritable jour, tels qu'ils ressortent lumineusement de

---

[1]. Grimm, *Correspondance littéraire* (Paris, Furné), t. IV, p. 248. 15 avril 1765.

la totalité des pièces, soit publiées, soit manuscrites, que renferment les archives de l'État, pièces que les champions du parlement toulousain se sont bien gardés de consulter. Un livre définitif, dont nous avons déjà constaté et la modération et l'impartialité, et qui a servi de base à ce travail, a épuisé la matière, répondant victorieusement à ces avocats de la dernière heure, qui ont cru qu'il était indispensable à la religion et à l'honneur de la magistrature que Calas fût l'assassin de son fils. « Je veux, dit un avocat de Toulouse, à la rentrée solennelle des conférences des avocats stagiaires, essayer de réhabiliter le parlement de Toulouse et de le laver d'une injure qu'il ne mérita jamais... Il faut savoir s'il s'est rencontré un tribunal assez inique, pour envoyer sciemment un innocent à la mort, et plonger dans l'opprobre une famille entière [1]. » Cette question que pose et décide l'avocat toulousain en faveur d'une magistrature qui, toute disparue qu'elle soit, ne laisse pas d'être représentée par des arrière-neveux intéressés à défendre

1. Théophile Huc, le *Procès Calas* (Paris, Douniol; 1855), p. 5. L'auteur déclare qu'il a tenu dans ses mains toute la procédure ; ce n'était qu'une moitié de la tâche, et l'enquête parisienne était également à lire. Mais il a mal vu ou mal lu les pièces qu'il a pu consulter, et il tombe à tout instant dans les erreurs les moins explicables. Voir les observations de M. Coquerel, aux pages 313, 314, 315, de son livre. Indiquons en revanche un discours prononcé par un jeune avocat, M. Calary, à l'ouverture de la conférence des avocats du barreau de Paris, le 26 décembre 1868, et publié ensuite sous ce titre, *Les Clients de Voltaire* (Paris, Clayé), qui est un tableau nullement chargé de la justice criminelle au dix-huitième siècle. Il n'a pas à plaider pour sa maison: il raconte, il explique, et rend justice aux hommes de bonne volonté qui essayèrent d'arriver à une réforme également nécessaire dans les mœurs et dans les lois.

ses actes [1], l'a été bien différemment par un magistrat dont la compétence et la science ne sauraient être niées, et qui, moins soucieux de défendre sa robe que de servir la vérité, s'est prononcé en toute loyauté pour ces infortunés qui, eux aussi, méritent bien qu'on ne leur dispute plus une justice qu'ils ont payée assez cher [2].

Nous avons déjà dit l'enchantement, l'enthousiasme de Voltaire, lorsqu'il apprit le triomphe final de ses clients; il ne peut contenir sa joie, en écrit à tous ses amis, dans des termes presque dithyrambiques : « Vous étiez donc à Paris, mon cher ami, quand le dernier acte de la tragédie de Calas a fini si heureusement. La pièce est dans les règles; c'est, à mon gré, le plus beau cinquième acte qui soit au théâtre [3]. » Et il a raison d'être fier, car c'est bien son œuvre; il a prêché d'exemple, il ne s'est pas borné, comme ce n'est que trop l'ordinaire, à lancer quelques phrases vaines, qui s'oublient vite, si l'ac-

---

1. C'est M. Salvan lui-même qui nous apprend que le capitoul Boyer, dont l'avis prévalut dans l'affaire Calas, était son grand oncle maternel. *Histoire du procès de Jean Calas à Toulouse* (Toulouse, Delboy, 1863), p. v.

2. Plougoulm, *Discours de rentrée à la Cour de Rennes*, 3 novembre 1843 (sur les progrès de la législation pénale en France). Un autre magistrat, que nous avons cité, et qui était un esprit aussi scrupuleux que net et judicieux, le conseiller Berriat-Saint-Prix, avait étudié à fond ce grand et tragique procès, et sa conviction était bien dans l'irréfutable innocence de Calas. Nous l'avons souvent mis sur ce chapitre émouvant, et c'était toujours avec une véritable indignation qu'il s'exprimait à l'égard des capitouls et du parlement de Toulouse.

3. Voltaire, *Œuvres complètes* (Beuchot), t. LXII, p. 255. Lettre de Voltaire à Cideville; à Ferney, 20 mars 1765.

tion n'intervient; il s'est donné tout entier. Aucune démarche, aucun sacrifice de temps, aucune dépense ne lui coûtèrent; et ce même homme, qui disputait le prix de quelques moules de bois au président de Brosses, répandra l'argent sans y regarder. L'on a cité, nous avons cité nous-même, sans hésitation, ces durs moments de lésine qui sont, à coup sûr, des crises dans son état constamment maladif, bien plus que les phénomènes durables d'une organisation d'avare. L'on s'est imaginé un Voltaire constamment rapace, une sorte d'harpagon adouci, qui dissimule ses griffes sous ses manchettes; et l'on serait bien fâché de découvrir que l'on s'est trompé. Que les malveillants se consolent pourtant; Voltaire ne leur donnera encore que trop d'occasions de revanche par ses impiétés, ses violences, ses défaillances et ses inégalités de caractère, quoique, toute part faite, le bien désormais couvre le mal, quoique les preuves de générosité et de dévouement compensent et au delà les manifestations d'une personnalité farouche et implacable.

Ce dernier arrêt aura été la date d'une ère nouvelle. L'auteur du *Traité sur la tolérance* avait porté le coup fatal à cette législation gothique qui, si elle était agonisante, se révèlera encore par deux ou trois exemples d'une atroce barbarie. Mais, chaque fois, le terrible patriarche se remettra résolûment en campagne pour ne désarmer que lorsque la Justice et la Raison auront reconquis leurs droits. Tout était dans ces deux mots, tout et surtout la tolérance religieuse, cette conquête la plus difficile à arracher aux préjugés et à la passion des hommes. On a dit, on a répété, on le redit encore, que Voltaire n'avait été si ardent, si emporté dans cette affaire des Calas, que parce qu'elle était un prétexte à calomnier la religion catholique, à écraser l'*infâme*. Certes, il ne l'aimait guère, et la tentation aurait pu lui en venir. Mais, par les premiers récits qui lui parvinrent, comme on l'a dit déjà, il dut croire à la réalité d'un crime inspiré à ce père huguenot par le plus odieux fanatisme. Toute l'Europe protestante, à cette nouvelle, fut profondément émue, et attendit avec anxiété l'issue d'un procès où se débattait l'honneur du calvinisme en France; car c'était lui qui avait été mis en cause dans la personne de Jean Calas. L'arrêt qui réhabilitait le supplicié n'était point sans doute l'affranchissement définitif des protestants, pas plus que celui de Sirven, qui va suivre. Mais, à dater de ce jour, les rigueurs, les vexations, les persécutions diminueront ; un accord tacite s'établira pour ne point pousser à l'extrême ces règlements inexorables de Louis XIV qui, un mois seulement avant la mort de Calas, à Toulouse même, sur la place du Petit-Salin, menaient au gibet le pasteur Rochette avec cet écriteau : « ministre de la R. P. R., » ainsi que les trois gentilshommes verriers qui avaient essayé de faciliter sa fuite. Peu à peu, les idées de tolérance et d'humanité se feront jour. La condition civile des déshérités, dont les mariages n'étaient devant la loi que des concubinages, préoccupera des ministres plus libéraux, d'un christianisme plus éclairé. Mais, que les temps fussent plus ou moins proches, l'on ne saurait nier la part prédominante qu'eut Voltaire à cette transformation, à ce travail de la conscience et de l'opinion. Les protestants ne s'y méprirent point ; et malgré leurs griefs contre l'irréligieux écrivain, les moins bienveillants d'entre eux reconnaissent de bonne foi tout ce qu'ils doivent à l'auteur de la *Henriade*. Certaines gens, maintenant encore, se sentent plus disposés à lui pardonner la *Pucelle* et *Candide* que le *Traité sur la tolérance*, tant la passion a de puissance sur les cœurs ! Mais le vrai chrétien, aussi bien que le philosophe, conviendra qu'en faisant prévaloir la tolérance et l'humanité, le poëte, qu'il le voulût ou non, servait la religion d'un Dieu de paix et de mansuétude ; et, plutôt que de s'indigner, il admirera les voies de la Providence, qui a choisi pour une telle œuvre un tel ouvrier.

Au moment où le procès des Calas surexcitait toutes ces têtes méridionales et venait frapper d'un esprit d'aveuglement et de vertige ceux que leur éducation, leur caractère, leur rang, leurs lumières auraient dû le plus garantir de ce genre d'entraînement, un autre événement, non moins sombre, et dont les conséquences menaçaient de n'être pas moins terribles, s'accomplissait dans le ressort du même Parlement. Le procès des Sirven offre de telles analogies avec celui de Jean Calas, qu'on peut dire qu'ils se tiennent l'un l'autre. C'est dans cette étrange affaire surtout, que l'on sera en état d'apprécier jusqu'à quel point la haine religieuse peut fermer les yeux à l'évidence la plus claire et produire les choses sous un jour encore moins odieux qu'absurde. On se demandera, en effet, devant le simple narré des faits sans interprétation ni commentaire, comment des gens en pleine possession de leur bon sens ont pu prendre un instant le change et croire au plus épouvantable crime là où il n'y avait qu'un malheur, un désastre intime, car, en cette circonstance moins encore que dans l'affaire des Calas, il y aura prétexte à méprise. Il est vrai qu'il y a loin des facultés bornées d'un haut justicier de Mazamet à l'expérience, à l'infaillibilité d'une cour souveraine qui ne doit point se tromper, puisqu'elle n'admet pas que l'on révise ses arrêts. Mais cette distinction ne suffirait pas à expliquer les agissements de l'infime tribunal, et l'on est bien forcé de convenir qu'il y a sous tout cela une influence ténébreuse dont le misérable juge n'est que l'instrument et le bras. Arrivons aux faits.

Il existait à Castres, en 1760, une famille protestante, composée de cinq membres, le père, la mère et trois filles, dont le chef, Pierre-Paul Sirven, âgé de cinquante et un ans, exerçait dans cette ville la profession d'arpenteur-géomètre et de feudiste. Le feudiste avait le soin et la garde des registres féodaux contenant le dénombrement et la nature des héritages de la censive d'un seigneur avec le tribut dont ils étaient chargés [1]; et, par les rapports presque constants qui s'établissaient entre lui et les meilleures familles du pays, il ne laissait pas de jouir d'une certaine considération que pouvaient accroître

---

1. *Dictionnaire de Trévoux*, t. IV, p. 123. — G.-M. Gattel, *Dictionnaire universel portatif de la langue française* (Paris, 1844), t. I, p. 713.

encore les qualités et l'honorabilité du modeste fonctionnaire. Nous avons dit que Sirven avait trois filles : l'une Marie-Anne, l'aînée, était mariée[1]; Elisabeth, la cadette, et Jeanne, la troisième, étaient demeurées chez leur père, où elles aidaient au ménage. Le feudiste ne pensait pas se séparer de sitôt de ces dernières, quand un beau jour (le 6 mars 1760), Elisabeth disparaissait de la maison, sans qu'on se doutât où elle avait pu aller. Cette jeune fille, d'un esprit faible, d'une intelligence au moins bornée, pour n'en pas dire plus, que le moindre imprévu eût suffi à bouleverser de fond en comble, demandait à être traitée avec de grands ménagements. Mais, comme c'est assez l'ordinaire, la tendresse paternelle s'était accrue en proportion des infirmités de la pauvre déshéritée, et Elisabeth était devenue pour ses père et mère l'objet d'une affection et de soins particuliers. Après avoir passé la journée en des recherches vaines, Sirven en rentrant était prévenu qu'on le mandait à l'évêché de Castres. Il s'y rend aussitôt et apprend de la bouche du prélat que sa fille, étant venue déclarer son ardent désir de se faire catholique et supplier qu'on la mît à même de recevoir toutes les instructions indispensables à son changement de religion, avait été conduite au couvent des dames Noires, ou des dames Régentes, comme on les appelait indifféremment. On s'étonne qu'un cerveau aussi faible ait montré cette initiative; mais Elisabeth, en réalité, n'avait fait qu'obéir aux suggestions de la sœur de Monseigneur,

---

1. Son mari, Raimond Périé, était marchand à Castres.

obéissant elle-même à un bien faux zèle, la maladie du temps, disons-le à sa décharge[1]. Sirven répondit, avec beaucoup de modération et de prudence, que rien jusqu'à ce jour n'avait pu lui faire soupçonner chez sa fille le moindre désir d'embrasser la religion catholique ; il ne cacha point l'impression douloureuse que produisait sur lui cette évasion furtive, ajoutant que, si elle cédait à un véritable appel de sa conscience, il n'avait qu'à se soumettre, ce qu'il faisait avec d'autant plus de résignation qu'il savait en quelles mains paternelles elle était tombée.

Ce séjour dans la maison des dames Régentes, cette claustration qui succédait à une vie libre et au grand air, cette privation des soins et de la tendresse des siens que venaient remplacer une règle et des pratiques austères, durent agir d'une façon funeste sur cet esprit faible, vacillant, qui avait déjà inspiré plus d'une inquiétude à ses parents. Bientôt on s'aperçut du désordre de ses idées, du bouleversement complet de sa raison. Élisabeth avait des hallucinations, et prétendait communiquer avec les anges ; elle était prise de ferveurs ascétiques, et, se mettant complétement nue, allait se jeter, en cet état, aux genoux des religieuses qu'elle conjurait de lui « bailler la discipline. » D'après la déposition de madame de Saint-Martin, bien que l'on ne se servît point d'ailleurs de pareils instruments, la servante des dames Régentes lui en donna quelques coups, « de quoi la fille de l'accusé se récria, et dit qu'elle n'en vouloit plus. » S'il fallait en croire

---

1. Camille Rabaud, *Sirven*, étude historique (Mazamet, 1858), p. 23.

l'avocat de Sirven, l'on se figura réduire cette pauvre créature par des sévérités et des traitements qui n'étaient point de nature à rasseoir cette tête égarée. On l'enferma dans sa chambre, on la revêtit dans son lit d'un costume à pli de corps, sans lequel il eût été impossible de la contenir. Si ces précautions indispensables ne déposent point contre la charité et l'humanité des dames Régentes, elles ne démontrent que trop un état de démence, dont les manifestations surabonderont. Quoi qu'il en soit, les Religieuses eurent vite assez et trop de cette pensionnaire turbulente qui exigeait une surveillance de tous les instants ; et, après un séjour de sept mois au couvent, Élisabeth, sur les ordres mêmes de l'évêque, était rendue à ses parents (9 octobre 1760).

Les accidents ne disparurent point devant un régime meilleur. Ce furent les mêmes égarements, le même trouble intellectuel. Son idée fixe était le mariage[1]. Un témoin convient, dans sa confrontation, qu'elle parlait sans cesse de mariage, qu'elle lui avait dit à deux ou trois reprises qu'elle voulait se marier avec son fils ; et d'autrefois, avec d'autres enfants du village. Un soir, elle va, d'un propos délibéré, prendre par les mains, devant sa mère et sa sœur, un jeune homme, et lui dire « s'il voulait se marier avec elle[2]. » Mais c'en est assez pour que l'on soit au fait du mal de la pauvre fille ; et son père, sans y voir de guérison, avait déclaré, si l'on trouvait un honnête

---

1. Court de Géblin, *Lettres toulousaines*, p. 356.
2. *Mémoire pour le sieur Pierre-Paul Sirven*, feudiste, appelant, (1771), p. 61, 62.

homme qui consentît à la prendre en légitime mariage, catholique ou protestant, qu'il était résolu à tous les sacrifices auxquels se prêterait sa petite fortune. Mais quel homme eût songé à épouser cette infortunée, dont la folie n'était pas d'ailleurs toujours aisée à contenir? Plus d'une fois son père, sa mère et sa sœur eurent à se défendre de ses fureurs, et force fut bien de l'enfermer dans sa chambre et même de l'attacher. Mais aucun déposant, et c'est sur cela qu'il faut insister, ne varie sur l'affection, la tendresse excessive de ces malheureux parents; leurs témoignages à cet égard sont identiques, jusque dans l'expression. Élisabeth Benazet, locataire dans la même maison, dira qu'elle a toujours vu que son père et sa mère la caressaient beaucoup et ne la quittaient presque jamais. Pierre Galibert, premier consul de Saint-Alby, affirmera « avoir vu que le père et la mère de ladite Élisabeth la caressoient beaucoup. » Suzanne Cambonnet interpellée à son tour : « Si la fille de l'accusé n'étoit plus chérie que ses sœurs, et particulièrement de sa mère, répond que l'interpellation est véritable. » Il y a loin, convenons-en, de cette tendresse, de ces soins éplorés et de tous les instants, à l'incroyable crime dont toute cette famille va se voir accusée par un juge stupide, qui, d'ailleurs, n'agira point sans obéir à une consigne, à des ordres occultes.

L'état déplorable dans lequel on lui avait rendu sa fille, cette exaltation qu'il ne pouvait attribuer qu'aux violences physiques et morales dont elle avait été l'objet au couvent des dames Régentes, avaient dû impressionner vivement le père d'Élisabeth, qui n'eut pas assez de calme et de prudence en ce premier moment pour renfermer ce qui était en lui. Ses plaintes, ses reproches amers furent rapportés à celles-ci, qui résolurent de l'en punir. Elles firent passer à l'intendant de la province, par l'entregent d'un ecclésiastique en place, un Mémoire contre Sirven, où il était présenté comme un tyran fanatique, faisant expier à sa victime le crime, horrible à ses yeux, de vouloir abjurer l'hérésie et de rentrer dans le giron du catholicisme. Elles l'accusaient de sévices et de violences, et, ce qui était plus inconséquent de leur part, elles insistaient, non sans charger le tableau, sur les précautions qu'il avait dû prendre pour prévenir les effets de la démence de sa fille, « précautions que les dames Régentes avoient rendues nécessaires, et qu'elles avoient prises elles-mêmes, lorsque Élisabeth habitoit leur maison[1]. » Le Mémoire fut retourné par l'intendant à son subdélégué, Sers, conseiller au sénéchal de Castres, auquel il mandait d'exiger de Sirven d'envoyer tous les jours sa fille chez les dames Régentes et à l'église, sous peine d'être puni de sa désobéissance. A cela Sirven répondit que, dans l'état de santé où était Élisabeth, il lui était impossible d'obéir aux ordres de M. l'intendant. Toutefois, pour que l'on ne se méprît point sur un refus que ses répugnances religieuses ne lui avaient dicté d'aucune sorte, il offrait de remettre la malade entre les mains du magistrat, s'il voulait bien se charger d'elle, ou de tout

---

1. *Mémoire pour le sieur Pierre-Paul Sirven* (1771), p. 10.—Élie de Beaumont, *Mémoire à consulter et consultation* pour Pierre-Paul Sirven (Cellot, 1767), p. 5.

autre personne qui lui serait désignée, faisant observer que son peu de fortune l'empêchait de payer une pension. Il ajoutait qu'il devait sous peu de jours aller passer quelques mois, avec sa famille, au village de Saint-Alby, distant de Castres de deux lieues et demie, où il était appelé par M. d'Esperandieu pour travailler à la faction de son terrier ; et c'était en ce dernier lieu qu'il priait le subdélégué de lui faire parvenir les commandements qu'il jugerait à propos de lui donner. Il quittait, en effet, Castres, peu de jours après, et allait s'établir avec son monde dans l'appartement que lui avait fait préparer au château M. d'Esperandieu (juillet 1761).

Trois mois s'écoulèrent ainsi, sans autres inquiétudes que celles que donnait la pauvre fille ; et Sirven aurait pu croire qu'on les avait oubliés, quand, en son absence, dans les premiers jours de novembre, l'abbé Bel, vicaire d'Aygues-Fondes, accompagné de deux consuls de Saint-Alby, pénétrait inopinément dans son intérieur, faisait appeler Élisabeth, et, s'adressant à sa mère d'une voix impérieuse, lui enjoignait de laisser à celle-ci toute liberté d'aller à l'église de Saint-Pierre de Frontze, pour y assister aux offices et y recevoir une instruction religieuse. Madame Sirven répartit qu'elle n'avait jamais songé à s'opposer à la vocation d'Élisabeth, et qu'ils ne demandaient pas mieux ni l'un ni l'autre, ainsi qu'ils l'avaient déclaré à M. le subdélégué, de la remettre à qui leur serait indiqué, à lui-même, s'il y consentait, mais qu'ils jugeaient impraticable de laisser leur fille sur son compte pour aller à une distance d'au moins une demi-lieue. La pauvre mère, qu'une pareille explication mettait à la torture, ajouta qu'elle en dirait les raisons en particulier au vicaire, s'il avait la bonté de l'entendre. Mais ces raisons n'étaient que trop aisées à pénétrer, et Élisabeth se chargea du commentaire par des divagations qui mirent fin à l'entrevue. Sirven, de retour, effrayé des menaces contre leur repos que semblait annoncer une telle visite, alla trouver les consuls pour apprendre d'eux de quoi il retournait; mais ils ne savaient rien et n'avaient accompagné le vicaire qu'à sa demande. Le vicaire, pressé par lui, lui répondit qu'il n'avait reçu aucun ordre de l'intendant, et que c'était son curé qui avait eu l'idée de cette démarche. Mais il y avait au fond de tout cela une conspiration sourde et occulte qu'il voulait éclaircir à tout prix. Il était bien déterminé, et il le déclara au vicaire et aux deux consuls, à conduire lui-même Élisabeth chez M. l'Évêque, à son retour des États du Languedoc. En effet, ayant appris que le prélat était rentré à Castres, il résolut de ne pas remettre à plus tard un dessein qu'il jugeait indispensable à leur sécurité commune, et arrêtait le voyage pour le 16 décembre.

Il se rendait, en conséquence, la veille de son départ, à Aygues-Fondes, chez l'abbé Bel, pour lui apprendre ses intentions et savoir de lui s'il n'avait reçu aucune instruction qui le concernât. Après une conférence de quelques instants, le feudiste et le prêtre sortaient ensemble et se dirigeaient vers le château où ils soupèrent chez M. d'Esperandieu, avec madame d'Esperandieu et sa famille. Un sieur Carcenac venait au fruit et se retirait avec l'abbé, vers onze heures du soir. Sirven resta trois quarts d'heure encore pour examiner des papiers avec la châtelaine, après quoi un domestique le conduisait dans sa chambre, à côté du salon. Il quittait le lit à sept heures du matin et allait attendre dans cette pièce la maîtresse de maison, qui l'avait prévenu qu'elle lui donnerait des commissions pour Castres. Une heure environ s'était écoulée, quand il est abordé par un commissionnaire que lui dépêchait le premier consul de Saint-Alby, pour lui faire part de la disparition de sa fille, au milieu de la nuit, et de l'ignorance complète où l'on était de ce qu'elle était devenue. L'on comprend dans quel trouble dut le jeter l'annonce de ce nouveau malheur. Que s'était-il passé? Le messager était dans l'impuissance de le satisfaire. Il se mit en route tout aussitôt, et arrivait à Saint-Alby avant dix heures. Il trouva sa maison pleine de monde. Sa pauvre femme était tellement absorbée dans sa douleur, qu'il n'en put d'abord rien tirer, et ce fut un des assistants qui dut lui raconter les événements de la nuit.

Entre minuit et une heure, Élisabeth s'était levée, elle avait traversé la chambre de sa mère, qui lui demanda pourquoi elle était debout si matin; elle entr'ouvrit la fenêtre et répondit qu'il était jour. Comme elle sortait, madame Sirven lui demanda ce qu'elle voulait faire, et elle répliqua qu'elle allait chercher du bois. Elle descendit. Un temps assez long s'étant écoulé, la femme du feudiste envoya sa jeune sœur à sa rencontre : mais elle n'était ni au bûcher, ni dans l'escalier. Jeanne, un peu inquiète de ne l'avoir point trouvée dans les quelques endroits où elle pouvait être, va heurter chez le locataire qui logeait à l'étage inférieur, et s'informe si sa sœur ne serait pas chez lui. La femme de celui-ci, qui était nourrice, lui dit qu'au moment où, assise sur son lit, elle donnait le sein à son enfant, elle avait entendu descendre à petits pas l'escalier et ouvrir la porte de la rue. Jeanne remonte sur-le-champ rapporter ce qu'elle a entendu à sa mère, qui, dévorée d'inquiétude, poursuivie par de tristes pressentiments, s'élance de son lit, sans prendre le temps de s'habiller, se rend chez les consuls où elle arrive mourante. A sa prière, des recherches avaient été faites aussitôt dans tout le village, mais sans aucun résultat. Mais Sirven ne devait pas s'en tenir là et fit tout ce qu'il était humainement possible, dépêchant dans toutes les directions pour s'assurer si l'on n'avait pas vu la fugitive et si elle n'avait point laissé quelques traces de son passage [1]. Cette disparition tint en éveil tout le pays et devint l'objet unique des conversations. Le curé de Caucalières, en passant sur le bateau du Moulin-Neuf, avait dû dire « qu'il n'y avoit point à être en peine de cette fille, qu'elle étoit mieux qu'avec ses parens. » La pensée du curé n'avait rien de bien obscur; et dans son esprit du moins, l'événement qui avait si fort ému le pays ne pouvait être qu'un enlèvement ordonné et exécuté par l'autorité ecclésiastique : il s'agissait d'arracher une âme à l'hérésie et de la faire rentrer dans le giron de la foi, ce qui n'était

---

1. *Mémoire pour le sieur Pierre-Paul Sirven* (1771), p. 69, 82. Déposition d'Antoine Huc, le locataire chez lequel Jeanne était allée aux informations.

réalisable qu'en soustrayant la jeune fille à l'influence de sa famille. Était-ce pure supposition de ce prêtre, ou avait-il ses motifs pour parler ainsi?

Les jours se passaient sans que rien ne vînt sortir celle-ci de ses angoisses; et Sirven, après un premier moment d'anéantissement, devenu plus calme, en arriva à croire que le propos du curé de Caucalières pouvait n'être point sans fondement. Ces enlèvements cavaliers, sans autre forme de procès, s'obtenaient aisément, et il ne fallait qu'un excès de zèle pour jeter la désolation et le deuil au sein d'une famille à laquelle on ne laissait que la résignation et les larmes. Le feudiste finit par ne plus douter du coup d'autorité qui lui ravissait sa fille, et c'était le sentiment de tout ce qui l'entourait. Il eût été à souhaiter pour ces infortunés qu'ils n'eussent eu à gémir que sur un malheur qui pouvait n'avoir qu'un temps. Plus de quinze jours s'étaient encore écoulés. Sirven, qui vivait et faisait vivre les siens de sa profession, avait repris sa tâche quotidienne, et il partait, le 3 janvier 1762, pour Burlats, où il était appelé par une dame de Falgueroles. La nuit de ce même jour, des enfants qui cherchaient des oiseaux dans le puits des *Communaux* aperçurent un cadavre à la surface de l'eau. Les consuls, avertis, se rendent aussitôt sur les lieux et font entourer le puits jusqu'au matin par quatre sentinelles chargées d'empêcher qui que ce fût d'approcher. L'un d'eux, dès le petit jour, court prévenir le juge de Mazamet, qui arrive et fait extraire le cadavre, que l'on porta à l'Hôtel de ville : c'était le corps d'Élisabeth Sirven.

L'opinion générale fut que la pauvre fille s'était

précipitée elle-même dans le puits ; on crut se rappeler que, ce même jour, on l'avait aperçue rôdant tout autour. Des témoins déposèrent plus tard qu'il lui arrivait souvent de se pencher sur la margelle, et de faire des grimaces que l'eau lui répétait. Une Marguerite Glories convient qu'elle a vu un jour Élisabeth se promenant toute seule dans la place de Saint-Alby « regarder alors dans le puits commun, faisant des grimaces de la tête. » La femme Marie Paillé fait la même déclaration et dans les mêmes termes. Se précipita-t-elle, le voulant, dans un accès d'égarement, ou perdit-elle l'équilibre et tomba-t-elle dans le puits, fatalement entraînée par les mouvements qu'elle se donnait ? c'est ce qu'on ne sut jamais. Mais il n'y avait à hésiter qu'entre l'une et l'autre de ces deux suppositions, et il ne vint à l'idée de personne, dans le village, que ce malheur fût le résultat d'un crime. Un crime ! Qui avait intérêt à le commettre et qui l'eût commis ? Il n'est qu'une voix sur l'affection, l'excessive tendresse des parents pour cette enfant, à laquelle ils s'attachaient de plus en plus tous les jours, en raison même des chagrins, des inquiétudes, des soucis de plus d'une sorte qu'elle leur causait.

Mais écartons ces preuves morales, si décisives pourtant. Si elle ne s'est pas jetée dans le puits, on l'y a précipitée ; et qui l'y a précipitée ? L'alibi du père semble indiscutable. Il a passé toute l'après-midi et la nuit du 17 décembre à Aigues-Fondes, où il a soupé et couché ; il ne pouvait donc être au château de M. d'Esperandieu et à Saint-Alby tout à la fois. Qui donc soupçonner? Sera-ce la sœur aînée[1], sera-ce Jeanne, la dernière; serait-ce la femme du feudiste? Si la mort d'Élisabeth est le fait d'un crime, elles seules peuvent l'avoir commis, car la présence d'aucun étranger ne fut signalée dans Saint-Alby, ni ce jour ni le jour précédent. Mais cette supposition tiendra-t-elle devant la moindre discussion des faits et des circonstances connues qui présidèrent à ce tragique événement? Élisabeth était grande et forte; sa mère âgée de soixante-trois ans. Marie-Anne, plus faible, enceinte d'ailleurs de quatre mois, et Jeanne, la plus jeune des sœurs, eussent dû se concerter pour s'emparer d'elle et l'étouffer; ce qui, apparemment, ne se serait pas accompli sans une lutte désespérée, sans des cris de détresse qui n'eussent pu échapper aux locataires du dessous.

Cependant, Antoine Huc et sa femme Élisabeth Benazeth, occupée alors, comme on l'a dit, à donner le sein à son nouveau-né, déclarent n'avoir entendu d'autre bruit que celui des pas d'une personne descendant l'escalier et ouvrant la porte de la rue. Cette personne, quelle était-elle? Ou c'était Élisabeth Sirven (seule supposition qui ne soit pas absurde), ou c'était Marie-Anne, sa sœur, qui, malgré sa nature délicate, malgré son état de grossesse, emportait sur ses épaules le cadavre de la victime et l'allait jeter dans le puits commun, sans songer qu'elle pouvait, qu'elle devait presque inévitablement être surprise dans l'ac-

---

1. Quoique mariée, Marie-Anne avait suivi ses parents à Saint-Alby, sans doute à cause de son état de grossesse, pour être plus près des soins de sa mère et de Jeanne.

complissement de son horrible action, le puits se trouvant au milieu d'une place publique entourée de maisons[1]. Que l'on n'objecte pas l'heure avancée, puisque ç'avait été précisément au beau milieu de la nuit, que des enfants, en chasse d'oiseaux, avaient découvert le cadavre. Elle seule a pu réaliser cette dernière partie de l'épouvantable tâche, car c'est presque au même moment que Jeanne et sa mère vont heurter à la porte des époux Huc et jeter l'alarme dans tout le village, sans laisser, remarquez-le bien, à Marie-Anne le temps de se débarrasser de son fardeau et de regagner leur domicile commun. Disons une fois de plus que, lorsque le cadavre fut découvert, loin qu'aucun soupçon s'élevât contre la famille Sirven, ce fut un sentiment unanime de pitié et de commisération pour des braves gens dont on connaissait l'honnêteté, et qui s'étaient fait aimer et respecter par leurs mœurs douces et inoffensives. La démence d'Élisabeth n'était un secret pour personne, et personne ne douta qu'elle n'eût été le seul et unique auteur de sa fin déplorable. Mais il devait arriver pour ces infortunés ce qui était arrivé pour les Calas. Le bruit de cette mort mystérieuse se répandit dans les villages avoisinants, et plus il fit de chemin, plus les faits s'altérèrent et se dénaturèrent. Le besoin d'émotions dramatiques aurait suffi pour changer la vérité en légende. Mais, dans cette affaire, ainsi que dans celle de la mort de Marc-Antoine, la passion religieuse s'empara tout aussitôt d'un événement que l'on ne manqua point de présenter

---

1. *Mémoire pour le sieur Pierre-Paul Sirven* (1771), p. 99, 100.

comme la confirmation nouvelle d'un complot abominable du protestantisme. Les récits les plus fantastiques furent colportés avec tous les incidents qu'on put imaginer pour leur donner crédit; et les esprits étaient alors trop préparés à accepter les fables les plus absurdes pour que les charges que l'on fit peser sur le feudiste ne dussent pas écraser des innocents dont l'unique crime était d'être Huguenots.

Faut-il rappeler, s'écrie leur défenseur, dans quelles circonstances et à quelle époque ces bruits calomnieux se répandirent dans le Languedoc ! Mille bouches fanatiques s'ouvrirent dans ce même tems pour persuader au peuple que les protestans étoient parricides par système, qu'un des dogmes de leur secte étoit le pouvoir donné aux pères d'égorger leurs enfans catholiques, ou qui menaçoient de le devenir. On sait avec quelle avidité cette absurde calomnie, qui outrageoit si sensiblement une secte entière, fut adoptée par la populace. La procédure fait foi qu'elle avoit pénétré à Mazamet, et fermenté dans beaucoup de têtes à l'époque de la disparition d'Élisabeth. Il n'en falloit pas tant pour perdre Sirven et sa famille [1].

L'inspection du cadavre fut faite par un médecin et un chirurgien du lieu désignés par le juge, qui, ne trouvant pas le rapport de son goût, leur demanda d'en faire un autre, ce à quoi ils se prêtèrent avec une docilité qui donne la mesure de ce que pouvait oser alors un magistrat inepte ou prévaricateur. Inutile d'ajouter que, si celui-ci exigea d'eux des changements au procès-verbal que la loi ne saurait autoriser d'aucune sorte, ce n'était point par tendresse pour le feudiste ; car l'on était déjà bien déterminé à ne

---

[1]. *Mémoire pour le sieur Paul Sirven* (1771), p. 19, 20.

trouver en lui qu'un monstre de la pire espèce. Dans le procès de Calas, nous avons eu à constater l'irrégularité de la procédure des Capitouls ; nous avons vu avec quel sans-gêne despotique, avec quelle imprévoyance et quelle irréflexion David de Beaudrigue avait mené toute l'instruction, et la juste réprobation qu'il s'était attirée par sa passion, son mépris des formes, son ardeur à trouver des criminels, quand il y avait tout autant à s'enquérir s'il ne se trouvait point en présence d'infortunés bien plus dignes de la protection que des rigueurs de leurs juges. Mais encore Beaudrigue était-il un homme instruit, auquel ses ennemis ne refusaient ni un esprit éclairé, ni une vive intelligence : s'il fut sans pitié, comme sans équité, ce ne furent pas les facultés qui lui manquèrent ; et, puisque les Capitouls avaient leur juridiction, il y a plus à déplorer qu'à s'étonner qu'il présidât leur tribunal. A côté de cela, il faut savoir ce qu'était un procureur fiscal d'un petit pays et de quels gens pouvaient dépendre l'honneur, la vie des citoyens.

Le Beaudrigue de Mazamet, appelé Trinquier, était un petit marchand qui, ayant peu réussi dans son négoce, s'était trouvé disponible, et fut choisi par la Communauté, à qui appartenait la haute justice, pour procureur juridictionnel. Sans doute l'honneur était grand, mais les émoluments étaient minces, et notre magistrat de village courait les risques de mourir de faim, si l'on ne se fût avisé de lui donner les gages de maître d'école, sans en exiger de lui les fonctions. L'on devine quelles lumières, surtout quelle indépendance on peut attendre d'un pauvre diable enivré d'ailleurs d'une élévation inespérée, et sentant trop son néant pour ne pas obéir, à l'occasion, à un mot d'ordre venu de haut. Dans ce long procès, qui ne durera pas moins de sept années, le procureur fiscal de Mazamet jouera un rôle inexplicable, si l'on ne pressentait point qu'il ne sera qu'un instrument docile de volontés occultes, le faisant agir sans se compromettre par une intervention moins voilée.

Le lendemain de la vérification du cadavre, le 5 janvier, l'enquis fut ordonné sur les réquisitions de celui-ci, qui remit un *brief-intendit* sur lequel on dut interroger les témoins. Du 6 au 10, tout le village de Saint-Alby vint déposer, et, sur quarante-cinq témoignages, pas un seul qui ne fût favorable aux Sirven[1]. L'attitude de Trinquier avait quelque chose de manifestement hostile; et certains autres indices, la modification inqualifiable du procès-verbal des médecins, particulièrement, étaient plus que de nature à alarmer un pauvre homme qui savait que sa religion seule était une accusation contre lui. Des avis lui vinrent de plus d'un côté, l'engageant à ne pas trop s'en reposer sur son innocence et à prendre toutes les mesures de prudence que lui commandaient les circonstances. Il s'adresse à un avocat du nom de Jalabert qui, loin de décliner la tâche, prit en main sa défense avec un vé-

---

1. Saint-Alby, maintenant encore, est connu sous le nom de Saint-Alby-*faux-témoin*. Ce village est victime d'une confusion regrettable, et c'est à d'autres que ce sobriquet infamant revenait de droit. Le travail sur les consciences eut lieu à Castres et à Mazamet, sous le coup d'influences toulousaines; car l'on était intéressé à Toulouse à fortifier, par un second exemple, l'horrible accusation portée contre le protestantisme à l'égard de ses enfants renégats.

ritable dévouement. On s'était bien gardé de citer les témoins qui auraient pu attester que Sirven avait soupé et couché chez M. d'Esperandieu, la nuit du tragique événement; le feudiste s'en plaignit au juge du procès, maître Landes. Il lui fut répliqué que le procureur fiscal n'avait pas jugé à propos de les assigner; mais qu'il se portât partie civile, et il aurait la faculté de faire entendre ses témoins. Sirven n'y manqua point et présenta une requête en plainte, à laquelle le juge répondit par une ordonnance d'enquis qui aurait dû tout arrêter, et malgré laquelle on laissa le procureur fiscal continuer la procédure commencée. Trinquier (ou ceux qui le poussaient), dépité des témoignages favorables dont le feudiste était l'objet, et craignant sans doute qu'il lui échappât, poursuivit une ordonnance en permission de faire publier un monitoire (15 janvier). Mais les réquisitions ne semblèrent pas avoir produit l'effet qu'il en attendait, et le juge, faisant droit à la demande de Sirven, offrait même de se rendre à Castres pour recevoir ces diverses dépositions. Ce dernier, plein de confiance dans l'équité de Landes, se transportait aussitôt dans cette ville et y poursuivait devant le sénéchal une ordonnance qui accordât territoire au juge de Mazamet.

Mais, au moment même où il se supposait au terme de cette enquête flétrissante, un décret de prise de corps était déjà lancé contre lui, sa femme et ses deux filles. Ce sont elles qui accourent à Castres lui apprendre quel danger nouveau les menaçait, et l'existence d'un complot dont la fuite seule pouvait les préserver: il n'y avait point de temps à perdre, car la maréchaussée avait reçu des ordres. Sirven se refuse d'abord à les en croire ; mais ses amis finissent par lui ouvrir les yeux sur la gravité de leur situation, et le déterminent à s'éloigner, dans la nuit du 19 au 20 janvier. Il se réfugie d'abord au faubourg de Castres, dans la maison d'un gentilhomme qui lui offre un asile. Mais il était informé, dès le lendemain, que le procureur fiscal s'était rendu à Saint-Alby pour l'appréhender au corps ainsi que sa famille, et que ses meubles et ses effets avaient été saisis. Ne l'ayant pas trouvé à son domicile, on était allé à Castres le chercher chez son gendre et en d'autres maisons où l'on supposait qu'il pouvait s'être caché. Il était évident que l'on voulait à tout prix se rendre maître de lui et qu'il était perdu, s'ils demeuraient un jour de plus dans une ville où ils étaient traqués. Ils partent tous au milieu de la nuit, par un temps exécrable, par la pluie, la boue, une obscurité sinistre, des chemins impraticables, et arrivèrent à Roquecombe, après une marche de cinq heures, bien que la distance qu'ils eussent à parcourir ne fût que d'une lieue et demie. On a le cœur serré, au récit de cette lamentable odyssée, pleine de tribulations, d'alarmes, d'assauts de toute nature. Les éléments comme les hommes semblent conspirer contre ces infortunés, que leur condition modeste et leur honnêteté auraient dû également mettre à l'abri des orages, qui d'ordinaire ne s'en prennent qu'aux hautes cimes.

Mais la plus cruelle épreuve pour cette famille si unie fut la nécessité de se séparer. Le feudiste, la mort dans l'âme, comprenant que le salut était à ce prix, s'arrache aux embrassements de sa femme et de ses enfants, et, après leur avoir dit un dernier adieu, s'éloigne par ce sentiment instinctif de conservation qui survit à tous les naufrages (21 au 22 janvier). Il demeure blotti, trois jours durant, dans une métairie de la seigneurie de la Crousère. Mais, ne s'y jugeant pas en sûreté, il se réfugie dans les montagnes du marquisat d'Arétat, à quatre lieues de Castres, où il se tint caché un mois. En proie aux mêmes alarmes, sa famille à tout instant menacée de tomber aux mains de la maréchaussée, à peine reposée de ses fatigues, se remettait en route, et, six jours plus tard, gagnait la baronnie de Monredon. Ce dernier asile était encore plus près de Castres qu'Arétat, et les fugitives sentirent qu'elles ne pouvaient échapper à leurs persécuteurs qu'en fuyant séparément. Cette mère de soixante-trois ans, que le chagrin et l'âge accablaient également, embrassa ses deux filles qu'elle ne comptait plus revoir. L'aînée, que sa grossesse avancée et de pareilles épreuves avaient épuisée, dut se diriger d'un côté, sa jeune sœur Jeanne de l'autre, sans nul soutien que le sentiment de leur innocence et leur confiance en la bonté de Dieu. Sirven, malgré la protection qu'il trouvait dans un pays escarpé et montagneux, recevait tous les jours les nouvelles les plus alarmantes. Il fallait fuir encore, quitter la France, puisqu'il n'y avait pour lui ni tranquillité ni sûreté dans sa patrie. Il reprend sa marche, par la saison la plus rigoureuse, traverse, non sans péril, les montagnes du Rouergue et du Velay qu'enveloppait un linceul de neige, dépasse la frontière, parvient enfin à Genève, et poursuit jusqu'à Lausanne où il prend pied dans les premiers jours d'avril 1762.

Qu'était devenue sa femme? qu'étaient devenues ses filles? Leur fuite devait être encore plus pénible, plus hérissée d'écueils. Condamnées à prendre par le plus long pour dépister ceux qui les poursuivaient, elles n'arrivaient à Nîmes qu'après d'interminables détours. Elles y furent recueillies et secourues par Paul Rabaut, auquel les recommandait Ladevèze, pasteur du Vigan, dans une lettre touchante qui a été conservée[1]. Il leur fallut s'engager dans des sentiers inextricables, et franchir, elles aussi, les montagnes du Rouergue et des Cévennes. L'on s'imaginera une partie des peines, des fatigues et des dangers que coururent ces trois femmes, quand on saura que Marie-Anne fut renversée onze fois de cheval. Durant deux mois et demi, ce fut une lutte de tous les instants, lutte contre les éléments déchaînés, lutte contre les lassitudes et les défaillances d'âme et de corps auxquelles elles furent en proie. Cependant, elles parvenaient à Lausanne, brisées mais saines et sauves, dans le courant de juin de la même année.

Les événements qui suivirent l'évasion du feudiste et de sa famille démontrent combien était urgente une détermination d'où dépendait leur existence même. Un premier Monitoire est lancé contre eux, violent, passionné, qui semblait avoir été copié presque littéralement sur le Monitoire de Calas, « sans égard aux

---

1. Charles Coquerel, *Les Églises du Désert* (Paris, Cherbuliez, 1841), t. II, p. 473.

choses toutes locales qui s'y trouvaient[1]. » Un second, puis un troisième lui succèdent, mais, malgré tant de manœuvres iniques, sans arriver au résultat qu'en attendaient ceux qui avaient juré la perte de ces pauvres gens. On ne saurait imaginer à quel degré d'acharnement aveugle et presque stupide ce misérable tribunal se porta, dans le but de séduire les uns, de terrifier les autres, d'obtenir de tous des témoignages accusateurs. Le juge de Mazamet s'oubliera au point de demander à l'avocat Jalabert, le défenseur de Sirven : « Pourquoi lui, qui fait profession de la foi catholique, s'est-il chargé de solliciter pour une affaire qui lui est directement opposée. » Voilà qui en dit plus que des volumes.

Cependant, il faut des corps de délit pour un crime, il en fallait pour ce crime si peu établi : on en imagina trois qui parurent suffisants et dont on dut se contenter. D'abord ce second rapport exigé des médecins auxquels on faisait dire qu'Élisabeth ne s'était pas précipitée d'elle-même dans le puits, et qu'elle y avait été jetée morte, probablement étouffée. Ensuite une démarche de l'avocat Jalabert près de ceux-ci pour connaître leur rapport, ce qui, selon la logique du procureur fiscal, était une preuve que son client avait assassiné ou fait assassiner sa fille. Mais surtout un fait fort étrange qui se produisit dans la nuit du 5 au 6 janvier, et qu'on ne saurait passer sous silence. Le corps était resté dans une salle de la maison commune où il exhalait une odeur infecte, qui

---

1. Camille Rabaud, *Sirven*, étude historique ((Paris, Cherbuliez, 1858), p. 165.

avait contraint les six fusiliers préposés à sa garde de s'éloigner. La serrure de la porte fut brisée et le cadavre enlevé [1]. Enlevé par qui ? C'est ce qu'on n'a jamais su. Mais on se demande quel intérêt y aurait eu Sirven, au point de vue des charges que l'on allait faire peser sur lui, puisque le rapport des médecins était fait, et que si le juge, comme il l'avait annoncé, fût venu, l'inhumation aurait été accomplie dans l'après-midi, quelques heures avant cette disparition mystérieuse. Aussitôt qu'aux faits on substitue les hypothèses, on pourrait tout aussi bien supposer une manœuvre coupable de la part de ceux qui travaillaient par tous les moyens à la perte de ce pauvre homme. Nous n'ignorons point la découverte, en 1814, d'un cadavre dans la muraille d'une maison qui fut habitée par Sirven, près du Pont-Neuf, à Castres [2] et qu'on prétendit être celui d'Élisabeth, découverte dont M. du Mège, le vulgarisateur de l'historiette du chevalier de Cazals, tire le meilleur parti [3], mais sans que la moindre enquête ait donné quelque consistance à ces soupçons. Ces ossements eussent-ils été ceux d'Élisabeth, qu'ils prouveraient tout autre chose que ce qu'on en a voulu conclure ; et il ne serait pas si extraordinaire qu'un protestant eût songé à soustraire

---

1. *Mémoire pour les consuls et communauté de Mazamet contre le sieur P. P. Sirven*, p. 18.

2. Il y eut jadis un cimetière à cette même place, et l'on y a découvert, depuis plusieurs années, un grand nombre de tombeaux et d'ossements humains, à ce qu'affirme du moins l'auteur des *Chroniques Castraises*, M. Magloire Nayral, t. III, p. 457.

3. Du Mège, *Histoire générale du Languedoc* (Toulouse, 1846), t. X, p. 582, 583.

les restes de son enfant à une sépulture catholique. Sirven a raconté, ou, pour mieux dire, Élie de Beaumont a raconté en son lieu, ce qui s'était passé alors et quelle avait été sa conduite réservée. Et, disons-le, cet enlèvement, à part ce qu'il avait d'inutile pour la démonstration de son innocence, impossible à réaliser sans complices, ne nous semble pas plus dans son caractère que dans ses moyens. Mais qu'importe, et que font les invraisemblances? Ne faut-il pas que le prétendu crime du feudiste vienne en aide aux juges qui ont livré au bourreau le marchand de la rue des Filatiers?

Nous n'entrerons point dans le détail de cette étrange procédure que couronnait, le 29 mars 1764, une sentence dont, toutefois, il n'est pas inutile de donner les termes. Sirven et sa femme sont déclarés « dûment atteints et convaincus du crime de parricide, » pour réparation duquel ils sont condamnés à être pendus; Jeanne et sa sœur « atteintes et convaincues et complices dudit crime de parricide, » et condamnées à assister à l'exécution de leur père et mère, après quoi, bannies à perpétuité de la ville et juridiction de Mazamet. « Et sera la présente sentence exécutée contre ledit Pierre-Paul Sirven, ladite Toinette Léger et ses filles par effigie[1]. » Ce ne fut, toutefois, qu'après plus de cinq mois, le 11 septembre, que le jugement fut mis à exécution à Mazamet, sur la place du Plô, en face de l'église[2], médiocrement accueilli par la population saine, dont toutes les sympathies, en dépit de

1. *Mémoire pour le sieur Pierre-Paul Sirven* (1771), p. 40.
2. Camille Rabaud, *Sirven*, étude historique (Paris, Cherbuliez,

la différence du culte, étaient pour cette famille infortunée, proscrite, errante, sans pain, sans ressources, qui serait morte de misère et de faim si elle n'eût pas rencontré chez un peuple humain et charitable tous les secours qu'exigeait son complet dénûment. La mère et les deux filles, qui s'étaient établies à Lausanne, touchèrent une petite pension de la République de Berne. Quant à Sirven, il se fixa à Genève, où il vécut de son travail : c'était être bien voisin de Ferney.

Mais l'aventure de Saint-Alby, qui semblait être venue à point pour confirmer les accusations dont on essayait, en France, d'accabler les protestants, était déjà connue de Voltaire, qui ne se dissimula point l'effet déplorable que devait produire, même dans les esprits non prévenus, cette sinistre coïncidence. Moultou lui amena ces malheureux. Il ne fallut pas bien du temps au poëte pour se faire une opinion et se convaincre que ceux-là encore n'étaient ni des scélérats ni des parricides : « Figurez-vous quatre moutons que les bouchers accusent d'avoir mangé un agneau ; voilà ce que je vis. Il m'est impossible de vous peindre tant d'innocence et tant de malheur. » Ils s'étaient jetés à ses genoux, ils imploraient son appui; serait-il moins secourable pour eux que pour les Calas? Certes, si l'on n'avait eu d'autre souci que sa gloire, ç'aurait été quelque chose de bien mal habile que cette détermination de recommencer la lutte, aux risques trop certains de lasser ses amis et ses patrons par des im-

---

1858), p. 74, 75, 76. Procès-verbal d'exécution et quittance de la maréchaussée.

portunités auxquelles on cède dans un premier élan d'enthousiasme généreux, mais qui finissent vite par obséder et rebuter.

Les Calas auraient suivi au lieu de précéder les Sirven, que l'on aurait compris que le patriarche de Ferney, une fois encore, se fût constitué le champion de la veuve et des enfants. Mais la scène se rétrécit singulièrement dans cet obscur village de Saint-Alby, et la petitesse du théâtre n'est pas, il s'en faut de tout, rachetée par l'intensité tragique des événements. Dans les deux cas, il s'agissait bien de réhabiliter des innocents; mais, pour ceux qui sont avides d'émotions poignantes (et c'est à peu de choses près tout le monde), il manque un échafaud dans l'affaire du feudiste, avec ses effroyables préliminaires, la question, la torture physique et morale[1]. Tant mieux pour Sirven, tant pis pour la cause de cette famille éplorée, s'il s'est enfui; car, tout plaisant qu'il soit, le mot de Voltaire à l'horloger Decroze, qui se défendait d'agir contre le curé de Moëns et ses complices dans l'appréhension d'être tué par eux : « Tant mieux, cela rendrait notre affaire bien meilleure, » n'est que trop judicieux et trop pratique; et l'auteur de la *Henriade*, en s'aventurant dans une revendication dont il ne pouvait se dissimuler les écueils, n'obéira qu'au cri de son cœur, qu'à l'élan d'une âme ardente possédée

1. Voltaire écrivait à madame de Florian, le 7 novembre 1765 : « L'affaire des Sirven me tient à cœur; elle n'aura pas l'éclat de celle des Calas : il n'y a eu malheureusement personne de roué; ainsi nous avons besoin que Beaumont répare par son éloquence ce qui manque à la catastrophe. » *OEuvres complètes* (Beuchot), t. LXII, p. 484.

de l'amour de la vérité et de la justice. Et que l'on ne sourie pas : Voltaire avait autant et plus que personne l'amour du vrai et du juste. Dans cet esprit exact, l'injuste n'avait rien de bien différent de l'absurde, et l'aurait blessé comme une choquante anomalie, lors même qu'il n'aurait pas été une monstruosité morale. Ces notions si droites s'obscurcissaient, sans doute, devant les emportements de la passion, devant les moins excusables mobiles, mais pour disparaître à leur tour, quand de grands malheurs ou de grands crimes venaient provoquer, avec son indignation, son équité et sa pitié.

Des raisons d'un autre ordre étaient bien capables de rendre hésitante une compassion moins sincère ou moins active. Jusqu'au moment où le triomphe de Calas devant le grand Conseil ne lui parut pas assuré, il ne voulut point qu'on s'occupât des Sirven. C'eût été nuire aux premiers, sans être d'aucune utilité aux seconds. Il fallait attendre : c'était à ce prix qu'on pouvait compter venir à bout de la résistance désespérée de ceux qui, à quelques égards que ce fût, tenaient pour un respect absolu envers la chose jugée. L'auteur de la *Henriade* écrivait à Damilaville : « Mon cher frère, vous m'apprenez deux nouvelles bien intéressantes : on juge les Calas, et le généreux Élie vient encore défendre l'innocence de Sirven. Cette seconde affaire me paraît plus difficile à traiter que la première, parce que les Sirven se sont enfuis, et hors du royaume; parce qu'ils sont condamnés par contumace; parce qu'ils doivent se représenter en justice; parce qu'enfin, ayant été condamnés par un juge subalterne, la loi veut qu'ils en appellent au parlement de Toulouse¹. » L'on comprend que cette alternative dût paraître sinistre, et que les amis du feudiste se demandassent si ce n'était pas l'envoyer à une mort certaine que de l'engager à courir de pareils hasards. « S'ils vont à Toulouse, n'est-il pas à craindre que des juges irrités ne fassent rouer, pendre, brûler ces pauvres Sirven, pour se venger de l'affront que la famille Calas leur a fait essuyer²? ».

Mais il avait fait tâter le terrain, il l'avait tâté lui-même, et il se croyait assuré de l'appui de hauts personnages de cette cour souveraine. Dans cette même lettre, il parlait des bonnes dispositions de M. le premier président François de Bastard, qui, absent au moment de la condamnation des Calas, n'avait pas à défendre ses propres actes; il en parlait à un confident qu'il n'avait aucune raison de tromper et qu'il avait intérêt tout au contraire à édifier scrupuleusement sur les chances favorables qui s'offraient à eux. Mais M. de Bastard, son petit-fils, l'historien et l'apologiste du parlement de Toulouse, s'inscrit en faux contre une pareille assertion, bien qu'il convienne n'avoir à alléguer que ses propres présomptions, qui nous semblent d'ailleurs plutôt confirmer qu'infirmer des confidences purement intimes³.

Ce qui rassurait Voltaire, ce qui était de nature à

1. Voltaire, *OEuvres complètes* (Beuchot), t. LXII, p. 236, 237. Lettre de Voltaire à Damilaville; 8 mars 1765.
2. *Ibid.*, t. LXII, p. 245. Lettre de Voltaire au même; 15 mars 1765.
3. Vicomte de Bastard, *Les parlements de France* (Paris, Didier, 1857), t. I, p. 412.

rassurer les amis de ces pauvres gens, c'était l'impossibilité absolue, devant le sens commun, de défendre l'arrêt imbécille du juge de Mazamet. « Vous devez avoir reçu le *Mémoire* des Sirven, écrivait-il encore au premier commis du Vingtième. Rien n'est plus clair; leur innocence est plus palpable que celle des Calas. Il y avait du moins contre les Calas des sujets de soupçon, puisque le cadavre du fils avait été trouvé dans la maison paternelle, et que le père et la mère avaient nié d'abord que ce malheureux se fût pendu ; mais ici on ne trouve pas le plus léger indice. » D'Argental, le prudent d'Argental, est un peu chagrin de cette nouvelle prise d'armes ; il aurait été pour l'abstention, et Voltaire croit devoir s'excuser, auprès de ses conseils de la rue de la Sourdière, de reprendre son rôle de don Quichotte. « Voilà trop de procès de parricides, dira-t-on ; mais, mes divins anges, à qui en est la faute[1] ? »

---

1. Voltaire, *OEuvres complètes* (Beuchot), t. LXII, p. 289. Lettre de Voltaire à d'Argental ; 10 avril 1765.

X

LE CRUCIFIX D'ABBEVILLE. — LE CHEVALIER DE LA BARRE.
SON EXÉCUTION. — EFFROI DE VOLTAIRE.

Voltaire s'était mis tout aussitôt à l'œuvre, avec son ardeur fiévreuse et emportée. « Sirven est chez moi, écrivait-il à Damilaville quelques jours plus tard (22 avril); il y griffonne son innocence et la barbarie des Visigoths; nous achevons, le temps presse; voici un mot pour le véritable Élie avec les pièces. » Mais il fallait l'arrêt du parlement confirmant la sentence de Mazamet, et les Sirven devaient se heurter aux mêmes entraves que les Calas avaient rencontrées lors de leur procès en appel; ils ne purent obtenir une copie de ce document si nécessaire, indispensable même, et sans lequel M. de Beaumont refusait d'aller plus loin. Voltaire ne négligera rien, toutefois, pour tourner tant d'écueils; il fera signer, dans Gex, une procuration aux filles du feudiste, pour sommer le greffier du parlement toulousain de délivrer cette copie, décidé, en cas de fin de non-recevoir, à envoyer acte de son refus. Mais les jours se succèdent sans avancer d'un pas, et sans grand espoir d'être plus heureux dans un avenir prochain. Sans grand espoir, avons-nous dit? Voltaire se dépite, mais il ne se désespère point. « Il y a trois ans que cette famille est dans les larmes. On a essuyé celles de Calas, c'est à présent le tour des Sirven, » écrit-il au commis du Vingtième, qui n'est ni moins intrépide ni moins opiniâtre que le maître (27 mai). Hélas ! si la justice devait avoir son heure, cette heure était encore fort éloignée, et toutes les victimes ne l'attendraient point. « Cette malheureuse famille me fait une pitié que je ne peux exprimer. La mère vient d'expirer de douleur ; elle nous était bien nécessaire pour constater des faits importants. Vous voyez les malheurs horribles que le fanatisme cause [1]. »

Au moment où nous sommes, tout est à faire, mais encore une fois Voltaire triomphera de la mollesse des uns, de l'hostilité des autres : il lassera les résistances, se conquerra des appuis jusque dans le parlement de Toulouse et démontrera, plus ostensiblement même en cette circonstance que dans l'affaire des Calas, ce que peut une volonté indomptable au service de la justice et de l'humanité. Il faudra voir avec quelle activité, quelle énergie ce vieillard, durant une lutte de sept années, se multipliera pour ne pas laisser respirer l'adversaire, pour amener les puissances à partager son indignation, pour vaincre enfin ce misérable juge de campagne, derrière lequel se cachait tout un monde de gens intéressés à ce qu'on ne perçât point ces ténèbres. On se sent épouvanté et presque

---

1. Voltaire, *Œuvres complètes* (Beuchot), t. LXII, p. 357. Lettre de Voltaire à Damilaville ; 5 juin 1765. La fille aînée, de son côté, était accouchée prématurément d'un enfant mort.

pris de vertige devant cette ardeur, cette fièvre, cette exaltation incessante dont les Calas et les Sirven ne sont pas les uniques sujets. Ainsi d'autres malheureux l'occupaient, attiraient sa commisération et son intervention toujours puissante, presque toujours effective. Quelque volumineuse que soit sa correspondance publiée, nous n'avons pas tout, et nous en savons assez pour chiffrer une partie de ce qui nous manque. Il a été question de l'avocat de Végobre et de ses lettres, dont la trace avait été perdue ; l'on avait raison d'en déplorer la disparition, car elles produisent le patriarche de Ferney sous son jour le plus favorable. Ici, c'est un protestant dont il obtient la délivrance, de la bienveillance du ministre.

> Je ne sais si vous savez que M. le duc de Choiseul a délivré des galères le nommé Chaumont, dont tout le crime était d'avoir entendu un sermon au Désert. Il a quelques compagnons dont je ne désespère pas de briser les fers et les rames. L'esprit de tolérance commence à s'introduire sur les ruines du fanatisme. Bénissons-en Dieu[1].

Mais il avait trop présumé de ses forces ou de la faveur du ministre, et il dut comprendre qu'une première grâce est souvent pour les gens en place un prétexte plausible de répondre, par un refus, à celles qu'on pourrait leur adresser dans la suite.

> Si j'ai été assez heureux, monsieur, mandait-il encore à Végobre, vingt jours après ces bonnes nouvelles, pour tirer ce pauvre Chaumont des galères, je crains bien de ne pas réussir à rendre le même service à ses camarades. Vous sa-

1. Cabinet de M. Feuillet de Conches. *Lettres autographes de Voltaire à M. de Végobre, avocat*; 16 février 1764.

vez qu'en France les circonstances des affaires changent presque tous les jours; et ce qu'on pouvait hier, on ne le peut demain[1].

Mais le ministre lui-même, malgré son bon vouloir, a des mesures à garder ; et que dirait-on s'il dépeuplait d'une fois le bagne de huguenots? Dans une circonstance analogue, Moultou s'était mis en mouvement pour obtenir l'élargissement d'un forçat, père de six enfants, le nommé Raymond, dont la famille existe encore dans le Midi de la France. Il en avait parlé à mademoiselle Churchod (plus tard madame Necker), qui avait connu à Genève la duchesse d'Enville, par l'entremise de laquelle on espérait se rendre le ministre favorable[2]. La duchesse était allée comme bien d'autres demander de la santé à Tronchin, et avait remporté le meilleur souvenir de ce pays et de ses habitants ; en somme, l'on n'implorait point en vain ni son aide ni ses services, et elle avait été un des appuis les plus puissants des Calas à Paris. Elle se prêta de grand cœur à ce qu'on désirait d'elle. Mais elle eut la malencontreuse idée d'aller trouver M. de Saint-Florentin, dont on sait la dureté pour les protestants de France. L'accueil fut peu chaud, et le comte ne lui cacha ni ses sentiments à cet égard ni son parti pris de sévir impitoyablement. « Cette affaire regarde

---

1. Cabinet de M. Feuillet de Conches. *Lettres autographes de Voltaire à M. de Végobre, avocat;* à Ferney, 4 mars 1764.

2. Moultou aurait pu cependant se passer d'intermédiaire auprès de la duchesse chez laquelle il était reçu et où nous l'avons vu plus haut (p. 324, 325) répondre si vertement à Voltaire, au sujet de Rousseau.

M. le duc de Choiseul[1], aurait-il dit. Mais, s'il faisait sortir Raymond, je le ferais, moi, charger de chaînes[2]. » Cela, ce nous semble, n'a pas besoin de commentaire.

Chaumont, hors du bagne, n'éprouva point de besoin plus pressant que de rendre des actions de grâces à l'homme bienfaisant qui avait brisé ses fers. Tout en médisant de Calvin et de ses ministres, Voltaire, à cette date du moins, ne faisait pas difficulté de recevoir les membres d'un clergé qu'il n'ignorait point lui être peu favorable; et, durant les procès de Calas et de Sirven, les pasteurs affluaient au château. Voici une lettre de l'un d'eux (Théodore ou Chiron, on ne sait trop lequel) à Paul Rabaut, qui raconte une visite à Ferney, en compagnie de Chaumont qu'il n'avait pu se défendre de présenter à son libérateur. C'est tout un tableau d'intérieur : Voltaire pris sur le fait, dans son bon moment, et trop soudainement pour qu'il eût eu le temps de préparer un rôle.

« Enfin je lui dis que j'avais amené un petit homme qui venait se jeter à ses pieds, pour le remercier de ce que par son intercession il venait d'être délivré des galères; que c'était Chaumont que j'avais laissé à son antichambre et que je le priais de me permettre de le faire entrer. Au nom de Chaumont, M. de Voltaire me témoigna un transport de joie et sonna tout de suite, pour qu'on le fît entrer. Jamais scène ne me parut plus bouffonne et plus réjouissante. — « Quoi! lui dit-il, mon pauvre petit bonhomme, on vous avait mis aux galères! que voulait-on faire de vous? quelle conscience

---

1. Comme ministre de la Marine.
2. Voltaire, *Lettres inédites sur la tolérance* (Paris, Cherbuliez, p. 248, 249. Correspondance inédite de Moultou.

de mettre à la chaîne et d'envoyer ramer un homme qui n'avait commis d'autre crime que de prier Dieu en mauvais français ! » Il se tourna plusieurs fois vers moi en détestant la persécution. Il fit venir dans sa chambre quelques personnes, qu'il avait chez lui, pour qu'on participât à la joie qu'il avait de voir le pauvre petit Chaumont qui, quoique proprement mis selon son état, était tout stupéfait de se voir si bien fêté ; il n'y eut pas jusqu'à un ex-jésuite (le père Adam), qui ne vînt faire son compliment de félicitation [1].

Dans le même temps, il s'inquiétait du sort d'un autre protestant, bien résolu à faire tout ce qui serait en son pouvoir pour lui venir en aide. Mais il avait besoin de s'édifier, et il demandera à Végobre des renseignements sans lesquels il ne voulait rien entreprendre. « Pourriez-vous avoir la bonté de vous informer, lui écrivait-il le 1ᵉʳ mars, sans déplaire à personne, et sans faire rougir personne, si Paul Achard, natif de Châtillon au département de Grenoble, lequel (par parenthèse) est aux galères depuis 1745, est parent de M. Achard, citoyen de Genève [2] ? » Deux mois après, ce sont de nouveaux infortunés à secourir. Il s'agit des mariages des protestants et de la monstrueuse législation sous le coup de laquelle ils se trouvaient encore et se trouveront en France jusqu'à la veille de la Révolution, bien que dans la pratique les difficultés se sauvassent d'ordinaire, à moins des entraves que pouvait faire naître la déloyauté de l'un des conjoints, comme cela se rencontre dans le procès de Marthe Camp

---

1. Ch. Coquerel, *Les Églises du Désert* (Paris, Cherbuliez, 1841), t. II, p. 425, 426 ; 6 mars 1764.
2. Cabinet de M. Feuillet de Conches. *Lettres autographes de Voltaire à M. de Végobre* ; Ferney, 1ᵉʳ mai 1764.

et du vicomte de Bombelles. « M. de Voltaire, écrivait le poëte, fait bien ses compliments à M. de Végobre, il est toujours à ses ordres. Il lui envoie le factum pour les Srs Potin ou plutôt pour les réformés. » Et, peu de jours après (9 juin) : « ... M. de Beaumont, l'avocat qui plaide actuellement la légitimité du mariage du sieur Potin, compte gagner sa cause au parlement de Paris, et l'arrêt obtenu mettra en sûreté les mariages protestants, sans aucune formalité. » Mais c'était trop espérer des juges ; et les héritiers Potin en rappelleront d'une première sentence, qu'une seconde ne fera que confirmer [1].

Ce dix-huitième siècle, en apparence de mœurs si inoffensives, a plus d'un aspect, et réunit tous les contrastes : c'est le siècle du scepticisme et de l'intolérance, de la superstition la plus inepte et de l'irréligion la plus éhontée. Ne demandez pas à cette époque sans précédents d'être conséquente, logique, raisonnable. Toute intelligente qu'elle soit, elle n'obéit qu'à ses instincts et à des courants divers d'opinion qui l'entraînent, tantôt dans un sens, tantôt dans un autre. Avec elle il faut s'attendre à tout, tout craindre comme tout espérer : si c'est l'aurore, c'est autant et plus la nuit, les ténèbres, d'horribles ténèbres parfois. L'on est superstitieux et athée. Tel prélat, qui ne croit pas en Dieu, sera persécuté à titre de janséniste et prendra, de la meilleure foi du monde, son entêtement pour un mar-

---

[1]. *Mémoire pour Philibert Potin, Antoine Potin, Marie, Elisabeth et Suzanne Potin*; héritiers aux meubles, acquêts paternels de la feu dame Maincy leur tante. Daniel de Pernay, rapporteur de l'appel. Cassen, avocat (Delormel, 1764).

tyre. A ce siècle, rien de comparable dans les siècles passés comme dans celui qui lui succède. Aussi, pour en pénétrer l'esprit, faut-il s'y reprendre à plus d'une fois, se plonger à corps perdu dans son étude, avec autant d'ardeur et d'opiniâtreté que de perspicacité et de calme. Jamais époque n'a plus intéressé l'historien, et jamais époque n'a été moins connue et moins comprise : il en aura été d'elle ce qu'il en a été de Voltaire même, qui en est la formule la plus complète et la plus éblouissante, parce que chacun n'aura vu que ce qu'il aura voulu voir, et que chacun, en somme, pourra être sincère ou dans l'apologie ou dans le blâme le moins ménagé, sans que celui-ci soit plus dans le vrai que celui-là. Cette société qui tombe en pourriture, qui n'a plus rien de viril, dont les armées s'enfuient presque sans combat devant une poignée d'hommes, qui rit de tout, chansonne tout, ne se passionne guère que pour l'esprit, cette société si désossée, qui s'aviserait qu'elle pût avoir ses jours de férocité même en matière de religion ? Ce fut pourtant l'époque des luttes et des disputes religieuses par excellence, et, pour peu que l'on interroge ses annales, l'on sera saturé jusqu'à la nausée par ces tristes querelles du jansénisme que le vent révolutionnaire était seul capable d'emporter, avec le reste.

Quoique les grands centres provinciaux se modèlent plus ou moins sur la capitale, Paris sans doute n'est pas la France, et le peuple de nos provinces, s'il a résisté davantage au torrent, a conservé en revanche dans les convictions et les idées une âpreté qui prendra vite le caractère de l'emportement et de la sauvagerie, pour peu que l'on paraisse s'attaquer à ses croyances et à sa foi religieuse. Le Midi surtout est le théâtre habituel de ces frénésies morales qui s'emparent de populations entières comme d'un seul homme, et les poussent aux derniers excès. Plus flegmatique d'ordinaire, le Nord ne sera en ces matières ni plus calme ni moins emporté : viennent les provocations, il semblera intéresser sa vanité à se montrer aussi violent, aussi cruel, aussi aveugle ; et le drame d'Abbeville fera le triste pendant des deux sanglants épisodes dont nous avons eu à raconter les épouvantables incidents, avec des circonstances plus horribles encore à certains égards, bien que, cette fois, on ne puisse reprocher à la justice que l'atrocité de sa sentence. Le procès et le supplice du chevalier de La Barre sont une des taches indélébiles dont la magistrature du dernier siècle aura terni et ensanglanté sa robe. En cette affaire, comme en celle des Calas, si le peuple, lui au moins, est sincère dans son exaltation, les hommes qui tiennent en leurs mains l'honneur et l'existence des accusés céderont à des mobiles autres que ceux qui doivent inspirer de véritables juges ; et des rancunes, un désir coupable de vengeance viendront au moins surexciter le zèle et donner à une faute, dont, pour notre part, nous ne diminuerons pas la gravité, les proportions d'un crime capital, d'un crime que tous les châtiments ensemble seraient impuissants à expier.

Dans la nuit du 8 au 9 août 1765, un crucifix de bois, placé sur le Pont-Neuf d'Abbeville, était l'objet de mutilations que les premiers passants purent constater avec une indignation légitime. Quatre coups avaient été portés avec un instrument tranchant, sabre ou couteau de chasse, au-dessous de l'estomac, du côté gauche; la jambe droite n'avait pas été plus épargnée, elle avait été tailladée à trois endroits différents, et le bout du doigt du pied avait été fortement entamé [1]. Le crucifix du cimetière de Sainte-Catherine était également profané et couvert d'immondices, sans doute par les mêmes mains. La nouvelle de ces criminelles folies plongea la cité dans une stupeur générale. On se transporta sur les lieux, l'on vit de ses yeux un attentat si odieux et si inutile qu'il devenait incroyable. Il n'y a pas à dissimuler l'indignation qui fut grande et que n'apaisa point l'affreux supplice de l'un des coupables. Ceux-ci étaient encore à trouver; mais rien n'allait être omis de ce qui pourrait amener leur découverte. Le procureur du roi rendait sa plainte, dès le lendemain, avec demande d'informer et de faire publier un Monitoire en la forme ordinaire. Trois jours après, information, à la suite de laquelle venait un décret de prise de corps contre un jeune gentilhomme, Gaillard d'Étallonde, sur lequel pesaient les présomptions les plus sérieuses.

Soixante-dix-sept témoins avaient été entendus, qui n'étaient pas tous de la lie du peuple, comme on l'a prétendu, et dont les dépositions ne laissaient pas d'avoir leur gravité. Faute de preuves, de soupçons

1. Archives nationales. Parlement. Criminel. X² B. 1893. Extrait des minutes du greffe criminel de la sénéchaussée de Ponthieu-Abbeville. 1re pièce. Procès-verbal de la mutilation du crucifix placé sur le Pont-Neuf à Abbeville. L'ensemble des papiers de cette affaire se compose de cinquante et une pièces, que nous avons toutes inventoriées avec le plus grand soin.

directs, on avait regardé autour de soi, l'on s'était demandé qui pouvait avoir commis un crime dénotant une impiété furibonde, et, comme cela ne manque jamais en pareil cas, la question ne resta point sans réponse. Les témoins cités, honteux de n'avoir rien de positif à dire, abondaient en détails sur des faits étrangers et qui pourtant n'eurent que trop d'action sur les déterminations des juges. « C'est une maladie invétérée des hommes, a dit un des défenseurs de Calas, d'aimer à faire des contes. Lorsque surtout une affaire extraordinaire a mis une ville en mouvement, combien de gens forgent des faits et se plaisent à les répandre[1]! » Ces paroles de l'avocat Sudre trouveront ici, aussi bien qu'à Toulouse, leur application, quoique tout ne fut pas contes dans les témoignages qu'on recueillit. L'on ne devait pas se borner au décret de prise de corps lancé contre d'Étallonde. D'autres jeunes gens avaient été nommés, d'une conduite peu exemplaire, d'ailleurs ses amis, et qui avaient, quelques jours seulement avant la mutilation du crucifix, scandalisé le public par une affiche d'impiété et une sorte de bravade soldatesque dont ils firent bien de se défendre. Voici ce qui s'était dit, ce qui se répétait, et ce qui allait être l'objet d'une inconcevable procédure que devait couronner une condamnation non moins inouïe.

Le jour de la fête du Saint-Sacrement, d'Étallonde, le chevalier de La Barre, et un troisième, appelé Moisnel, passant à vingt-cinq pas d'une procession de reli-

1. Sudre, *Mémoire pour le sieur Jean Calas* (Toulouse, Rayet), p. 48.

gieux de Saint-Pierre, affectèrent de demeurer debout et de garder leur chapeau sur la tête. La Barre, qui aura à répondre pour tous, repoussera énergiquement l'intention qu'on lui prête. Il était pressé, il craignait de faire attendre madame l'abbesse de Willancourt avec laquelle il prenait ses repas; il n'avait doublé le pas que pour n'être point en retard. Mais les aveux de Moisnel rendaient impossible ce système de défense, qui allait du reste peu à son caractère. Il avait demandé à d'Étallonde s'ils devaient se découvrir, et celui-ci avait répondu : « non, sacrédié, passons, » ce qu'ils firent (sauf Moisnel, pourtant, qui avait son chapeau sous le bras), et sans se mettre à genoux [1]. Tout cela ne s'était pas accompli sans être remarqué, et c'est ce que voulaient ces étourdis. Quelqu'un fit observer au chevalier que, s'il n'était pas dans le dessein de faire comme tout le monde, il n'avait qu'à prendre une rue détournée, à quoi La Barre répliquait « qu'il regardait l'hostie comme un morceau de cire [2]. » C'était son programme; et il disait encore qu'il ne comprenait pas comment on pouvait adorer un Dieu de pâte. Mais le pauvre chevalier répétait là plutôt une leçon, qu'il ne cédait à une de ces convictions d'apôtre qui font tout affronter et tout oser. Interrogé sur ces blasphèmes, il répondra « qu'il peut avoir tenu des propos approchants dans ce goût là, et qu'il ne peut point dire s'il s'est servi de ces termes là; que voyant d'autres jeunes

---

1. Archives nationales. Parlement. Criminel. X^2B. 1893. 22ᵉ pièce, p. 41, 42, 43. Deuxième interrogatoire du sieur de La Barre.

2. *Ibid.*, 11ᵉ pièce, p. 15, 16. Premier interrogatoire du sieur de La Barre.

gens qui tenoient de pareils propos, il a cru pouvoir les tenir comme eux. » Cet aveu, s'il amoindrit sensiblement l'esprit fort, aurait dû en même temps prédisposer à plus d'indulgence pour des écervelés qu'il n'y avait pas à prendre au sérieux, dont il était, à coup sûr, urgent de réprimer les dangereuses et coupables folies, mais auxquels il ne fallait pas trancher la tête bien qu'elle ne valût guère.

Les esprits s'étaient échauffés. Ces impiétés, ces plaisanteries obscènes, ces détails repoussants qu'on se répétait avec une horreur mêlée de dégoût, eussent révolté une population foncièrement religieuse, lors même qu'on n'y eût pas travaillé, ceux-ci dans une arrière-pensée de vengeance personnelle, ceux-là sans considérer autre chose que l'obligatoire expiation de ces outrages épouvantables à la divinité. Durant l'instruction, l'évêque d'Amiens, Mgr de La Motte, prélat d'une austère piété, vivement pressé par le clergé d'Abbeville de venir faire, sur les lieux mêmes où cet horrible attentat avait été commis, une amende honorable pour détourner le courroux du ciel de la cité désolée, se rendait à ces instances, après s'être antérieurement assuré que le corps de ville figurerait aux cérémonies expiatoires et marcherait en tête du cortége. Pieds nus, la corde au cou, dans une attitude qui devait laisser une impression ineffaçable dans l'esprit d'un peuple innombrable accouru de toutes parts, le pontife procédait à cette grande réparation. Dans l'amende honorable qu'il prononça, il invoquait la clémence céleste en faveur de ces profanateurs pour qu'elle les frappât d'un rayon de sa grâce; et il n'y a là rien qui ne fût conforme aux sentiments de charité qui sont l'essence même du christianisme. Mais cet appel à la miséricorde d'en haut est précédé d'un mot malheureux qui semble indiquer que, tout en prenant souci des âmes, l'on n'entend point soustraire au châtiment terrestre ceux qui se sont « rendus dignes des derniers supplices en ce monde [1]. » Si cette distinction n'avait pas été dans la pensée du prélat, elle fut interprétée ainsi par cette foule exaltée qui crut entendre sortir de la bouche du saint homme l'arrêt de mort des coupables.

Une Indulgence de quarante jours était accordée à ceux et celles qui visiteraient le Christ outragé, lequel avait été transporté dans l'église royale et collégiale de Saint-Vulfran. Ces allées et venues incessantes, ces processions parcourant les rues et entonnant des psaumes sur un mode sinistre entretenaient une émotion fâcheuse parmi les habitants, et ne servaient que trop les projets de ceux qui, sous main, travaillaient à perdre ces enfants dans un but de haine et de vengeance. Ainsi la seconde plainte relative à l'incident, tout à fait distinct, de la procession de la Fête-Dieu est datée du lendemain même du jour où avait été publié le mandement de Mgr de La Motte [2]. Dans cette requête du ministère public basée sur les dépositions d'un certain Beauvarlet, résidant alors à l'abbaye de Willancourt, il était question des *discours et autres*

---

[1]. *Recueil intéressant sur l'affaire de la mutilation du crucifix d'Abbeville* (Londres, 1776), p. 12.

[2]. Archives nationales. Parlement. Criminel. X² B. 1893. 6ᵉ pièce. Plainte de plusieurs impiétés ; 13 septembre 1765.

actes impies de trois jeunes gens que l'on ne nommait point. Treize jours après, le 26 du même mois, ordre d'informer et décrets de prise de corps étaient lancés contre les coupables, dont cette fois on ne sous-entendait plus les noms : les sieurs de La Barre, d'Étallonde et Moisnel. Mais d'Étallonde avait pris la fuite depuis longtemps, et le décret, heureusement pour lui, ne devait pas l'atteindre.

Sa contenance héroïque et bien au-dessus de son âge, l'atrocité de la sentence, ont fait de La Barre un personnage légendaire, que l'on a grandi démesurément, et auquel il faut restituer sa physionomie propre. Il fit preuve d'une grande générosité et d'une noblesse remarquable dans sa défense. Le plus souvent il dédaigne de discuter les témoignages qui le chargent, et les rares dénégations qu'il se permet portent sur des dépositions de témoins uniques. Voltaire, qui avait une thèse à soutenir, a exagéré sa valeur. Il nous le représente comme un jeune homme du plus grand avenir, voyant de haut la profession des armes, et se préparant à courir brillamment et glorieusement la seule carrière pour laquelle encore un gentilhomme se crût fait. « Il serait devenu certainement un excellent officier ; il étudiait la guerre par principes ; il avait fait des remarques sur quelques ouvrages du roi de Prusse et du maréchal de Saxe, les deux plus grands généraux de l'Europe [1]. » Loin de le servir, un pareil portrait ne saurait que rendre plus inexplicables et plus impardonnables des actes de vraie démence,

---

1. Voltaire, *OEuvres complètes* (Beuchot), t. XLII, p. 378. Relation de la mort du chevalier de La Barre, 1766.

dont un homme qui réfléchit, même de l'âge du chevalier, nous paraît incapable. Mais Voltaire avait été mal informé. Jean-François Lefebvre, chevalier de La Barre, petit-fils d'un lieutenant-général des armées du roi mais dont le père avait dissipé une fortune de plus de quarante mille livres de rente, né dans les environs de Coutances, en basse Normandie, avait passé ses premières années chez un curé de campagne, auprès duquel il apprit peu de choses, comme on se l'imagine, et avait été ensuite recueilli par un fermier [1]. On sent là une ruine complète et l'abandon absolu de cet enfant à qui personne ne se préoccupait de fournir les moyens de se passer de fortune.

Il avait pour tante à la mode de Bretagne l'abbesse de Willancourt, madame de Brou, fille de M. Feydeau de Brou, qui, touchée de son sort, le fit venir auprès d'elle, lui donna des maîtres, et travaillait, nous dit Voltaire, à lui faire avoir une compagnie de cavalerie. Nous ne savons au juste s'il appartenait à l'armée; il paraîtrait que La Barre et Moisnel se faisaient passer à Abbeville pour surnuméraires de la compagnie des gendarmes de la garde; mais ce titre leur est catégoriquement refusé par les chefs d'un corps qui n'était composé que de bons et fervents catholiques, à commencer par le prince de Soubise, son commandant [2]. On nous représente l'abbesse de Willancourt comme

---

1. F.-C. Louandre, *Histoire d'Abbeville* (Paris, 1845), t. II, p. 153.
2. Archives nationales. Parlement. Criminel. X^2 B. 1893. 31ᵉ pièce. Lettre de M. de Wargemont, brigadier des armées du roy, ce 24 octobre. — Lettre de M. le maréchal prince de Soubise, 15 novembre 1765; toutes deux datées de Fontainebleau.

une femme « de mœurs très-régulières, d'une humeur douce, enjouée, bienfaisante et sage sans superstition. » Nous ne voudrions pas affirmer qu'elle méritât intégralement de tels éloges. C'était assurément une personne bienfaisante, d'un commerce agréable, une femme du monde comme il n'était pas rare d'en rencontrer dans les maisons religieuses peuplées de filles des meilleures familles du royaume. Si ses mœurs étaient irréprochables, il faut convenir qu'elle n'avait pas toute la rigidité, disons même la décence qu'on était en droit d'exiger d'une femme revêtue d'un tel caractère. Elle voyait bonne compagnie, ce qui n'excédait pas la liberté dont on usait alors dans les couvents et les cloîtres, et il n'y aurait rien à dire si les choses ne fussent pas allées au delà.

Elle avait donné un appartement au chevalier en dehors, il est vrai, de l'habitation conventuelle, et La Barre n'avait pas d'autre asile. Ce dernier arriva modeste, doux, sentant ce qui lui manquait. Mais les liaisons qu'il semble avoir nouées dès le débotté eurent bientôt fait de le déniaiser, et, ce qui n'arrive que trop souvent en pareil cas, il s'en fallut de peu qu'il ne marchât à la tête de cette jeunesse licencieuse et libertine qui scandalisait les bons bourgeois de ses extravagances et de ses excès. Madame de Brou recevait à sa table son neveu et les amis de son neveu, auxquels la présence de l'abbesse aurait au moins dû imposer plus de respect et plus de retenue. Mais celle-ci aimait à rire, et un propos un peu gaillard ne l'épouvantait pas. Ce n'était point un esprit étroit, qu'une raillerie sur la religion eût désarçonné; elle laissait dire et laissait faire, et, à ce point de vue, peut-être serait-on en droit de lui faire sa part de responsabilité dans ces tristes événements.

La Barre n'avait aucune instruction, et il avait fort à faire pour acquérir tout ce qu'il sentait lui manquer, avant d'arriver à écrire des remarques sur les ouvrages du roi de Prusse et du maréchal de Saxe; il avait tout à apprendre, et l'on n'aurait pu raisonnablement exiger de lui que de l'assiduité et une véritable envie de s'instruire. Cette envie, cette curiosité, si l'on veut, il l'avait, à un point même assez rare chez un jeune homme; et, n'eût été la stérile et pernicieuse direction que prirent ses lectures, il n'est pas impossible, il est même supposable qu'il serait devenu un homme distingué, car il avait de la vivacité dans l'esprit, une certaine éloquence, et indubitablement de la noblesse et de la fierté dans le caractère. Mais il ne faut que jeter les yeux sur l'inventaire des livres qui formaient sa bibliothèque et étaient sa seule pâture morale, pour se rendre compte du danger du mauvais choix des lectures et jusqu'à quel point elles peuvent égarer et pervertir les meilleurs instincts. C'étaient *Thérèse philosophe*, le *Portier des Chartreux*, la *Religieuse en chemise*, la *Tourière des Carmélites*, tous produits abominables d'une littérature qui, Dieu merci ! a bien complétement disparu et n'aurait plus de lecteurs [1].

1. Archives nationales. Parlement. Criminel. X² B. 1893. Extrait des minutes du greffe de la sénéchaussée de Ponthieu. 14ᵉ pièce. Liste des livres trouvés dans la chambre du sieur Lefebvre de La Barre; 4 octobre 1765. — 19ᵉ pièce. Réquisitoire du procureur du roy afin de saisir des livres prohibés dans la chambre du sieur chevalier de La Barre; 7 octobre 1765.

Madame de Brou, après une visite domiciliaire qui avait amené la découverte de la très-peu édifiante bibliothèque de son neveu (4 octobre), n'aura rien de plus pressé que de livrer au feu, le jour même, tout ce qui était de nature à le compromettre. A ce compte, il aurait été plus prudent de tout anéantir. Mais un religieux de l'ordre de Cîteaux, appelé Schmid, qui se trouvait alors à Willancourt et qu'elle chargea de cet auto-da-fé, n'eut pas le courage, paraîtrait-il, d'envelopper tout dans une même destruction, et ne laissa pas d'épargner de grands coupables, comme cela ressort du procès-verbal de la saisie, en date du 10 du même mois.

...... Que pour le surplus ils étoient restés en une armoire en laditte chambre qu'occupoit cy-devant ledit sieur de La Barre, ce qui m'a donné lieu de retourner en ycelle avec mon dit sieur Schmid quy m'a fait l'ouverture de laditte armoire, et, après avoir fait recherche en ycelle j'ay trouvé le livre intitulé Dictionnaire philosophique portatif en un volume, Themidore en deux partyes, le Sultan Misapouf et la Princesse Grisemine en deux partyes, le Cousin de Mahomet en deux tômes, la deuxième partye de la Belle Allemande ou les Galanteries de Thérèse, le Canapé couleur de feu, histoire galante en un volume, les Dergineurs ou les trois frères..., contes en vers précédés par des réflexions sur le conte et suivis de Floricourt, histoire françoise..., etc., etc.[1].

Nous aurons à revenir sur la composition de cette bibliothèque du chevalier.

Au premier bruit de l'enquête, comme on l'a dit

1. Archives nationales. Parlement. Criminel. X² B. 1893. Extrait des minutes du greffe de la sénéchaussée de Ponthieu. 20° pièce. Procès-verbal de saisie des livres en la chambre du sieur de La Barre; 10 octobre 1765.

déjà, d'Étallonde avait pris prudemment la fuite. Il était allé demander un refuge à l'abbé du Lieu-Dieu. Mais le Lieu-Dieu ne pouvait être un asile assuré, et l'abbé réussit, avec le concours de son ami, l'abbé de Tréport, à faire échapper le coupable. La Barre, moins prévoyant ou plus insouciant, s'était contenté de se retirer à l'abbaye de Longvillers, près Montreuil, où il fut arrêté, le pemier octobre. Mais une chose qui frappera également l'historien et le moraliste, et caractérise bien cet étrange siècle, c'est que ces vauriens, destinés au dernier supplice en expiation de sacriléges abominables, sont les enfants gâtés de ce clergé, qui sera le premier étonné qu'on fasse tant de bruit pour de telles peccadilles. La Barre est choyé à l'abbaye de Willancourt, et ses impiétés ne sont pas trop mal reçues de madame l'abbesse, qui nous a tout l'air de prendre part à ces gaietés malsonnantes; et c'est, en dernier lieu, à l'abbé de Longvillers qu'il va demander un abri. Mais c'est ce qui différenciera le clergé régulier du séculier, ce dernier (bien que cette distinction puisse sembler paradoxale) infiniment plus régulier et de mœurs plus austères, parce qu'il n'échappait point, comme l'autre la plupart du temps, à toute surveillance effective. Aussi l'attitude des prêtres et des curés d'Abbeville sera-t-elle bien opposée, et les verrons-nous prendre avec une tout autre ardeur les intérêts du ciel.

La Barre, malheureusement pour lui, n'était pas le seul arrêté. Le jeune Moisnel (un enfant de dix-sept ans) était également appréhendé au corps, et allait être l'objet d'obsessions, d'une contrainte morale que rien ne saurait excuser. On faisait dire à cette tête faible, affolée de terreur, tout ce qu'on voulait; et l'espoir de fléchir ses juges le poussait à des aveux dont la justice humaine n'avait pas à connaître, et qui relèvent d'un autre tribunal. Il subit cinq interrogatoires[1]. Dans le premier l'on n'obtenait de lui que peu de choses; mais, au second, qui avait lieu cinq jours après (7 octobre), déjà vaincu par l'horreur d'une captivité dont il n'envisageait pas le terme sans un indicible effroi, il accusa bien au delà de ses fautes et ne chargea pas moins ses complices, sans paraître comprendre toute la gravité d'aveux qui servaient de bases naturelles aux interrogatoires que l'on fit subir à La Barre. « On ne sait, dit l'auteur du *Mémoire à consulter*, s'il est possible d'imaginer un spectacle plus touchant que celui de ce malheureux enfant prosterné aux pieds de son juge, mettant pour ainsi dire sa conscience au jour, récapitulant sa conduite passée, pour en tirer quelques indices propres à le charger, et réduit enfin, par un accès de scrupule, à porter un faux témoignage contre lui-même... Au milieu des convulsions que lui causoit sa délicatesse, le sieur Moisnel, dans la liste de ses fautes, en plaçoit qu'il n'avoit pas commises, et, de peur de nuire à la vérité par des réticences, il la blessoit par des déclarations hasardées... [2] » Tout cela est trop raffiné pour être très-exact. Ce qu'il y a d'incôntestable, c'est

---

1. Cinq interrogatoires, sans compter les confrontations avec La Barre et les témoins. La Barre n'en subit que quatre, le dernier sur la sellette.

2. *Recueil intéressant sur l'affaire de la mutilation du crucifix d'Abbeville* (Londres, 1776), p. 58, 59, 60. Mémoire à consulter sur le sieur Moisnel et autres accusés.

l'épouvante absolue, l'effroi sans discernement et sans critique, et l'amour de la vie chez cet adolescent d'une constitution faible et mélancolique, à qui la perspective des derniers supplices fit perdre le peu de raison et de bon sens qu'il pouvait avoir.

Nous avons parlé d'influences occultes, d'étranges inimitiés qui saisirent avec âpreté l'occasion d'une revanche implacable. Il va bien falloir soulever le voile de ces iniquités, et dire ce qui parut alors acquis à la discussion. Moisnel, comme on l'a vu, était demeuré ferme devant un premier interrogatoire. Dans l'intervalle de celui-ci au second, le sieur de Belleval, son tuteur, avait obtenu de l'entretenir dans sa prison. Il lui reprocha avec force son silence coupable, lui fit un crime de n'avoir pas tout révélé dès l'abord, et lui recommanda de la manière la plus pressante d'avouer tout ce qu'il savait sur le compte du chevalier de La Barre. Cette recommandation était d'autant plus téméraire qu'il était impossible que Moisnel chargeât celui dont il avait été le complice sans s'accuser lui-même; et l'on s'étonnerait de ce conseil donné par un homme judicieux et sensé, si l'on n'avait point le secret de ces insistances inexplicables. Nous avons dit que madame de Brou recevait bonne compagnie, dont les hommes n'étaient pas exclus, si même ils n'y figuraient point d'une façon absolue. Longtemps M. de Belleval avait été le roi de ces réunions. Mais l'arrivée du jeune chevalier changeait tout et ruinait les affaires de celui-ci, qui ne put supporter sa disgrâce sans s'en plaindre amèrement, dans une lettre dont La Barre eut connaissance et où il n'était pas traité en ami. De là provocations et défi de la part du jeune écervelé, un jour qu'il rencontrait Belleval sur le pont des Capucins, paroles outrageantes qui restèrent impunies mais furent ressenties d'autant plus profondément que cette scène fermait à ce dernier tout accès auprès de l'aimable abbesse. L'occasion de châtier un ennemi, qu'il avait cru ne pouvoir atteindre, fut saisie avec joie par cet homme vindicatif qui ne soupçonnait guère que ces aveux, provoqués avec tant d'emportement, dussent compromettre, avec La Barre (et un autre jeune homme, M. Douville de Maillefeu), son propre fils, Dumaisniel de Savéuse qu'il eut le temps, du reste, de faire évader [1].

Mais des influences plus directes et non moins hostiles préparaient et consommaient la perte d'un infortuné qui allait avoir contre lui, non-seulement ses propres imprudences, mais l'animadversion de ceux dans les mains desquels se trouvaient et son honneur et sa vie. On ne s'en tenait pas à la permission d'informer « sur des impiétés et blasphèmes commis dans la ville, » et même à l'arrestation des jeunes gens soupçonnés de ces méfaits, qui pouvait être la conséquence naturelle de l'instruction. L'assesseur d'Abbeville ordonnait bientôt que les deux procès « seroient et demeureroient joints pour être sur iceux statué par un seul et même jugement [2] ; » ce qui était

---

1. *Recueil intéressant sur l'affaire de la mutilation du crucifix d'Abbeville* (Londres, 1776), p. 59.
2. Archives nationales. Parlement. Criminel. X^{2}B. 1893. Extrait des minutes du greffe criminel de la sénéchaussée de Ponthieu. 15º pièce. Réquisitoire afin de jonction sur les deux plaintes du procureur

en matière criminelle une monstruosité sans précédents. Toute cette procédure fut conduite d'une façon si irrégulière, si étrange, qu'elle donna lieu aux conjectures, aux assertions les plus graves, à l'égard de l'assesseur, qui aurait dû, le premier, sentir qu'il ne pouvait siéger dans cette affaire. Admettons que cet homme vaille mieux, ce qui est facile, que le triste portrait que nous ont laissé de lui les défenseurs de La Barre et d'Étallonde (l'un d'eux l'a bien appelé le *capitoul d'Abbeville*) ; et tenons-nous-en à ce qui peut résulter des débats et des mémoires des conseils, qui eurent à donner leur sentiment sur cette cause émouvante : mieux vaut laisser parler les circonstances et les actes qui ont leur éloquence. M. Duval de Soicourt, avant le drame sanglant qu'il nous faut raconter, était tuteur d'une jeune personne riche, sa parente, qu'il avait formé le projet de marier à son fils. Il avait cherché à attirer dans ses intérêts l'abbesse de Willancourt, à laquelle elle avait été confiée ; mais celle-ci, loin de se prêter à ces arrangements, s'était nettement déclarée contraire à cette union. Une assemblée de parents avait été tenue devant un conseiller au présidial, dans le but de le dépouiller de son titre de curateur, et qui décida le mariage de la jeune fille avec un autre prétendant. Il n'y a pas à rechercher les motifs de la supérieure auxquels acquiesça le tribunal de famille ; ce qui est à indiquer, c'est que, des quatre accusés, le premier, le chevalier de La Barre, était le neveu affectionné de

du roy ; 8 octobre 1765. — 16ᵉ pièce. Jugement de jonction sur les deux plaintes du procureur du roy ; même jour.

madame de Brou ; que le second et le troisième
étaient, l'un frère, l'autre cousin-germain du rival du
jeune Soicourt ; que le quatrième était fils du conseiller devant lequel avait eu lieu l'assemblée de famille. En semblable cas, un juge n'a qu'un parti à
prendre, c'est de se récuser, et c'est à coup sûr ce
que devait faire l'assesseur. Il ne le fit point, et, s'il
manqua en cela à ce qu'il se devait à lui-même, la
façon dont il composa son tribunal ne fut pas de
nature non plus à rassurer les inculpés et ceux qui
pouvaient prendre intérêt à leur sort. L'un des juges
qu'il s'adjoignit était un avocat nommé Broustelles,
d'un mauvais renom, à la réception duquel la compagnie des avocats d'Abbeville s'était opposée par acte
juridique. Et, à ce moment encore, l'Élection de la
même ville plaidait contre lui à la cour des Aides pour
l'écarter de la présidence qu'il venait d'acheter. Mais
était-ce faute d'autres que l'on avait choisi ce personnage si peu recommandable à tous égards? En lui
accordant sa qualité contestée d'avocat, encore était-il
le dernier sur le tableau, et il n'y avait légalement
à recourir à lui, qu'après avoir requis l'aide de ses
confrères antérieurement inscrits. Nous n'énumérerons pas tous les moyens que feront valoir les huit
avocats consultants pour demander la révision du
procès (parmi lesquels figurent deux noms également
célèbres et bien opposés, Gerbier et Linguet), et dont
le Mémoire rédigé avec une pleine indépendance
faillit amener une rupture complète entre le parlement et le corps des avocats de Paris ; l'espace nous
manque, et ce n'est pas d'ailleurs de notre compé-

tence[1]. Le troisième juge que s'adjoignit Soicourt, Lefebvre de Villers, caractère faible, facile à tourner, touché d'abord du danger que couraient ces fous qui étaient allés se jeter, tête baissée, dans l'abîme, se laissera intimider et circonvenir, et finalement acquiescera à tout ce que décideront les deux autres[2].

Les aveux sans réserve de son complice rendaient l'attitude de La Barre plus que difficile, et ses réponses se ressentent de la gêne dans laquelle le met le peu de sang-froid et d'énergie de ce jeune homme. Les dépositions de Moisnel, celles des divers témoins, portent sur des irrévérences, des paroles, des chansons obscènes, dites ou psalmodiées dans les fumées du vin. Le chevalier ne nie pas qu'étant ivre, un jour, il n'ait chanté avec d'Étallonde des couplets qui n'étaient point, il s'en faut de beaucoup, à la glorification de Marie-Madeleine, alléguant, pour son excuse, « qu'avant sa conversion, elle avait mené une vie débordée. » C'est partout et toujours une affectation d'irréligion portée jusqu'à la fureur chez ces fanfarons d'impiété et de vice, qui se croient esprits forts, parce qu'ils débitent, entre deux vins, des grossièretés contre la Vierge et les Saints, qu'ils brisent, souillent, foulent aux pieds les images, les reliques, les couronnes bénies qu'ils trouvent sous leurs mains. Nous avons relevé ces interrogatoires,

---

1. *Recueil intéressant sur l'affaire de la mutilation du crucifix d'Abbeville* (Londres, 1776), p. 74 à 91. Consultation ; 27 juin 1766.

2. Un jour, ému des persécutions dont les accusés étaient l'objet, il aurait dû dire : « il ne faut pas tant tourmenter ces pauvres innocents. » F.-C. Louandre, *Histoire d'Abbeville* (Paris, 1845), t. II, p. 157.

roulant tous sur des propos ou des faits tels qu'ils ne sauraient être reproduits, à quelques exceptions près, même à l'aide de la rhétorique la plus châtiée : questions et réponses sont d'un cynisme incroyable. Il a été fait allusion déjà à la bibliothèque du chevalier, dont la composition était, à coup sûr, d'une médiocre édification. Nous n'avons toutefois parlé que des livres licencieux. Ces mauvais sujets en avaient d'autres, cependant, pour les heures de recueillement et d'étude. L'on a cité le *Dictionnaire portatif*, en assez mauvaise compagnie, nous en conviendrons, entre le *Sultan Misapouf* et le *Portier des Chartreux*. Ces ouvrages de métaphysique et d'histoire, on soupçonne quels ils sont : il ne faudra pas leur demander l'approbation de la Sorbonne ; et ils auront tous passé par la main du bourreau, comme l'*Esprit* d'Helvétius, entre autres. Il s'en peut rencontrer d'une véritable valeur, quelques-uns même seront de bons livres, en dépit des Riballier, des Tamponnet, des Cogé *pecus;* mais c'est le réquisitoire d'Omer Joli de Fleury, mais c'est la condamnation au feu du parlement, qui auront décidé leur acquisition et qui feront qu'on les lira. Ces livres, placés sur une tablette, à part, seront l'objet d'un véritable culte. Si l'on ne s'agenouille pas devant une procession de capucins, l'on s'inclinera devant ces merveilleux produits de l'intelligence, auxquels on ne marchandera ni les salutations ni les salamalecs.

Interrogé sy plusieurs fois passant devant des livres il n'a pas fait de genuflexion, et sy sur la demande qu'on luy fit pourquoy il faisoit ces genuflexions, il ne dit pas qu'il falloit fléchir le genoux devant le tabernacle.

A dit qu'il est vray qu'il a fait plusieurs fois des genuflexions en passant devant ces livres, et qu'il a dit que quand il passoit devant le tabernacle il falloit fléchir le genoux. Mais qu'il a dit et fait cela en badinant et non par impiété[1].

Cela est plus que suffisant pour donner la mesure de ces philosophes et apprécier ce qu'il y a de puéril dans les démonstrations sceptiques de ces enfants gâtés qui s'estiment des penseurs, parce qu'ils affrontent, le chapeau sur le nez, une procession de moines, ou couvrent d'ordures un crucifix dans un cimetière. Mais, s'il en est ainsi, comment, encore une fois, eut-on le triste courage de livrer au bourreau des polissons de dix-sept et vingt ans qu'il fallait fouetter, enfermer, si l'on veut, mais qui étaient, en somme, un peu moins criminels, on en conviendra, qu'un Damiens?

Aussitôt qu'était intervenu un jugement de jonction, sur les deux plaintes du procureur du roi, il n'était pas indifférent aux juges, pour l'acquit de leur conscience et de leur responsabilité, de démontrer par l'information, qu'en réalité les deux affaires n'en faisaient qu'une, et que les inculpés avaient plus ou moins trempé dans l'une et dans l'autre. Et l'on y avait en partie réussi par la violence morale exercée sur Moisnel, qui finit par avouer que la mutilation

---

1. Archives nationales. Parlement. Criminel. X² B. 1893. Extrait des minutes du greffe criminel de la sénéchaussée de Ponthieu. 11ᵉ pièce, p. 28, 29, 30. Premier interrogatoire du sieur de La Barre; 20 octobre 1765.

du crucifix était le fait d'Étallonde. Devant une confession si complète, et la certitude que son ami était désormais en lieu de sûreté, La Barre, interrogé à son tour si c'était lui qui avait commis le crime, ou s'il en connaissait l'auteur, n'hésita plus à confirmer ce ce qu'avait avancé Moisnel, à nier qu'il y fût pour quelque chose et à reporter sur Gaillard d'Étallonde tout le poids de l'accusation[1]. Ce n'était là ni une désertion ni une lâcheté : c'était, dans la situation qui lui était faite, un moyen très-concevable de défense; mais, au moins, cela ne ressemble guère à l'acte de générosité et d'héroïsme que lui prête assez gratuitement l'historien d'Abbeville[2].

1. Archives nationales. Parlement. Criminel. X² B. 1893. Extrait des minutes du greffe criminel de la sénéchaussée de Ponthieu. 11° pièce, p. 62 à 73. Premier interrogatoire du sieur de La Barre. Mais il ne fit ces aveux que lorsqu'il fut certain qu'ils ne pouvaient rien contre le fugitif. « Interrogé pourquoy, lorsqu'il a été appelé par devant nous pour déposer sur la plainte du procureur du roy de ce siége, au sujet de la mutilation dudit christ du Pont-Neuf, il ne nous a point déclaré ce qu'il en savoit et a dit au contraire n'en avoir aucune connoissance; a dit que ledit sieur Gaillard d'Estallonde luy ayant dit en confidence et comme à son amy ce qu'il avoit fait, il a craint d'engager son caractère d'homme d'honneur de le révéler. » *Ibid.*, 22° pièce, p. 59. Deuxième interrogatoire du sieur de La Barre; 12 octobre 1765.

2. Voici ce que rapporte M. Louandre. « La Barre, doué d'une âme énergique, se disculpait avec adresse des peccadilles qu'on lui reprochait et repoussait les charges les plus graves en protestant de son innocence. Nous pouvons assurer que le noble et malheureux enfant connaissait bien le coupable, et qu'il ne voulut pas le nommer. Nous tenons d'un honorable magistrat, le confident intime, le plus ancien et le plus tendre ami d'un des co-accusés, que le véritable auteur de la mutilation fut un jeune étourdi, X..... qui fréquentait La Barre et ses autres camarades. Loin de quitter la France et d'avouer à l'Europe sa culpabilité, le lâche se garda bien de révéler son secret, tandis que son héroïque ami, fermement résolu de ne le pas accuser, dé-

Vinrent les confrontations, le récollement des témoins et des accusés sur leurs interrogatoires. La Barre, dans cette passe périlleuse, conserve toute sa présence d'esprit, son sang-froid, son énergie : comprenant la gravité de certaines dépositions, cédant sur ce qui pouvait être de moindre importance, mais insistant sur une distinction qui, pour être subtile, lui semblait capitale avec quelque raison : les impiétés et les propos impies. Il n'a pas commis d'impiétés, s'il a été assez faible pour se permettre des propos trop libres. Pour être mieux compris, il ajoutera à sa définition ces quelques mots qui durent faire plisser la lèvre aux châtelains de Ferney, quand elle leur fut connue. « Les propos impies, dont il a entendu parler par là, étoient en récitant des vers qu'il avoit pu retenir de la *Pucelle d'Orléans*, livre attribué au sieur de Voltaire, et de l'*Epître à Uranie*, ne croyant pas que cela ait pu tirer à conséquence[1]. » De son côté, revenu de son effroi, honteux, malheureux du rôle qu'il avait joué, Moisnel, auquel on avait fait parvenir des conseils énergiques par l'entremise d'un tailleur chargé en apparence de lui prendre mesure d'une robe de chambre, ne voulut point reconnaître pour

vouait par un silence sublime sa propre tête à l'échafaud. » *Histoire d'Abbeville* (Paris, 1845), t. II, p. 156. Ce petit roman, qui ne pèche point d'ailleurs par excès de vraisemblance, croule devant la seule déposition du chevalier de La Barre. L'on pourrait en dire autant de bien des assertions controuvées dont l'inspection des pièces du procès peut seule démontrer le peu d'autorité.

1. Archives nationales. Parlement. Criminel. X² B. 1893. Extrait des minutes du greffe criminel de la sénéchaussée de Ponthieu. 37ᵉ pièce, p. 505, 506, 507. Récollement des témoins et des accusés sur les interrogatoires.

vrai tout ce qui lui avait été extorqué par intimidation, et se prononça avec une vigueur dont on ne le croyait pas capable, déclarant hautement que les réponses qu'il a faites, tant contre lui que contre les autres accusés, il ne les a faites que par les fréquentes sollicitations du procureur du roi en ce siége « qui lui ont fait tourner la tête. » La colère du juge, a-t-on dit, fut à son comble, et dépassa toute mesure ; il chargea d'injures le pauvre Moisnel. Mais ces paroles n'en subsistaient pas moins et étaient une protestation durable contre cet inqualifiable abus de pouvoir, le tort le plus grave dont puisse se rendre coupable un magistrat.

La sentence fut rendue le 28 février (1766). Gaillard d'Étallonde et La Barre étaient condamnés à faire amende honorable devant la principale porte de l'église de Saint-Vulfran, où ils seraient conduits par l'exécuteur de la haute justice, dans un tombereau, la corde au cou, pour avoir la langue coupée ; ce fait, être menés sur la place d'Abbeville, y être décapités, et leurs corps et leurs têtes jetés dans un bûcher ardent. D'Étallonde, il est vrai, s'était soustrait par la fuite aux effroyables conséquences du jugement qui, pour lui, devait se résumer en une exécution en effigie. Quant à Moisnel et aux deux contumaces, Douville de Maillefeu et Dumaisniel, il était sursis à faire droit sur les accusations intentées contre eux jusqu'après l'entière exécution de ladite sentence. Un tel arrêt aurait jeté la consternation et le désespoir parmi les parents et les amis des coupables, s'ils eussent pu croire à la possibilité de sa confirmation. C'était bien assez déjà de l'éclat épouvantable qui allait rejaillir sur des familles considérées occupant de hautes charges dans la magistrature; car l'on n'entrevoyait point d'autres conséquences, et l'on s'attendait si peu à ce qui allait arriver, que l'on ne voulut recourir ni à des mémoires d'avocats ni même aux sollicitations d'usage. Le chevalier avait des appuis naturels qui ne l'auraient pas laissé sacrifier. Le président d'Ormesson qui était son proche parent, après avoir pris connaissance de la procédure d'Abbeville, jugea qu'elle ne pouvait être confirmée au parlement, et s'opposa à tout ce qui pourrait ajouter à la publicité de l'affaire. M. Pellot, conseiller de la grand'chambre[1], nommé rapporteur, conclut, en effet, vu l'âge et les circonstances, de renvoyer les accusés déchargés de l'accusation.

Mais cette modération n'était plus de mise au parlement, et M. d'Ormesson avait compté sans les têtes chaudes et les politiques de sa compagnie. Le rapporteur du procès de Lally, le conseiller Pasquier, dit qu'il fallait un exemple, qu'il fallait arrêter ces manifestations horribles d'impiétés dont la responsabilité retombait entièrement sur la philosophie moderne, et conclut énergiquement, violemment à la confirmation stricte du jugement de la sénéchaussée d'Abbeville. « C'est lui, écrivait D'Alembert au solitaire de Ferney, c'est lui qui, par ses déclamations, a fait condamner à la mort des jeunes gens qu'il ne fallait mettre qu'à Saint-Lazare; c'est lui qui a péroré, dit-on, contre les

---

1. Sans doute ce M. Pellot, dont il est parlé dans une lettre de Voltaire à l'abbé d'Olivet. Voir notre note de ce volume, p. 111.

livres des philosophes, qu'il a pourtant dans sa bibliothèque, et qu'il lit même avec plaisir, comme le lui a reproché une femme de ma connaissance; car il n'est point du tout dévot, et c'est lui qui, du temps de M. de Machault, fit contre le clergé une assez plate levée de boucliers dans une assemblée de chambres[1]. » Mais il entrait alors dans les convenances du parlement de témoigner ce rigorisme, et bien des confrères de Pasquier, au fond assez indifférents en matière de religion, crurent devoir se ranger à son avis. Sur vingt-cinq juges siégeant, dix acquiescèrent aux conclusions du procureur général favorables aux accusés; les quinze autres opinèrent à confirmer la sentence du 5 juin.

On a prétendu que ces magistrats ne se montrèrent si rigoureux que parce qu'ils comptaient que la clémence royale s'étendrait sur ce jeune homme, dont la faute avait été suffisamment expiée par ces angoisses. Mais Louis XV fut inflexible. Il aurait reparti que, « lorsqu'il avoit paru souhaiter que son parlement cessât de faire le procès à Damiens, ce parlement lui avoit fait des remontrances; et qu'à plus forte raison, le coupable de lèse-majesté divine ne devoit pas être traité plus favorablement que le coupable de lèse-majesté humaine[2]. » Mais cette réplique est inadmissible par la meilleure des raisons, c'est que Louis XV n'a jamais songé à soustraire l'*homme*, comme il l'appelait, aux

---

1. Voltaire, *Œuvres complètes* (Beuchot), t. LXIII, p. 222, 223. Lettre de D'Alembert à Voltaire; 16 juillet 1766.

2. *Recueil intéressant sur l'affaire de la mutilation du crucifix d'Abbeville* (Londres, 1776); p. 35, 36.

mains de la justice ; il s'était contenté, lorsqu'on s'empara de lui, de dire : « Qu'on arrête ce malheureux, mais qu'on ne lui fasse pas de mal[1]. » Et c'est ce qui probablement, mal interprété, a pu faire croire que le roi, qui n'était pas tendre, ait songé à sauver son assassin, générosité qui n'était même pas en son pouvoir. Dans l'espérance qu'il prendrait en pitié ce criminel de vingt ans, le parlement avait différé six jours à signer l'arrêt ; désormais le chevalier ne pouvait échapper à son effroyable destinée. Enfermé dans une chaise de poste entre deux exempts, et escorté de plusieurs archers déguisés en courriers, il reprenait le chemin d'Abbeville, par le plus long pour plus de sûreté, traversant Rouen, notamment, et rentrait par une porte détournée, sur les trois à quatre heures de l'après-midi. Malgré ces précautions, il fut reconnu dans le parcours des portes à sa prison. Il n'essaya pas d'ailleurs de se soustraire aux regards et salua ses connaissances avec une aisance, une liberté d'esprit qui ne devait point se démentir au moment des plus grandes épreuves.

La terrible sentence était connue. Cependant, on se refusait à croire que cet enfant, si jeune, si plein de vie, fût condamné sans rémission : tout homme galopant sur la route de Paris était pris pour un messager apportant la grâce du chevalier, et l'autorité s'associait si bien à cette espérance, que l'heure du supplice fut différée dans cette prévision. Mais la destinée

---

1. Alph. Jobez, *La France sous Louis XV* (Paris, Didier), t. IV, p. 544. — Marquis d'Argenson, *Mémoires* (Paris, Jannet), t. IV, p. 321.

de La Barre devait s'accomplir. On lui avait donné, pour le disposer à bien mourir, un dominicain qu'il avait rencontré plus d'une fois à Willancourt ; il le pria de se mettre à table à ses côtés, et ce dernier repas, de sa part du moins, s'accomplit avec une gaieté qui n'avait rien de fébrile ni de contraint. Il mangea son poulet et but sa bouteille de vin. « Prenons du café, dit-il au P. Bosquier, il ne m'empêchera pas de dormir. » On vint le chercher. Alors commençait ce bien rude voyage, si long et si court, au bout duquel se dressaient l'échafaud et le bûcher. On sait, hélas ! jusqu'à quel oubli de ce qu'on doit à soi, au malheur, aux convenances les plus sommaires, peut pousser cette curiosité implacable et féroce qui attirait, à la hauteur du Pont-Neuf, madame de Sévigné « avec la bonne d'Escars[1], » sur le passage de la marquise de Brinvilliers ; et, au pied de la roue même de Damiens, tant de belles dames, dont toute la pitié devait se reporter sur les chevaux qui écartelaient le misérable. Ce qui impressionna le plus douloureusement ce jeune homme, préparé à tout endurer, ce fut l'affluence avide de tant de gens que la simple décence aurait dû retenir chez eux ; et il le témoigna avec une sensibilité qui, sans doute, inspira quelques regrets à ceux qui rencontrèrent son regard. « Ce qui me fait le plus de peine en ce jour, dit-il, c'est d'apercevoir aux croisées de ces gens que je croyois mes amis[2]. »

---

1. *Lettres de madame de Sévigné* (Paris, Hachette), t. IV, p. 529, 530. Lettre de madame de Sévigné à madame de Grignan ; Paris, vendredi 17 juillet 1676.

2. *Recueil intéressant sur l'affaire de la mutilation du crucifix*

L'une de ses étapes douloureuses était le portail de l'église de Saint-Vulfran, où il devait faire amende honorable[1]. Mais il se refusa à la réciter, et on dut le faire en son lieu. Aux termes de l'arrêt, les bourreaux devaient à cette place lui arracher la langue; mais La Barre menaçait d'une résistance désespérée, et, soit qu'ils eussent des ordres, soit qu'ils crussent pouvoir lui sauver cette torture, ceux-ci se bornèrent au simulacre. Il reprit le chemin de l'échafaud, gardant la même contenance ferme et résolue. En montant l'escalier, il laissa tomber sa pantoufle sur l'un des degrés; il redescendit pour la reprendre et remonta, malgré ses liens, sans aucun aide. On avait fait venir cinq bourreaux de cinq villes différentes. L'un d'eux s'avance pour lui couper les cheveux. « A quoi bon, dit La Barre, veut-on faire de moi un enfant de chœur? » Est-ce une dernière saillie de l'esprit fort, ou tout simplement une analogie qui vient na-

---

d'*Abbeville* (Londres, 1776), p. 38. Particularités sur la mort du chevalier de La Barre.

1. Dont voici les termes : « Que méchamment, et par impiété, il a passé de propos délibéré, devant le Saint-Sacrement, sans ôter son chapeau et se mettre à genoux, et proféré les blasphèmes contre Dieu, la Sainte-Eucharistie, la Sainte-Vierge, la religion et les commandements de Dieu et de l'Église, mentionnés au procès, et chanté les deux chansons remplies de blasphèmes exécrables et abominables contre Dieu, la Sainte-Eucharistie, la Sainte-Vierge, et les saints et saintes mentionnés au procès; et a rendu des marques de respect et d'adoration à des livres infâmes, et profané le signe de la croix, le mystère de la consécration du vin, et les bénédictions en usage dans l'Église et chez les chrétiens, dont il se repent, et demande pardon à Dieu, au roi, à la justice. » On voit qu'il n'est fait mention ni de la mutilation du crucifix, ni des infamies commises sur celui du cimetière de Sainte-Catherine, les deux seuls objets de la plainte originelle du 10 août 1765.

turellement à la pensée? Peu importe ; ne voyons que le courage héroïque de cet enfant, qui, dégrisé plus tard, honteux de ces singeries ineptes, devenu homme sensé, n'aurait gardé que ses qualités, et aurait rendu peut-être des services signalés à son pays.

Il faut en finir avec les dernières péripéties de cette trop réelle tragédie. Le chevalier aperçoit le damas sous lequel sa tête allait tomber. « Tes armes sont-elles bonnes, dit-il au bourreau de Paris? Est-ce toi qui as tranché la tête au comte de Lally? — Oui, monsieur, lui répondit le bourreau. — Tu l'as manqué ! — Il se tenait mal. Placez-vous bien, et je ne vous manquerai pas. — Ne crains rien, je me tiendrai bien et ne ferai pas l'enfant. » Il avait eu à subir la question ordinaire et extraordinaire, et la douleur ne lui arracha point l'aveu que l'on tenait surtout à obtenir de lui : sa complicité dans la mutilation du crucifix du Pont-Neuf. Pourtant, dans le procès-verbal de la torture, il convient (ce qu'il avait nié) d'avoir couvert d'ordures le crucifix du cimetière de Sainte-Catherine. En somme, la même fermeté l'accompagna jusqu'au dernier moment. Il se banda les yeux, se plaça avec un grand sang-froid et de façon à faciliter la tâche au bourreau qui, cette fois, ne broncha point. La tête fut enlevée avec une adresse « qui concilia à l'exécuteur un battement de mains universel[1]. » Si ce n'est pas là de la rhétorique, on se demande où l'on se trouve, et si c'est bien une population chrétienne qui

---

1. *Recueil intéressant sur l'affaire de la mutilation du crucifix d'Abbeville* (Londres, 1776), p. 39. Particularités sur la mort du chevalier de La Barre.

assiste au châtiment d'un malheureux pour le salut duquel elle eût mieux fait de prier. Le corps fut livré aux flammes dans lesquelles on jeta également le *Dictionnaire philosophique portatif*, comme l'ordonnait la sentence. Ainsi finit cet infortuné, dont il ne faut pas diminuer les torts, tout en frémissant de la cruauté de la répression. Si ses cendres furent dispersées et jetées au vent par une foule encore toute émue des profanations et des impiétés dont le chevalier s'était rendu coupable, le sentiment fut tout autre dans le reste de la France, lorsqu'on apprit l'affreux supplice de ce jeune homme. A y regarder d'un peu près, tout le monde était plus ou moins le complice de ce crime qu'il était seul à expier : il n'avait fait que copier et singer ce qu'il voyait autour de lui. N'était-il pas de bon air, parmi ceux de sa classe, d'affecter un dédain cavalier pour les choses de la religion ? Il avait hurlé avec les loups, et il avait hurlé avec les plus inconsidérés et les plus violents, comme l'y portait un tempérament fougueux et audacieux. Trois siècles plus tôt, cet arrêt aurait été logique, il aurait été en harmonie avec le profond sentiment des masses. Mais, en plein dix-huitième siècle, alors que la lèpre de l'indifférence gangrenait tous les cœurs, une telle sentence, sortie de la bouche de juges qui, pour la plupart, n'étaient rien moins que fanatiques, pour n'en pas dire plus, inspira une véritable horreur mêlée de terreur ; car on put se croire reporté d'un bond à ces époques qui avaient eu presque le droit d'être impitoyables, parce qu'elles avaient été en même temps sincèrement et universellement croyantes.

Chacun se sentit comme menacé dans la sûreté de sa vie, et se demanda s'il était assez religieux et fervent pour un clergé et des magistrats si convaincus et si exemplaires. Mais quelle dut être l'émotion de la secte, sur laquelle un réquisitoire foudroyant faisait retomber la responsabilité de ces impiétés et de ces sacriléges !

Ce qu'il y a de sûr, remarque Grimm, c'est que toutes les âmes sensibles ont été consternées de cet arrêt, et que l'humanité attend un vengeur public, un homme éloquent et courageux qui transmette au tribunal du public et à la flétrissure de la postérité cette cruauté sans objet comme sans exemple. Ce serait sans doute une tâche digne de M. de Voltaire, s'il n'avait pas personnellement des ménagements à garder dans cette occasion. Ses amis ont dû le conjurer de préférer sa sûreté et son repos à l'intérêt de l'humanité, et de ne point risquer d'imprimer la marque de l'opprobre à des hommes sanguinaires résolus de le poursuivre lui-même au moindre mouvement de sa part[1].

L'on n'eut pas de mal à persuader à Voltaire de se tenir tranquille. Cette affaire lui causa un indicible effroi ; et il lui faudra du temps pour se remettre d'une frayeur qui n'était pas tout à fait sans motifs. Aux premiers bruits, il prend alarme, il veut savoir les choses telles qu'elles sont, et si véritablement la philosophie est en cause.

Êtes-vous homme, écrit-il à D'Alembert, à vous informer de ce jeune fou nommé M. de La Barre, et de son camarade, qu'on a si doucement condamnés à perdre le poing, la langue et la vie, pour avoir imité Polyeucte et Néarque ? On

---

1. Grimm, *Correspondance littéraire* (Paris, Furne), t. V, p. 131, 132 ; 15 juillet 1766.

me mande qu'ils ont dit, à leur interrogatoire, qu'ils avaient été induits à l'acte de folie qu'ils ont commis par la lecture des livres des encyclopédistes.

J'ai bien de la peine à le croire; les fous ne lisent point, et assurément nul philosophe ne leur aurait conseillé des profanations. La chose est importante. Tâchez d'approfondir un bruit si odieux et si dangereux[1].

Le même jour, il en écrivait à Damilaville, le priant de remonter à la source de ces calomnies et de l'en informer. « Cette nouvelle est, sans doute, fabriquée par les ennemis de la raison, de la vertu et de la religion. Qui sait mieux que vous combien tous ces philosophes ont tâché d'inspirer le plus profond respect pour les lois reçues? Ils ne sont que des précepteurs de morale, et on les accuse de corrompre la jeunesse. On cherche à renouveler l'aventure de Socrate... » Les lettres qu'il reçoit, loin de le rassurer, augmentent son émotion et ses frayeurs. Il ne met pas en doute qu'il n'y ait une intention formelle d'exterminer ceux qu'on redoute et que l'on exècre, parce qu'ils portent le flambeau de la vérité et qu'ils dissipent les ténèbres si chères à ces tyrans des esprits et des cœurs. En de telles conjonctures, on ne saurait user de trop de réserve et de circonspection.

La dernière scène qui vient de se passer à Paris prouve bien que les frères doivent cacher soigneusement leurs mystères et les noms de leurs frères. Vous savez que le conseiller Pasquier a dit, en plein parlement, que les jeunes gens d'Abbeville qu'on a fait mourir avaient puisé leur impiété dans l'école et dans les ouvrages des philosophes modernes.

---

1. Voltaire, *Œuvres complètes* (Beuchot), t. LXIII, p. 193. Lettre de Voltaire à D'Alembert; 1er juillet 1766.

Ils ont été nommés par leur nom; c'est une dénonciation dans toutes les formes... Les sages, dans des circonstances si funestes, doivent se taire et attendre[1].

« Ils ont été nommés par leur nom! » Cela voulait dire : ils ont nommé le *Dictionnaire portatif*. Ce dictionnaire, Voltaire pouvait le renier, il l'avait répudié officiellement. Mais, dans les aveux de Moisnel et de La Barre, dans l'inventaire des livres trouvés chez ce dernier, ce n'est pas le seul livre de l'auteur de la *Henriade* signalé aux juges et que l'on rend responsable des sacriléges folies de ces infortunés. Moisnel était un esprit faible que l'on traitait en écolier; lorsqu'il récitait à la satisfaction commune quelques vers impies ou obscènes, le chevalier avait coutume de dire : « Nous ferons quelque chose de ce garçon. » Et, pour parachever son éducation, on le comblait de productions telles que la trop fameuse ode du poëte bourguignon. Cela regardait uniquement Piron et n'eût pas autrement ému Voltaire, si La Barre n'était point convenu d'avoir prêté à son ami les *Lettres philosophiques*, l'*Épître à Uranie* et une lettre sur l'Ame[2]; et l'on comprend la portée d'une telle déclaration. Le patriarche embrassa d'un regard effaré les conséquences de ces aveux dont ses ennemis ne manqueraient pas de tirer le parti le plus grand, et il se demanda s'il était bien en sûreté même à Ferney, à deux pas de Genève. « Mon cœur est flétri, s'écrie-t-il; je suis atterré. Je me doutais qu'on attribuerait la

---

1. Voltaire, *OEuvres complètes* (Beuchot), t. LXIII, p. 203, 204. Lettre de Voltaire à l'abbé Morellet; 7 juillet 1766.

2. Archives nationales. Parlement. Criminel. X² B. 1893. 22ᵉ pièce, p. 46. Deuxième interrogatoire de La Barre; 12 octobre 1765.

plus sotte et la plus effrénée démence à ceux qui ne prêchent que la sagesse et la pureté des mœurs (et la *Pucelle*, l'un des livres inventoriés!) Je suis tenté d'aller mourir dans une terre où les hommes soient moins injustes. Je me tais; j'ai trop à dire[1]. »

Et qu'on ne prenne pas cela pour une parole en l'air qu'articule en rêvant une âme attristée. Il a peur; il croit ces gens du parlement capables de tout, très-capables de le relancer jusque dans ses montagnes, d'où, pour plus de sûreté, il ne fera pas mal de s'éloigner, au moins pour un temps. Vers la fin de mai de l'année précédente, il était allé prendre, dans le pays de Vaud, à Rolle, des eaux « assez bonnes pour les vieillards cacochymes qui ont besoin de mettre du baume et de la tranquillité dans leur sang[2]; » c'était bien le cas d'avoir recours à une seconde saison dont son moral bénéficierait autant que son individu physique. Il ira donc s'installer aux bains de Rolle, résolu à attendre dans ce refuge ce que lui préparent les événements et la méchanceté des hommes, suppliant ses correspondants de ne lui laisser rien ignorer et de tenir compte de ses angoisses. Qu'on ne se méprenne pas, toutefois, sur ce qui se passe en lui : il est révolté, mais son énergie, sa fermeté ne l'ont point abandonné.

Je me laisse si peu abattre, que je prendrai probablement le parti d'aller finir mes jours dans un pays où je pourrai

1. Voltaire, *Œuvres complètes* (Beuchot), t. LXIII, p. 204. Lettre de Voltaire à Damilaville; 7 juillet 1766.
2. *Ibid.*, t. LXII, p. 344. Lettre de Voltaire au même; à Rolle, 28 mai 1765.

faire du bien... Il se peut faire que le règne de la raison et de la vraie religion s'établisse bientôt et qu'il fasse taire l'iniquité et la démence. Je suis persuadé que le prince qui favorisera cette entreprise vous ferait un sort agréable si vous vouliez être de la partie. Une lettre de Protagoras pourrait y servir beaucoup. Je sais que vous avez assez de courage pour me suivre; mais vous avez probablement des liens que vous ne pourrez rompre[1].

Que veut-il dire? Il y a là un projet arrêté et des propositions directes, tout une entreprise enfin, à la veille de s'accomplir. Voltaire, la tête perdue, en dépit de ses protestations de courage, se voyait déjà traqué dans son château, menacé dans sa liberté, jeté dans un cul de basse fosse, qui sait? livré au bourreau comme cet imprudent que son âge aurait dû préserver, et traîné dans un tombereau, la corde au cou, un cierge de cire à la main pour demander pardon à Dieu et aux hommes d'avoir voulu rendre ses semblables et plus tolérants et meilleurs. L'auteur de la *Henriade*, qui avait plus que personne l'esprit intrépide (nous ne disons pas le cœur), avait par moments de ces effrois enfantins où il croyait tout perdu, se croyait perdu lui-même, et que le moindre raisonnement, la moindre réflexion eussent suffi à dissiper. En 1755, lors de la publication, à Bâle, de la *Pucelle* en quatorze chants, il avait été déjà en proie à une de ces paniques folles, et s'était figuré qu'on n'hésiterait pas à venir l'enlever aux Délices, en pleine terre suisse. « Il était effrayé, raconte le conseiller Tron-

---

1. Voltaire, *OEuvres complètes* (Beuchot), t. LXIII, p. 233. Lettre de Voltaire à Damilaville; aux eaux de Rolle en Suisse, par Genève, 21 juillet 1766.

chin, au point que je me rendis chez lui, sur un billet de sa nièce, qui m'appelait à son secours pour le calmer. Après que je lui eus représenté l'absurdité de sa crainte que la France ne vînt, pour une imprudence, saisir un vieillard sur un territoire étranger pour l'enfermer à la Bastille, je finis par m'étonner qu'une tête organisée comme la sienne se dérangeât au point où je la voyais. En se couvrant les yeux de ses poings et fondant en larmes : « *Eh bien, oui,* « *mon ami, je suis fou!* » fut sa seule réponse. Peu de jours après, quand la réflexion eut chassé sa peur, il aurait défié toutes les puissances malveillantes [1]. »

Présentement, le danger est moins chimérique ; et si la possibilité d'éviter un enlèvement en passant une frontière qui était à deux pas lui restait toujours, en somme, il ne fallait qu'un ordre du ministre, qu'un décret du parlement pour troubler son repos, le contraindre à déguerpir et à transporter ses dieux lares dans une contrée où il échapperait aux sbires, aux inquisiteurs, aux Riballier et aux Omer de Fleuri. Qu'était-ce donc qu'un asile dont on pouvait être chassé d'un instant à l'autre et qui avait perdu, avec sa sécurité, tout son prestige et tous ses charmes ? Voltaire eut bientôt pris son parti. Il écrit au Salomon du Nord et lui demande un refuge dans sa ville de Clèves, un refuge non-seulement pour lui, mais encore pour les gens de lettres que la persécution ferait sortir du royaume. Sa requête ne surprit pas médiocrement Frédéric, qui répondait, toutefois, par un

---

[1]. Gaullieur, *Etrennes nationales* (Genève, 1855), 3ᵉ année, p. 211. Anecdotes inédites sur Voltaire racontées par François Tronchin.

plein acquiescement. « Je vois avec étonnement, par votre lettre, que vous pourriez choisir une autre retraite que la Suisse, et que vous pensez au pays de Clèves. Cet asile vous sera ouvert en tout temps. Comment le refuserai-je à un homme qui a tant fait honneur aux lettres, à sa patrie, à l'humanité, enfin à son siècle [1] ? » Voltaire avait raconté avec toute l'indignation, les sentiments violents qui l'agitaient, et cette procédure, et cet arrêt définitif du parlement, et l'affreux dénouement de cette sanglante tragédie. Il trouva dans le philosophe des bords de la Sprée un appréciateur flegmatique, moins révolté qu'il ne l'eût souhaité par ces sauvageries d'un autre âge. Après tout, un pays ne vit qu'à la condition que ses lois soient observées ; il y a des lois pour faire respecter le culte adopté, et ceux qui les transgressent et insultent à la croyance du plus grand nombre doivent s'attendre aux conséquences de leur agression. Si ces lois sont disproportionnées et sanguinaires, le plus pressant devoir du prince est de les adoucir ou de les abroger ; mais tant qu'elles subsistent, les magistrats ne sauraient se dispenser de les appliquer. Et il ajoutait à ces considérations des conseils qui, pour avoir leur application directe, ne pouvaient être que faiblement goûtés de celui auquel ils étaient adressés.

Nous connaissons les crimes que le fanatisme de la religion a fait commettre. Gardons-nous d'introduire le fanatisme dans la philosophie ; son caractère doit être la dou-

---

1. Voltaire, *OEuvres complètes* (Beuchot) t. LXIII, p. 219. Lettre de Frédéric à Voltaire, sans date. Beuchot la suppose de la mi-juillet 1766.

ceur et la modération. Elle doit plaindre la fin tragique d'un jeune homme qui a commis une extravagance ; elle doit démontrer la rigueur excessive d'une loi faite dans un temps grossier et ignorant ; mais il ne faut pas que la philosophie encourage à de pareilles actions, ni qu'elle fronde des juges qui n'ont pu prononcer autrement qu'ils l'ont fait[1].

On était pasteur de peuples avant d'être philosophe, et l'on devait, conséquemment, envisager à un tout autre point de vue la condamnation de cet écervelé dont la faute était palpable, si l'expiation avait été atroce. Il est vrai qu'à l'application on se serait montré plus accommodant, et que l'on aurait trouvé le crime plus qu'expié, en imposant comme châtiment à ce lecteur du *Dictionnaire portatif* la lecture intégrale de la *Somme* de saint Thomas. Il fallait bien cette plaisanterie pour faire passer la leçon ; mais, au fond, l'on maintenait la nécessité et partout et toujours du respect de la loi et la nécessité non moins grande de punir quiconque osait la violer.

Cette idée d'une colonie à Clèves, d'une immigration de philosophes venant s'établir dans une sorte d'académie où ils eussent immanquablement vécu au sein du plus parfait accord, comme cela se doit entre philosophes, ce projet extravagant qui eût dû rappeler au bonhomme Akakia la ville latine du lapon de Saint-Malo, cette incroyable chimère, disons-nous, n'était pas dans la tête du patriarche une de ces visions inconsistantes qui ne résistent pas à quelques heures d'un sommeil paisible. Avec la réflexion, avec les

---

1. Voltaire, *Œuvres complètes* (Beuchot) t. LXIII, p. 275. Lettre de Frédéric à Voltaire ; à Potsdam, le 13 auguste 1766.

jours, le fantôme, au lieu de se dissiper, prit un corps : tout s'arrangea, s'organisa, se classa dans son cerveau. Mais le plus difficile restait à faire, convaincre les autres et en faire ses complices. Il n'y avait pas à hésiter, pourtant : l'indépendance, la dignité étaient à ce prix. « Il faut savoir quitter un cachot, s'écrie-t-il, pour vivre libre et honoré. » Il écrivait à Diderot, qui devait être le tenant le plus illustre de sa république : « Un homme tel que vous ne doit voir qu'avec horreur le pays où vous avez le malheur de vivre. Vous devriez bien venir dans un pays où vous auriez la liberté entière, non-seulement d'exprimer ce que vous voudriez, mais de prêcher hautement contre des superstitions aussi infâmes que sanguinaires. Vous n'y seriez pas seul, vous auriez des compagnons et des disciples. Vous pourriez y établir une chaire qui serait la chaire de vérité. Votre bibliothèque se transporterait par eau, et il n'y aurait pas quatre lieues de chemin par terre. Enfin vous quitteriez l'esclavage pour la liberté [1]. »

Quel rêve! Mais pourquoi un rêve, et tout cela n'est-il pas et réalisable et praticable? « Je ne doute pas, marquait-il deux jours après à Damilaville, que si vous vouliez venir vous établir à Clèves, avec Platon (Diderot) et quelques amis, on ne vous fît des conditions très-avantageuses. On y établirait une imprimerie qui produirait beaucoup; on y établirait une autre manufacture plus importante, ce serait celle de la vérité. Vos amis viendraient y vivre avec vous, il

1. Voltaire, Œuvres complètes (Beuchot), t. LXIII, p. 240. Lettre de Voltaire à Diderot; 23 juillet 1766.

faudrait qu'il n'y eût dans ce secret que ceux qui fonderaient la colonie. Soyez sûr qu'on quitterait tout pour vous joindre. Platon pourrait partir avec sa femme et sa fille, ou les laisser à Paris, à son choix. » Bien naïf vieillard que ce Voltaire! Quitter Paris, Diderot! Et mademoiselle Voland, cette amie, cet autre lui-même, avec lequel il pense tout haut et se dépouille de toute contrainte? Et Grimm? et d'Holbach? et ce tourbillon qui l'inspire, qui est la vie de son talent si impressionnable? Il faudrait quitter tout ce monde pour une Salente métaphysique où l'on se mangerait les uns les autres? Mais l'on a réponse à tout : « Pourquoi un certain baron philosophe ne viendrait-il pas travailler à l'établissement de cette colonie? Pourquoi tant d'autres ne saisiraient-ils pas une si belle occasion [1]? » Mais parce que ce certain baron se trouve fort à son goût au Grandval ou dans sa maison de la rue Royale, où ses amis le fêtent, le flattent et le flagornent. Et Protagoras-D'Alembert? est-ce que sa géométrie ne s'accommoderait pas tout aussi bien de Clèves que du petit et bas entresol du Louvre où il étouffe depuis un an? Mais mademoiselle de Lespinasse? mais les salons où il est aimé et écouté, le suiveraient-ils à Clèves? Après leur avoir sacrifié la présidence de l'Académie de Berlin, une situation brillante en Russie, son bon sens cédera-t-il devant une pareille imagination, une si incroyable chimère?

Durant cela, le bruit s'était répandu de ces projets

---

[1]. Voltaire, *OEuvres complètes* (Beuchot), t. LXIII, p. 261. Lettre de Voltaire à Damilaville; 6 auguste 1766.

du patriarche, auquel, comme toujours, l'on n'aura point gardé le secret; et Voltaire se croira, jusqu'à nouvel ordre, obligé de donner le plus complet démenti à ces rumeurs. Mais il ne renonce à rien. Il y a plus : à l'entendre, tout est prêt pour l'établissement de sa « manufacture, » comme il la dénomme, afin de faire prendre le change aux profanes. « Platon trouverait sûreté, encouragement, et honneur. Il est inexcusable de vivre sous le glaive quand il peut faire triompher librement la vérité. Je ne conçois pas ceux qui veulent ramper sous le fanatisme dans un coin de Paris, tandis qu'ils pourraient écraser ce monstre. Quoi! Ne pourriez-vous pas me fournir seulement deux disciples zélés? Il n'y aura donc que les énergumènes qui en trouveront! Je ne demandais que trois ou quatre années de santé et de vie; ma peur est de mourir avant d'avoir rendu service [1]. » Mais il prêchera dans le désert, et sa voix ne sera pas entendue de ces philosophes parisiens, auxquels il faut des soupers et l'Opéra-Comique. Quant au roi de Prusse, ces arrangements ne lui déplaisent point, il n'y met qu'une condition très-acceptable : « Vous n'avez pas besoin, mandait-il au poëte, de me recommander les philosophes : ils seront tous bien reçus, pourvu qu'ils soient modérés et paisibles [2]. »

Mais on finira par se lasser et se dépiter à Ferney; et on écrira à l'inévitable Damilaville : « Je vois bien

---

1. Voltaire, *OEuvres complètes* (Beuchot), t. LXIII, p. 291. Lettre de Voltaire à Damilaville; 25 auguste 1766.
2. *Ibid.*, t. LXIII, p. 325. Lettre de Frédéric à Voltaire; à Sans-Souci, le 13 septembre 1766.

que M. Boursier (c'est un des noms de guerre que l'on prend) manquera d'ouvriers [1]. » Rien de tout cela, en effet, ne devait aboutir et n'aboutira, grâce au ciel! Quelle humiliante épreuve c'eût été, et quelles guerres civiles promettait une telle association d'orgueils, de vanités indomptables! Pour son bonheur et son repos, cette ville de papier tomba dans l'eau; Voltaire, dont les terreurs s'étaient d'ailleurs dissipées, demeura à Ferney, dont il allait faire une véritable cité manufacturière et commerçante, où il devait déployer, quoique dans un bien petit cadre, toutes les qualités du fondateur, du civilisateur et de l'industriel.

1. Voltaire, OEuvres complètes (Beuchot), t. LXIII, p. 378. Lettre de Voltaire à Damilaville; 15 octobre 1766.

FIN DE VOLTAIRE ET J.-J. ROUSSEAU.

TABLE

I. — Tancrède et madame de Pompadour. — Mademoiselle Corneille. — Le curé de Moens. — Première représentation de *Tancrède*. — Supériorité des amants paladins. — D'Argental et son interlocuteur. — *Tancrède* tourne toutes les têtes. — Le nez du diable. — L'aristarque de l'*Année littéraire*. — *Tancrède* manque d'adresse. — Impartialité de Fréron. — Critiques et apologies. — Indiscrétion de Thiériot. — Diderot mis au pied du mur. — Son avis sur *Tancrède*. — L'épître pompadourienne. — A prendre ou à laisser. — Lord Lyttleton et ses dialogues. — Il y est question de l'exil du poëte. — Madame de Pompadour n'est point *poule mouillée*. — Double approbation. — Pressentiments de d'Argental. — Début de l'*Epître dédicatoire*. — Madame Bourette. — Importunités de la *Muse limonadière*. — Voltaire y répond par de petits cadeaux. — Rousseau ne boit pas dans la coupe de Voltaire. — Mutisme inexplicable. — La lettre anonyme. — Perfide interprétation. — Sentiment de l'entourage intime. — Voltaire perdu sans le savoir. — Défection de la marquise. — La famille Corneille. — Un neveu à la mode de Bretagne. — L'héritage de Fontenelle. — Jean-François et ses sœurs s'opposent au testament. — Déboutés et condamnés aux dépens. — Intervention de Fréron. — Procédé généreux des comédiens. — Titon du Tillet et ses nièces. Ode de Lebrun. — Offres spontanées de Voltaire. — Il écrit à la jeune fille. — Mademoiselle Corneille à Ferney. — Son portrait. — Prévenances et petits soins. — Comment on l'élève. — Les griffes de Lucifer. — Mademoiselle Corneille et Lécluse. — Exaspération de Voltaire. — Il s'adresse à M. de Malesherbes. — Le Directeur de la librairie. — Difficultés d'une telle charge. — Fin de non-recevoir du magistrat. — Un mariage manqué. — *Anecdotes sur*

Fréron. — Échange de politesses. — *L'Ane littéraire et la Wasprie.* — L'ancien domaine. — Le nouveau Ferney. — Voltaire architecte. — Le curé de Moëns. — Lettre à monseigneur Biort. — Un créancier implacable. — Générosité du poëte. — La veuve Burdet. — Scène de brutalité sauvage. — Terreur qu'inspire Ancian. — Un emploi dans les galères. — Manœuvres du curé. — Le carrosse de M. de Voltaire. — Opinion du président de Brosses. — Le confesseur devant le juge. — L'affaire s'arrange. — Toute rancune tenante. . . . . Page 1

II. — Les jésuites d'Ornex. — L'église de Ferney. — Éclat de Rousseau. — Commentaire sur Corneille. — Genre de vie de Voltaire. — Les jésuites aux Délices. — Étonnement de Grosley. — MM. Desprez de Crassi. — Le clos Balthasard. — Tentation de s'agrandir. — Brusque intervention de Voltaire. — Bonne victoire philosophique. — Un retour de fortune. — Deux sortes de vieillards. — Voltaire seigneur de paroisse. — Fort bon chrétien. — Fait ses pâques. — La vieille église de Ferney. — Elle masquait le château. — Il en fait mettre à bas une partie. — Otez-moi cette potence. — Un terme de l'art. — Le curé de Moëns s'interpose. — Les hostilités commencent. — Descente de la justice à Ferney. — Fanfaronnades. — Supplique au pape. — Clément XIII et le cardinal Passionei. — Leur portrait à tous deux. — Les procédures et informations envoyées au procureur général. — François Tronchin à Dijon. — Ses démarches auprès de M. Quentin et du président de la Marche. — Troupe de comédiens bourguignons. — Voltaire écrit en leur faveur au marquis de Chauvelin. — *Diogène à Carouge.* — Enfantement de *Don Pedre.* — La *Nouvelle Héloïse*, son succès à Paris. — On s'enivre du livre et de l'auteur. — Bonnes paroles de Rousseau à notre sujet. — Ce qu'on lui doit. — Voltaire et Jean-Jacques. — Sans-gêne du Prussien Formey. — Rousseau ne veut pas être soupçonné d'indiscrétion. — Son début dans la carrière. — On hésite à entrer en lutte avec lui. — Mouvements cachés. — Rousseau jaloux. — Projets d'établissement à Munster ; ce qui en empêcha la réalisation. — Voltaire *le bien heureux.* — *Julie* à Ferney. — Une langue nouvelle. — Ce que pense Voltaire de l'ouvrage. — Le morceau sur le suicide. — Ximenès réconcilié. — *Lettres sur la Nouvelle Héloïse.* — Le maréchal de Luxembourg. — Idée du *Commentaire.* — Enthousiasme de Voltaire. — Concours généreux de toute l'Europe. — Taches au soleil. — Soumissions envers l'Académie. — Rappels de D'Alembert à la prudence. — *Cinna.* — Assentiment de Bernis. — *Héraclius.* — Situation d'esprit du commentateur. — Une œuvre sans précédent. — *Olympie.* — Le *Droit du seigneur*, de M. Picardet. — Étrange fantaisie de Crébillon. — Son *Éloge.* — Désapprobation justifiée de D'Alembert. — Le *Droit du seigneur* bien reçu. — Pension renouvelée. — MM. de Lamarche et Pellot. — Il faut désabuser les Welches. . . . . Page 57

III. — Lauraguais à Ferney. — Mariage de madame de Fontaine. — Voltaire et le président de Brosses. — Les visiteurs affluent à Ferney. — Le président dormeur. — Lauraguais et sa *Clytemnestre.* — Question de priorité. — Arrivée du comte. — Une transformation de Fréron. — L'Église de Ferney. — *Deo erexit* Voltaire. — Mort de Passionei. — Galanterie du pape. — Madame de Fontaine épouse le marquis de Florian. — Portrait de cette nièce de Voltaire par Florianet. — Les lettrés dijonnais. — Le président de Brosses. — Un magistrat au dix-huitième siècle. — Petite tête et grande perruque. — Croquis pour croquis. — Premiers rapports. — Tournay. — Projets d'achat. — Mutuelles coquetteries. On promet de ne pas vivre trop longtemps. — Le président livre le dessous des cartes. — Hésitations. — Un acquéreur se présente. — Age d'or de leurs relations. — Voltaire se décide. — Les épingles de la présidente. — Voltaire comte de Tournay, Preigny et Chambézy. — Ses nouveaux vassaux. — Entrée triomphale. — Un malencontreux coup de sabre. — Panchaud et ses noix. — Qui payera les frais? — Voltaire veut que ce soit le roi. — Le haut justicier malgré lui. — Dénouement de l'aventure. — Prise de possession du nouveau seigneur. — Le président demande un état de lieux. — M. Girod. — Innocentes roueries. — Petits tiraillements. — Un point d'interrogation. — Charles Baudy. — Évincé par le poëte. — Les affaires se gâtent. — Insinuation menaçante. — Obstination de Voltaire. — Égale ténacité du président. — Qui payera les quatorze moules de bois? — Exaspération de Voltaire. — Il en écrit à toute la terre. — Exposé des faits. — Étrange prétention. — Le poëte a perdu toute judiciaire. — Verte réplique du président. — Voltaire *pompignanisé.* — Le président abuse de ses avantages. — Un souhait de trop. — Sages conseils du président de Ruffey. — M. de Fargès, oncle de madame de Brosses, est d'avis que son mari fasse des sacrifices à la paix. — Ce dernier se cabre à cette seule pensée. — S'est fermé pour toujours les portes de l'Académie. — Expédient proposé. — La dispute terminée. — Mort de madame de Brosses. — Contrastes. Page 113

IV. — Le drame de la rue des Filatiers. — David de Beaudrigue. — Exécution de Jean Calas. — Gaubert Lavaysse. — Un repas de famille. — Marc-Antoine se retire. — Scène épouvantable. — Historique des faits. — Recommandation de Calas à Pierre. — Incalculables conséquences du plus innocent mensonge.— Émotion du quartier.— Une voix partie on ne sait d'où.— David de Beaudrigue. — Les Calas à l'Hôtel-de-Ville. — Coupable précipitation du Capitoul. — Courte illusion de ceux-ci. — Enfermés dans des cachots séparés. — Excès de zèle. — Démarches de David auprès de M. de Saint-Florentin. — Caractère du personnage. — La Beaumelle sans épée. — Marc-Antoine. — Carrière brisée. — Aurait voulu être l'associé en nom de son père. — Cherche l'oubli dans la dissipation. — Le café des *Quatre Billards*. — Acteur de société. — *Polyeucte* et *Sydney*. — Monitoire. — Quelle était sa nature. — Témoignages négligés ou rejetés. — Obsèques de Marc-Antoine. — Pompe inusitée. — Les Pénitents blancs. — Ce qui explique l'intervention de l'archiconfrérie. — Ardeur des poursuites. — L'assesseur Monyer et le procureur Duroux. — Arbitraire de la procédure. — Sentence des capitouls. — Un passage de Calvin. — Déductions erronées. — Tout le protestantisme est en cause. — Réplique de Mariette. — Jeanne Viguière. — Son catholicisme fervent. — Ne s'est jamais démenti. — Indignation de Beaudrigue. — Insinuations déloyales à l'égard de ses collègues. — Appel au Parlement. — Valeur des témoignages. — Arrêt de la cour souveraine. — État des esprits. — Le conseiller La Salle. — Petit dialogue entre lui et un Toulousain convaincu. — Y avait-il lieu de condamner Calas? — Insuffisance des preuves. — Argument de Diderot. — Pourquoi Calas a-t-il assassiné son fils, selon l'un des historiens du procès. — La question ordinaire et extraordinaire. — Fermeté héroïque du patient. — Exhorté par le P. Bourges.— Beaudrigue l'interpelle une dernière fois. — David personnage légendaire. — Sa disgrâce. — Tentatives inutiles de M. de Bonrepos auprès de M. de Saint-Florentin. — Sa raison s'égare. — Ne voit qu'arrestations et bourreaux. — Essaye de se donner la mort. — Tristes représailles de l'avenir. Page 155

V. — Voltaire défenseur des Calas. — Mariage de mademoiselle Corneille. — Damilaville. — Voltaire sans parti pris. — Le Marseillais Audibert. — Profonde émotion du poëte et son ardent désir d'arriver à la vérité. — Écrit à Bernis. — Réponse réservée du cardinal. — Ribotte. — Découragement de Voltaire. — Lettre de Richelieu. — Calas est coupable. — Anecdote caractéristique. — Enquête des plus minutieuses.— Le négociant Debrus et l'avocat de Végobre. — Donat chez Voltaire. — Les coopérateurs du poëte. — Il s'adresse aux puissances. — Inconséquence des juges. —

Pierre condamné au bannissement perpétuel. — Renfermé au couvent des Jacobins. — Madame Calas, Lavaysse et Jeanne Viguière acquittés. — Démarches de Voltaire auprès de la veuve. — Lui rendra-t-on ses filles? — Madame Calas à Paris. — Ses défenseurs. — Omnipotence des parlements. — Hésitation de Lavaysse père. — L'avocat Mariette. — Voltaire recommande sa protégée à Élie de Beaumont. — Son tact infini. — Il s'adressera en dernier lieu à l'opinion. — *Histoire d'Elisabeth Canning et des Calas*. — Publication des mémoires. — Voltaire prête sa plume aux deux frères. — Mot d'un conseiller au Parlement. — Occupations multiples. — *Olympie* sur le théâtre de Voltaire. — Arrivée de Lekain. — Allusion à Calas dans un vers de *Tancrède*. — Deux milords Craff. — Le bûcher d'*Olympie* alimenté par le linge de Ferney. — Un prétendant à la main de mademoiselle Corneille. — M. de Vaugrenant. — Ses connaissances en arithmétique. — Se décide avec peine à déloger. — Tout aussitôt remplacé. — M. Dupuits de La Chaux. — Voltaire à son avantage. — Le bonhomme François ne sera pas de la noce. — Claude-Étienne Corneille, arrière-petit-fils de l'auteur du *Cid*. — Arrive trop tard. — Un autre Voltaire. — L'*Infâme*! — Horreur de Frédéric pour tous les cultes. — Le point de départ. — *Deleatur Carthago*. — N'instruisons pas nos gens. — Causes de cet exclusivisme. — Thèse de l'avocat Linguet et réponse de Voltaire. — Les correspondants du poëte. — Besoin d'expansion. — Damilaville. — Services qu'il rend à la secte. — Son portrait. — Procédés charmants. — Une chaîne. — Damilaville homme de lettres. — Son activité. — Frère Thiériot, le roi des parasites. — Dévouement absolu du commis du Vingtième. . . . . Page 203

VI. — Déchainement irréligieux. — Écraser l'infâme. — Boufflers a Ferney. — Voltaire inaccessible. — Voltaire grand prêtre de la secte. — Guerre d'extermination. — Le curé Meslier. — Voltaire se fait son éditeur. — Tiédeur des frères. — Impatiences du poëte. — Le *Sermon des cinquante*. — Le *Vicaire Savoyard*. — Grand cas que Voltaire en fait. — *Vive le roi et Simon Le Franc*. — L'évêque du Puy-en-Velay et son *Instruction pastorale*. — La fait adresser à D'Alembert qui s'en formalise. — Échange de billets entre l'académicien et le prélat. — Longanimité motivée de Jean-Jacques. — Énorme distance entre Voltaire et Rousseau. — Première lettre d'un quaker à Jean-George suivie d'une seconde. — *Instruction pastorale de l'humble évêque d'Alétopolis*. — Les armoiries de Jean-George. — Inhabiletés et maladresses du mandement de Jean-George. — Rassurante promesse du relieur. — M. de Pompignan le carabinier. — Terribles menaces. — Le poëte implore la protection du duc de Choiseul. — Plaisant billet. — Cramer aux Délices. — Petit discours *sur la bravoure*. — Subite pamoison de Voltaire. — Cramer chargé de faire courir le bruit de sa mort. — Résurrection de Voltaire. — *Saül et David*. — Plaisante indignation de Goëthe enfant. — Expulsion des jésuites. — Les renards et les loups. — Prédiction de Rousseau. — Ferney visité par trois jésuites. — Proposition qui leur est faite. — Une parade de mauvais goût. — Père Adam. — *N'est pas le premier homme du monde*. — Passion de Voltaire pour les échecs. — Le président de Maupeou et le docteur Maty. — Tout a des bornes. — Assertions contradictoires. — Une lettre de l'abbé Galliani. — Le Tourloutoutou. — *Adame, ubi es*. — Le *Triumvirat*. — Attribué à un jeune novice des jésuites. — O l'impie ! — Bien reçue du public. — Il n'en est pas de même du *Triumvirat*. — Plaisante appréhension du petit Poinsinet. — Publication du *Commentaire*. — Sincérité des critiques. — C'est Racine qui est véritablement grand. — Cornélie-Chiffon mère de famille. — Boufflers en Suisse. — Couplets gaillards. — Madame Cramer et madame Ménage. — Richelieu à Ferney. — Le chevalier dessinateur. — Importunités des touristes. — Madame Denis se montre seule. — Le prince de Ligne. — Encore un portrait de Voltaire. — Melpomène chez le poëte. — Les béquilles du patriarche. — Toujours allant et toujours souffrant. — Voltaire en cabriolet. — Les vertus de Clairon. — Madame Denis dame de Ferney. — Une justice qui menace ruine. — Rapports de bon voisinage. — Patronage de M. de Choiseul. — La ville de Calvin se civilise. — Coup double. . . . . Page 251

VII. — Double condamnation d'Émile. — Lettres écrites de la montagne. — Sentiment des citoyens. — *Émile* le bréviaire des jeunes mères. — Rousseau décrété. — Obligé de s'éloigner. — *Émile* condamné à Genève. — Pression exercée par le ministère français. — Légalité de l'arrêt. — M. de Voltaire et l'ouvrier de Neuchâtel. — Petit dialogue. — Tout est pour le mieux. — Ascendance de Rousseau. — Sympathie du clergé génevois. — Son embarras. — Articles des gazettes de Bruxelles et d'Utrecht. — Le *polichinelle* Voltaire et le *jongleur* Tronchin. — Le doigt sur la plaie. — Déclamations de Jean-Jacques. — Une leçon de patriotisme. — Tronchin par trop physiologiste. — Plus heureux que Rousseau, et pourquoi. — Complète rupture. — Les philosophes de Saint-Jean. — Lettre du colonel Pictet. — Voltaire incriminé. — Offre d'un asile. — Scène piquante et attendrissante. — Un premier mouvement. — Protestation de Jean-Jacques. — Témoignage de

Chabanon. — Confirmation de Deluc. — Vive répartie de Moultou. — Amère déception de Rousseau. — Sa lettre au syndic Favre. — Il n'a plus de patrie. — *Représentants* et *Négatifs*. — Louable attitude de Voltaire. — *Lettres écrites de la campagne*. — Impression qu'elles produisent. — Sentiment du procureur général de Montclar. — *Lettres écrites de la montagne*. — S'attaquent à tout. — Consternation de Bonnet. — *Réponse aux lettres écrites de la campagne*. — Distinctions de sophiste. — *Lettres populaires*. — Étrange ouverture. — Bruits de réconciliation. — Incertitude de Moultou. — Superbe de Jean-Jacques. — Peu de sincérité de ses paroles. — Lettre interceptée. — Espièglerie d'un goût douteux. — Attaque à ciel ouvert. — Une intention perfide. — Conséquences inévitables. — Requête de Voltaire contre *Saül*. — Récriminations. — Le *Portatif* à Genève. — Entretien à ce sujet entre le poëte et Tronchin. — Permission de brûler le *Portatif*. — Dénonciation méritoire. — Les légendes abondent. — Chirol et Gando. — Voltaire empoisonne Genève de ses livres. — Les horlogers ses complices. — La cachette éventée. — Le *Sentiment des citoyens*. — L'auteur d'*Émile* dévoilé. — Quel est son tort? — Frappé en pleine poitrine. — Le pamphlet, œuvre d'un ecclésiastique. — Lettre à Duchesne. — Vernes soupçonné. — Tentatives infructueuses de Dupeyrou. — Ce que dit Deluc du *Sentiment des citoyens*. — Petite rouerie de Cramer. — Voltaire tigre altéré de sang. — Conseils peu écoutés de Buffon. — Le bout de l'oreille. — Orgueil incurable. — Le *jésuite* Bertrand. — Lettre du banneret de Frendenreich. — Témoignage concluant. . . . . Page 303

VIII. — L'HISTOIRE DE PIERRE LE GRAND. — CATHERINE II. — LA SŒUR DE LA VISITATION. — Rapports interrompus; pourquoi. — Voltaire historien de Pierre le Grand. — Le docteur Poissonnier à Ferney. — Plaisante répartie. — Difficultés de plus d'une sorte. — Les loups et les ours de Sibérie. — Ont été à Berlin des ours bien élevés. — Lettre de Voltaire à Schowalow. — L'épître dédicatoire de *Tancrède*. — Voltaire un faquin. — Les sentiments changent avec les circonstances. — Dépit mal contenu. — Diderot moins sévère. — Intelligences en Russie. — Mort d'Élisabeth. — Il faut se consoler de tout. — *La Sémiramis du Nord*. — Son portrait. — Note de M. de Breteuil. — La princesse Daschkow. — Interprétations. — Une colique de circonstance. — Hésitations. — Lettre du géant Pictet. — Insistances flatteuses. — On jouera les pièces de Voltaire à la cour. — Catherine ne veut pas être louée. — Meurtre d'Ivan. — Détermination peu durable. — Sophismes révoltants. — Sortie de Walpole. — Indignation de madame de

Choiseul. — Persiflage de madame du Deffand. — Le neveu de l'abbé Bazin. — Envoi de la *Philosophie de l'histoire*. — Le poëte subjugué. — Visées civilisatrices. — Le comte de Bulow à Genève. — Décision du petit conseil. — Droit douteux. — Courroux de Voltaire. — Les parents des voyageuses à Ferney. — L'envoyé de Catherine a le dessous. — Protestation de dévouement. — Un Saint-Cyr moscovite. — On singe madame de Maintenon. — Voltaire enverra les *Lois de Minos*. — Tendres emportements du poëte. — Les chars assyriens reparaissent. — Engageantes énumérations. — Eau bénite de cour. — Bruits passagers de paix — Catherine plus polie que madame du Deffand. — Berlin et Ferney se rapprochent. — Frédéric retombe sous le charme. — Objectif de la vie de Voltaire. — Le *Traité sur la tolérance*. — Séance présidée par le chancelier. — Conclusions de Thiroux de Crosne. — Madame Calas sur le passage du roi. — Bienveillance générale. — Sœur Anne-Julie Fraisse. — Sa tendresse pour Nanette. — Voltaire chante ses louanges. — Il n'est pas payé de retour. — Singulière manière d'envisager les choses. . . . . Page 359

IX. — Réhabilitation des Calas. — Les Sirven. — Accusation de parricide. — Voltaire intervient. — Le chevalier de Cazals. Marc-Antoine condamné à mort. — Discussion des faits. — Lieu de réunion mal choisi. — Que fera le chevalier? — L'abbé Barre. — Ce que pense de lui l'abbé Salvan. — L'arrêt du grand conseil bien reçu. — Déclaration du greffier du Parlement. — Nouvelles iniquités. — Lenteurs interminables. — L'affaire renvoyée aux requêtes de l'Hôtel. — Admirable désintéressement de Voltaire. — Jugement de Charles Bonnet. — L'estampe de Carmontel. — Sentence définitive. — M. de Fargès peu parlementaire. — Exaspération des Toulousains. — Stériles menaces. — Lavaysse père fait biffer l'écrou de Gaubert. — Générosité du roi. — Paroles de Maupeou aux Calas. — Nécessité d'une excessive prudence. — Quel parti prendre. — On renonce à toute poursuite. — Portée morale de l'arrêt. — Tout un groupe d'écrivains. — Nouveaux accusateurs de Calas. — Enivrement de Voltaire. — Autre face de Janus. — Date d'une ère nouvelle. — Triomphe des idées de tolérance. — L'œuvre et l'ouvrier. — La famille du feudiste. — Élisabeth Sirven. — Conduite au couvent des dames Régentes. — Prétend communiquer avec les anges. — Démence caractérisée. — Renvoyée à ses parents. — Une idée fixe. — Affection particulière de ceux-ci pour la pauvre folle. — Plaintes amères — Ressentiment des dames Régentes. — Visite de l'abbé Bel. — Détermination du père. — Le feudiste à Aigues-Fondes. — Disparition d'Élisabeth.

— Recherches infructueuses. — Propos du curé de Cancalières. — Le puits des Communaux. — Le cadavre d'Élisabeth. — Sa mort fut-elle le résultat d'un crime? — Absurdité d'une pareille hypothèse. — Sentiment unanime des habitants. — Double rapport des médecins. — Un procureur fiscal. — Le *Beaudrigue* de Mazamet. — Trinquier. — Son attitude hostile. — Requête des Sirven. — Décret de prise de corps. — Urgence d'une fuite soudaine. — Il faut se séparer. — Obstacles sans nombre. — Arrivée à Lausanne. — Monitoires. — Corps de délit. — Disparition du cadavre. — Quel intérêt y avait Sirven. — Sentence du juge de Mazamet. — Les Sirven à Ferney. — Infériorité dramatique de l'affaire. — Question d'opportunité. — Sinistre alternative. — A qui en est la faute? . . . . Page 407

X. — LE CRUCIFIX D'ABBEVILLE. — LE CHEVALIER DE LA BARRE. — SON EXÉCUTION. — EFFROI DE VOLTAIRE. — Le tour des Sirven. — Autres clients de Voltaire. — Bienveillance de M. de Choiseul neutralisée par M. de Saint-Florentin. — Raymond et la duchesse d'Enville. — Chaumont délivré par Voltaire. — Sa visite à Ferney. — Bouffonne réception que lui fait le patriarche. — Enquête incessante. — Paul Achard. — Le mariage des protestants. — La famille Potin. — Le dix-huitième siècle, époque de scepticisme et d'intolérance à la fois. — Étranges anomalies. — Frénésies morales. — Le Nord non moins emporté que le Midi. — Le crucifix du Pont-Neuf à Abbeville. — Mutilations et profanations sacrilèges. — Dépositions des témoins. — Jeunes gens inculpés. — La procession du Saint-Sacrement. — Réponse d'Étallonde. — Propos impie de La Barre. — Les esprits s'échauffent. — L'évêque d'Amiens à Abbeville. — Cérémonies expiatoires. — Mot malheureux de monseigneur de La Motte — Le Febvre de La Barre. — Portrait peu ressemblant. — Son origine. — Son enfance indigente. — Sa tante, madame de Brou, le recueille. — Une abbesse au siècle dernier. — Transformation qui s'opère dans le chevalier. — Ses amis reçus à l'abbaye de Willancourt. — Sa bibliothèque. — Un religieux de l'ordre de Citeaux chargé de brûler ses livres. — Auto-da-fé insuffisant. — Inconvénient des demi-mesures. — Le clergé régulier et le clergé séculier. — Ce dernier plus austère. — Le jeune Moisnel. — Terreur dont il est frappé. — M. de Belleval. — Ses griefs contre La Barre. — Jonction des deux affaires. — *Le capitoul d'Abbeville.* — Duval de Soicourt. — L'avocat Broustelles. — D'un mauvais renom. — Duval inexcusable de se l'être adjoint. — Lefebvre de Villers, troisième juge. — Fanfarons d'impiété. — Le *Dictionnaire portatif* en mauvaise compagnie.

— Génuflexions devant le tabernacle. — Violence morale exercée sur Moisnel — D'Étallonde le vrai coupable.— Interrogatoire de La Barre. — Définition subtile. — Tardive mais énergique protestation de Moisnel. — Le président d'Ormesson. — Illusion funeste. — Le conseiller Pasquier. — Ce que dit de lui D'Alembert. — Dix contre quinze. — Inflexibilité de Louis XV. — Répartie inadmissible qu'on lui prête. — Retour à Abbeville. — Le P. Bosquier. — Le dernier repas. — Pénible surprise du chevalier. — La voie douloureuse. — Le bourreau de Lally. — Petit dialogue shakespearien. — Commune responsabilité. — La secte menacée. — Effroi de Voltaire. — Complot formel contre les philosophes. — Ferney n'est pas sûr. — Voltaire aux bains de Rolle. — Paroles énigmatiques. — Effrois enfantins de l'auteur de *Mérope*. — Une anecdote à propos de la *Pucelle*. — Clèves. — Étonnement de Frédéric. — Son complet acquiescement. — Conseils philosophiques. — Nécessité du respect de la loi. — Projets de colonisation. — Avances à Diderot. Une Salente métaphysique. — Chimère irréalisable, et pourquoi. — Efforts désespérés. — M. Boursier sans ouvriers. — On restera à Ferney. Page 457

FIN DE LA TABLE.

Paris. — Imp. Viéville et Capiomont, 6, rue des Poitevins.

www.ingramcontent.com/pod-product-compliance
Lightning Source LLC
Chambersburg PA
CBHW072212240426
43670CB00038B/783